U0089850

中國學術思想研究輯刊

十七編

林慶彰 主編

第17冊

《淮南鴻烈》思想研究

陳麗桂 著

花木蘭文化出版社

國家圖書館出版品預行編目資料

《淮南鴻烈》思想研究／陳麗桂 著 — 初版 — 新北市：花木蘭文化出版社，2013〔民102〕

目 6+320 面；19×26 公分

（中國學術思想研究輯刊 十七編；第17冊）

ISBN：978-986-322-407-5（精裝）

1. 淮南子 2. 研究考訂

030.8 102014743

ISBN-978-986-322-407-5

中國學術思想研究輯刊

十七編 第十七冊 ISBN：978-986-322-407-5

《淮南鴻烈》思想研究

作　　者　陳麗桂

主　　編　林慶彰

總 編 輯　杜潔祥

出　　版　花木蘭文化出版社

發 行 所　花木蘭文化出版社

發 行 人　高小娟

聯絡地址　235 新北市中和區中安街七二號十三樓

電話：02-2923-1455／傳真：02-2923-1452

網　　址　http://www.huamulan.tw 信箱 sut81518@gmail.com

印　　刷　普羅文化出版廣告事業

封面設計　劉開工作室

初　　版　2013年9月

定　　價　十七編34冊（精裝）新台幣60,000元

《淮南鴻烈》思想研究

陳麗桂　著

作者簡介

陳麗桂，臺北市人，一九四九年生，國立臺灣師範大學國文學系博士，曾任國立臺灣師範大學國文系主任、實習輔導處長、文學院院長等職，現為國立臺灣歸師範大學國文系教授。多年來從事於黃老之學、漢代學術思想，與近四十年出土簡帛文獻之研究，著有《王充自然思想研究》、《淮南鴻烈思想研究》、《戰國時期的黃老思想》、《秦漢時期的黃老思想》、《中國歷代思想家——王充》、《中國歷代思想家——葉適》、《新編諸子——淮南子》等書，並發表相關於上述三領域之研究諸文約百篇，又曾受國家圖書館漢學中心之委託，主編《兩漢諸子研究論著目錄 1912 ～ 1996》、《兩漢諸子研究論著目錄 1997 ～ 2001》、《兩漢諸子研究論著目錄 2002 ～ 2009》等書。

提　要

西漢淮南王劉安率領其門下食客所編撰的《淮南子》，不但是西漢道家思想的代表作，也是戰國以來黃老思想的集大成之作。它以先秦老莊思想為主軸，融合儒、墨、名、法、陰陽等各家學說，順應著時代需求，將老莊學說朝著人事應用與事功方面去轉化，由本體而創生，而應用，由形上到形下，推闡、顯實老莊之學，卻也終於轉化了老莊之學。

它窮盡一切時、空概念去詮釋、顯實老莊的本體「道」，俾便於人理解、掌握和應用。它借用《莊子‧齊物論》七句話為間架，圍繞著《老子》「道生一，一生二，二生三，三生萬物」的命題，開展出秦漢，也是中國哲學史上氣化宇宙實論的基本模式。它依循老、莊神重於形的修養要旨，暢談形、氣、神的關聯，論後期道家形、神互依、交養的修養理論，並提醒人：居住環境與水質對人體健康的影響。它參酌尚實派法家《管子》裡公平厚道的法論，結合了儒家仁義恩厚的思想，去調和申不害、商鞅、韓非一系，以尊君為最高目的的政治理論，轉化為君臣互動，重民本，公平合理的政論。它總集三代以來各家用兵之精髓，鎔鑄為本仁祖義，貴隱尚虛、講權謀、倚形勢、重陰陽、論技巧，也行間用奇的兵學理論，並詳述拜將之禮。它承襲先秦道家崇尚自然無為的傳統，以虛靜無為為行事的最高準則，並要求據此以建立事功。將「無為」詮釋為因順自然以求發展，將儒家的勤學觀點也納入「無為」的領域中，從而轉化了先秦道家「非學」的傳統，充分顯現出了老、莊而不入於老、莊，積極入世的後期道家風格。它的價值平等觀遙承《莊子》的齊物精神，而歸結於反對貴遠賤近，呼籲重視事物的真價值。它的天文學是上古天文知識的真實記錄。它的地理學含括〈禹貢〉九州與《山海經》的自然地理、人文地理，乃至神話地理。它那節令、物候與政令天人相合相搭配的理論，尤其遠承《周禮 ‧ 夏小正》、《呂氏春秋》十二紀，而和《禮記 ‧ 月記》同樣是規劃完整的古代官方政治作息理想年表。

此外，它還保留許多與他書不同的先秦文獻資料。全書行文既對仗，又押韻，也重修辭，處處是史料和典故，是研究文獻學與修辭學的好材料與好教本。更特殊的是：它是典型的楚人著作，無論是表達的形態，還是遣用的語辭，處處呈現出楚風格，是研究楚文學與楚語文很有價值的典籍。

目次

第一章　劉安的生平與著作

第一節　劉安的生平

一、劉長的事蹟與謀反

作爲西漢道家思想總代表的鉅著——《淮南子》，是西漢早期淮南王劉安（西元前一七九～一二二年）率門下賓客撰寫而成的。根據史書的記載，淮南王劉安是西漢淮南厲王劉長的兒子，劉長（西元前一九八～一七四年）則是漢高帝劉邦最小的兒子，母親本是趙王張敖美人。高帝七年（西元前二〇〇年），韓王信降匈奴，高帝將兵往伐，過趙，趙王張敖執禮甚卑，高帝箕踞詈罵，十分粗魯。趙相貫高不平而勸王謀反，不獲同意，遂私與心腹，瞞著趙王，謀刺高帝。高帝八年（西元前一九九年）冬，帝二度北伐，擊韓王信餘黨於東垣，返途又過趙。張敖獻美人，一夜侍幸而有身，張敖爲她另築館舍以待產。貫高等人埋伏在「柏人」準備行刺，卻因高帝忌諱於地名柏人不吉祥（音近「迫人」），不肯留宿而不果。高帝九年（西元前一九八年）十二月，行刺事洩，張敖一家被補入獄，美人也受牽連，把懷孕生子的事透過獄吏上奏天子。時高帝正氣趙王，不加理會。美人之弟趙兼透過辟陽侯轉求呂后，呂后嫉妒，不肯爲她說項，辟陽侯也不敢力爭。美人生下嬰兒後，含恨自殺。官吏因此送上襁褓中的嬰兒，天子這才後悔，令呂后撫養，而將美人安葬於她的故里——眞定。高帝十一年（西元前一九六年），淮南王英布謀反，天子親自率兵攻滅英布，因封趙美人的嬰兒劉長爲淮南王。

淮南王劉長自幼失母，常依附呂后，呂后專權時期因此蒙寵無患害，只是內心常怨辟陽侯，卻不敢表露。到文帝即位時，高帝的兒子只剩文帝和劉長。劉長自以爲天子至親，常傲慢乖戾，不守禮法，天子一再寬赦他。文帝前元三年（西元前一七七年），入京朝見天子，態度相當跋扈。曾隨天子入御苑打獵，與天子同車，常稱天子「大哥」。劉長天生神力，能舉鼎，前往請見辟陽侯，抽出袖中預藏的金錐錐殺他，又令隨從直斷其頭，然後直奔闕下，肉袒謝罪。文帝同情他爲母復仇，不加罪。當時，上自薄太后，下至太子、公卿大臣皆畏忌他。劉長回國後因益加放肆，不遵奉漢法，出警入蹕、專斷、自訂法令，幾次上書，態度都不恭順，文帝深感爲難，卻又不便親加責備。帝舅薄昭遵奉上意，致書劉長，屢加規諫責數，勸其恭謹收斂，劉長得書，不悅。

文帝前元六年（西元前一七四年），男子但等七十人與棘蒲侯太子柴奇，謀畫以輂車四十乘在谷口謀反，派人勾結閩越匈奴，事涉劉長。長安下令查辦，派人召淮南王。王至長安，丞相張蒼，典客馮敬察舉罪狀，與宗正、廷尉等細奏劉長歷來諸種不法，並且說：大夫但、士伍開章等七十人與棘蒲侯太子柴奇謀反，事跡敗露，長安尉往補開章，劉長先匿不交，後預謀殺人滅口，葬其棺槨衣衾於肥陵，誑騙官吏「不知何在」。旋又佯裝聚土爲墳，豎木標示開章葬處。列侯、吏二千石等議罪大臣四十三人一致裁斷：當依法究辦。天子裁定赦免死罪，廢去王爵。官吏奏請發配西蜀嚴道邛郵，並盡誅同謀者，以輜車依次傳送劉長。劉長不堪折辱，對侍者說：「誰說老子好勇？我只因傲慢聽不進自己過錯，以故至此。」於是絕食而死。所傳送各縣都不敢打開檻車封條，至雍，雍令打開，上報死訊，文帝悲慟，後悔不聽爰盎之諫，終失淮南王。於是令丞相御史追捕各縣傳送淮南王時不開封饋侍者，皆斬首，並以列侯之禮葬淮南王於雍，設守冢三十戶。文帝前元八年（西元前一七二年），同情淮南王四子年幼（皆七、八歲），於是，封長子安爲阜陵侯，次子勃爲安陽侯，三子賜爲陽周侯，四子良爲東城侯。文帝十二年（西元前一六八年），傳來有關淮南王的民歌：「一尺布尙可縫，一斗粟尙可舂，兄弟二人不相容。」文帝深心有感，於是，遷城陽王王淮南舊地，而追遵淮南王劉長爲厲王。文帝十六年（西元前一六四年）又徙淮南王回王城陽，而立厲王三子（時東城侯劉良已死，無後），三分淮南舊地爲王：阜陽侯安爲淮南王，安陽侯勃爲衡山王，陽周侯賜爲廬江王。

二、劉安的事蹟與謀反

淮南王劉安爲人個性與其父劉長截然相反，喜讀書、鼓琴，不喜射獵、鬥狗、馳馬，頗思行陰德，撫循百姓，流名聲。曾招徠賓客方術之士幾千人，修道煉丹、著書立說。當時武帝剛即位，也好學術、典籍。以劉安爲伯叔輩，又學識廣博、口才好，善爲文辭，很敬重他，每有詔書下淮南，總令大文豪司馬相如等起草才敢發出。建元二年（西元前一三九年），劉安第一次入朝武帝，獻上所剛完成的新書——《內篇》，天子十分喜愛而祕藏起來，又令他寫〈離騷傳〉，清晨受詔撰寫，朝食時分已獻上。劉安同時又獻〈頌德〉及〈長安都國頌〉。每設宴賜見，與天子談論，論題廣及政治得失、方技、賦頌，總至黃昏日暮才休息。

據說劉安當初入京朝見天子時，太尉武安侯田蚡和他原本十分交好，前往霸上迎接，告訴他：「當今天子無太子，你是先皇帝直系孫，又行仁義，天下無不知。天子一旦駕崩，皇位非你莫屬。」據說，淮南王聽後大喜，厚賂武安侯。淮南王跟前的群臣、賓客，多是江淮一帶的輕浮之士，常以厲王劉長的死刺激劉安。建元六年（西元前一三五年），有彗星出見，淮南王內心納悶。有人告訴淮南王：「從前七國之亂時，也出彗星，長達幾尺，尙且流血千里。現在彗星橫過天際，天下兵當大起。」據說劉安內心以爲，天子無子，天下一旦生變，諸侯定起相爭。因積極準備攻戰之具，儲存金錢，賂送各郡國。遊辯之士又妄造妖言，阿諛淮南王。淮南王大喜，多所賞賜。王有女兒叫劉陵，聰慧好口才，王很疼愛她，多給金錢，令她到長安爲反間，暗中交結天子左右之人。元朔二年（西元前一二七年），天子賜淮南王几杖，准予免行朝覲之禮。

淮南后名荼，頗得寵倖，生子名遷，立爲太子，娶皇太后外孫脩成君（武帝異姓之姊）之女爲太子妃。據說淮南王爲籌畫各種謀反事宜，怕太子妃知道而洩密，於是與太子密謀，令太子假裝不加愛倖，三月不與同寢。淮南王佯裝怒責太子，閉鎖房門，迫使與太子妃同室，太子終不近妃，太子妃求去，淮南王於是上書道歉並遣回太子妃。王后荼、太子遷及王女劉陵，專擅國權，侵奪人民田宅，胡亂繫補人。太子劉遷學劍，自以爲無人能及，聽聞郎中雷被善用劍，召與較量。雷被再三辭讓不果，誤傷太子。太子怒，雷被畏懼。此時長安爲擊匈奴，發函地方：有欲從軍者，逕至長安。雷被欲往，太子幾度譖毀之於王前，王使郎中令加以斥免，以警效尤。元朔五年（西元前一二四年），雷被逃往長安，上書表白其事。長安下令廷尉及河南令，於河南審理其事，逮捕淮南太子。據聞淮南王、王后原不欲交出太子，欲立刻發兵，卻又猶疑不定。

十多天後，詔書下來，就地審問太子，不捕送河南，因作罷。淮南不滿氣壽春丞阿承王意，不交出太子應詔書，彈劾他不遵奉命令。淮南王求相通融，相不理。淮南王於是派人上書告淮南相，詔令廷尉處理。查辦之下，種種跡象牽涉到淮南王。漢公卿請捕辦淮南王，王恐，想發兵。太子獻計：朝廷使者一旦來捉王，王可令人穿衛士服，持戟立王旁，一旦情況有異，即刺殺使者，太子同時令人刺殺淮南中尉，屆時再舉兵，不晚。當時，朝廷並未批准公卿之奏，只派中尉宏就地詢問淮南王，淮南王看漢中尉面色和悅，只問雷被事件，自料無罪過，因此未發兵。中尉回報，處理該案的公卿說：「淮南王安阻擋志願奮擊匈奴的雷被等人，抗詔令，當棄市。」詔令不允；又請廢其王，天子又不許；再請削去封地五縣，天子只准兩縣，並派中尉宏赦免其罪，削地以示罰。劉安起初聽說公卿請處死罪，又聽說長安使者到來，恐懼被捕，乃與太子謀劃依計行事。中尉一至，賀王無罪，王因此不發兵。其後卻自歎平日行仁義，遭削地，深以為恥，思反更甚。

淮南使者從長安返回，常妄言，言天子無子，王即心喜；言朝廷欣欣向榮，天子得子，王即怒。王並早晚與左吳等人細察地圖，沙盤推演軍隊出入狀況。以為：天子尚無太子，一旦駕崩，大臣必先徵詢膠東王或常山王，諸侯群起相爭，不能無備。

淮南王有庶子名不害，年紀最大，王不疼愛，王后、太子亦不以禮相待。不害之子名建，才能高而有怨氣，常恨太子不認可其父。時武帝下推恩之令，諸侯皆得分封子弟為侯。淮南王有兩子，遷為太子，劉建之父不害卻不得分封。劉建因此暗通外人，欲害太子，代以其父。太子知情，幾次加以繫捕毒打。劉建悉知太子想謀殺漢中尉之事，於是讓好友嚴正上書天子，訴說淮南王孫劉建高才，而淮南王、王后、太子常迫害劉建父子，劉建全知淮南王陰謀事。書上後，天子下令廷尉到河南處理此事，時為元朔六年（西元前一二三年）。而前辟陽侯審食其之孫審卿，與丞相公孫弘交好，恨當年淮南厲王錐殺其祖父，也暗蒐淮南王反事，構陷於公孫弘前。公孫弘於是懷疑淮南王有叛謀，深入追查。後河南郡審問劉建，供出太子劉遷及其黨羽。

起初，淮南王數以舉兵謀反之事問伍被，伍被常以吳楚七國之亂為戒相勸諫，未見採從。劉建被審問時，據聞淮南王恐密謀事洩，欲發兵，又問伍被。伍被爲陳說各種發兵應變狀況，淮南王於是銳欲發兵。乃令官奴入宮中，制作皇帝印、丞相、御史大夫、將軍、中二千石、都官令丞印，以及鄰近郡縣及太守都尉印，甚至漢使節法冠。欲依伍被之謀，令人佯裝得罪淮南王而西入京，事奉大將軍、丞相。有朝一日發兵，即爲內應，刺殺大將軍衛青，勸說丞相公孫弘。又欲假稱宮中失火，趁救火之際，謀殺相二千石。又欲派人假稱南越入侵，趁勢發兵。謀劃過程中，廷尉上奏劉建所供劉遷謀反事，天子遣廷尉與淮南中尉逮捕太子。王與太子欲殺相二千石以發兵，而內史、中尉不能配合，因作罷。其後，太子願就捕，淮南王亦欲作罷，應允太子，太子自殺，不死。不久，伍被前往官府投案，自訴參與淮南王謀反。官吏因逮捕太子、王后，圍王宮，悉捕國中賓客，搜得相關器物，上奏。一時牽連所及之列侯二千石與豪傑有數千人，皆以罪輕重受誅罰，依次是：陽陵景侯傅偃參與謀反，誅；廣平敬侯薛穰受賄賂，免；安平敬侯鄂但與劉安相通，遺書稱「臣」，棄市（《漢書・高惠、高后、孝文功臣表》）；岸頭侯張次公與劉陵姦，受財物，免（《漢書・景、武、昭、宣、文武功臣表》）；有利侯釘遺淮南王書，稱「臣」，棄市（《漢書・王子侯年表》）。列侯之外，據《漢書・景十三王傳》的記載：膠東康王寄與江都王建都「微聞其事」，頗知「陰謀」，因此，膠東康王「私作兵車鏃矢、戰守備」，江都易王亦「作兵器」以待機。及淮南事發，膠東康王「意自傷，發病而死。」江都易王則「使人多推金錢，絕其獄。」終以謀反問罪而自殺。安弟衡山王賜亦牽連在此事件中，即問而自殺，除國。參與審理此案的諸侯、列侯共四十三人，都主張以謀反之罪論定淮南王。天子使宗正持符節審理此事，未至，王自殺。王后、太子及參與其謀者悉遭搜捕誅滅，黨羽死者數萬人，封國免爲九江郡。主審此次反獄者，爲董仲舒弟子呂步舒，因爲早在建元六年六月間，宮中高廟、高園先後發生火災。當時董仲舒居家推度，引《春秋》定公二年五月魯兩觀之災，說明這兩度火災乃「天語天子廢其不當立者」，「視親戚貴戚在諸侯遠正最甚者，忍而誅之……視近臣在國中處旁仄及貴而不正者，忍而誅之。」草稿未上，主父偃竊而上奏，天子召視諸儒，呂步舒不知是老師推度的，斥爲大愚，仲舒爲此幾被處死。後淮南王伏罪，天子思仲舒前言，使呂步舒持斧鉞治獄，依春秋「罪在外者，天災外；罪在內者，天災內」之義，斷於外，不請，時爲元狩元年（西元前一二二年）之事。以上是史載劉安生平大事。

劉安生平好爲學論道，賓客尤多方士，及獲罪，舉族夷誅，賓客多受牽連，死後，人因傳其與方士得道成仙，舉家併雞犬一齊升天。《博物志》、《水經注》、《搜神記》並載其升天、得道遺址，與八公山、八公石、八公紀、劉安廟，八公初謁劉安事蹟。《抱朴子》並結合謀反、升天二事爲一，謂劉安升天後，見玉帝，言語猖狂，舉止無狀，自稱「寡人」。玉帝大怒，貶謫他去守天廚三年，凡此皆可見劉安事蹟在當代及後世之迴響。

三、淮南王兩世謀反研議

在歷史上，劉長、劉安父子都以謀反罪名定讞而自殺。兩千年來，學者對於這兩樁史書言之鑿鑿的事件，卻多有疑慮。錢穆、徐復觀、鄭良樹等人對此都表示過不同的意見，或以爲半出朝廷的「羅織」，或以爲是「莫須有」的「大冤獄」，或以爲史、漢本傳所載多「虛詞」而「非事實」。然而，卻又未必有更充分的證據足以推翻其記載，總是緣於感覺上的主觀判斷居多。

實則，有關劉安一家的反事，光是史漢本傳的記載，就存留不少疑竇，本傳、他傳，乃至書、志間對同一事件的記載，亦多含混不實，甚或自相矛盾，在在足以論證史載劉安一家兩世反事之虛虛實實，不盡可信。

就劉長之謀反而言，按照史漢本傳的記載，劉長獲罪的直接引線，固然是柴奇的謀反事件。但對於這一事件的記載，《漢書》本傳前後相繼出現兩種不大一致的說法。本傳先說：

> （文帝）六年，（劉長）令男子但等七十人與棘蒲侯柴武太子奇「謀」以輦車四十乘反谷口，令人使閩越、匈奴。

已指明劉長與柴奇爲主謀，男子但等七十人則受令於劉長。然而，隨後講到劉長應召至長安，議罪大臣開列他的罪狀時，卻又說：

> 大夫但、士伍開章等七十人，與棘蒲侯太子奇謀反，欲以危宗廟社稷，謀使閩越及匈奴，發其兵。事覺，長安尉奇等往捕開章，長匿不予，與故中尉簡忌謀殺以閉口，爲棺槨衣衾，葬之肥陵，謾吏曰，不知安在。又陽聚土樹，表其上曰，「開章死，葬此下」。

則又以棘蒲太子爲主謀者，但與開章等七十人爲參與者。而劉長的罪，只因他收容開章，長安尉前往捕開章時，劉長沒有交出開章，而且舉止反覆不自安倒並沒有提到劉長與這事有直接的關係。而這兩段文字，前一段是班固敘述這事最後的判決，後一段是班固補敘當時議罪的詳情。我們如果把這兩段文字視爲可以並存不悖，則此次謀反事件的主謀似乎該是柴奇，但與開章則參與其事，劉長的獲罪，似乎只是因爲他與這些人有相當的關係：（一）他結交柴奇（二）他收容開章（三）尤其當京吏往淮南逮人時，劉長的反應嫌疑重大：他忽而佯稱不知，忽而騙說已死，及至無以隱瞞時，又害怕而跟中尉相謀殺他。到此，劉長縱不與謀，也脫不了干係。所以班固前一段文字便根據當時朝廷判定的結論，說劉長也是主謀，但與開章等人既投靠在他的門下，自是受他之「令」，劉長因此也就眞是「謀爲東帝」了。

事實上，我們如果仔細地體味一下廷尉等議罪大臣們對他所作的罪奏，這次的反事，縱然眞有其事，也僅只於「謀」的階段而已，至劉長應召入京以前，一直沒有任何反事發生。而劉長入京，廷尉們雜奏他的罪，除了判定他圖謀反叛、勾結閩越匈奴外，並總結舊賬，說他收匿罪亡、拒賜、不拜、驕慢不守禮。而所謂「謀」反的罪嫌，恐怕還是來自他結交柴奇、私匿開章。開章的身分是「士伍」，避罪淮南。柴奇則出身侯門，年少而「奇狡」，大抵與劉長的少年王侯，負材驕勇，頗爲相得。而開章之所以避罪淮南，正因劉長平日有收聚罪亡的作風。這些收聚罪亡，結交「奇狡」少年的作風，正如他登門椎殺列侯一般任俠而剛勇敢當，薄昭責書說他「慈惠而厚、貞信多斷」，又說他「貴布衣一劍之任、賤王侯之位」，都多少說中了劉長任俠廣交的宿習。再證諸其後長子劉安廣招賓客的個性，益見骨血淵源。所不同的，一武一文，所「招」甚不相類而已。因此，我們可以說，劉長「謀反」罪的構成，實際上並不在有任何明確的事實，而完全肇因於他平日那些不良的個性和行爲。往日那些不守漢法、違令亂紀、收聚罪亡等不法行爲，都給這次的謀反罪名構成很充分的嫌疑，何況臨事時，他反應也不良。正因爲劉長這次的「謀反」，實際上並無任何明確的事實，所以劉長一被判定廢徙，袁盎立刻諫文帝，淮南王不堪「暴折」，賈山也上訴：「淮南王無大罪，宜急令反國。」（《漢書・賈山傳》）。對於這些訟諫，文帝的答覆是：「吾特苦之耳，令（改過則）復之。」（《漢書》本傳）。我們如果把這些話，參核著劉長聞召立至的反應，和他臨死所吐「驕不聞過」的哀音推想起來，劉長這次的「謀爲東帝」，顯然冤情深重，就是文帝本人似乎也深深了解。問題就在京吏去抓開章時，劉長一反往日的剛勇果決，變得倉皇不安、反覆不定。如此倉皇反覆的反常舉止，才眞正害死了劉長，讓他無以洗脫與反的罪嫌。

就劉安的謀反而言，照史傳的記載，最初引發劉安興生謀反動機的，該是田蚡的話和慧星事件。然而，如果仔細地加以思索和求證，這兩樁事其實都是大有問題的。史傳說，劉安第一次心生反意是在建元六年。然而，與這同時，《漢書・嚴助傳》又載：「建元六年，閩越伐南越，南越王守約求援，漢遣大將軍王恢、韓安國大興兵伐閩越。」淮南地近閩越，未三分前本與接壤，劉安聞訊，悃款上書急諫，一則詳其地鄙俗野，「中國之人不能堪其水土」，以明難攻而不易為治；二則懇諫兵革不宜輕啓；三則告以閩越內鬨，而獻施德垂賞以招安之策；四則戒以嬴秦伐越，疲卒敗亡的史例以諫伐。然時漢兵已出，踰嶺，而閩越王弟餘善殺王以降漢，漢兵算是不戰而勝。

同樣的，建元六年如果照《漢書》這兩傳的文字記載，劉安竟然同時表現出全然矛盾對立的兩種人格和行為：一則處心積慮，要待兵變而謀反；一則忠綑純誠，深恐朝廷妄起干戈，疲卒敗亡。而這兩種人格和行為應該是不可能並存的。因為劉安若果眞欲待兵大起而謀變，則武帝大興兵伐閩越，眞是應了徵兆的大好機會，為何又急急諫止？這兩則矛盾對立的記載，顯然至少有一則是有問題的。今細讀〈嚴助傳〉的〈諫伐閩越書〉，則不論述實說理，文字狀況和淮南內篇（《鴻烈》）都頗為一致，應當可信。反之，有關建元六年，彗星竟天之事，則《史記・天官書》和《漢書・天文志》都不記載，只有《漢書・武帝紀》和〈五行志〉提到它們，卻都與《漢書・淮南王傳》的記載有出入，〈武帝紀〉說：

> 建元六年秋八月，有星孛於東方，長竟天。

〈五行志〉說：

> 建元六年六月六日，有星孛於北方，劉向以為明年淮南王安入朝，與太尉田蚡有邪謀。……八月長星出東方，長終天，三十日去，占曰：是為蚩尤旗，見則王者征伐四方。其後兵誅四夷，連數十年。

依帝紀和五行志的記載，本傳所說的彗星竟天是發生在建元六年的八月。而本傳說，劉安所以見彗星而治戰具、思謀變是因為想到了田蚡「上無太子」的慫恿，而田蚡為安設反謀是在建元二年，劉安首次入朝武帝，相會霸上時。然而〈五行志〉卻以安入朝、會田蚡、設邪謀都在元光元年（亦即建元六年六月之「明年」），竟又在長星竟天的事情之後了。同一件事情，而《漢書》本傳與〈五行志〉的記載自相舛違。依本傳，則建元二年，劉安入朝，田蚡為謀。建元六年八月，彗星見東，竟天，安思田蚡前言而治戰具。依〈五行志〉之意，則建元六年六月，彗星見北（並沒說「竟天」），（翌年）元光元年，田蚡與安有邪謀。而建元六年八月，另有彗星見東，竟天，徵兆此後數十年的征伐四夷，一無涉及劉安的謀反。究竟田蚡果否爲劉安設叛謀？二人相遇策謀確切在何年？建元二年或元光元年？劉安是否眞見彗星而治戰具等等問題，就是班固本人，似乎也知之不甚詳。而霸上反謀的揭露，據本傳記載，是在劉安自殺，蚡死多年之後（武帝爲此，恨蚡不已），兩人既死，當年謀事突然傳開，則該事是虛？是實？果有？果無？實在很難斷定。然時當淮南王舉家收夷之際，盛傳如此，故《史記》本傳載記其事，而〈天官書〉卻不見有相應的彗星記載，班固修撰前史，雖不得不據以載錄。然其事既不確知，故到了〈五行志〉與之相應的記載時，就綻出了矛盾，一下子建元二年，一下子建元六年六月，一下子八月，一下子又是元光元年，自亂陣腳。因此，我們寧可相信建元六年劉安有諫伐閩越的事，而不願相信他有見彗星，思謀變，治戰具的事。

實在說來，眞正構成劉安反獄的直接因素，應該有四：（一）太子遷與雷被的比武事件，（二）庶孫劉建的告發，（三）故辟陽侯孫審卿的繼尋先仇，（四）門客伍被的詣吏具告參與謀反。前兩件全因劉安的持家無方，審卿的構陷，則如班固所言「淮南僭狂，三子受殃。」是劉長驕恣的後遺。值得一提的是第四件，伍被詣吏告發。在劉安大力招徠賓客的作風下，賓客來歸附的，大都是顯才能以博衣食，彼此之間的相交相知究竟基於義或利？有時很難說清楚。平常，則因附阿諛，籌策設謀，一有風聲搖動，則驚惶竦懼，自謀免身之計，紛紛投效漢廷，甚至不惜舊情，枉相告發。《漢書．中山王勝傳》說：

> 諸侯王……或無罪爲臣下所侵辱，有司吹毛求疵，笞服其臣，使證其君，多自以侵冤。

〈彭越傳〉也說：

> 呂后令其舍人告越復謀反，廷尉奏請，遂夷越宗族。

劉安與彭越之反，前後相去幾十年，然個中癥結，彷彿相似。尤其，有關劉安末次謀反的詳細內情，完全是伍被詣吏所陳述，廷尉據以定讞，又焉知其不重演彭越舍人故事。

最耐人玩味的是，史、漢本傳對劉安幾次思變的心態描述。總觀史、漢本傳，有關劉安思變的記述，前後共八次：

（一）武安侯田蚡諛言慫恿，劉安大喜，厚遺武安侯寶賂。

（二）建元六年，慧星見，客言兵當大起，安「愈益治攻戰具，積金錢，賂遺郡國。」並厚賜妖言阿諛者。

（三）雷被赴長安自訴，河南奉旨捕淮南太子，安「計欲勿遣太子，遂發兵」，然「計未定，猶與十餘日。」

（四）淮南相堅持捕太子，與劉安決裂，劉安上書告相，漢公卿力主捕劉安，劉安恐，「欲發兵」。其後漢廷既不捕人，只遣中尉就淮南訊驗。中尉至，「顏色和，問斥雷被事耳」，劉安「自度無何」，遂「不發」。

（五）中尉還報，公卿請誅之，武帝免其死罪，罰削二縣。劉安初聞誅夷，「乃與太子謀如前計」，後知免罪削地，「以故不發」。

（六）後以削地自傷，「爲反謀益甚」，聞天子有男而治，即怒，無男即喜，「日夜按輿地圖，部署兵所從入」。

（七）庶孫劉建告發太子，漢吏治建，「王恐陰事泄，欲發」，問伍被，伍被爲言發兵權變，「王銳欲發」，使人作璽印、使節、法冠，擬假回祿殺相二千石，又欲令人假亭吏謊報越兵入侵，因以發兵。「迺使人之廬江會稽爲求盜」，然終「未決」。

（八）劉建供辭連及太子，漢吏往捕太子，安與太子謀殺相與特使而「發兵」，然「計猶豫未決」。後太子自願就捕，「王亦愈休，即許太子。」太子自殺，不死，這是史載劉安最末一次思變。嗣後，伍被詣吏告發，安自殺，族夷。

將史載劉安這八次的謀反會合觀之，不難看出，所謂淮南王謀變的眞正心態。比如第 3 次，劉安所以欲發兵，是因爲「欲勿遣太子」，怕太子被捕。第 4 次則是怕自己被捕，故雖或動念，而計實難決，「猶與十餘日」。後知不抓人，「自度無何」，便「不發」了。可見他的欲「發兵」，事實上只是聞「逮」色變，倉皇急遽下的困獸心態。既非預謀，故計實難決，又非積慮必反，故險勢一旦脫解，心境自亦寬舒，兵亦「不發」。第 5 次亦然，「聞漢吏來，恐其捕之」，乃與太子相謀，所謀不過仍前故計，後知免罪，「即不發」。第 8 次「欲發」也是因漢吏捕太子。可見劉安幾次「欲發」，事實上只是害怕被捕，故幾度欲發，而幾度「猶與」、「未決」，終幾度作罷。其惴惴疑懼，一如驚弓之鳥。所謂「欲發」，不過倉卒之際的惶亂心態，並非眞想謀變，弓拆弦解，驚魂稍定，因亦不發。這種心態和周勃罷相居絳，聞吏心驚，持兵戒備，應該是一樣的，也和其後戾太子出軍發衛，殺江充而逋逃相同，完全出於驚慌莫白的心理，實無涉於謀反。此外，劉安父子聞逮色變，或許和劉長的死不無關係。

文帝六年，劉長牽連在柴奇事件中，漢使使召長，長應召至長安，議罪大臣雜奏其罪，終廢徙死。這次朝廷的召問，對劉長而言，無異赴死之召，就劉安一家言，尤其是大不幸的開始，相隨而來的，是家庭慘變，毀惡交侵。這在劉安幼年的印象中應該特別刻骨銘心，而不僅是記憶而已。

第八次的謀發兵最堪玩味，這次，漢眞捕人，安與太子謀亦已定，卻又「猶豫未決」。嗣後，太子竟自願就捕，理由是「念所坐，與謀殺漢中尉，所與謀殺者已死」，無證其事者，自以爲稍得脫免之機，故不欲發兵而願就捕。劉安尤感感同心，故「愈欲休」，兩人極不欲反可見。唯一眞有嫌疑的只有第七次。這次，劉安非特「銳欲發」，而且令人造璽印、法冠，一并初步發兵程序，都已擬定腹案，一如伍被所籌劃好的，並亦派人前往廬江會稽僞裝亭吏了。但不知何故，竟又下不了決心，而劉建已供連太子了。我們不知道劉安的個性是否反覆怯儒，大反劉長。但是，幾次大膽思變，終一再「猶與」、「未決」，個中矛盾，委實耐人推敲。此後漢吏得伍被之言，圍捕王宮，索得反具。當時索得的反具，第七次所造的璽印、使節、法冠不知可曾在內？《漢書》不詳，不得而知。但其後膠西端王議其罪時曾說：「臣端所見其書，印、圖及它逆亡道，事驗明白」，則這次所造使節、法冠、璽印似在其中，然終仍「未決」，則這次的「銳欲發」，事實上正與前此幾次的躊躇猶與並無太大差別。錢穆先生說淮南王（指劉安）的謀反狀，「半出影響，半出羅織。」假使眞如本傳所述，劉安終於發兵謀反，則當代高度專制集權下的政治氣氛和人事環境，實亦難卸脅迫促成之責。

綜計劉安一生，自六歲喪父，一直到五十三歲自殺而死（孝文前元六年〔西元前一七四年〕至孝武元狩元年〔西元前一二二年〕），幾無時不在謀反嫌疑之列。幼時，劉安以叛逆後裔、「罪人之子」的尷尬身分承恩封侯，冊封之初，儘管才七、八歲，朝臣早已驚心防閑。賈誼早在劉安兄弟冊封之初，就擔心文帝會進加封王，乃上書急諫，誡文帝勿「擅仇人足以危漢之資」，所謂「仇人」，正指年僅七、八的劉安兄弟，《新書・淮難》篇載其諫言，賈誼斷定他「心思墳墓」，必爲白公。及長，好群聚賓客，賓客良莠不齊，性既反覆無義，行復不免招搖，終貽劉安以罪禍。而劉安自己治家失敗最是致命傷，太子遷驕縱取鬧、排斥兄長；劉安溺子誤聽，妄懲雷被；劉建棄親告發，也僅爲一私。外有無形壓力，內又分裂相侵，劉安一家終於步上滅亡的絕路。

其滅亡，實亦有不待外人影響羅織之處。

第二節　劉安的著作

劉安一生才學甚高，又以著書立說爲職志，曾召賓客撰寫過不少著作，據《漢書．淮南王傳》、〈伍被傳〉、〈嚴助傳〉、〈藝文志〉以及《藝文類聚》等類書之記載，劉安的著作，不下十餘種，其中固不免有依託者，除外，可靠者至少亦有十餘種。

《漢書．伍被傳》說：

> 淮南王安好術學，折節下士，招致英俊以百數，被爲冠首。

《漢書．淮南王傳》說：

> 淮南王安……招致賓客方術之士數千人，作爲內書二十一篇，外書甚眾，又有中篇八卷，言神仙黃白之術，亦二十餘萬言。

可見，劉安曾使以伍被爲首之賓客著書立說，當時所著，較具代表性的，最少有三種：

一、內書二十一篇

初名「鴻烈」，即今傳之《淮南子》，此爲劉安學術群的著作中最重要，且完整存留之作，容後細述。

二、外書三十三篇

其篇數，《漢書》本傳只說「甚眾」，〈藝文志〉雜家類則有《淮南外書》三十三篇。可見班固所見爲三十三篇，補注下引沈欽韓說：「其後又有缺」。高誘序《淮南子》則曰：「又有十九篇者，謂之淮南外篇。」大抵從班固至高誘時已亡佚十四篇，剩下十九篇。

補注又說：《昭明文選》有四處詩文，李善皆徵引淮南王《莊子略要》之句〔註 1〕，而在張景陽〈七命〉「爭寶之訟解」句下注則徵引淮南王《莊子后

〔註 1〕 這四處詩文依次是：江文通〈雜體詩〉「遺此弱喪情，資神任獨往」句下注、謝靈運〈入華子岡是廉谷〉第三首詩「乘月弄潺湲」句下注、陶淵明〈歸去來辭〉「或植杖而耘耔」句下注、任彥昇〈齊竟陵陸文宣王行狀〉「超然獨往」句下注，皆徵引淮南王《莊子略要》「江海之人、山谷之士，輕天下、細萬物而獨往者也。」唯〈歸去來辭〉下引書名，李善原注誤作「淮南子要略」。

解》之句〔註2〕。可見淮南王另有《莊子略要》與《莊子后解》之作。而漢志「淮南王外」三十三篇下，補注說：「《莊子后解》疑即外篇。」

今細察淮南內篇，引用《莊子》，發揮《莊子》，或隱括《莊子》要旨者，比比皆是〔註3〕，則劉安及其門下客之撰作群，精通《莊子》可知。劉安之書既分內、外，本傳述及著作時，也以內、外書接言，於「中篇」特別標明「又有……」，且明言其性質爲「神仙黃白之術」，則內、外書性質應較爲接近，與中篇之方術不同。今內書俱存，知其以老莊一系道家說爲主軸，則外書有說莊、解莊文字亦可理解。《漢書補注》之疑，不無道理。非特《莊子后解》，《莊子略要》或亦在外書之中。顏師古說，「內篇論道，外篇雜說」，惜今已亡，無由詳知其情。

三、中篇八卷

史、漢本傳說它專言「神仙黃白之術」，二十餘萬言。其名稱，歷代典籍所載相當紛歧。《漢書・楚元王傳》稱爲「枕中鴻寶苑祕之書」，《風俗通・正失》稱爲「鴻寶苑祕枕中之書」，葛洪《神仙傳》卷四稱爲「鴻寶萬畢」，《白孔六帖》作「鴻寶萬畢術」，其餘亦有作「劉安說」、「劉安方」、「淮南方」、「萬畢方」，甚至有作「淮南子」，而今本《淮南子》無其文者，疑皆淮南萬畢術。清以後各家所輯，多依唐志，稱「淮南王萬畢術」。

「萬畢」之名，始見於《史記・龜策列傳》褚少孫補。其義大抵有二說：根據《抱朴子・遐覽》、《周君內傳》、《拾遺記》卷四、陳奐〈題馬釗淮南萬畢術後〉，皆以爲人姓名〔註4〕。然據方以智「萬法畢於此」，和葉德輝《淮南萬畢術・序》「萬，盈數也；畢，盡也，言萬物之理盡具於此」之解釋，「萬畢」當是統括其五花八門各類方術之總稱。至於「鴻寶」之名，則與內篇之

〔註2〕此句內容爲「庚市子，聖人無欲者也。人有爭財相鬥者，庚市子毀玉於其間而鬥止。」

〔註3〕此可參見周駿富：〈淮南子與莊子之關係〉，《大陸雜誌》14卷2期（1957年11月）。與麥文郁：《淮南子引用先秦諸子考》）（台北：國立台灣大學中文研究所碩士論文，王叔岷先生指導，1960年）。王叔岷：〈淮南子與莊子〉，《淮南子論文集》（台北：木鐸出版社，1975年12月），頁27~40。

〔註4〕《抱朴子・遐覽》有「萬畢高丘先生法」，《雲笈七籤》一〇六《紫陽眞人周君內傳》言「遇黃臺萬畢先生，受《九眞中經》」，王子年《拾遺記》卷四《蕭綺錄》引《淮南子》亦有「含雷吐火之術，出於萬畢之家。」根據這些記載，「萬畢」應是人姓名。

「鴻烈」相應。烈者，功業也，謂治道；寶者，指其術頗祕，瓌詭罕見，所謂變化神仙，世人不解之意。

其內容，《漢書》本傳說是言「神仙黃白之術」，〈楚元王傳〉說是「言神仙使鬼物爲金之術及鄒衍重道延命方」。《風俗通．正失》說它可以「鑄成黃金」。《神仙傳》說它除了「言神仙黃白之事」外，還「論變化之道」。《西京雜記》卷三所提及的淮南方術尚有「畫地成江河，撮土爲山巖，噓吸爲寒暑，噴嗽爲雨霧」等等。《類文類聚》七十八引《列仙傳》有「三十六水方」，《證類本草》三引《仙經》所提及三十六水法中的「服玉如玉化水法」、「化玉如玉漿（玉泉）」可能亦在淮南《萬畢術》中，其中的作金術，所謂「黃白之術」，最爲葛洪所深信。《抱朴子．遐覽》載有《八公黃白經》、《鄒生延命經》（疑即〈楚元王傳〉之〈鄒衍重道延命方〉），《枕中五行》、《枕中黃白經》五卷、《鴻寶經》、《萬畢高丘先生法》三卷、《枕中符》、《萬畢符》等等，大抵皆淮南中篇之術。王仁俊《玉函山房輯佚書》續編子編〈藝術類〉有《淮南枕中記》一卷，應亦在其中。

有關萬畢術之淵源，《抱朴子．遐覽》曾提及最厲害的變化術，一爲《墨子．五行記》，一爲《玉女隱微》（一卷）兩書。前書劉安曾鈔取一卷，其法以用藥、用符，「令人飛行上下……無所不作。」後書言「涉大水不用舟梁」，與萬畢術「蜘蛛塗足，不用橋梁」理同而文異，兩書應皆爲《淮南萬畢術》所本。而《淮南萬畢術》中所載「方諸取水」、「以牡菊灰散池中，蛙盡死」等術，早見於《周禮．夏官》，可見《淮南萬畢術》淵源甚古。劉安死後，一切升天成仙之傳說，大抵由此中篇之術附會想像而來。

此書最早爲劉向之父劉德在審理淮南王反案時搜得者，劉向小時讀過，以爲奇祕，獻上。然漢志不著錄，淮南王本傳說是「八卷」，隋志五行家說「梁有《淮南萬畢經》、《淮南變化術》各一卷……中經四卷」，到唐志五行家與馬總《意林》時，都只存《淮南萬畢術》一卷。宋初其書尚在，《太平御覽》徵引最多，葛洪所見最爲詳細，然宋以後亡佚，宋志因不著錄。

該書漢志儘管不著錄，其術卻久爲漢人所推崇。除褚少孫、劉向之外，班固《漢書．郊祀志》、許愼《說文解字》、鄭玄注《周禮》都曾引用，高誘注淮南，取證尤多。漢以下，若《搜神記》、《郡國志》、庾信〈小園賦〉皆載其說，可以想見流行之盛。宋亡佚後，常散見於類書或他書中，後人因就《史記集解》、《齊民要術》、各種類書中去捃拾蒐羅，自清以來，茆洋林、孫馮翼、王仁俊、黃奭、馬釗、丁晏、黃以周、吳廣霈、葉德輝各家皆曾爲輯佚，其中尤以葉德輝《郋園全集》所輯最爲有名。

今實際就各家所輯內容看來，內中仍多符合西方物理學原理者。此外，或談陰陽相動、五行生剋之理（間及災異），或談醫藥、美容之術。而所謂作祟、禳除、神仙不老等方術，僅居其半，實不可全以方術之書加以詆毀。今就其體例看來，文皆分條，每條有注，以解條目，目注相依，除去注文，則無以解其術。于師長卿認爲，「萬畢注文當出一手」。而本傳原稱其篇幅有「八卷、二十餘萬言」，八卷應是指條目，二十餘萬言則含括注文，去除其注，「其書萬萬不能至此數。」〔註5〕

其操作之法每每由陰致術，常稱「密裹之」、「縣於陰處百日」、「納之井中」、「藏之瓮中」、「埋東垣此角」、「置甕中，埋東行陰垣下」，或「陰乾半日」、「夜半作之」、「毋令人知之」、「有月暈剋之」。涉及剛陽、回精者甚少（略存於下卷中）。可以想見當時雖有目、注，詳載其要，仍須如《抱朴子・論仙》所說，念口訣，「臨文指揮，然後可爲。其所用藥，復多改其本名，不可案之便用。」成爲名符其實，暗藏「枕中」，夜晚發閱的鴻「寶」苑「祕」。

四、離騷傳

史漢淮南王本傳都說，武帝使劉安爲〈離騷傳〉，「旦受詔，日食時上」，高誘序淮南卻說是孝文皇帝「使爲離騷賦」。除「文帝」顯然是「武帝」之誤外，劉安當時所寫，究屬那一種文字？何以如此快速交卷？歷來說法相當紛歧，總括其說，約有五派〔註6〕：

（一）若〈離騷〉章句之類解說文字

史漢之外，《漢書》淮南王本傳引顏師古注、王逸《楚辭章句・離騷敘》、隋志卷三十五《楚辭》下皆主此說。

（二）若賦體之類文字

《漢書・孝武紀》、高誘淮南舊敘、王念孫《讀書雜誌》卷四之九、孫詒

〔註5〕見于師長卿：〈淮南王書考〉，《淮南論文三種》（台北：文史哲出版社，1975年），頁55。

〔註6〕詳見游國恩：〈楚辭的注家〉，《楚辭概論》（長沙：商務書局，1939年），頁1。與鄭良樹：〈屈賦與淮南子〉，《大陸雜誌》52卷第6期（1976年6月），頁33～36。

讓《札迻》卷十二都主此說。王念孫的理由是，時間匆促，何能成書？

（三）若贊序之類文字

班固〈離騷序〉以為，《史記・屈原列傳》太史公評論〈離騷〉「國風好色而不淫……與日月爭光可也」一段文字，即史遷引劉安〈離騷傳〉的文字。游國恩《楚辭概論》贊同其說，以為該段文字「既沒有韻，又不像賦體，而且很像『序贊』和通釋的體裁」，因此認定所謂「傳」，不過批評式的「傳贊」，不是「傳注」，大抵和班氏〈離騷〉贊序相似，因此不必費太多工夫。

（四）包含序與注解兩部分

余嘉錫綜合《漢書》本傳、〈離騷・序〉以及顏師古、王逸、隋志之見，以為「安作〈離騷傳〉，既定章句，又為之敘。」〔註 7〕鄭良樹舉屈賦中「望舒」、「奔月」等語詞，證明《淮南子》書中確有不少文字用楚語「更適當地說解屈賦」。又採用班固〈離騷章句序〉「淮南王安敘離騷體」的說法，確定劉安〈離騷傳〉為「訓詁之作」，為「對屈原〈離騷〉本文作一種注解及疏證」。然而，又顧及前述《史記・屈原列傳》「國風好色」一段並非訓解〈離騷〉任何名辭、字句，因而斷定，劉安所作「非全是訓解〈離騷〉文字」，而為類似漢志、〈七略〉，前有一篇敘論性質文章，對〈離騷〉作評論式介紹，接著才是對〈離騷〉本文的訓解文字，班氏所引「國風好色」一段即其敘論部分，和余嘉錫之說相同。〔註 8〕

（五）「離騷傳」與「離騷賦」各有其文

于師長卿認為：淮南封地近楚，為騷作傳，其事固宜。肯定劉安為騷作「傳」，「國風好色」一段即傳中文字。又肯定高敘淮南「使為離騷賦」之說，以為「若是〈離騷傳〉，時間太匆促，何能上？奉詔之作必為〈離騷賦〉」，終得結論：「必淮南先有〈離騷傳〉，上見其書，因使為賦耳」。〔註 9〕然而，其作既亡，究竟為「傳」？為「賦」？為訓解之著？抑或「敘論」？「贊序」？「章句」？均已無從考察，因姑存各家之說，以待來日。

五、〈頌德〉、〈長安都國頌〉

漢書本傳言安初朝武帝時，停留長安期間，曾獻這兩篇文章，想亦賦頌

〔註 7〕參見余嘉錫：《目錄學發微》（台北：藝文印書館，1987 年），頁 38。
〔註 8〕同見註 6 鄭說，頁 36。
〔註 9〕同見註 5，頁 5。

之體，今亦亡佚。

六、〈諫伐閩越書〉

《漢書・嚴助傳》言建元六年閩越伐南越，南越王上書求救，武帝欲派嚴助出兵伐南越。劉安恐朝廷輕易折師，上書勸阻，即此〈諫伐閩越書〉，全文詳載於〈嚴助傳〉中。

除此之外，根據《漢書・藝文志》的載錄，易家類有《淮南道訓》二篇；賦家類有「淮南王賦」八十二篇，「淮南王群臣賦」四十四篇；歌詩類有「淮南王歌詩」四篇，天文類有「淮南雜子星」十九卷，雜賦類「成相雜辭」一篇下，補注引王應麟說，淮南王有〈成相篇〉。兵權謀下，顏師古又注，「省伊尹……淮南王，二百五十九種」；樂家之下，顏注云「出淮南劉安等琴頌七篇」，可見依劉向、劉歆父子原著錄，劉安當另有〈琴頌〉若干篇、兵權謀若干篇，今略述如下：

七、淮南《道訓》二篇

王應麟漢志考證引《七略》稱爲「九師道訓」，又引劉向《別錄》，以爲乃淮南王聘善爲易者九人，「從之採獲」，故稱「淮南九師書」，劉向所定著者原爲二十篇。大抵亦如內、外書與中篇，成於眾人之手，而定著於劉安。唯隋、唐志皆不載，知其亡佚已久，僅《文選・張年子思玄賦》注、曹子健〈七啓〉下注兩引其文。馬國翰《玉函山房佚書》卷一《周易淮南九師道訓》曾據朱彝尊「鴻烈所引，自與道訓合」之說，採淮南內書中引《易》之語，輯爲一卷，自稱「聊存道訓之遺」。其所輯者，上經：乾卦三事，坤卦三事、屯卦二事，同人一事。下經：遯卦、豐卦、中孚、小過、既濟各一，〈繫辭傳〉、〈序卦傳〉各一，計十六事。其所採，則〈人間〉二事，〈繆稱〉六事，〈詮言〉有二，〈齊俗〉有一，〈泰族〉有二，〈氾論〉有一。內書之外，〈諫伐閩越書〉與《文選》注亦各採一事（即「遯而能飛，吉孰大焉」）。

于師長卿說，近人胡兆鸞曾將《淮南子》及淮南文中引《易》文字一揭出，疏通證明，成書《淮南周易古義》，共二卷，又補佚一卷。可惜未見刊行。

八、〈成相篇〉

《藝文類聚》八十九〈槿〉下引有淮南王〈成相篇〉一句「庄（莊）子

貴支離，悲木槿。」就其句式看來，大抵如荀子〈成相〉篇，屬賦之類篇章。

九、淮南王賦八十二篇

這八十二篇中，前述《漢書》本傳所載〈頌德〉與〈長安都國頌〉可能也在其內。此外，據補注引周壽昌的說法，前述〈離騷賦〉、《古文苑》卷三所存的〈屏風賦〉，隋志集一卷、《北堂書鈔》百三十五卷等所引劉向《別錄》的〈薰籠賦〉都在內。前述〈成相篇〉則漢志歸列「雜賦家」，應不在其中。《藝文類聚》八十九載有淮南王與八公「登山攀桂樹」詩一句「攀桂樹兮少淹留」，句式似騷體賦，可能亦在八十二篇之中。可惜八十二篇賦，今亦不傳。

十、淮南兵書

《北堂書鈔》卷一一三引《抱朴子》之說，提及淮南王著兵書。漢志「兵權謀」下曾言省「伊尹」以下至「淮南王」共二百五十九種，可見淮南王原有「兵權謀」之作。而補注引錢大昭云：所省諸書，淮南王在「雜家」。今考漢志所錄「雜家」，淮南部分只有內、外兩書；今外書亡佚，不知有沒有兵權謀之類作品？內書說兵的，只有〈兵略〉一篇，所「省」篇章，此應是其中之一。由此亦可見〈兵略〉在《七略》中本屬兵權謀。

《漢書》之外，隋志五行家「竈經十四卷」下注除《淮南萬畢經》、變化術各一卷外，另有《淮南中經》四卷。「〈相馬經〉一卷」下注有「淮南八公《相鵠經》兩卷」。《宋史・藝文志》道家類下有「淮南王劉安〈太陽眞粹論〉一卷」，五行家有「淮南〈見機八宅經〉一卷」，農家有「淮南王〈養蠶經〉一卷」，《廣博物志》四十二卷與《天中記》五十一卷都曾引淮南王〈草木譜〉。祕書省續編到《四庫闕書目》道書中有淮南王〈還丹歌訣〉一卷，據此，淮南王另有：

十一、《淮南中經》四卷〔註10〕

〔註10〕《淮南中經》四卷，隋志五行家《竈經》十四卷下注「梁又有……《淮南萬畢經》一卷、《淮南變化術》一卷……《淮南中經》四卷……。」于師長卿以爲，此乃中篇八卷之析出者，並謂：「漢時中篇八卷此是一事，後人自其中釐出變化之道者爲三章，其本書仍題作《鴻寶萬畢》，梁時已殘闕。又

十二、〈太陽眞粹論〉一卷

十三、〈見機八宅經〉一卷

十四、〈養蠶經〉一卷

十五、《淮南八公相鵠經》二卷

《藝文類聚》九十引四句，《初學記》三十引兩句，《太平御覽》九百十六所引最長，共三百十七字，皆作「淮南八公相鶴經」。隋志、兩唐志、宋志五行家皆錄浮丘公相鶴書（經），于師長卿以爲「鵠當是鶴之誤文」〔註11〕。王荊公《臨川文集》卷七十亦錄其文，連跋共二百六十三字，比對御覽所引，知其仍非全文。末跋以浮丘伯爲作者，言淮南公採藥時得而傳之。要皆依託，不可信。

十六、〈淮南王草木譜〉一卷

于師長卿認爲：恐亦如《淮南王食經》〔註12〕、《淮南王鍊聖石法》〔註13〕之類，爲後人之書〔註14〕。也亡佚。

十七、〈淮南王還丹歌訣〉一卷

亡佚，無可考。

以上是史傳、史志或各類書中所載淮南王劉安的相關著作。其中，除前

自萬畢經、變化術中別析出四卷，題曰「中經」，還漢代之舊，而萬畢經、變化術以字少，此各得一卷。至唐殘闕益甚，孴集互補，止得一卷，存「萬畢」之名。言之相當確鑿，所據乃爲葛洪《神仙傳》卷四所言「淮南王劉安作……中篇八章，言神仙黃白之事，名爲鴻寶萬畢三章，論變化之道。」然《神仙傳》並未詳言八章與三章之關係，尤未涉及《中經》四卷。今見隋志五行家注所載，萬畢經、變化術各一卷與中經四卷並列，其內容與性質重複與否？類近性如何？皆不可知，焉知《中經》非後人依托？因不敢遽斷，故存此。

〔註11〕同見註5，頁4。

〔註12〕隋志醫方家下有《淮南王食經》并目百六十五卷，下注「（隋煬帝）大業中撰」，乃後人之作，非關劉安。

〔註13〕宋志子部道家、四庫闕書目下有楊知玄撰〈淮南王鍊聖法〉一卷，祕書省書目作〈鍊聖石法〉，亦後人之作，非關劉安。

〔註14〕同見註5，頁5。

十種較爲可靠外，餘多依託，不可信。最可惜的是，可靠的十種中，除內書與〈諫伐閩越書〉全存，中篇有輯佚外，其它都亡佚不可知。內書因此成爲今存研究劉安學術思想最重要，且幾乎是唯一的典籍。

第二章 《淮南子》的內容、體系與特質

第一節 《淮南子》的撰作與校注

淮南內書，本名「鴻烈」，高誘敘此書說：「鴻，大也；烈，明也，以爲大明道之言也。」內書之稱，原相對於劉安另兩類著作——外書與中篇而來。高誘又說，光祿大夫劉向校定之後，始稱「淮南」。自從班固《漢書・藝文志》論列九流十家，稱「諸子」後，後世依之而加「子」，《隋書・經籍志》以後因有《淮南子》之稱。根據《西京雜記》卷三的說法，內書另外有《劉安子》、《淮南鴻烈》之稱。

此書全存，篇數和漢志所載脗合。然歷朝書目所載卷數略有不同，有作二十二卷（馬總《意林》及高似孫《子略》引梁庾仲容《子鈔》），有作二十卷（《子略》），有作二十八卷（道藏本），有作三十一卷（藤原佐世《日本國見在書目》）。作二十二卷的，日人島田翰氏已指出「二」乃「一」之誤；作二十卷者，是循守《鴻烈》原意，去除書末自序〈要略〉一篇不計；作二十八卷者，是高誘分〈原道〉、〈俶眞〉、〈天文〉、〈地形〉、〈時則〉、〈主術〉、〈氾論〉七篇爲上、下；作三十一卷，是許愼分〈兵略〉以上十四篇爲十九卷，又分〈兵略〉、〈說山〉、〈說林〉、〈人間〉、〈泰族〉五篇爲上、下，共增十卷，合爲三十一卷。各家分卷雖有歧異，然二十一篇之數則歷代大致相同。

本書的撰著，除主事者劉安外，還有蘇飛、李尙、左吳、田由、雷被、毛被、伍被、晉昌八人，以及思想傾向於儒家的大山、小山等人。全書原本二十篇，加上書末自敘〈要略〉，總共二十一篇。書成時，恰逢武帝新即位，劉安往

朝新君，獻以為賀禮。以主撰人劉安個人譽滿朝廷的文學才華，與南方文學領袖的威望，可以想見，在當時必然相當轟動。可惜一方面因為漢朝為辭賦的盛行時代，漢賦本由楚辭轉變而來，撰者又大多為楚人，內中尤多辭賦高手，劉安本人尤其擅長辭賦，《漢書・藝文志》載劉安生平作過八十二篇賦。因此，書中文字講究修辭，又多雜楚語，劉安曾於〈要略〉中自稱其書「多為之辭，博為之說」其辭「壇卷連漫，絞紛遠緩」；另一方面，劉安後來以謀反罪名抄家，該書可能有一段時間列禁，種種原因，竟使它在當代已產生不易讀的困難，東漢時即有四種注解本——許愼、馬融、延篤、高誘四家，開當代人注當代書的先例。其後馬注全佚，延注除文選〈養生論〉李善注一引外，也亡佚，許、高兩家注解也殘缺不全。清道光年間，《蘇魏公（頌)》集出，據其〈校淮南子題序〉所述，始知北宋蘇頌校理內府秘書時，高注僅存十三篇，許注則存十八篇，且兩注相參，難能分辨。蘇頌因全取較為詳贍的十三篇高注本，與高注所缺許注本八篇，合成今本《淮南子》二十一篇。不過內中許、高兩家注已略有相參之勢。蘇頌並引卷末前賢所題，以區分二注說：

> 許稱其首，皆曰閒詁，鴻烈之下，謂之記上。高題卷首，皆謂之鴻烈解經，解經之下曰高氏注，每篇之下皆曰訓，又分數篇為上下，以此為異。

依此參校今本，〈原道〉、〈俶眞〉、〈天文〉、〈地形〉、〈時則〉、〈覽冥〉、〈精神〉、〈本經〉、〈主術〉、〈氾論〉、〈說山〉、〈說林〉、〈脩務〉十三篇，釋義較詳，篇題之下皆有「故曰某某，因以題篇」，是高注本篇章。〈繆稱〉、〈齊俗〉、〈道應〉、〈詮言〉、〈兵略〉、〈人間〉、〈泰族〉、〈要略〉八篇，注文質簡，又無「故曰」等八字，是許注本篇章。儘管如此，今據《文選注》、《太平御覽》、《廣韻》、《齊民要術》諸書所引，〈繆稱〉以下許注八篇中，仍多雜高注。兩家注外，據《舊唐志》之載，何誘又嘗為淮南內書音讀，稱《淮南鴻烈音》二卷。

唯今本《淮南子》，各篇篇名皆稱「訓」，如〈原道訓〉、〈俶眞訓〉，此乃高誘解經用語，非《淮南子》本有。〈要略〉全篇前後兩度逐一點列篇名，皆稱「〈原道〉者……〈俶眞〉者……」，「有〈原道〉、有〈俶眞〉、有……」，可見書成之時，書名稱《鴻烈》，固為兩字名，即篇名亦兩字稱。其稱「……訓」者，初必僅限於高注十三篇，及其與許注八篇合為一書後，後人見十三篇篇名有「訓」字，八篇篇名無「訓」字，不察，以為八篇缺漏，因妄補上。

淮南之學，明代以前，研究者不多，成果亦少。清乾嘉以來，考據之學大興，學者以小學爲基礎，治經之餘，亦及諸子，或考校，或訓釋，刊去僞謬，校訂訛誤，淮南一書日益可讀。其中若曾國藩之劄記，集解引以解題。惠棟、黃丕烈、陳昌齊、顧廣圻、朱駿聲、汪文臺、盧文弨、錢塘、錢坫等皆有校本。錢塘之《淮南天文訓補注》尤爲解讀〈天文〉之必要篇什。而王念孫之《淮南內篇》、劉台拱〈淮南子補校〉、俞樾《淮南內篇平議》、陶方琦《淮南參正》、孫詒讓《淮南子札迻》、陶鴻慶《讀淮南子札記》尤常爲各家所徵引。其中王念孫所校，最稱精詳。民國以下，又有劉文典之《淮南鴻烈集解》與劉家立之《淮南子集證》，集清儒諸說，附以新校，《淮南子》之校釋，日益詳備。其後，有于省吾之《淮南子新證》、楊樹達之《淮南子證聞》、王叔岷之《淮南子斠證》、補遺、續補三種，以迄于師長卿之《淮南子校釋》，有關淮南內書之校釋問題，大致獲得充分之董理與解決。其後復有大陸學者張雙棣之《淮南子校釋》、何寧之《淮南子集解》，所考、所校、所釋頗思總輯前人而更豐贍精當，亦甚可觀。

近百年來，仰賴清儒以下各家考據之功，淮南之學日益昌盛。義理之研究尤爲近二十年來之新趨勢。即以筆者所編目錄〔註1〕觀之，自民國元年迄民國八十五年，書、目合計，即有四、五百條，民國九十年間得一百七十五，而民國九十一年迄九十八年間，又得二百八十六條，可以想見其入後益盛之狀況。

第二節　《淮南子》的體系與特質

一、規擬治圖的實用目標——雜家、道家與政術

《淮南鴻烈》二十一篇，歷來皆依漢志，歸之雜家，漢志說雜家：

> 蓋出於議官，兼儒、墨，合名、法，知國體之有此，見王治之無不貫，此其所長也。

雜家思想源於古議官之敷論國政、指陳是非，以輔王弼治。它的特色是兼采眾家，隋志說：「雜者，通眾家之意。」根據漢、隋兩志的說法，雜家至少有

〔註1〕依次參見筆者所編：《兩漢諸子研究論著目錄1912～1996》、《西漢諸子研究論著目錄1997～2001》、《兩漢諸子研究論著目錄2002～2009》（台北：國家圖書館漢學中心，1998年、2003年、2010年），頁113～145、頁44～58、頁31～48。

兩大特質（一）它含帶濃厚的政治目的與功能（二）它融通各家之學以成其說，《淮南鴻烈》自稱其撰作的目的是「紀綱道德，以經緯人事」（〈要略〉），高誘敘目也說此書：

> 講論道德，總統仁義，……其旨近老子，淡泊無爲，蹈虛守靜，出入經道……其大較，歸之於道，號曰鴻烈。鴻，大也；烈，明也，以爲大明道之言也。

可見，不論原書或高誘，基本上都認定《淮南子》的內容要旨大體上是道家——尤其是老子一系的論著，以推闡虛靜無爲的道論及其入世之用爲宗旨。後世研治淮南者，亦皆推爲兩漢道家的總代表。今實就淮南全書的內容看來，亦確是以道家虛無清靜思想爲主軸，貫串各篇，統合各家。《淮南子》在某些觀點中，被視爲「道家」典籍的。與《淮南子》同時的司馬談〈論六家要旨〉說，「道家」是一種「因陰陽之大順，采儒墨之善，撮名法之要」，「以虛無爲本，以因循爲用」，無爲、無不爲統合爲一，靜因、刑名緊密結合的統御「術」，也是養生術。班固漢志也說「道家」是一種「清虛以自守，卑弱以自持的君人南面之術」。根據司馬談的說法，「道家」（一）是融通各家之學的。（二）是將老子的虛靜無爲哲學轉化爲政治與養生之用的。根據班固的說法，「道家」也是轉化自老子清虛、柔後哲學的政術。由此看來，漢代人所謂的「道家」與「雜家」，其實是有相通性的。它們（一）都推崇老學，並以之爲主軸，統合各家。（二）它們都通向政治與人生的實用目的與功能。所不同的，〈論六家要旨〉中的「道家」，到班固漢志時，已略分化爲「雜家」與「道家」。其表現在《淮南子》中的，正是這樣的情況。

二、以道爲主，融采閎富

在作爲全書總序的〈要略〉中，《淮南子》自詡其作是「上考之天，下揆之地，中通諸理」的偉大「書論」。它的撰作，負有「紀綱道德」以「經緯人事」的使命。非特要能究盡「天地之理」，梳理「人間之事」，更重要的，希望能構設出一套「置之尋常而不塞，布之天下而不窕」全美無缺，足以傳之永世的「帝王之道」。它仿效《呂氏春秋》，以規擬治圖爲宏偉的目標，因此書名叫「鴻烈」。它綜貫百家，也批判百家，卻有其獨特的堅持。它以道家思想爲主軸，去融合儒、墨、兵、法、刑名、縱橫各家，卻隨處夾雜著陰陽理論，散發著陰陽氣味。〈要略〉說：

作爲書論者，所以紀綱道德、經緯人事。

凡屬書者，所以窺道開塞，庶後世使知舉措之宜適，外與物接而不眩，內有以處神養氣，宴煬至和，而己自樂所受乎天地。

明白揭示了全書撰作的最高宗旨：（一）要理治「道德」與「人事」兩大課題，冀求修身、治事雙方面都能圓滿無缺。（二）要爲後世的立身行事立一準則。針對著第二項目標，作者把歷來的學術思想清點過，一一加以批判，認爲不管是太公之謀、儒者之學、墨子之說、管子之書、晏子之諫、縱橫修短之術，刑名之書，或者商鞅之法；不論兵家、儒家、墨家，或者法家、刑名家，思想的產生，都是源於特殊的地理或時勢，都是因應「一時」的特殊需要，或是源於一地的特殊情況而產生，僅能救一時急，濟一時之需，終不免「遁一跡之路，守一隅之指」、「拘繫牽連」而不能廣應大通。換句話說：它們的產生既源於特殊的時、空，先天上也就有了時空的限制。《鴻烈》的撰作，正是針對各家的這些先天缺失，想立一套能打破這些時空限制，足以永世通行的大法則。因此，它不能再依循某一家的故轍去走，而必須兼合各家，乃至跨越各家，上天下地、遍古遍今地去索尋道理，這該就是它所以「兼儒、墨，合名、法」的第一個原因。所以，說到「劉氏之書」時，〈要略〉並不言其基於何種地理，或迫於何種情勢，而說：

若劉氏之書，觀天地之象，通古今之事，權事而立制，度形而施宜。原道之心，合三王之風，以儲與扈冶玄眇之中，精搖靡覽，棄其畛挈（涊），斟其淑靜，以統天下、理萬物、應變化、通殊類，非遁一跡之路，守一隅之指，拘繫牽連之物，而不與世推移，故置之尋常而不塞，布之天下而不窕。

又說：

著書二十篇，則天地之理究矣，人間之事接矣，帝王之道備矣。

從這裡，我們不難看出劉安等人因應政治一統的偉勢，亦欲一統學術，以融鑄出一套全備無缺的大法，做爲一統政治的永久準則。因此，在撰作上盡其可能廣採博收，精挑細選，所謂「精搖靡覽，棄其畛挈（涊），斟其淑靜」說明了他們在取材和鎔裁上所費的工夫。

不過，他們儘管批評了儒、墨、法、名、兵、縱橫各家，卻沒有批評道家與陰陽家，在他們所謂的「循一跡之路，守一隅之指」，有所「拘繫」的「一曲」之學中，只有道家與陰陽家不在其列。因爲，在他們看來，陰陽家和道家之學最能「觀天地之象，通古今之事」。在二十篇（〈要略〉除外）的內容中，這兩家的學說，確是較他家佔有更多的比重，尤其道家。我們看開頭的幾篇：〈原道〉、〈俶眞〉、〈時則〉、〈天文〉、〈地形〉、〈覽冥〉等，不是道家就是陰陽家的東西，可以明白這種情況。因爲，其他各家，在二十篇中幾乎都是以兼合的形態出現的。只有道家和陰陽家獲得這樣全篇性的介紹。道家是它的堅持，陰陽學則強烈反映了時代風潮。

其次，對於「紀綱道德以經緯人事」的第一項目標，〈要略〉說：

言道而不言事，則無以與世浮沉；言事而不言道，則無以與化游息。

在研治的課題上，他們是「道」、「事」並講的，他們企圖構設出一套長生久世的大法。在各家中，他們認爲只有道家超然物外的哲學最能幫助他們達到這個理想，因此，他們要言「道」，要「與化游息」。然而，人畢竟是生存於現實社會裏的，人的一切生命活動，終不能不落實於現象界。不與世委蛇，則無以安身立命。任何超然不朽的弘道，最終最大的目的也都是用來理治紛繁的人事問題的。因此，論「道」之外，他們不能不言「事」。

而按照〈要略〉的陳述，「道」與「事」兩大課題都是極難理治的。「道」太普遍，又太「玄眇」，不易「抽引」；「事」則太紛繁，不易理治，爲了疏解這些困難，不論在取材或文字的表達上，他們都不能不力求閎富。〈要略〉說：

今專言道則無不在焉，然而能得本知末者，其唯聖人也。今學者無聖人之才，而不爲詳說，則終身顛頓乎混溟之中，而不覺悟乎昭明之術矣。今《易》之乾坤，足以窮道通意也，八卦可以識吉凶、知禍福矣，然而伏羲爲之六十四變，周室增以六爻，所以原測淑清之道，而攬逐萬物之祖也。夫五音之數不過宮、商、角、徵、羽，然而五弦之琴不可鼓也。必有細大駕和，而後可以成曲。今畫龍首，觀者不知其何獸也，具其形則不疑矣。……江河之腐胔不可勝數（也），然祭者汲焉，大也。一盃酒，白蠅漬其中，匹夫弗嘗者，小也。

人所居，僅內室，然不升門庭，無由入室，不有門庭，也無以別「室」。所用雖一，所取不能不多，唯包覽閎富，然後可以成用，這是八卦、五音的喻義；博則存精必多，狹則游刃無餘，這是江河、盃酒的喻義。二十篇因此不能不閎富地兼融各家。

但是，二十篇的價值，主要卻不是架構在這些閎富之上。〈泰族〉說：「其美在調」，「聖人兼用而財制之」。博收廣羅之外，更重要的是他們下了相當大的工夫去「財制」它，「調和」它。對於「精搖靡覽」所得，他們有所「棄」，也有所「斟」，經過一番嚴格地汰蕪存精，披揀提煉，二十篇因而具備了以「道」為宗的一貫精神，也有了相當完整的思想架構。非特篇篇有其獨特的面貌和主旨，就是篇與篇間，也脈息相聯。尤其貫串全書，出老莊而不入於老莊的道德精神，更令二十篇得提挈之妙，而呈現綱舉目張，本末完賅之勢。《淮南鴻烈》的價值就是建立在這些提挈與完賅之上。其一統前古學術，規擬治平藍圖的宏願，也賴此才得以落實。

三、本末完賅的體系與結構

今逐一檢索全書二十篇，則自〈原道〉以迄〈脩務〉，由「道」的本體論，逐漸進入「人事」的應用論，最後以通貫天、地、人的〈泰族〉結論全書。

〈原道〉發揮《老子》道德義。〈俶眞〉窮究道始，發揮《莊子》宇宙觀與有無義。〈天文〉總論天地、宇宙、陰陽、日月、星辰乃至風霜雨露、萬物的形成、天象與下物的類應與感動，甚至災異變化、祆祥徵兆。〈地形〉紀九州內外山川、澤藪、風土的道里、長短、深廣，並奇珍異產。〈時則〉撮《呂氏春秋》十二紀而成，以氣化與陰陽五行為基礎與框架，紀一年十二月的時令、風候、物象、政令、舉事，並其順逆妖祥。〈覽冥〉以氣化為核心，以「精」、「誠」為媒介，專論馳神感通之理。〈精神〉以道家，尤其是《莊子》虛無養神的修養原則，配合傳統天人合一的學說，完成寧靜節制的修養論。〈本經〉推衍《老子》「大道廢」一章的章旨，論證大道的淪廢與仁義禮樂的殘道鑿樸，而歸於節性養神，復返道初。〈主術〉以道家的無為，儒家的民本思想，配合法家、刑名家的明法、因勢、循名責實等政治架構與技術，申論人君之道與君臣相與之理。〈繆稱〉以瑣碎形式，綜合道家的無為虛己、儒家的「反身而誠」、「居易俟命」，歸本於原心反性、適情知足。〈齊俗〉既仿效也發揮《莊子•齊物論》的思想，參以因、時、變的觀念，而歸結於「宜」、「用」的平實價值觀。〈道應〉援引子史事例五十四件，解證《老子》禍福得失之言五十二則，《莊子》之言一則，《愼子》之言一則。〈氾論〉沿襲〈齊俗〉，推衍「因」與「時」、「變」之旨。〈詮言〉反覆論證虛己無為之道。〈兵略〉綜合各家兵論，昌言仁義、本政、虛無、趁勢、因權的用兵之道，並論將。〈說山〉、〈說林〉仿《韓非子・說林》，累列百八十餘事例，以雜論各類事理。內中多名理名言，或儒或道，或陳說事實現象，借事為喻，以解說人世紛擾糾結、曲折難明的道理。〈人間〉仿《莊子・人間世》，多舉事例以明世間損益、利害、禍福、是非、功過、毀譽等相反相合、倚伏反覆之機。〈脩務〉推闡《淮南子》有爲式之無爲論，賦老莊消極的無爲以積極、顯實之義，朝應用一途去開展。以循道勤務、興治立功去改造道家的「無爲」，使落實爲順自然以積極建立事功，勤勉、力學因此亦成爲「無爲」的重要內涵。〈泰族〉義爲「大聚」，是全書的總結論。該篇統合前十九篇思想，作簡要提摯或結論，終標舉出揉合儒、道、陰陽、法各家思想的「神化」（精誠動化）爲政治至境。

就二十篇的次序排列而言，開頭兩篇〈原道〉、〈俶眞〉一以釋老，一以解莊，明白揭示了全書脊柱。以下各篇，篇篇不離老莊清簡、虛無本旨。而且〈本經〉以前各篇多偏重天地自然的陳述與道德理論，〈主術〉以下則側重人事之治理、記載與研論，是「道德」的應用。前半論題多屬抽象道理，後半漸落實爲實際的事類、方法與問題。至末篇〈泰族〉則以綜會道德與人事的姿態，昌論至德神化的治道，做爲全書的結論，呼應它那「紀綱道德」以「經緯人事」的撰作宗旨。

除了篇次的安排之外，各篇與各篇之間次序的串聯，〈要略〉也有籠統的說明，〈要略〉說：

> 言道（〈原道〉）而不明終始，則不知所倣依；言終始（〈俶眞〉）而不明天地四時，則不知所避諱；言天地四時（〈天文〉、〈地形〉、〈時則〉）而不引譬援類，則不知精微；言至精（〈覽冥〉）而不原人之神氣，則不知養生之機；原人情（〈精神〉）而不言大聖之德，則不知五行之差；言帝道（〈本經〉）而不言君事，則不知大小之衰；言君事（〈主術〉）而不爲稱喻，則不知動靜之宜；言稱喻（〈繆稱〉）而不言俗變，則不知合同大指；已言俗變（〈齊俗〉）而不言往事，則不知道德之應；知道德之應（〈道應〉）而不知世曲，則無以耦萬方；知氾論（〈氾論〉）而不知詮言，則無以從容；通書文而不知兵指（〈兵略〉），則無以應卒；已知大略而不知譬喻（〈說山〉、〈說林〉）則無以推明事；知公道而不知人事（〈人間〉），則無以應禍福；知人間而不知脩務（〈脩務〉），則無以使學者勸力；欲強省其辭，覽總其要，弗曲行區入，則不足以窮道德之意（故作〈泰族〉）。故著書二十篇，則天地之理究矣，人間之事接矣，帝王之道備矣。

所說雖仍不免牽強籠統，然而卻很清楚地可以看出他們力求條理一貫，要人相信他們的書是有著相當完整的思想體系的苦心。

梁啓超先生曾評斷過同被列爲雜家的《呂氏春秋》與《淮南子》說：

> 淮南……呂覽……皆雜采諸家之說，其性質頗相類也。雖然，猶有辯。呂不韋本不學無術之大賈，其著書非有宗旨，務炫博譁世而已，故呂寬儒、墨、名、法樊然雜陳，動相違忤，只能爲最古之類書，不足以成一家之言，……劉安博學能文，其書雖由蘇飛輩分纂，然宗旨及體例，計必先行規定，然後從事，……匠心經營，極有倫脊，非漫然獺祭而已。(《諸子考釋・漢書藝文志諸子略考釋》)。

有關《呂氏春秋》是否眞是「非有宗旨，務炫博譁世而已」、「不足以成一家之言」，並不在本論題之內，不贅述。他對淮南鴻烈所作的批判，倒眞非過譽，確是知心之言，劉安和他的賓客們確是用盡心思力氣地去力求縝密周全的。

總之，《淮南子》全書二十篇，具體而微地反映了劉安一生才情、學問的淵深與多面性。它以道家思想爲主軸，舉凡本體（〈原道〉）、宇宙（〈俶眞〉）、修養（〈本經〉）、(〈精神〉)、政治（〈主術〉）、兵術（〈兵略〉）、無爲、勸學（〈修務〉）、感應（〈覽冥〉）、天文（〈天文〉）、地理、神話（〈地形〉）、節令、物候、政令（〈時則〉）等等論題，無不含包。此外，更有專門解證《老子》理論的〈道應〉，與雜論各種事理的〈說山〉、〈說林〉、〈繆稱〉，外加補強作用的〈氾論〉、〈詮言〉，與全書總結論的〈泰族〉，合共二十篇。篇次的安排，由本體而創生，而應用；由形上而形下，中間穿插不少補強篇章，終以第二十篇〈泰族〉總結各論，雖是集體著作，卻首尾一貫，體系相當完整，顯然經過大學問家劉安本人總裁過。它發揮了老、莊之學，解證老、莊之學，卻也終於轉化了老、莊之學。

它窮盡一切時、空概念去詮釋、顯實老莊的本體「道」，俾便於人理解、掌握和應用。它借用《莊子・齊物論》七句話爲間架，圍繞著《老子》「道生一，一生二，二生三，三生萬物」的命題，開展出秦漢，也是中國哲學史上氣化宇宙論的基本模式。它依循老、莊神重於形的修養要旨，暢談形、氣、神的關聯，論後期道家形神互依、交養的修養理論，並提醒人：居住環境與水質對人體健康的影響。它參酌尚實派法家《管子》裡公平厚道的法論，結合了儒家仁義恩厚的思想，去調和申不害、商鞅、韓非一系，以尊君爲最高目的的政治理論，轉化爲君臣互動，重民本，公平合理的政論。它總集三代以來各家論兵之精髓，鎔鑄成本仁祖義，貴隱尚虛、講權謀、倚形勢、重陰陽、論技巧，也行間用奇的兵學理論，並詳述拜將之禮。它承襲先秦道家崇尚自然無爲的傳統，以虛靜無爲爲行事的最高準則，並要求據此以建立事功。將「無爲」詮釋爲因順自然，以求發展，將儒家的勸學觀點也納入「無爲」的領域中，從而轉化了先秦道家「非學」的傳統，充分顯現了出老、莊而不入於老、莊，積極入世的後期道家風格。它的價值平等觀遙承《莊子》的齊物精神，而歸結於反對貴遠賤近，呼籲重視事物的眞價值。它的天文學是上古天文知識的眞實記錄，它的地理學含括〈禹貢〉九州與《山海經》的自然地理、人文地理，乃至神話地理。它那節令、物候與政令天人相合相搭配的理論，尤其遠承《周禮・夏小正》、《呂氏春秋》十二紀，而和《禮記・月記》，同樣是規劃完整的古代官方政治作息的理想年表。此外，它還保留許多與他書不同的先秦文獻資料。全書行文既對仗，又押韻，也重修辭，處處是史料和典故，是研究文獻學與修辭學的好材料與好教本。更特殊的是，它是典型的楚人著作，無論是表達的形態，還是遣用的語辭，處處呈現出楚風格，是研究楚文學與楚語文很有價值的典籍。

四、沿複、鋪衍的楚文風格

《淮南子》的語文形態，在歷代子書中，是有名的特殊與難讀。這些語文形態上的特殊與難讀，和後天版本的訛誤問題無關，它是先天性的，是劉安及其著作群〔註2〕特殊文字風格所造成。它使我們在今天儘管有了清代以下考據學者們校讎、辨僞、注釋的成果作後盾，仍然不見得能很順利讀通它。高似孫曾批評《淮南子》，其文「沿複」，「其字殊多新特」〔註3〕，「沿複」與「新特」的確是《淮南子》的文字特色。不過，這些文字表達上的「沿複」與「新特」，部分原因如前序述，是爲了達成其綜合古今天地之道，會通殊類變化之理，以構設永垂不朽治道的偉大理想。在這樣偉大的構想與艱鉅任務的前提下，所用以表達的文字，自然相應地難以簡易平淺。〈要略〉說：

〔註2〕 有關《淮南內篇》的成書，實際上固是劉安君臣通力合作下的結果，作者本該是集體的，而非個人，但從劉安個人足以領騷一方的高超才華，再衡諸全書有計劃撰作的痕跡，與其頗爲統一的風格體制，全書經過劉安一人用心地整理過應該是沒有問題的，〈要略〉篇也應該是劉安寫的，是他以一名符其實的主編者、審訂者的身份寫的。是以全書作者雖不一，主要仍當推他。

〔註3〕 見〔清〕高似孫：《子略》（台北：廣文書局，1968年），卷4《淮南子》下，頁150。

> 夫道論至深，故多爲之辭，以抒其情；萬物至衆，故博爲之說，以通其意。辭雖壇卷連漫、絞紛遠緩，所以洮汰滌蕩至意，使之無凝竭底滯，捲握而不散也。

這就是造成它「沿複」的原因。因爲，不論「紀綱道德」或「經緯人事」，都不是三言兩語、平文淺意所能達成的。「道德」既玄深，難以「抽引」；「人事」亦紛繁多「結紐」，難以輕易詮解。因此，所用以表述與推闡的文字，自然跟著繁複起來。迂迴其辭，博粲其文，以求能深入幽隅，曲盡其意，這是所欲理治的課題本身的繁難。此外，欲以此宏包的偉論，去啓悟人心，開導閉塞，學習者平凡的理解能力，也不能不深加考慮，〈要略〉說：

> 其言有小有巨，有微有粗，指奏卷異，各有爲語。今專言道，則無不在焉，然而能得本知末者，其唯聖人也。今學者無聖人之才，而不爲詳說，則終身顚頓乎混溟之中，而不覺寤乎昭明之術矣。

之所以不憚其繁，再三曲說演論，正是顧慮到讀者平凡的領悟能力。言太簡、太約，恐學習者無由領握竅門，故不惜繁複其辭，推衍鋪敘，以增強意念，啓悟其心。因此，它一方面取挹老莊道德本旨，另方面卻又極力釋析，冀使更爲顯實。比如，它用許多時空概念的語詞去詮解「道」，鋪寫「道」，以說明「道」的超越一切和無所不在。換言之，其表達所以不得不「沿複」，主要關鍵應該在它所用以博說的文辭「壇卷連漫」、「絞紛遠緩」之故。《淮南子》的文字，我們如果略加區分，應可別爲兩類：

第一類是徵引（明引或暗用）或截取前代典籍文字者：

淮南全書引用前代學說文字之處甚多，五經之外，百家諸子有宜用者皆所不棄〔註4〕。這類語句既徵引自前人，故遣辭用字除略事損益，使能首尾一貫，不有窒牾之外，大抵因仍原作，不會有太大歧異。眞正讓人感到艱澀困難的，是第二類。

第二類文字是作者所自鑄的：

這類文字往往雕縟鋪誇，極盡修辭之能事，且又詭辭異字成段成行，茲舉數例，以見其貌：

〔註4〕麥文郁：〈淮南子引用先秦諸子考〉（台北：國立臺灣大學中文研究所碩士論文，王叔岷指導，1960年）與徐復觀〈淮南子與劉安的時代〉，《大陸雜誌》47卷第6期（1973年12月），頁1～42。

（一）〈本經〉篇說「五遁」云：

流遁之所生者五：大構駕，興宮室，延樓棧道，雞棲井幹，標抹欂櫨，以相支持；木巧之飾，盤紆刻儼，贏鏤雕琢，詭文回波，淌游瀷淢，菱杼紾抱，芒繁亂澤，巧僞紛挐，以相摧錯，此遁於木也。鑿汙池之深，肆畛崖之遠，來谿谷之流，飾曲岸之際，積牒旋石，以純脩碕；抑淢怒瀨，以揚激波，曲拂邅迴，以像湡浯；益樹蓮菱，以食鱉魚；鴻鵠鸘鷞，稻粱饒餘，龍舟鷁首，浮吹以娛，此遁於水也。高築城郭，設樹險阻，崇臺榭之隆，侈苑囿之大，以窮要妙之望，魏闕之高，上際青雲，大廈曾加，擬於昆侖。脩爲牆垣，甬道相連，殘高增下，積土爲山，接徑歷遠，直道夷險，終日馳騖，而無蹪陷之患，此遁於土也。大鐘鼎，美重器，華蟲疏鏤，以相繆紾，寢兕伏虎，盤龍連組，焜煌錯眩，照耀輝煌，偃蹇寥糾，曲成文章；雕琢之飾，鍛錫文鐃，乍晦乍明，抑微滅瑕；霜文沈居，若簟籧篨，纏綿經冗，似數而疏，此遁於金也。煎熬焚炙，調齊和之適，以窮荊吳甘酸之變；焚林而獵，燒燎大木，鼓橐吹埵，以銷銅鐵，靡流堅鍛，無厭足日；山無峻幹，林無柘梓，燎木以爲炭，燔草而爲灰，野莽白素，不得其時，上掩天光，下殄地財，此遁於火也。

像這樣「絞紛」奇拗的用辭，雕麗鋪衍的敘述，除漢賦〈子虛〉、〈上林〉而外，鮮有倫比。今實取漢賦以相比對，其鋪衍雕縟，比起漢賦，竟又過之。

（二）〈原道〉篇舉馮夷大丙得道之御術說：

昔者馮夷大丙之御也，乘雷車，入雲蜺，游微霧，騖忽怳，歷遠彌高以極往，經霜雪而無迹，照日光而無景，扶搖抮抱羊角而上，經紀山川，蹈騰昆侖，排閶闔，淪天門。末世之御，雖有輕車良馬、勁策利鍛，不能與之爭先。

不論是用辭的曼衍或意境之闊遠，都與屈騷「飲余馬於咸池兮，總余轡乎扶桑。折若木以拂日兮，聊逍遙以相羊。前望舒使先驅兮，後飛廉使奔屬。鸞鳳爲余先戒兮，雷師告余以未具。吾令鳳鳥飛騰兮，繼之以日夜。飄風屯其相離兮，帥雲霓而來御。紛總總其離合兮，班陸離其上下，吾令帝閽開關兮，倚閶闔而望予。」一段頗爲類似。

此外，像〈俶眞〉鋪寫三代以前的純蒙混和與懷道忘遺之境，〈覽冥〉、〈本經〉歷數衰世，〈要略〉曲述各篇篇旨，或虛怳迷離，或誇侈奇拗，或瓌詭豔炫。尤其〈俶眞〉篇開宗詮釋《莊子・齊物論》「有始也者……」一段，以爲萬有生化七大階段一節，更是複辭疊字累貫成行，詭字奇辭排比成篇，非特意境渾蒙惚怳，文字色彩和音讀更是奇炫而不平，這些都是典型的《淮南子》式文字。像〈要略〉篇那些奇字異辭，假使不是許愼以來校注諸家的曲爲詮釋，吾人幾無以卒讀其文。從前劉勰《文心雕龍》〈詮賦〉篇批評漢賦「極聲貌以窮文」「繁華損枝，膏腴害骨」，〈辨騷〉篇說楚騷「朗麗」「綺靡」「瓌詭」「耀豔」。《莊子》〈天下〉篇說《莊子》的文章「以卮言爲曼衍，……其書雖瓌瑋而連犿無傷也，其辭雖參差而諔詭可觀。」《淮南子》廿一篇所呈現的文字色彩，予人的感覺，常常就是這種「極聲貌以窮文」、「繁華」、「瓌詭」、「耀豔」、「膏腴」、「曼衍」、「諔詭」兼而有之的氣味。高似孫說：「《淮南》之奇，出於《離騷》；《淮南》之放，得於《莊》《列》。」〔註 5〕實則，《淮南子》之得於《莊子》者，又豈止一個「放」字而已。我們如果仔細地加以檢索比對，應該不難發現，《淮南子》的許多炫煒奇詭的文字或辭彙，有許多根本是沿用或脫化之於《莊子》與楚騷，尤其是楚騷。而這種比漢賦更雕縟奇詭，與楚騷同樣曼衍馳騁，與《莊子》同等瓌瑋的文字氣味，正是《淮南子》所特有而大別於漢代諸子的文字風格。

造成這種風格的主要原因，應該是由於撰作者劉安君臣知騷能賦，醉心《莊子》，因此，遣辭造境都脫不了它們的影響。詳細地說，漢代是賦的發展時期，當代文人無不知騷能賦，當代大思想家像賈誼、陸賈諸人也都有賦。而據《漢志》的記載，劉安原有賦八十二篇，群臣賓客在他的率領影響下，也曾各竭才智，分造辭賦四十四篇，劉安君臣本都是好賦能賦的。篤好既深，不免以寫賦的技巧去經紀道德人事，也是極其自然的事。除了好賦能賦而外，根據史、漢本傳的記載，劉安本人對於屈騷尤其心得獨到，僅就他當廷應試，一賦（傳）《離騷》而聲名大噪的事看來，劉安本人對於楚騷的潛研，功力之深厚，造詣之獨到，是可以想見的。而《楚辭・招隱士》相傳就是他的賓客淮南小山所作的，楚騷對於劉安君臣影響之大，應該無可置疑。除騷賦而外，劉安君臣又醉心《莊子》。在他們的著作中，除了有內篇《鴻烈》，以「道德」綜貫各家之外，劉安及門人又曾有《莊子略要》、《莊子后解》之作，已如前述。而《鴻烈》廿一篇，徵引《莊子》之處最多〔註 6〕，〈俶眞〉篇多以發揮

〔註 5〕〔清〕高似孫：《子略》，卷 4《淮南子》下，頁 149。
〔註 6〕周駿富：〈淮南子與莊子之關係〉，《大陸雜誌》14 卷 2 期（1975 年 11 月），

《莊子》之旨。而據近人考證，內篇《鴻烈》援用先秦子書十餘種，八百三十餘例，內中援用《莊子》者即近三百例，約佔三分之一強〔註7〕。這些考證儘管頗多疏漏，亦足見《莊子》與《淮南子》關係之密切。援引既多，自鑄文辭時當然不能不受影響。

除去以上這些原因之外，造成《淮南子》特異的文字風格，應該另有一項相當重要的因素，那就是以江湘淮水區域爲主的楚地語文特質。換句話說，《淮南子》文字表達上，色彩之奇拗炫燁，實與楚地的語文特質有重大關聯。劉勰《文心雕龍》〈辨騷〉篇嘗譏屈原之作，其辭「詭異」，其說「譎怪」，其志「狷狹」，其意「荒淫」。這種「詭異」、「譎怪」、「狷狹」、「荒淫」的風格與色彩，或許不只是屈賦所獨有，而係楚地，或江、湘、淮一帶南方語文的普遍特質。劉勰說：「山林皋壤，實文思之奧府。」（《文心雕龍‧物色》）王夫之也說：「楚，澤國也，其南沅湘之交，抑山國也，疊波曠宇，以蕩遙情，而迫之以崟嶔戌削之幽苑，故推宕無涯，而天采矗發，江山光怪之氣，莫能掩抑。」（《楚辭通釋》序例）楚地奇特神秘的山水地理，促成奇拗、詭異、光怪、搖情的語文色彩，其呈現於屈騷者如此，呈現於楚辭各篇者亦莫不然。劉安本人自幼生於淮南，長於淮南。八歲以後，襲父封淮南。據史、漢本傳之載，終其一生，未曾遷封。劉長原封之淮南，在淮水、廬、衡一帶，正戰國楚地。劉安所封，較之其父時代，雖已三分削減其二，仍不出舊楚故地，其臣下又多江淮之徒，奇拗、詭異、光怪、浪漫的南方語文特質，不會與他們毫不相干。劉安君臣偏嗜屈騷，雅好辭賦，或不無地域因緣。因爲，屈騷固然是楚產，宋玉、景差等人的辭賦也是源自楚騷，都是所謂的「書楚語、作楚聲、紀楚地、名楚物」〔註8〕的典型楚文學。即便是漢賦「侈麗閎衍」〔註9〕「鋪采摛文」〔註10〕的特徵，也和楚文學有一定的淵源〔註11〕。

頁 14～17。

〔註7〕麥文郁：〈淮南子引用先秦諸子考〉，頁 224。

〔註8〕〔宋〕黃伯思：〈校定楚辭序〉，《宋本東觀餘論》（北京：中華書局，1988 年），頁 3440。

〔註9〕〔漢〕班固撰，〔唐〕顏師古注：《新校漢書集注》（台北：世界書局，1974 年），卷 30，〈藝文志‧詩賦略〉，頁 1756。

〔註10〕〔梁〕劉勰撰，〔清〕黃叔琳注，李詳補注，楊明兆校注拾遺：《文心雕龍校注》（台北：世界書局，1962 年），卷 2，〈詮賦〉，頁 50。

〔註11〕可參見何廣棪：《漢賦與楚文學之關係》，香港：珠海書院文史研究所學會，1973 年。

劉安君臣既然身居楚，又對這些愛文學，或和楚文學有一定淵源的東西有獨特的偏好和高深的造詣，《淮南子》一書在語文表達上，就不可能擺脫得了楚地語文特質的影響。因此，騷賦多疊字複詞以鋪寫景物，曼衍情境，《淮南子》也喜歡用疊字複詞，而它文字的難懂難讀處也往往就在這些疊字複詞上。《淮南子》廿一篇裏，最令人頭痛的奇字異辭，很多就是這些疊字複詞的運用。因此，《淮南子》文字別異於漢代諸子的特殊色彩，和騷、賦、《莊子》一樣，主要來自楚地的語文特質。顧炎武曾說過：「淮南多楚語。」〔註 12〕楚語多方言，方言多古音而難讀。林語堂也說「古文中的奇字或體字，……實皆方言之字。」〔註 13〕劉安君臣們用了不少楚語來寫《淮南子》，《淮南子》裏某些特殊的字、辭，有很多是楚地方言語彙。

五、俳偶與叶韻

除了用語「新特」、「沿複」，喜用複合詞與疊字，意境玄遠遼闊外，《淮南子》還沿承楚語文的另外兩大特質：排偶與押韻。一個概念《淮南子》常用兩句，甚至四句去表達。這兩句、四句且往往是俳偶的，其偶對之句，意思往往相同。因此，讀者自可從上下句的相應比對中去理解其意。上句不解，看下句；下句不解，讀上句，這是解讀《淮南子》的生難語句極爲重要的法門。比如〈要略〉提挈各篇篇旨說：

> ……〈氾論〉者，所以箴縷縩繺之間，攕揳唲齵之郄；接徑直施，以推本樸……所以使人……不誘惑於事態，有符曬晲……。〈說山〉、〈說林〉者，所以竅窕穿鑿百事之壅遏，而通行貫扃萬物之窒塞者也。假譬取象，異類殊形，以領理人之意，解墮結紐。說擇摶囷，而以明事埒事者也。

〈俶眞〉篇標舉至德，〈覽冥〉、〈本經〉等篇歷數衰世，或虛恍而迷離，或鋪衍而奇拗，在在予人瓌詭、豔炫之感。「箴縷縩繺之間」，意指縫補衣物綻裂的毛邊；「攕揳唲齵之郄」，意謂栓塞錯梧之隙縫，（古不以釘鉤接木具，上爲鑿，下爲梲，相接合，有縫，則打小木栓以固定之。）兩句詞意、詞性皆相

〔註 12〕〔清〕顧炎武撰：《日知錄》（台北：文史哲出版社，1979 年），卷 29，〈方音〉，頁 841。

〔註 13〕林語堂：〈前漢方音區域考〉，《語言學論叢》（台北：民文出版社，1967 年），頁 20。

合、相對，其意皆指細緻彌補所要表述思想理論之粗疏不足處。「竅窕穿鑿百事之壅遏」與「通行貫扃萬物之窒塞」亦詞對意同，「竅窕穿鑿」與「通行貫扃」各為兩個合義複詞構成的動詞，皆疏通無礙之意，兩句意皆為透徹論證各類事物道理之窒礙難明之處。「解墮結紐」意為解開糾結的死結；「說擇（脫釋）摶困」，意乃鬆脫結聚的線團，其意與前兩句一樣，皆謂疏通膠著不解、窒礙難明的道理。

〈原道〉鋪寫道的體性說：

> 夫道者，覆天載地，廓四方，柝八極，高不可際，深不可測，包裹天地，稟授無形。原流泉浡，沖而徐盈；混混滑滑，濁而徐清。故植之而塞于天地，橫之而彌于四海，施之無窮而無所朝夕。舒之幎於六合，捲之不盈於一握。約而能張，幽而能明，弱而能強，柔而能剛。橫四維而含陰陽，紘宇宙而章三光。甚淖而滒，甚纖而微。山以之高，淵以之深，獸以之走，鳥以之飛，日月以之明，星歷以之行，麟以之游，鳳以之翔……太上之道，生萬物而不有，成化像而弗宰，蚑行喙息，蠉飛蝡動，待而後生，莫之知德，待之後死，莫之能怨。得以利者不能譽，用而敗者不能非。收聚畜積而不加富，布施稟授而不益貧。旋緜〔註 14〕而不可究，纖微而不可勤。累之而不高，墮之而不下；益之而不眾，損之而不寡；斲之而不薄，殺之而不殘；鑿之而不深，塡之而不淺。忽兮怳兮，不可為象兮；怳兮忽兮，用不屈兮；幽兮冥兮，應無形兮；遂兮洞兮，不虛動兮。與剛柔卷舒兮，與陰陽俯仰兮。

這一大段對道體的鋪衍，作者幾乎窮盡了他所能想像得到的時空觀念與相對語詞來論證道之含容一切相對，無所不包，無所不容，亦無所不至，無所不能。就意境概念言，它兼有莊子荒唐曼衍，楚騷上天下地，閎闊廣遠，漢賦鋪誇揚厲的風格、氣質。就句式而言，有兩字為句以相偶，如「覆天」對「載地」，有四字為句以相偶，（如「高不可際」對「深不可測」……此類句式最多。）有五字為句以相偶、相排，（如「日月以之明，星歷以之行」及「累之而不高……塡之而不淺」等八句）有六字為句以相偶，（如「旋緜而不可究，

〔註 14〕高注「縣，猶小也。」王念孫以為：諸書無訓「縣」為「小」者，「縣」當為「緜」，字之誤也。今從校改。其說詳見劉文典：《淮南鴻烈集解》（台北：文史哲出版社，1982 年），卷 1〈原道〉，頁 4 當句下引。

纖微而不可勤」，「與剛柔卷舒兮，與陰陽俯仰兮」。）有七字爲句相偶，（如「得以利者不能喻，用而敗者不能非」、「横四維而含陰陽，紘宇宙而章三光」。）有八字爲句以相偶，（如「收聚畜積而不加富，布施稟授而不益貧」。）甚至亦有兩字爲句、兩句又合爲一句，兩兩相偶者，（如「蚑行」對「喙息」，「蠉飛」對「蠕動」；「蚑行喙息」又對「蠉飛蠕動」。）有四字爲句，兩句一組，兩兩相對、相偶者，（如「待而後生，莫之知德；待之後死，莫之能怨」，和「忽兮怳兮……不虛動兮」，千變萬化，隨意自在，卻無不順當，巧盡其能，將俳偶的文字技巧發揮到了相當高妙的層次。

這樣的文字形態，相當普遍地布滿在《淮南子》各篇之中，是很地道的，《淮南子》式的表述風格。能掌握住這種風格特質，對於全書許多奇特艱難的語詞意涵便能順利理解。

除了偶句行文之外，從上引〈原道〉之例可以明顯看出，《淮南子》還好押韻。如上引〈原道〉之例，前節自「覆天載地」以下，除「植之而塞于天地……不盈於一握」五句外，餘皆押韻，或兩句一韻，或句句相押。今以陳師伯元古韻三十二部觀之，則極、測押第 25 部職韻，形、盈、清押第 12 部耕韻，張、明、強、剛、陽、光押第 15 部陽韻，明、行、翔押第 15 部陽韻。後節則有、宰押第 24 部之韻，「蚑行喙息」至「不能非」八句不押，自「收聚畜積……」以下又恢復兩句一押，或句句押。計有貧、勤押第 9 部諄韻，下、寡押第 13 部魚韻，殘、淺押第 3 部元韻，都是兩句一韻。「忽兮怳兮」以下則句句韻，怳、象押第 15 部陽韻，忽、屈押第 8 部沒韻，冥、形押第 12 部耕韻，洞、動押第 18 部東韻。末兩句又不押。而像這樣大篇幅俳偶、叶韻的鋪衍狀況，在《淮南子》裏相當普遍。這些偶句、俳句與好叶韻現象，其實也正是楚騷、漢賦的文字特色。從根源上說，它們都是楚系語文的表現特質，是很地道的楚風。

總之，《淮南子》不論用字、用辭之奇特、沿複，喜用複詞疊字，設景造境之閎衍鋪誇、玄遠恢廓，或是組句之排、對、偶行，用韻之普遍，基本上都和《莊子》、《老子》、楚騷、漢賦等南方道家思想典籍與文學作品表現出類同的氣味，從根源上說，應該都屬楚地語文的特色與風格。

六、毀譽紛歧的歷代評價

然而，誠如班固所說的，「兼儒、墨，合名、法」並不是一件太容易的事，

「通眾家」的工夫也並不見得如想像中那樣順理成章。「兼」「合」得不好，就會變成自相抵牾，或雜亂無章，「曼羨而無所歸心」。因此，歷來的學者對於雜家，乃至淮南鴻烈，價值的高下批判，就有了極大的差別：稱譽它的，揄揚其閎深；疵詆它的，指責其駁亂。

揚雄《法言‧問神》嘗引「或曰」說：「淮南、太史公其多如歟？曷其『雜』也。」高似孫《子略》卷四也說淮南子意「雜出」而文「沿複」。他們所說的「雜」，都是指的雜拼乏統之意。黃震日鈔則同於梁任公批評呂覽，視為「天下類書之博者」，〔註 15〕既視為「類書」，自然跟隋志所說的「通」眾家不一樣了。四庫簡明目錄也說它「縱橫曼衍，多所旁涉。」〔註 16〕最可注意者，黃式三讀莊校淮南子，稱它「聚斂而成」，〔註 17〕已甚偏枉；躬自補注淮南鴻烈的劉績，竟也說它「其文駁亂，序事自相舛錯，……無足深取。」〔註 18〕對於這些疵議，前人也早有駁正，高誘淮南原序說：「學者不論淮南，則不知大道之深也。」揚子《法言》駁「或曰」也說：「雜人病以多知為雜，惟聖人為不雜。」稱許他「多知」，而非其「駁雜」。又說：「淮南子一出一入，字直百金。」推崇可謂極矣。劉知幾推崇它「牢籠天地，博極古今。」〔註 19〕劉勰也說淮南「有傾天折地之說」。〔註 20〕

這些高下判若雲泥的差別，主要來自對「雜家」一流價值批判的分歧。實則，「雜家」之稱既首命於漢志，〔註 21〕當漢志自十家擇取九流時，遭摒棄而不得入流的，是小說一家，而非雜家。而小說家之所以不得入流，正因它出自「街談巷語」、「道聽塗說」，其道既乏大用，思想也無統緒，是十家中眞正駁亂者。其餘各家，列序雖有先後，「皆六經之支與流裔」，使遭其人，得

〔註 15〕見〔宋〕黃震：〈讀諸子——淮南子下〉，《黃氏日鈔》（台北：大化書局，1984 年），卷 55，頁 644。

〔註 16〕〔清〕紀昀、永瑢等撰：《四庫全書簡明目錄》（台北：商務印書館，1983 年），卷 13，子部雜家類《淮南子》下，頁 6～206。

〔註 17〕見〔清〕黃式三：〈讀子集〉1 之 6，《儆居內集》4。

〔註 18〕見〈淮南子補注〉跋。

〔註 19〕〔唐〕劉知幾撰，〔清〕蒲起龍釋：《史通通釋》（台北：里仁書局，1980 年），卷 10，〈自述〉第 36，頁 291。

〔註 20〕〔梁〕劉勰撰，〔清〕黃叔琳注，李詳補注，楊明照拾遺：《文心雕龍校注》（台北：世界書局，1962 年），卷 4，〈諸子〉，頁 122。

〔註 21〕漢志本刪取劉歆《七略》而來，《七略》則撮取劉向《別錄》的旨要，種別之而成。因此，「雜家」之名或非班固所始命，而為《七略》或《別錄》中的原稱，始命者或者是劉向。

所折衷，「皆股肱之材」。足見「雜家」一流，自漢志首命之初，即已肯定它有自我的面貌，大致可與各家相比列。明乎此，則一切過毀之論自可不必太加介意了。

第三章　《淮南子》的思想要論

秦漢之際不論在中國政治社會或學術思想史上都是急遽變遷的大時代。就政治社會而言，隨著貴族分權政治時代的結束，中央集權的一統，專制帝國建立起來。秦、漢王朝的相繼建立，給這巨變的大時代打上了兩次休止符。尤其是第二次建立的劉漢王朝，爲中國歷史上首次長治久安的五百年大帝國。政治上既得空前的統一，學術上也因應著政治統合的情勢而有總結前代成果，作系統性統合的壯舉。甚至，這種學術的統合很有爲政治統合規摹藍圖的氣勢。秦帝國的《呂氏春秋》和漢帝國的《淮南子》都強烈地懷帶著這樣的企圖，也濃厚地散發著這樣的氣質。從《淮南子》原名叫「鴻烈」，又屢屢強調其全備「帝王之道」的企圖，都明白表露了這一點。

就學術思想的內質言：戰國時代，百家爭鳴的局勢把各家學說推展到了頂峰，在殫精竭力地各顯神通的同時，互相觀摩吸收成了不可避免的趨勢，各家爲了壯大自己，不免要吸收他人，兼包並容成了一時風尚。儒家的荀子，墨家的墨辯，《莊子》外雜篇，乃至法家的韓非，都有這種傾向。到了秦、漢一統後，再沒有像荀、韓一樣，既能執守本家立場，又能汲取他人，以營養自己、強化自己的大家出現。春秋戰國以來，相繼出現的百家之學也確乎到了應該全面整理結算的階段，《呂氏春秋》和《淮南子》的出現，正是順應著這樣的情勢而來的。

另一方面，戰國以來，方興未艾的燕、齊陰陽方術，入秦以後，挾著正盛的氣數，迎合著嬴秦帝王望日永天、不死不滅的勃大野心，和劉漢朝廷迷信神異的風氣，得到空前發展的機會，蓬勃地滋長，竟蔚爲一代顯學。而長期以來，一再的政治分裂和社會動亂，身經兩度大動盪的劉漢子民，飽受顛沛蹂躪的心，疲極思靜，打著虛靜無為的道家思想，是各家思想中較能提供一方淨土的清涼劑，自然受到了較大的歡迎。《淮南子》在上述多項因素的結合下，因此也就以統合天、地、人之道，通貫百家之學的自負，高舉道家（黃老）的旗幟，卻又濃烈散發著陰陽家氣味的特殊形態出現了。

第一節　道　論

《淮南子》全書以道家思想爲主軸，去貫串調和各家。其思想理論也是以「道」爲基礎，開展出來的。除了開宗明義的〈原道〉、〈俶眞〉兩篇以解老釋莊外，其餘各篇，也遍處瀰漫著虛無的道家氣息。即使以陰陽家姿態出現的〈天文〉、〈時則〉、〈覽冥〉，乃至充斥著儒家理論的〈繆稱〉等篇，也都不離虛無的「道德」本旨。可以說，除了志異述怪，稱引不少荒誕與神話的〈地形〉，以及遍載四時十二月寒暑常法、天人合則的〈時則〉，與老莊道德本旨較少直接干涉外，全書十分之八、九的篇卷，都散發著濃厚的「道德」氣味。然而，若從「依順自然」的宗旨來看，〈時則〉篇事實上也不違道家之旨。而各篇的開頭，除〈原道〉極力鋪衍道體、道性與道用，〈俶眞〉大事解析道體的創生外，像〈天文〉、〈精神〉、〈詮言〉、〈說山〉各篇，也以解析道體的創生，或詮釋道貌啓論。而〈本經〉、〈道應〉、〈人間〉一開始便敷論道性，〈脩務〉、〈泰族〉一開始就鋪敘無爲。二十篇（〈要略〉除外）中就有十二篇開宗明義便談道，至少十九篇（〈兵略〉除外）開首第一段都與道家思想有關。從這些地方我們不難了解老莊的道德思想是如何幾近全面地成爲《淮南子》全書的思想基礎。

粗略地說，《淮南子》的道論是源自老莊的，但它卻同時受了陰陽、儒、法等各家思想與漢人普遍思想形態的影響，每每喜由形下的現象事物去詮釋形上的道德境界，也慣於借用有形的時空觀念去恢廓道體，更強調把虛靈的「道」，轉化爲一種成熟、圓融、高效率的人事之「術」。這就使得原本來自老莊的哲學，充滿了形下色彩與絕對入世的效用功能。由老莊思想進去，淮南子發展成了偏向黃老一路的道家思想體系來。

一、道的體性與創生

（一）道的體性

先秦道家的「道」原本指萬物生生化化中自然而含動力的生機流衍，道家用它來代表一種最完美的形上境界，也用它來稱說一種至高無上的原則，一切的思想理論從這裏開始架構。《淮南子》推崇道家，它推衍思想，也從「道」開始，它說：

> 道以何爲體？……以無有爲體。（〈說山〉）
>
> 忽兮怳兮不可爲象兮，怳兮忽兮用不屈兮，幽兮冥兮應無形兮，遂兮洞兮不虛動兮，與剛柔卷舒兮，與陰陽俯仰兮。（〈原道〉）
>
> 古未有天地之時，惘像無形〔註1〕，窈窈冥冥，芒芠漠閔，澒蒙鴻洞，莫知其門，有二神混生，經天營池，孔乎莫知其所終極，滔乎莫知其所止息，於是乃別爲陰陽，離爲八極，剛柔相成，萬物乃形。（〈精神〉）

〈原道〉篇說「道」「澹兮其若深淵，汎兮其若浮雲，若無而有，若亡而存」；〈俶眞〉也說「道」「無秋毫之微、蘆苻之厚，四達無境，通于無圻」；〈俶眞〉、〈詮言〉、〈精神〉各篇都以「虛無」爲「道之所舍」。可見《淮南子》的「道」基本上是虛寂、無形、廣漠無門、先於天地、生授萬有，爲一切之根源。〈原道〉說道「視之不見其形……無形而有形生焉」、「享穀食氣者皆受焉」。〈詮言〉說道「物物者亡乎萬物之中」。道生授萬有，自然也超乎萬有之上了。

這些基本上是從《道德經》第十五、二十一、十四各章，乃至「谷神不死」（四章）、「道者萬物之奧」之類理論觀念，與《莊子・大宗師》的說法而來。《道德經》說道「先天地生」，寂寥、恍惚、窈冥，不可聞見、搏、視，是「無狀之狀，無象之象」，《莊子・大宗師》說道「無爲無形，可傳而不可受，可得而不可見」，「生天生地」，「在太極之先……先天地生……長於上古」，自本自根而不死不生。〈天地〉篇說「道」，「覆載萬物，洋洋乎大哉！」〈天道〉、〈刻意〉各篇屢以虛靜、恬淡、廣漠形容「道」，說「道」，「於大不終，於小不遺，廣廣乎其無不容也，淵乎其不可測也」（〈天道〉）。〈秋水〉說道「無終始」，〈齊物論〉說「道」是一「無物之境」，〈逍遙遊〉所拈出的道境是一「無何有之鄉，廣莫之野」。這些都是《淮南子》道體觀念之所本。

但除此之外，《淮南子》更將虛無、廣漠、生授萬有的道體仔細檢索、顯像與描繪，〈俶眞〉說：

〔註1〕「惘像無形」本作「惟像無形」，茲依俞樾校改。說詳劉文典：《淮南鴻烈集解》（台北：文史哲出版社，1982年），卷7〈精神〉，頁218當句下引。

萬物之疏躍枝舉，百事之莖葉條貫，皆本一根而條循千萬也。若此，則有所受之矣，而非所授者，所授者無受也，而無不受也。無不受也者，譬若周雲之蘢蓯彭濞而爲雨，沈溺萬物而不與濕焉。夫化生者不死，而化物者不化。

這是解喻道體生授萬有，本身卻不死不生的性徵。其次，對於道體的廣漠無門、涵容無限，它的解譬，規模更大，〈原道〉說：

夫道者，覆天載地，廓四方，柝八極，高不可際，深不可測，包裹天地，稟受無形，源流泉浡，沖而徐盈，混混滑滑，濁而徐清。故植之而塞于天地，橫之而彌于四海，施之無窮而無所朝夕，舒之幎於六合，卷之不盈於一握……橫四維而含陰陽，紘宇宙而張三光，甚淖而滒，甚纖而微。

在〈俶眞〉中，它借用「深淵」、「浮雲」、「秋毫」、「蘆符」等具體事物去表況道體的虛無。此處它更借用了一切它所能想像得到的空間概念去描繪道體的宏大，所謂四方、八極、天地、四海、六合、四維、宇宙。老莊「恍兮惚兮」、「無狀之狀」、不可聞見、「無爲無形」的道體，經這一凸顯，呈露出了較爲清楚的影像。努力爲老莊的道旨作更直接而顯實的解說，俾便人領悟和把握，本淮南全書撰作的重大目標，〈要略〉說：

今專言道，則無不在焉，然而能得本知末者其唯聖人也。今學者無聖人之才而不爲詳說，則終身顚頓乎混冥之中而不知覺寤乎昭明之術矣。……道論至深，故多爲之辭，以抒其情；萬物至眾，故博爲之說，以通其意。辭雖壇卷連漫，絞紛遠緩，所以洮汰滌蕩至意，使之無凝竭底滯，捲握而不散也。

繁辭富采的鋪敘和解說，原是爲了澈底凸顯道體「虛無」的影像。而這種繁辭富采的解說方式，照〈要略〉的說法，不但是刻意，而且是不得已，別無選擇的。從此它不但成爲淮南全書發揮先秦道家思想極典型的模式，也是它推演思想理論極普遍的表達形態。

道雖然虛無、廣漠，但它卻不是一團死寂或僵化，它汩汩靈動、生生不已；〈原道〉說「道」：

原流泉浡，沖而徐盈，混混滑滑，濁而徐清。

天運地滯，輪轉而無廢，水流而不止，與萬物終始，風興雲蒸，事無不應，雷聲雨降，並應無窮，鬼出電入，龍興鸞集，鈞旋轉轂，

> 周而復帀。(〈原道〉)

《淮南子》這段話的基本意思，當然是從老子五、六、十五三章而來，《老子》十五章說道「周行而不殆」，第六章說道「緜緜若存，用之不勤」、第五章說道「虛而不屈，動而愈出」，但《淮南子》卻從具體可見的自然現象，天地與萬物萬象，如風雲水雷的倏忽變化與汩汩生機，去解證道體的靈動與生生不已。《莊子・知北遊》說道「無所不在」，即使屎溺、稊稗等一切至卑至賤的東西上亦莫不有道，道性普遍賦在天地萬物之上。《淮南子》因此從天地萬物的作用與功能中去徵驗並解說道的體性。

道體雖然生授萬有，道性也普遍地賦在萬有之上；但道卻是截然不同於萬有的，萬有相對而短暫，道卻絕對而永恆；《淮南子》說道：

> 收藏畜積而不加富，布施稟授而不益貧，旋緜〔註 2〕而不可究，纖微而不可勤，累之而不高，墮之而不下，益之而不衆，損之而不寡，斲之而不薄，殺之而不深，塡之而不淺。(〈原道〉)

> 平乎準，直乎繩，圓乎規，方乎矩。(〈繆稱〉)

> 處小隘而不塞，橫扃天地之間而不窕。(〈原道〉)

> 舒之幎於六合，卷之不盈於一握。約而能張，幽而能明，弱而能強，柔而能剛，與剛柔卷舒兮，與陰陽俯仰兮。(〈原道〉)

> (道)可以弱，可以強；可以柔，可以剛；可以陰，可以陽；可以窈，可以明；可以包裏天地，可以應待無方。(〈道應〉)

> 置之前而不輂，錯之後而不軒；內之尋常而不塞，布之天下而不窕。(〈人間〉)

總之，道超乎一般質量與標準，可大可小，彈性無限。它能適合於現象界裏的一切相對標準與質量、空間；其本質卻不因任何外在條件而窮乏。它不增益，不減損，卻永不困窮，是放諸四海皆準的絕對價值。〈繆稱〉說：「道者，物之所導。」道之所以成爲一切事物的最高原則，便是因爲它具備了這個肆放皆準的絕對性。《老子》曾說「道」「獨立而不改」(第一章)，應該是《淮南子》上述理論的根源，但它卻窮盡一切相對概念去反襯道的絕對。

道一方面生化萬有，爲萬有生命之源，另一方面又是萬有的最高原則，

〔註 2〕高注「緜，猶小也。」王念孫以爲：諸書無訓緜爲小者，緜當爲緜，字之誤也。今從校改。其說同見註 1，卷 1〈原道〉，頁 4 當句下引。

萬有因道而化生，也因道而顯性，而全備圓滿，自足無缺；《淮南子》說：

> 馮夷得道，以潛大川；鉗且得道，以處崑崙。扁鵲以治病，造父以御馬，羿以之射，倕以之斵（〈齊俗〉）

> 山以之高，淵以之深，獸以之走，鳥以之飛，星歷以之行，麟以之游，鳳以之翔。泰古二皇，得道之柄，立於中央，神與化游，以撫四方。……潤於草木，漫於金石，禽獸碩大，毫毛潤澤。羽翼奮也，角觡生也。獸胎不殰，鳥卵不□，父無喪子之憂，兄無哭弟之哀，童子不孤，婦人不孀，虹蜺不出，賊星不行。(〈原道〉)

宇宙萬物因道而大調適，而了無缺憾，此道之所以爲萬有根源、生化總源。這種描述完全脫化自《道德經》三十九章和《莊子‧大宗師》、〈知北遊〉。《老子》三十九章說「道」：

> 天得一以清，地得一以寧，神得一以靈，谷得一以盈，萬物得一以生，侯王得一以爲天下貞。

莊子也說「道」：

> 豨韋氏得之，以挈天地；伏羲得之，以襲氣母；維斗得之，終古不忒；日月得之，終古不息；堪坏得之，以襲崑崙；馮夷得之，以游大川；肩吾得之，以處大山；黃帝得之，以登雲天；顓頊得之，以處玄宮；禺強得之，立乎北極；西王母得之，登乎少廣，莫知其始，莫知其終；彭祖得之，上及有虞，下及五伯；傅說得之，以相武丁，奄有天下，乘東維，騎箕尾，而比於列星。(〈大宗師〉)

得「道」，則「天不得不高，地不得不廣，日月不得不行，萬物不得不昌。」「萬物皆往資焉而不匱」(〈知北遊〉)。與老莊不同的，《淮南子》講到最後，連麒麟、鳳凰、賊星、虹蜺都出現了，讓我們似乎看到漢代天人感應說的形跡。

總之，《淮南子》的「道」，1、是虛寂無形而且含容廣大的，2、先天地存在，超越一般時空，3、它雖無形狀，非一般知覺對象，無法透過一般認知途徑去了解，卻是眞實的存在，4、它虛寂而不僵化，靈動萬分，生生不已，5、它是超乎一切相對之上，絕對永恆的最高價值標準，6、它生化萬有，也同時是使萬有顯性的唯一根源。這種「道」說，或脫化、或演繹、或解證、或補繪老莊道論。然而，《老子》說：「道可道，非常道」(一章)，《淮南子》也說「樸至大者無形狀，道至眇者無度量」(〈齊俗〉)，「道之有篇章形埒者非至者也」(〈繆稱〉)。經過這樣大力的鋪寫與凸顯,《淮南子》的道,比起老莊來,當然有「形埒」了。但老莊惚恍玄虛,不可致詰把握的「道」,經這一顯影,確實較爲清楚。高誘說:「學者不論淮南,則不知大道之深也」(《淮南子・敘目》),便是此意。

(二)道的創生

1、氣化宇宙

《淮南子》裏有關道體創生的理論主要集中在〈天文〉、〈精神〉、〈俶眞〉三篇之中,其中尤以〈天文〉、〈精神〉兩篇所論最爲清楚而重要。〈天文〉說:

> 天地未形,馮馮翼翼、洞洞灟灟,故曰太始;太始生虛霩〔註3〕,虛霩生宇宙,宇宙生元氣。元氣有涯垠,清陽者薄靡而爲天,重濁者凝滯而爲地,清妙之合專易,重濁之凝竭難,故天先成而地後定。天地之襲精爲陰陽,陰陽之專精爲四時,四時之散精爲萬物。

照這樣的敘述,道體創生宇宙的過程應該是:

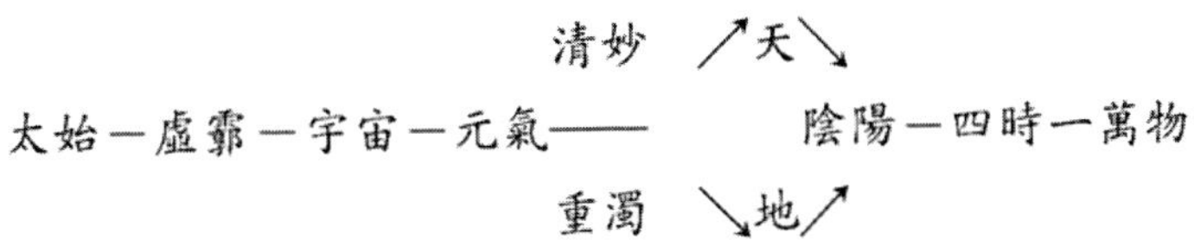

清妙 ↗天↘
太始—虛霩—宇宙—元氣——　　陰陽—四時—萬物
重濁 ↘地↗

它把道由原始的虛寂形態,往下層層創生的過程交代得肯定而清楚。「元氣」是整個創生過程的重要關鍵,它生於時空中,因此「有涯垠」,是物質,天地、萬物、萬象都是通過它而肇生的。〈精神〉卻說:

> 古未有天地之時,惘像無形,窈窈冥冥,芒芠漠閔,澒濛鴻洞,莫知其門,有二神混生,經天營地,孔乎莫知其所終極,滔乎莫知其所止息。於是乃別爲陰陽,離爲八極,剛柔相成,萬物乃形;煩氣爲蟲,精氣爲人。是故精神者天之有也,而骨骸者地之有也,精神入其門,骨骸反其根,我尚何存?

很明顯地,把道的創生過程分爲兩個梯次:從惘像無形的初態,通過陰陽二

〔註3〕「故曰太始,太始生虛霩」本作「故曰太昭,道始于虛霩」,王引之據《書》傳、《易緯》《乾鑿度》與王逸《楚辭・天問》注改此,其說同見註1,卷3〈天文〉,頁79當句下引。

氣的孕育，到分生天地是一梯次；由天地初開向下剖判陰陽，再由陰陽相合而孳生萬物是另一梯次。化為簡式應該是：

↗陽（剛）↘　↗精氣－人
惘像－二神（陰陽）－天地－　萬物
↘陰（柔）↗　↘繁氣－蟲

將〈天文〉、〈精神〉兩篇所述合併為一，可以寫成：

（惘像無形）　（二神混生）
清妙↗天－陽（剛）　專精－四時　繁氣－蟲
太始－虛廓－宇宙－元氣——
重濁↘地－陰（柔）　散精－萬物　精氣－人

〈精神〉篇還特別說明人的「精神」是天的清妙之氣所形成的，「形骸」則是地的重濁之氣所形成的。將來，生命一旦消亡，一切便要復反元氣的狀態。

能開列出這樣的區分和解說，其條件依據應該是當代粗糙的科學知識，和來自陰陽家的氣化觀念，配合著作者自己大膽的臆測和推斷，卻為中古的中國架構了一個相當清楚而有系統的宇宙論模式，此後它便成為中國哲學家宇宙論的傳統間架。不論它是如何地粗糙和貧弱，這一點價值卻是無可抹殺的。這種說法的源承，可以上推至《老子》的「道生一，一生二，二生三，三生萬物，萬物負陰而抱陽，沖氣以為和」（四十二章），和《莊子》「臭腐化為神奇，神奇化為臭腐，通天下一氣」、「人之生，氣之聚也；聚則為生，散則為死」（〈知北遊〉）。

到了〈俶眞〉，更借用《莊子・齊物論》的話為間架，把宇宙天地的創生與演化分成七個階段，而有更精細的補敘與解說。〈齊物論〉說：

> 有始也者，有未始有始也者，有未始有夫未始有始也者；有有也者，有無也者，有未始有無也者，有未始有乎未始有無也者。

〈俶眞〉除了複述上文外，又接著解釋說：

> 所謂有始者，繁憤未發，萌兆牙蘖，未有形埒垠堮，無無蝡蝡，將欲生興而未成物類。有未始有有始者，天氣始下，地氣始上，陰陽錯合，相與優游競暢于宇宙之間，被德含和，繽紛蘢從，欲與物接而未成兆朕。有未始有夫未有有始者，天含和而未降，地懷氣而未

揚，虛無寂寞，蕭條霄霓，無有仿佛，氣遂而大通冥冥者也。有有者，言萬物摻落，根莖枝葉青蔥苓蘢，萑蔰炫煌，環飛蠉動，蚑行噲息，可切循把握而有數量。有無者，視之不見其形，聽之不聞其聞，捫之不可得也，望之不可極也，儲與扈冶，浩浩瀚瀚，不可隱儀揆度而通光耀者。有未始有有無者，包裹天地，陶冶萬物，大通混冥，深閎廣大不可為外，析豪剖芒，不可為內，無環堵之宇而生有無之根。有未始有夫未始有有無者，天地未剖，陰陽未判，四時未分，萬物未生，汪然平靜，寂然清澄，莫見其形，若光耀之問〔註 4〕於無有，退而自失也。

比起〈天文〉、〈精神〉兩篇來，〈俶真〉的描述表面上看，似乎是細膩入裏多了。它把《莊子》的「有無」四大階段與「有始」三大階段看做並列而非先後地來描繪。但從它對每一階段的敘述看來，它們雖是並列，卻並不對等；各階段間即使存有對等關係，也是相當模稜而模糊的。這是因為〈齊物論〉該段文字原本只是姑為擬設，借以說明天下無絕對之「有」、「無」，「有」與「無」都可再層層上推，無窮無盡，根本不是刻意地要為宇宙萬物的形成或演化架構什麼系統。因此，這七大階段中，前三階段以「始」為稱，後四階段以「有無」為稱，「有」與「無孰先孰後？有何差異？各階段內涵如何？不僅〈齊物論〉沒有進一步說明，《莊子》其他各篇也不見提及。換句話說，這在《莊子》，原本只是個借喻「有、無」論題的「筌」而已，《淮南子》偏取以為「兔」，一憑作者自己大膽的想像力與當代流行的陰陽氣化論來推演它，便難免心餘力拙難周密了。因此費力雖多，效果反不如〈天文〉、〈精神〉兩篇。然而，卻清楚顯示作者極力揭開宇宙創生奧祕的努力與決心。它同時顯現出幾個要點：

1、類似〈俶真〉、〈天文〉這類說法，其後又見於《易》緯《乾鑿度》，《乾鑿度》說：「有形生於無形……。有太易、有太初、有太始、有太素也。太易者未見氣也，太初者氣之始也，太始者形之始也，太素者質之始也。形質具而未離，故曰渾淪。渾淪者，言萬物相渾成而未相離，視之不見，聽之不聞，循之不得，故曰易也。易無形畔，易變而為一……一者形變之始，清輕者上為天，濁重者下為地」。此後，張衡《靈憲》、《廣雅・釋天》，乃至晉

〔註 4〕「問於無有」，「問」本作「間」，陳觀樓依《莊子・知北遊》改此，茲從之。其說同見註 1，卷 2〈俶真〉，頁 45 當句下引。

人僞造的《列子・天瑞》，也都是這一系列說法。

2、按照〈俶眞〉、〈天文〉、〈精神〉三篇的說法，似乎都是天地剖判，陰陽才分生；但依〈天文〉的說法，天地的生成本由元氣分「清妙」、「重濁」而來。〈精神〉篇也說，天地剖判之前，「有二神混生」，明是陰陽二氣已孕育完成，才生天生地。因此，天地與陰陽孰先孰後是個有趣的問題。照《淮南子》的意思，應該是陰陽之氣孕育與萌動完成於天地剖判之前，天地的肇生是由它們來的。但是，陰陽之明分爲二，甚而呈顯剛柔之性，則要等到天地判生之後了。

3、不論〈俶眞〉的「有始」四大階段或〈天文〉篇，都以「氣」爲生化的關鍵。因此〈天文〉篇接著敘述日月、星辰、風霜、雨露等自然現象的生成時，便直接用陰陽氣化加以解說，它說：「積陽之熱氣生火，火氣之精者爲日；積陰之寒氣爲水，水氣之精者爲月，日月之淫氣〔註5〕精者爲星辰……天地之偏氣怒者爲風，天地之含氣和者爲雨〔註6〕，陰陽相薄成而爲雷，激而爲霆，亂而爲霧。陽氣勝則散爲雨露，陰氣勝則凝爲霜雪。」宇宙萬有的生成，純是一氣之激薄轉化。「氣」因此在《淮南子》書中扮演了相當特殊的角色，不只〈原道〉、〈俶眞〉、〈天文〉三篇論說宇宙道體以它爲基素，此後〈精神〉篇談修養（形、神、氣、志），〈覽冥〉篇說感應（氣類相動），乃至〈時則〉篇說時令，〈地形〉篇論風土（山氣多男、澤氣多女、五土之氣），〈兵略〉篇論勝勢（氣勢有虛實），皆莫不根源於「氣」。從惘像的道體到宇宙、天地、陰陽、四時、萬物，以迄日、月、水、火、星辰、雷、雨、霆、霧、霜、雪等自然現象的生成，都納入一個完整的系統，《淮南子》完成了它粗糙的氣化宇宙論。

2、氣、一與道

從〈俶眞〉、〈天文〉兩篇的記載，可以看出，在「氣」（或元氣）出現之前，宇宙純然一片虛寂混冥，無涯垠、無徵兆。一直到「氣」生，然後才有涯垠，打破長古沈寂而孕育創生。「氣」是宇宙由靜而動，由混冥而開化的關鍵，同時也是宇宙和道體創化的元機。在《淮南子》看來，道是超時空

〔註5〕「日月之淫氣精者爲星辰」本作「日月之淫爲精者爲星辰」，茲依王引之校改。其説同見註1，卷3〈天文〉，頁80當句下引。

〔註6〕「天氣之偏氣怒者爲風，天地之含氣和者爲雨」本作「天之偏氣……地之含氣」茲依王念孫改此。其説同見註1，卷3〈天文〉，頁80當句下引。

的，氣雖肇生在時空裏（「宇宙生元氣」），但它靈動了時空，活絡了時空，促使超時空的「道」在時空中呈顯其性徵與功能。《淮南子》很強調「用」，因此，它的道便常常跌落在時空中，在現象界。〈齊俗〉說：「往古來今謂之宙，上下四方謂之宇，道在其間而莫知其所」。說「道在其（宇宙）間」，便是站在「用」的觀點，把道拉下來，定位在時空中。就被定位在時空中的「道」而言，「氣」便不但是宇宙生化的元基，也同時是道體運作的原動力了。羅光說：「《淮南子》的宇宙觀念雖然抬舉「道」的觀念，但是所注意的乃是「氣」。道家的主張，人和天地萬物相通，即是氣的相通，……萬物的生化，都因氣的功能」〔註 7〕。馮友蘭也說：「漢人注意於實際，他們不能作，或不願作抽象底思維，對於先秦哲學中『玄之又玄』底一部，他們不能了解」。姑且不論漢人究竟是「不願」，或根本是「不能了解」先秦哲學的抽象思維，努力詮釋並印證前代思想，務使更爲顯實，以便政治或實際運作，卻是漢代思想界普遍的現象。這種現象不只出現於《淮南子》，也同時見於各家說《易》，和董仲舒、揚雄等人的解經。

原來在《道德經》裏，老子舉「一」以爲道體創生天地萬物之始。因爲道體惘像無形、無門皦，故以「一」爲道之門皦，「道」通過「一」以化生萬物，我們由「一」以識道，「一」是溝通道「有」、「無」兩頭的媒介，道是萬物之源，實際上是透過「一」去執行的。從另一層意義上來說，道即一，一即道。王弼注解這一句說：「一，數之始而物之極也。」一是萬數之始，道是萬物之宗，以萬數之始代表萬物之宗，表示萬物雖繁富，推究至極，不過由至精至簡的「一」衍生而來。《道德經》第十章說：「載營魄抱一，能無離乎？」二十二章也說：「聖人抱一，爲天下式」；「抱一」就是懷道。三十九章「昔之得一者」以下，更直接以「一」代「道」了。《莊子》也以「一」爲道體化生萬物之始，以一代表道。〈天地〉篇說：「泰初有始，無有無名，一之所起，有一而未形，物得以生，謂之德。」《淮南子》同樣以「一」釋「道」，但對「一」與「道」的關係卻有比較直接而具體的解說。〈天文〉說：「道始於一」，〈原道〉也說：

> 道者，一立而萬生矣。……萬物之總，皆閱一孔；百事之根，皆出一門。道出一原，通九門，散六衢。

〔註 7〕參見羅光：《中國哲學思想史（兩漢南北朝篇）》（台北：學生書局，1978 年），頁 563。

「道」通過「一」，開始它在有形世界裏的一切運作。〈詮言〉說：「萬物同出於一」、「一也者萬物之本也。」靜態的道體，從「一」開始活絡起來，《老子》因而有「天得一以清……」的體悟。《莊子》也不免發出「馮夷得之，以遊大川」之類的讚歎。《淮南子》的作者對此感動滿懷，因而發出了「山以之高，淵以之深，獸以之走，鳥以之飛」之類的謳歌。說到親切處，「一」儼然取「道」而代之。〈齊俗〉說：「聖人執一而勿失，萬物之情既矣，……一者至貴，無適於天下」；所說的「一」便是指「道」。

總之，虛寂混冥的道體，是假「氣」與「一」而發生作用的，一切的道性與道用都通過這裏呈顯，淮南道論所偏重的，正是這個層次以下的道用。

二、道的效用與功能

老莊論道，從萬有創生之源、萬有存在的普遍原則開始講，終而歸結出一種圓融不敗的哲學，或至上完美的境界。《淮南子》論道，循著老莊的路子，也從自然創生之源開始講，而且講得比老莊鑿鑿其辭，也講萬有通則與至上境界。但因受漢代思想風尚的影響，《淮南子》論道，偏入圓融不敗的處事哲學一路，終使老莊的「道」發展成為一種高效率的人事之「術」。有關生物之源部分，前文已及，不再贅述。以下續論道之為人事指引，亦即道之運用一面。《淮南子》說：

> 夫道，有形者皆生焉……享穀食氣者皆受焉……諸有道者皆學焉。（〈泰族〉）
>
> 馮夷得道，以潛大川；鉗且得道，以處崑崙；扁鵲以治病，造父以御馬，羿以之射，倕以之斵，所為各異，而所道者一也。（〈齊俗〉）

都是從本體論（生物之元）意義的「道」，講到應用論意義上來。〈齊俗〉說：

> 凡以物治物者，不以物，以睦；治睦者不以睦，以人；治人者不以人，以君；治君者不於君，以欲；治欲者不於欲，以性；治性者不於性，以德，治德者不以德，以道。

便是藉層層上推之法，去界說「道」之為治事極則的應用義。以下便就這一面的道義去推求《淮南子》道論的因革。

可以說，不論那一面意義的「道」，《淮南子》思想理論的基本來源都是老莊，但如果進一步細加檢查，則會發現：就文字引用的數量來說，顯然引《莊子》者多於《老子》。然而，若就思想的擷采與轉化比重而言，則顯然

《老子》又多於《莊子》。這是因爲《道德經》的篇幅與《南華經》原本懸殊太大；而《淮南子》所代表的西漢黃老思想本就是轉化自《老子》的柔後哲學，而非《莊子》的逍遙思想的。這種思想比重偏采自老子者多的情況，特別表現在應用一面的「道」義上。

（一）柔弱、超拔的老莊道論

老莊論道，都說「自然無爲」，但對自然無爲義的發揮和解釋，兩家所重略有不同。《老子》雖也說「萬物將自化」，但畢竟較著重道對萬物不操縱，不把持的「無私」特質。因此，它用「不有」、「不宰」去解釋「無爲」。《老子》說「道」功成而不有，「衣養萬物而不爲主」（三十四章）；「生而不有，爲而不恃，長而不宰」（五十一章）；又說「天地不仁，以萬物爲芻狗」（五章）。三十七章也說：

> 道常無爲而無不爲，侯王若能守之，萬物將自化。

道對萬物的「生」，不是無中生有的「生」，而是不操縱、不把持，讓開一步，空出一條生路來，萬物自會好好地自生自長〔註 8〕。《老子》的無爲，較強調前半「不操縱」、「不控御」一端。《莊子》講「無爲」，則較偏重後半「自生自化」一面，著重於由萬象中逆究其根源，明其爲「自然」，然後以「自然」解釋「無爲」。〈天運〉說：

> 天其運乎？地其處乎？日月其爭於所乎？孰主張是？孰綱維是？孰居無事推而行是？意者其有機緘而不得已邪？意者其運轉而不能自止邪？雲者爲雨乎？雨者爲雲乎？孰隆施是？孰居無事淫樂而勸是？風起北方，一西一東，有上彷徨，孰噓吸是？孰居無事而披拂是？

這一串的提問，可視爲對〈齊物論〉「吹萬不同而使其自己也，咸其自取」一意的發揮。〈齊物論〉接著說：

> 非彼無我，非我無所取，是亦近矣，而不知其所爲使，若有眞宰而特不得其聯，可行已信而不見其形，有情而無形。……其有眞君存焉？

〈知北遊〉從倫列有序的大自然運作中，終於肯定了這一「眞君」的存在，它說：

〔註 8〕參見牟宗三：〈道家玄理性格〉，《中國哲學十九講》（台北：學生書局，1983 年），頁 105～108。

> 今彼神明至精，與彼百化，物已死生方圓，莫知其根也，扁然而萬物自古以固存。六合爲臣，未離其內；秋毫爲小，待之成體。天下莫不浮沈，終身不故。陰陽四時運行，各得其序。惛然若亡而存，油然不形而神，萬物畜而不知，（此之謂本根）。

顯然就天地、日月、四時、萬物所呈顯之「信」，上推必有一高乎此，並維繫其運行生化的總源。《莊子》論道因此較著重道「無所不在」的普遍性，與萬物自取的自然性。換句話說，《老子》固然也說「道法自然」，但它慣於由道順下說萬物，故恒說「不仁」、「不宰」，去呈顯萬物的自生自化。《莊子》則就物象逆上推道，因此總是說「自然」、「自取」，而少言創生。〈天道〉說：「天道運而無所積，故萬物成。」天道運行不息，萬物自然生成，這樣的說法比起老子的「不宰」來，更趨於規律性，更含自然意味。

由不私不宰一義去推演，又觀察自然物象，柔弱恒較剛強更具生命韌度，《老子》論道，因而向柔弱無主一路推進。《莊子》因重自化自生、重本始，故其論道，多往「循天而不任人」一路推進。《老子》固教人歸眞反樸，但《道德經》最著力討論的，是柔弱不爭的理論，後人擷取老子思想，也多偏此。《老子》說：「知其雄守其雌」（二十八章），說「弱者道之用」（四十章），說「不敢爲天下先」（六章），說「堅強者死之徒」（七十六章）。《莊子》也強調自然與「天」、「人」之辨，視後天的人爲與桎梏爲對天機最殘酷的斲傷。〈在宥〉說：「無爲而尊者，天道也；有爲而累者，人道也。」〈馬蹄〉篇視馬之「齕草飲水，翹足而陸」、「分背相踶」、「交頸相靡」爲先天的眞性，視伯樂後天的各種馴治，爲對馬先天眞性嚴酷的殘毀。〈應帝王〉更以殘鑿渾沌，警示純完天機之不可開鑿。

因此，《道德經》裏，道體最完美的化身是淺近卑下的「水」，而《莊子》裏最契天機的體道「眞」人，也往往天殘地缺，光怪陸離，爲人間之所絕無僅有。這些都使得老莊的思想形態在相類中也同時呈現了相當歧異的色彩。把柔後的理論講到極處，《老子》的道幾乎轉成了一種寓弱於強之「術」，《道德經》說：

> 將欲歙之，必固張之；將欲弱之，必固強之；將欲廢之，必固興之；將欲奪之，必固與之，是謂微明。（三十六章）

《莊子》講天機，講本源，講到最後，講出了一種無死生、無人我、無是非、無端倪，「假於異物、託於同體、忘其肝膽、遺其耳目」，「彷徨乎塵垢之外，逍遙乎無爲之業」(〈大宗師〉) 的「無何有之鄉、廣漠之野」(〈逍遙遊〉) 的大通至境。換言之,《老子》由卑弱雌柔中提煉出無限的韌度與後勁,《莊子》則由虛已、無用、無待、無累中層層超脫,而上達於逍遙至境。

(二) 因循時變的淮南道術

1、正其道與非為

《淮南子》講道體的運作也是「自然無爲」,但它詮釋自然無爲之義,卻是同時兼跨老莊兩路並進的。就《老子》一路而言,《淮南子》說:

> 太上之道生萬物而不有,成化象而弗宰。(〈原道〉)
>
> 天道無私就也,無私去也 (〈覽冥〉)
>
> 天地無予也……日月無德也。(〈詮言〉)

這是《老子》「不仁」「不宰」的複述。〈俶眞〉說:「道非有爲於物也,物以有爲於己也」,則是《老子》的「不仁」,加上《莊子》的「自取」了。到了〈泰族〉,開合更大了,它說:

> 天致其高,地致其厚,月照其夜,日照其晝,陰陽化,列星朗,非有爲焉,正其道而物自然〔註 9〕。故陰陽四時非生萬物也,雨露時降,非養草木也,神明接,陰陽和,而萬物生矣。故高山森林非爲虎豹也,大木茂枝非爲飛鳥也,流源千里,淵深百仞,非爲蛟龍也,致其高崇,成其廣大,山居、木棲、巢枝、穴藏、水潛、陸行,各得其所寧焉。
>
> 天地之施化,嘔之而生,吹之而落,豈此契契哉?

天地的造設,萬類的滋生,都是一理,不過各循其道、呈其德,聽物自取、自安、自養於其間,既不刻意造作,也不契契施爲,但須「各正其道」,萬物因得同時取足,自安、自養於其間,宇宙萬化以是而繁茂富麗,這叫「無爲」,叫「神明」。這基本上是由《莊子》「天道運而……萬物成」一義鋪衍而來的,《淮南子》就用這「正其道而物自然」去取代《莊子》的自取,解釋「無爲」。

但除了「正其道」外,《淮南子》同時又提出了「非爲」。所謂「非爲」,

〔註 9〕「非有爲焉,正其道而物自然」,本作「非其道而物自然」,脱「有爲焉,正」四字,兹依王念孫增補。王説同見註 1,卷 20〈泰族〉,頁 665～666 當句下引。

是澈底否定道體運作具有任何意識或目的，這是《莊子》所不講的，卻與《老子》的「不仁」相類相關，但講得更篤定，而且夾揉若干機遇意味。下迨東漢，另一位以道家自然主義爲倡的雜家——王充，便據之而雅衍出其「不爲」、「不故」與「適偶」的自然論來。王充說：

> 天不產而物自化，地不長而萬物育。(《論衡・天道》)
>
> 天道無爲，故春不爲生，而夏不爲長，秋不爲成，而冬不爲藏。陽氣自出，物自生長；陰氣自起，物自成藏。(〈自然〉)
>
> 天地合氣，物偶自生矣……天地合氣，人偶自生也，猶夫婦合氣，子則自生。夫婦合氣非當時欲得生子也，情欲動而合，合而生子矣。且夫婦不故生子，以知天地不故生人也。……天不能故生人，則其生萬物亦不能故也。(〈物勢〉)
>
> 天之不故生五穀絲麻以衣食人，猶其有災變，不欲以譴告人也。(〈自然〉)

總之，《淮南子》兼取《老子》的「不仁」、「不宰」，與《莊子》的「自取」義，提出「非爲」與「正其道而物自然」，去說明道體的「生生」其實只是依循一定之理，成就足以創生的環境與條件，則一切不待創而自生。

2、循天保真、以內樂外

其次，《莊子》由發揮自然義而強調天機之純完。《淮南子》則顯明且強化了〈馬蹄〉篇的例證和旨意。它說：「聖人不以人易天」、「達於道者不以人易天」，何謂「天」？何謂「人」？〈原道〉說：

> 牛歧蹏而戴角，馬被髦而全足者，天也。絡馬之口，穿牛之鼻者，人也。所謂天者，純粹素樸，質直皓白，未始有與雜揉者也；所謂人者，偶𥈭智故，曲巧僞詐，所以俯仰於世人而與俗交者也。循天者與道游者也，隨人者與俗交者也。

《淮南子》認爲，「天」當然好，「人」當然不好，聖人當然取「天」去「人」。但它同時也承認，爲了「俯仰於世人而與俗交」，「隨人」卻又成了無可避免的事實。因此，講到最後，它對「天」、「人」的取擇程度是「外與物化而內不失其情」(〈原道〉)、「外化而內不化」，既不能不「入人」，也不能不「全其身」。要「內有一定之操」，而外又能「詘伸贏縮卷舒，與物推移」，這樣才能「萬舉而不陷」(詳〈人間〉)。一方面「不以累德」、「不以滑和」，全然地「縱體肆意」；另一方面，「度制」卻「可以爲天下儀」（〈精神〉）。既能隨「人」，又不失其「天」眞；既保住「天」眞，又不失人俗之照應，天人兼顧且調和圓滿，這是作者的理想，也反映著漢代道家學者對初開的太平治局的無限憧憬。《莊子・人間世》嘗藉顏回之口提出「內直而外曲」的應世態度。所謂「內直」，就是「與天爲徒」，「外直」就是「與人爲徒」。但《莊子》隨即藉孔子之口否定了這種天人兼揉的態度，而提出「心齋坐忘」，要人即使「入遊其樊」，也必須「無感其名」。「內」固「不失其情」，「外」也要馮「虛」以遊，絕不「物化」。所處的時代和撰作的目的不同，《淮南子》向「人」妥協，應該視爲有意的調和與轉化。不過，從「循天保眞」一端說，《淮南子》仍是相當堅牢地守住《莊子》觀點。因此，雖然也「俯仰於世人」而「與俗化」，卻一再強調「內不失其情」的大原則。在〈氾論〉中，它要人「中有本主」、「不受於外」，在〈原道〉、〈俶眞〉兩篇裏，更大大地發揮以內樂外，懷道遺物的道理。它說聖人：

> 不以身役物，不以欲滑和，……爲懽不忻忻，爲悲不惙惙……慷慨遺物而與道同出。（〈原道〉）

他常能「自得」，恒使「性命之情處其所安」，而「不待萬物之推移」。它「窮而不攝，達而不榮，處高而不機，持盈而不傾，新而不朗，久而不渝，入火不焦，入水不濡」，「不待勢而尊，不待財而富，不待力而強，平虛下流，與化翺翔……不以康爲樂，不以慊爲悲，不以貴爲安，不以賤爲危……隨天地之所爲」（以上詳〈原道〉）。〈俶眞〉說古之異人：

> 立於天地之本，中正優游，抱德煬和，而萬物炊累焉，孰肯解構人間之事，以物煩其性命乎？

> 偃其聰明而抱其太素，以利害爲塵垢，以死生爲晝夜。生不足以使之，利何足以動之？死不足以禁之，害何足以恐之？明於死生之分，達於利害之變。舉世譽之而不加勸，舉世非之而不加沮，定于死生之境，通于榮辱之理……視天下猶飛羽浮芥。

〈齊俗〉也說聖人是「輕天下、細萬物、齊生死、同變化」，而在〈原道〉、〈覽冥〉、〈精神〉各篇中，都大篇幅描繪體道者打破時空侷限，「無思無慮」、遺形虛己以超然物外的絕對逍遙。像這種內在充盈自足，外誘一無槩志縈心，纖介無待於外的超然與灑脫，當然是「無感其名」、「不與物化」的《莊子》形態。不過，在「隨人」、「與俗交」一端，《淮南子》卻從《老子》的雌柔與法家的「時」、「變」中得到更多啓示。

3、用弱而強、因循時變

在老子的雌柔哲學中，最全備道性的完美化身是「水」，《道德經》第八與七十八章中對此都有簡要的敘說：

> 上善若水，水善利萬物而不爭，處眾人之所惡，故幾於道……夫唯不爭，故無尤。(八章)
>
> 天下莫柔弱於水，而攻堅強者莫之能勝，以其無以易之。(七十八章)

水由「不爭」、「柔弱」中去成就它致「強」取「勝」的條件，《道德經》原本只強調這一點。到了《淮南子》，更凸顯《老子》的意思，對於水的全備道性、貼合道性，作了更全面而周遍的補述，〈原道〉說：

> 天下之物莫柔弱於水，然而大不可極，深不可測，備極於無窮，淪於無涯，息耗減益，通於不訾。上天則爲雨露，下地則爲潤澤，萬物弗得不生，百事不得不成。大包群生而無好憎，澤及蚑蟯而不求報。富贍天下而不既，德施百姓而不費。行而不可得窮極也，微而不可得把握也。擊之無創，刺之不傷，斬之不斷，焚之不然，淖溺流遁，錯繆相紛而不可靡散。利貫金石，強濟天下，動溶無形之域而翱翔忽區之上，邅回川谷之間而滔騰大荒之野。有餘不足與天地取與，授萬物而無所前後。是故無所私而無所公，靡濫振蕩，與天地鴻洞；無所左而無所右，蟠委錯紾，與萬物終始，是謂至德。夫水之所以能成其至德於天下者，以其淖溺潤滑也。故老聃之言曰天下之至柔馳騁天下之至堅，出於無有，入於無間……夫無形者物之大祖也，無音者聲之大宗也，其子爲光，其孫爲水，……夫光可見而不可握，水可循而不可毀，故有像之類，莫尊於水。

後人發揮《老子》水的哲學，大致不出《淮南子・原道》之外。然後，《淮南子》開始演繹《老子》的柔弱哲學，它說：「柔弱者道之要也」，又說：

> 聖人守清道而抱雌節……常後而不先，柔弱以靜，舒安以定，攻大靡堅，莫能與之爭。(〈原道〉)
>
> 先唱者窮之路，後動者達之原。(同前)
>
> 聖人不爲物先而常制之，其類若積薪樵，後者在上。(〈繆稱〉)

《老子》講柔弱講到最後，有轉化爲「寓弱於強」的傾向，《淮南子》推衍《老子》的柔弱哲學，專門強化這一方面。首先它把《老子》柔弱勝剛強，後勝先的道理作了入裏的剖析，它說：

> 強勝不若己者，至於若己者而同；柔勝出於己者，其力不可量……木強則折，革固則裂，齒堅於舌而先之敝……先者難爲知，而後者易爲攻。先者上高則後者攀之，先者踰下則後者蹷之，先者隤陷則後者以謀，先者敗績則後者違之……先者則後者之弓矢質的也，猶錞之與刃，刃犯難而錞無患者何也？以其託於後位也。（〈原道〉）

強者、先者恆爲弱者、後者的擋箭牌，弱者、後者恆受庇護，這才是柔弱勝剛強的眞相。〈原道〉接下去說:「得道者志弱而事強」,什麼叫「志弱而事強」？〈原道〉說：

> 柔弱安靜，藏於不敢，行於不能，恬然無慮，動不失時，與萬物回周旋轉，不爲先唱，感而應之。託小以包大，在中以制外，行柔而剛，用弱而強，轉化推移，得一之道，而以少正多。

「柔弱」不是一攤爛泥，而是「藏於不敢」;「安靜」不是一團寂滅，是「行於不能」。一切表面上的柔弱、靜止，其實是蓄勢待發，以便應「時」而「動」，蔚爲剛強、壯大。在不露形色的潛「藏」中，它其實是隨時緊盯外物，一刻不曾放鬆的。這樣的「柔弱」，重點在「事強」。因此，對於「志弱」，〈原道〉不再作解釋，對於「事強」，則緊接著強調說：

> 所謂其事強者，遭變應卒，排患扞難，力無不勝，敵無不凌，應化揆時，莫能害之。……欲剛者必以柔守之，欲強者必以弱保之，積於柔則剛，積於弱則強。

可見弱「志」根本是爲了強「事」，柔弱從此不再限於自保自全，而是更積極地成爲致強、取勝的至高訣竅、不二法門了。《老子》寓弱於強的意味，經它這一「轉化推移」，從此進入權謀的囿界，成了一種高效不敗之「術」。到了〈兵略〉論兵時，這種權謀之術的「道」義更清楚了；它說：

> 所謂道者，體圓而法方，背陰而抱陽，左柔而右剛，履幽而戴明，變化無常，得一之原，以應無方，是謂神明。

道的終極目的是要成爲一種「應無方」的「神明」之術，這才是《淮南子》論道的眞正目的。這樣的「道」，其「柔弱」當然就不再是「其生也柔弱」的「柔弱」，而轉化成爲一種「與物回周旋轉」的應變之術了。《淮南子》因此改換名目，叫「因」，叫「因循」。這個「因」或「因循」之術，是要隨「物」

順「勢」待「時」而相應變動的，因此在講「因循」的同時，《淮南子》也強調「時」、「變」。〈原道〉說：「聖人守清道而抱雌節，因循應變」；〈精神〉說聖人「不將不迎、應而不藏」、「因時以安其位」；〈齊俗〉也說「聖人論事而立法，隨時而舉事」，又能「與化推移」。這個「因循」、「時變」的哲學此後成了《淮南子》無爲論的主要內容，《淮南子》就是用「因循」、「時變」去詮釋「無爲」的。整部，《淮南子》的思想，可以用一個「因循」（或加上「時變」）去提挈它的精神，二十篇中時時可見對它的探討。它不但用「因」去界定「無爲」，說「無爲」不是「寂然無聲、漠然不動，引之不來，推之不往」、「感而不應，攻而不動」，「無爲」是「循理而舉事，因資而立功」，做事要「因高爲山〔註10〕，因下爲池」（以上〈脩務〉）；也用「因」去論政論兵；人主之術要「因循而任下」（〈主術〉），取天下要「因民欲」；用兵要「因勢」、「因資而成功」、「因與之（敵）化」。舉凡一切成事立功，沒有不假「因」術而成功的。這是因爲淮南求道的目的不僅爲了自全自樂，而是更進一步求用、求事功，〈詮言〉說：

> 道術不可進而求名，而可以退而修身；不可以得利，而可以遠害。
>
> 道，……常無禍，不常有福；常無罪，不常有功。

這是指老莊的道。《淮南子》的道則不只避禍遠害，更進而求有功，以「經緯人事」。它自《老子》柔弱之道所衍出者，不僅是卑弱雌下而已。

這個「因」、「變」哲學，推其遠源，直可上至《老子》「和光同塵」的「玄同」（五十六章）。不過在《老子》的原意只是求其順隨外物，避免突露出眾，成爲搶眼的目標，而達到減少侵害、自我全護的目的。《老子》之後，《莊子》首標「因」名。內外篇多次提到「因」：〈養生主〉說要「因其固然」，〈德充符〉說要「常因自然而不益生」，〈人間世〉說「彼且爲嬰兒，亦與之爲嬰兒；彼且爲無町畦，亦與之爲無町畦；彼且爲無崖，亦與之爲無崖」，〈天道〉篇也有「因任」之說。《莊子》主「因」是爲了破除「我」執，大通於自然，以達逍遙至境。因此，它並不一味隨物因循，既教人「形莫若就，心莫若和」，又教人「就不欲入，和不欲出」。其純以「因循」爲應物理事的唯一原則的是介於道法之間的《慎子》。《慎子‧因循》篇說：「天道因則大，

〔註10〕「因高爲山」本作「因高爲田」，茲依王念孫校改。其說同見註1，卷19〈脩務〉，頁635當句下引。

化則細」。《莊子・天下》篇載述《愼子》因循說的內容大要，它說：

> 公而不黨，易而無私，決然無主，趣物而不兩，不顧於慮，不謀於智，於物無擇，與之俱往……棄知去己而緣不得已，冷汰於物以爲道理……謑髁無任……縱脫無行……椎柏輐斷，與物宛轉，舍是與非，不師知慮，不知前後，魏然而已矣。……推而後行，曳而後往，若飄風之還，若羽之旋，若磨石之隧，全而無非，動靜無過，未嘗有罪。是何故？夫無知之物，無建己之患，無用知之累，動靜不離於理，是以終身無譽。

依〈天下〉篇的說法，《愼子》的「因循」是要去除心知的謀慮，無所選擇或辨別，以任順外物而與之宛轉。自《愼子》看來，天地萬物皆各有所偏，有所可，有所不可，吾人以之擇教，終不免缺憾而難周偏，唯道能大全。「道」一順外物外勢，與之俱動，推而後進，曳而後往，全然被動，以順外物，知慮、賢聖一無所執，故能不罹專主「建己」之過與用知之累，化同於無知的外物，取得外物各別之理以爲道，才是公而無私、全而不偏、至易至周的道。像《愼子》這樣一味順隨外物之「理」的「因循」，終使其道瀰漫一片消極被動，而缺乏生氣，所謂「塊不失道」，《莊子》因此譏刺它「非生人之行而至死人之理」，終不免「輐斷」。《愼子》之道因此終不足以成爲超然於事物之上的指導原則，而必另求外物各別客觀之理去「齊萬物」，終拈出一個絕對無知慮、去聖賢的「法」來取代「道」，最後步入了法家之途。

《愼子》之後，韓非繼起，尤執此因循之術，專用之於政治，成就其無爲的治術。〈八經〉篇說治天下要「因人情」，〈定法〉篇說要「因任而授官，循名而責實」，〈大體〉篇說人主要「守成理，因自然」、「澹然閒靜，因天命，持大體」。繼愼子、韓非之後，呂覽也以「因」爲治事的要領，昌言其用。不僅有〈貴因〉篇專論「因」用，在〈知度〉、〈任數〉、〈順說〉、〈決勝〉、〈貴富〉各篇論政、論兵、論說、論修養，莫不以「因」爲要術。論政方面，它說：「有道之主因而不爲」(〈知度〉)、「古之王者其所爲少，其所因多，因者君術也……因則靜矣。因冬爲寒，因夏爲暑，君奚事哉？」(〈任數〉)。論兵時，它說：「凡兵貴其因也」，要「因敵之險」、「因敵之謀」，「能因而加審，則勝不可窮矣」(〈決勝〉)。論說時，它說：「善說者……因人之力以爲力，因其來而與之來，因其往而與之往」(〈順說〉)。論修養也應「因其固然（之性）而然之」（〈貴富〉）。徧觀天下之成事，幾無一不由「因」。堯授禪是「因人之心」，湯武革命是「因民之欲」，禹治水是「因水之力」，曆官審天推歷也都是「因」。因此，它說：「三代所寶莫如因，因則無敵」（〈貴因〉），「作者擾，因者平」（〈君守〉），對於因循之用眞是推崇備至了。

《淮南子》的「因」術，顯然效法呂覽與韓非，以之爲施治、理物、治事的通則，不論修養、談兵、議政、教化莫不主因循。不過，它同時又強調「時變」。因爲「因循」，故其「變」不致淪爲「飾智」或專斷；能「變」，使其「因循」不致「決然無主」，如愼子飄風轉篷，死寂失歸。因此，它一方面教人「不將不迎」（〈精神〉）、「事來而制，物至而應」（〈詮言〉），另一方面又說，「世異則事變，時移則俗易」，要人「應『時』耦『變』，見形施宜」、「論事而立法，隨時而舉事」（〈齊俗〉），「進退應時，動靜循理」（〈主術〉）。〈齊俗〉、〈氾論〉兩篇都大大地發揮這種「應時耦變」的哲學。〈氾論〉說：

聖人論事之曲直，與之屈伸偃仰，無常儀表……，以乘時應變也。

「因」和「變」本是對立的觀念，《淮南子》把它們統合起來，便已圓融地涵蓋了一切可能，而成爲一種圓周的「術」。有關《淮南子》因循時變說的詳細內容，留待下章中仔細研討，這裏暫略。

這樣的統合，並不始於《淮南子》，在它之前，法家和呂覽都曾做過。法家傳統一直是重時求變的，商君、韓非都以「時」、「變」爲立法強國的大原則。商君說「當時而立法，因事而制禮」、「治事不一道，便國不必法古」（〈更法〉），韓非除了主「因」術外，也講時變，它說：「世異則事異，事異則備變」、「法與時轉……治與時宜」（〈五蠹〉）。《呂氏春秋》則除了強調「因」術之外，另有〈胥時〉篇昌論「時」的重要，〈察今〉篇數論「時」、「變」之旨，這些都是淮南「因循」、「時變」思想的來源。總之，從《老子》的和光同塵和柔弱雌後的哲學中，戰國以下的黃老學者，像愼子、韓非，乃至呂覽的某些作者等，領悟出了由順應外物中去理治外物的道理，甚而發展成一套與物逶迤，且又深具韌度與彈性的應事之術。《淮南子》承襲了這些思想，也用「因循」去補充老子柔弱的技術，又以「時變」去增強《老子》雌後理論的積極意義，這些都顯見它雜而偏道的思想形態，和刻意積極化道家無爲論的用心。

三、道德退化與仁、義、禮、樂

（一）道德退化的歷史觀

老莊都是道德退化論的主張者。《老子》說：「大道廢，有仁義……六親不和，有孝慈」（十八章），又說：「上德不德，是以有德；下德不失德，是以無德。失道而後德，失德而後仁，失仁而後義，失義而後禮。禮者忠信之薄而亂之首也」（三十八章）。《莊子》也一再申說智慧的開發是天機的破產（〈應帝王〉），〈駢拇〉篇視仁義爲附贅懸疣，〈馬蹄〉篇以仁義爲殘道廢德，說「毀道德以爲仁義」，說聖人「屈折禮樂以匡一天下之形，縣跂仁義以慰天下之心」，天下從此爭利好知而大亂。繼承這些觀點，《淮南子》說：

> 道散而爲德，德溢而爲仁義，仁義立而道德廢矣。（〈俶眞〉）
>
> 道毀然後有仁義，世亂然後出聖賢。（〈本經〉）
>
> 性失然後貴仁，道失然後貴義，是故仁義立而道德遠矣，禮樂飾則純樸散矣。（〈齊俗〉）

〈本經〉通篇發揮《老子》「大道廢有仁義」一章章旨，反覆喟嘆道德仁義的陵夷衰遲。以後在〈俶眞〉、〈覽冥〉、〈本經〉、〈主術〉、〈氾論〉各篇裏，都不吝篇幅地鋪排細列人類社會道德的衰墮史：

〈俶眞〉：

（1）至德之世→世之衰（伏羲）→神農黃帝→昆吾夏后之世→周世之衰。

（2）聖人之學→達人之學→俗世之學。

（3）至德之世→夏桀殷紂之時。

〈覽冥〉：

（1）宓羲氏之道（往古之時）→黃帝→夏桀之時→晚世（七國異族的戰國）→當今之時。

〈本經〉：

（1）太清之治（古之人）→衰世→分山川谿谷（戰國）。

（2）古之人→衰世。

（3）容成氏之時→堯之時→晚世（桀紂）。

（4）古者（聖王在上）→末世。

（5）古者→晚世（風俗流敗）。

（6）古者（天子一畿）→晚世（廣地侵壞）。

〈主術〉：

（1）神農→末世。

（2）堯→衰世。

綜合上列的排比，人類社會的演進狀況約可歸分爲七個階段：

（1）至德之世（太清之始、往古之時、古之人）

（2）伏羲之世（世之衰、衰世）

（3）神農黃帝之世（容成氏之時）

（4）堯舜之時

（5）昆吾夏后之世（夏桀之時，晚世）

（6）周世之衰（晚世、分山川谿谷之後、春秋戰國）

（7）當今之時（初漢）

其間的道德狀況，依它的敘述：「至德之世」宇宙一片洪荒，天地一片純和，陰陽、四時、日月、造化渾朦未分，人獸甘臥，不知所以然。「伏羲」之後，蒙昧漸啓，天地漸能覺視。「黃帝」以下則天剖地判，陽開陰分，萬物百類，條理劃然，人事安列大治，文明肇始而純和漸失。「堯」、「舜」之時，災害並起，於是除災平害，大施其「德」。下至三代，機械詐巧漸作，嗜欲聰明外誘，人失性而不安俗，由是道掙德廢，人獸不寧。迄「周之衰」，天下大壞，紛爭、交攻、侵奪無時或已，故仁義立而禮法生。可以說，從「往古之時」到「周之衰」，歷史愈演進，道德越破產，依次由「道」而「德」、而「仁義」、而「禮法」，逐層下墜，因此說：

> 道滅而德用，德衰而仁義生。故上世體道而不德，中世守德而弗壞，末世繩繩乎唯恐失仁義。（〈繆稱〉）

這種觀點，大抵把人類道德與歷史的演化看做和天地宇宙同一系統，都是由簡而繁，由樸而華，由形上而形下，漸次紛雜混亂。就宇宙創生系統言，「道」是萬化之源，至純至上；就道德演化系統言，「道」也是諸德之母，至完至高。宇宙間唯一純完無缺的是「道」，道德中唯一全備無疵的也是「道」。自「道」而下，宇宙裂而不復純完，道德也殘而不再圓滿，人類道德的演化史，眞是一部悲觀黯淡的墮落史。這是生於紛亂益亟時代的《老子》所焦心愁苦而急急呼籲者，《道德經》五千言因在勸人歸眞反璞。《老子》之後，由戰國入秦，果眞應了《老子》之言，「法」張而德敗，世亂益亟，至秦亡而達頂峰。漢興，因不得不重詁《老子》的言論價值，回頭試著朝向《老子》「歸眞反樸」的舊路再度探行，這就是黃老清靜無爲術興用的原因。因此〈覽冥〉講到「持以道德，輔以仁義，近者獻其智，遠者懷其德，拱揖指揮而四海賓服……此五帝之所以迎天德也」，公然承認仁義可以輔道德之所不足了。這是因爲《淮南子》的作者深深明白，歷史文明既然無可避免地要往前推進，純粹的道家理想事實上絕不可能施用於實際政治社會，上古渾茫的道德狀況，與伏羲之前的欲開未化，僅能視爲歷史，供做象徵性的憑弔對象，對於往後的實際人生並無太大意義，歸眞反璞充其量僅能上溯到堯舜乃至黃帝時代。因此〈覽冥〉敘述「當今之世」時，便以「五帝」時代的「持以道德，輔以仁義」爲典範，這和西漢黃老治術之推崇道家，卻標榜黃帝爲太上典範，而不標榜伏羲神農是同一意味，論「治」，最早至少得從黃帝開始。

（二）仁義禮樂與救衰扶敗

《淮南子》儘管與《老子》同歎「德衰然後仁生，行沮然後義立」（〈本經〉），站在道家觀點裁定「仁義禮樂……非通治之至也」（〈本經〉）；但在另一方面，卻又不能不承認仁義禮樂具有一定救衰扶敗的功能。甚至偶爾也放下道德神明的高調，讚譽仁義的功能，它說：

> 道者，物之所導也；德者，性之所扶也；仁者，積恩之見證也；義者，比於人心而合於眾適者也。（〈繆稱〉）
>
> 仁者，所以救爭也；義者，所以救失也；禮者，所以救淫也；樂者，所以救憂也。（〈本經〉）
>
> 禮者，所以別尊卑、異貴賤；義者，所以合君臣、父子、夫婦、朋友之際也。（〈齊俗〉）

類似的稱譽並不僅出現於儒家思想爲主的〈繆稱〉篇，也同時出現於喟歎道德陵夷的〈本經〉，和以道家思想爲主調的〈原道〉、〈齊俗〉等篇，這不是《淮南子》本身自相矛盾，而是有意的調和。當純完至上的「道」境成爲遙遠的完美象徵，而難以企及或把握時，仁義禮樂仍不失爲高尚可及的德操。小而個人立身行事，大而一國的生存、用兵，居仁由義則有成。因此，仁義宜爲普遍通行的道德原則，它說：

> 趨行蹐馳，不歸善者不爲君子。故善言歸乎可行，善行歸乎仁義。（〈泰族〉）

義者人之大本也，雖有戰勝存亡之功，不如行義之隆。(〈人間〉)

國之所以存者仁義是也，人之所以生者行善是也。(〈主術〉)

〈人間〉嘗舉一連串「功反見疑」、「罪反蒙信」的史例，說明仁義儘管「有非」「有失」，「非通治之至」，對於人心，仍具深刻的感動力。〈人間〉因以仁義忠信爲「萬世之利」，去和詐僞之事相對，又舉冠履爲喻，說明仁義的微妙價值：

冠履之於人也，寒不能暖，風不能障，暴不能蔽也，然而冠冠履履者，其所自託者然也。

冠履非人身上唯一急需，人心卻無能自脫棄。〈主術〉說：「義者非能偏利天下之民也，利一人而天下從風」，仁義未必能直接有效地致功成業，但對結集人心，卻具有一定的功能，對於衰世的人心，眞不只是引導而已。因此，《淮南子》在論政立法時，既標舉無爲簡約爲至高原則，又以仁義爲施政用法的根本。初漢的文景黃老治術也一面以清靜無爲爲倡，一面居仁由義、廣施德惠，就是因爲清簡無爲的道家原則難免抽象，欲論政立法終必假借較爲具體的手法。比起法家、縱橫家的現實、功利與權詐，儒家的仁義顯然醇厚契眞多了。〈人間〉因以仁義忠信爲「萬世之利」，而以申、商、韓與儀、秦之言爲「一時之權」。

仁義之外，禮樂也具有飾導人性的功用。禮定名分、別親疏，維持社會秩序，調和人際關係，樂以移情養性、化戾致和，這是儒家的看法。但禮借儀文，樂假音律，都是透過一定的文飾致功。依道家的觀點看來，層次自較低，〈齊俗〉說：

衣服禮俗者，非人之性也，所受於外也。

《淮南子》論「禮」，因循道家傳統，不重其於人世之功能與價值，而重在「文」、「質」之辨，強調其依「質」飾「文」的本義。〈齊俗〉說：

義者循理而行宜也，禮者體情而制文者也。義者宜也，禮者體也。

禮者實之文也，仁者恩之效也。故禮因人情而爲之節文，而仁發併以見容。禮不過實，仁不溢恩。

聖人制禮，僅止於「佐實喻意」、因「質」爲「文」，禮事之設，是爲了扶抒自然情性，當然應切合自然，過溢或不及皆失其度。人有喜樂之情，故有「鐘鼓管簫，干鏚羽旄」以飾之；有哀戚之情，故有「衰絰、苴杖、哭踊」之節以飾之；有憤怒之情，故設兵革、羽旄、金鼓、斧鉞以飾怒。莫不先「有其質」，而後「乃為之文」。本此觀點去衡量儒墨之禮，《淮南子》認為，儒家有過溢之嫌，墨家有不及之弊，皆失其「適」。〈齊俗〉說：

> 五縗之服，悲哀抱於情，葬薶稱於養，不強人之所不能為，不絕人之所能已，度量不失於適。

> 夫三年之喪，是強人所不及而以偽輔情也；三月之服，是絕哀而迫切之性也。夫儒墨不原人情之終始，而務以行相反之制。

對於禮樂，《淮南子》以為應該先「明乎生死之分」，確知情性之本狀，然後能「通乎侈儉之適」，依情循性以制之，「適情」而「辭餘」，庶能「文」而不失其「質」。

調和本是雜家思想的最大特色，淮南全書所呈現的，就是這種色彩。因此，「適」、「和」、「度」始終為二十一篇反覆出現的問題，如何調「和」裁「度」始稱「適」也因而成為各論所研討的主要內容。遵循道家標準，凡不違自然，不過本性之「度」，便是「適」。假使從老莊嚴格的道德觀點看來，自「道」以下，一切刻意求好或為善的德性悉屬人偽而不足稱。不過，《淮南子》的時代究竟不同於老莊，而是個太平初開，人心有可期待企盼的時代。因此，《老子》悲憤黯淡的痛絕，到《淮南子》便轉化為鑑往知來的深刻體悟。在這樣的情況下提倡道德，疵議禮義，當然不同於《老子》，而有相當的調整。這種現象從它論有為式的無為和〈要略〉自述經緯人事的的宏願時便已呈顯，其後始終貫穿各論各篇。它批判仁義禮樂也一樣，一面推崇《老子》「道」、「德」至上的理想，一方面卻又退而求其次，大敘它在殘道敗德中重拾秩序、重建理想的主張；既非毀仁義禮樂之殘樸害道，又稱頌其在衰世的價值與功能；既疵駁禮樂為文偽，卻又肯定它抒情發性的本質，而諄諄誡以「適」、「度」，呼籲人重視其不違自然的本質，做為理想殘破，「道」失純完之際，修殘補敗之方。它說：

> 兵者，所以討暴，非所以為暴也；樂者，所以致和，非所以為淫也；喪者，所以盡哀，非所以為偽也。（〈本經〉）

> 古者聖人在上，政教平，仁愛洽，上下同心……人相樂無所發貺，故聖人為之作樂以和節之。……古者上求薄而民用給，君施其德，臣盡其忠，父行其慈，子竭其孝，各致其愛而無憾恨其間。夫三年之喪非強而致之，聽樂不樂，食旨不甘，思慕之心未能絕也。……古者天子一畿，諸侯一同，各守其分，不得相侵，有不行王道，暴

虐萬民，爭地侵壤，亂政犯禁者……乃舉兵而伐之。(〈本經〉)

原本依先秦道家老莊觀點，禮、樂、兵皆所棄絕。《淮南子》非特予以肯定，且不惜求之儒家典籍《周禮》、《禮記》，爲它尋得合理依據。只要本情順性，自然不勉強，三年喪、用兵、制樂都不違「適」。經這一番援取與接合，終令道德觀點原本反對的儒、道兩家理論得以並存相濟，表現了道地的雜家精神。

筆者曾逐篇統計過淮南全書所提到的理想人物，其中稱「聖王」七次，稱「聖主」兩次，稱「至人」五次，「眞人」九次，「達人」、「賢人」、「大人」、「大丈夫」各一次，唯獨稱「聖人」最多，共計一百八十七次。從這樣懸殊的差數中，可以清楚地看出《淮南子》裏所標榜的理想人物，所謂的「體道者」，是「聖人」，而不是「眞人」、「至人」，儘管這些「聖人」帶有濃厚的道家氣味。在求「用」的撰作宗旨之下，《淮南子》雖然一再極力標榜老莊無爲的道德精神，實際上，它所企求的，卻不是純然虛無大通或逍遙化外的境界，而是一個寧和樂利、安泰美滿的俗世，這點我們可以從〈泰族〉描繪「神化」至境中得到證明。它所推崇的理想人物，因此，也就不是「抱德煬和而萬物炊累」，不肯「解構人間之事，以物煩其性命」的眞人、至人；而是「以道爲竿，以德爲綸，禮樂爲鈎，仁義爲餌」，去調理紛紜的萬物，「提挈人間之際」、「撢掞挺挏世」之風俗的「聖人」了。(以上引文詳〈俶眞〉)。

四、結　論

先秦道家老莊思想中的幾個重大觀念，在《淮南子》書中或輕或重幾全都論及與承襲。但，它卻不只是承襲，也作了相當的調和與轉化，它將它們朝「用」的功能方面去強調和轉化。〈要略〉篇一再坦承這種刻意轉化的用心即是爲了「道」、「事」雙軌並重的撰作目標。它一方面要「言道」，以「與化游息」；另一方面也要「言事」，以「與世浮沉」。不僅要「窺道開塞」，最終的目的乃是要由中領悟出「舉錯取舍之宜適」。這一轉化，不但轉化出陰陽家氣化的宇宙論，也轉化出黃老道家無爲無不爲的因循時變之術，和仁義禮樂濟敗扶衰的道德要旨來。這種道家理論的轉化，其實並不始於《淮南子》，早在《莊子》外雜篇、《愼子》、《韓非子》、《呂氏春秋》就已開始。《淮南子》所呈現的意義，可以視作先秦道家思想在中國思想史上第一個轉化階段的總結，而《莊子》外、雜篇或《愼子》、《韓非子》、《呂氏春秋》中的某些理論，或甚至兵家典籍中之權謀、技巧之術則可視爲這一轉化階段的過渡。

第二節　修養論

一、緒　言

《淮南子》是雜家，卻偏於道家。它博采各家，卻特別標榜老、莊。全書廿一篇便是以老、莊、尤其是老子的無爲思想爲主軸，去調和貫串各家。因此，開宗明義的頭兩篇便以解老釋莊；〈原道〉發揮老子柔弱無爲的道德本旨，〈俶眞〉則多詮釋莊子虛無、坐忘的超然思想。〈道應〉更通篇列舉事例以「考驗乎老莊之術」(〈要略〉)，解證道德經之言五十二則、《莊子》之言一則、(《愼子》之言一則)。而不論它發揮老子或莊子的思想，我們都可以發現兩個顯著的形態：(一) 它總是用很大的篇幅、繁富的文字，極其努力地去試圖詮釋老莊思想。儘管常常因過於努力詮釋而犯了「道可道非常道」，「至言無言」的大忌，以致失眞走樣，但它那試著去化解老莊玄味的苦心卻是很明顯的。〈要略〉說：

> 夫道論至深，故多爲之辭以抒其情；萬物至眾，故博爲之說以通其意，辭雖壇卷連漫、絞紛遠緩，所以挑汰滌蕩至意，使之無疑竭底滯、捲握而不散也。今專支道國無不在焉，然而能得本知末者，其唯聖人也，今學者無聖人之才而不爲詳說，則終身顛頓乎混冥之中而不覺寤乎昭明之術矣。

很清楚地道出了這種苦衷。其實這主要的原因還是它太相信老莊「虛」「無」之道的靈妙萬用了；因此，試著把它們與人事相結合，用它們去解決一切人事上的問題和困難〔註11〕，化老、莊虛無之形上「道」爲萬能「術」，以做爲指導人事行爲的準則，這就形成了第二種形態；(二) 它總是把老、莊「虛」「無」之道往應「用」方面去推闡和詮釋。這兩種形態幾乎很普遍地散見於廿一篇中的各處，也很普遍地存在於《淮南子》的各論中，有時再摻入他家思想，於是形成了它那由老、莊入而不由老、莊出的特殊雜家形態。它論修養也是如此。

〔註11〕〈要略〉說：「作爲書論者，取以紀綱道德，經緯人事」，又說「凡屬書者，所以窺道開塞，庶後世使知舉措之宜適，外與物接而不眩，內有以處神養氣。」而著書二十篇，不但是爲了究「天地之理」，更是爲了「接」「人間之事」，「備」「帝王之道」。〈脩務〉更強調它的「無爲」是要因順自然之道以建立事功的。

二、道生萬物與人副天數

《淮南子》論修養以〈精神〉篇爲核心，其次散見於〈原道〉、〈俶眞〉、〈本經〉，〈齊俗〉、〈氾論〉、〈詮言〉、〈人間〉、〈繆稱〉諸篇。內容大抵由先秦道家虛靜無爲的修養論衍發而來，尤其是莊子內外對舉、形神對立、養內遺外的修養主軸，和老子知足節欲的修養要目，終而成就其養神遺形、適情辭餘、以內樂外的修養論。

先秦道家由虛靜的本體「道」推衍出虛靜的修養論，《淮南子》承襲這種推衍。因此，爲本體論核心的〈原道〉、〈俶眞〉兩篇在大事恢廓道體、道性、道用之餘，也同時用了不少篇幅去敷論修養。反之，爲修養論核心的〈精神〉，則以道之創生萬物開說「形」、「神」，而導入修養正題；〈精神〉說：

> 古未有天地之時惘〔註12〕像無形，窈窈冥冥，芒芠漠閔，澒濛鴻洞，莫知其門。有二神混生，經天營地，孔夫莫知其所終極、滔乎莫知其所止息。於是乃別爲陰陽，離爲八極，剛柔相成，萬物乃形，煩氣爲蟲，精氣爲人。是故，精神者天之有也，而骨骸者地之有也，精神入其門，而骨骸反其根，我尚何存？夫精神者所受於天也，而骨骸者所受於地也。

由惘像無形中生出陰陽的混生物，然後肇生天地、判分陰陽、剛柔，而後下生萬物。這一系列，基本上是從《道德經》廿一章「道之爲物，惟恍惟惚，恍兮惚兮，其中有物，惚兮恍兮，其中有象」與四十二章「道生一，一生二，二生三，三生萬物」一類概念演化出來的，但卻試著把它們的狀態和過程解說清楚。不過，它以人爲萬物之「精」者，又明指形骸爲地生，精神爲天成，卻是老子所不講的。其所以以形爲地生、神爲天成，大抵半出臆測，半依道家「歸根」之理逆推而來。老子以爲萬有源出道，一切由道所化生者終必復返道之初態。《莊子》也說：「人之生，氣之聚也，聚則爲生，散則爲死，其所美者爲神奇，所惡者爲臭腐，臭腐化爲神奇，神奇化爲臭腐，故曰通天下一氣耳」(〈知北遊〉)。人的生命遠源於「惘像無形」之道，近則稟自天地，而依人死後歸根的情狀推測起來，形骸具體可見，地亦具體可見，人死，形骸入土，推其來處本爲地。反之，則精神抽象不可見，死後飄揚越散，不知所止，天亦在上，無形而莽蒼，故以爲揚散入天，因斷其來處本爲天。人的

〔註12〕本作「惟像無形」，玆依俞樾校改。「惘象」即「罔象」。說見劉文典：《淮南鴻烈集解》，卷7〈精神〉，頁218當句下引。

形、神既近稟天地而生，因不免產生遺傳性之肖似。就形骸言，天圓、地方，天地又有四時五行、九解、三百六十日〔註 13〕，人的形骸也相應而顱圓、趾方，並有四支、五藏、九竅、三百六十節〔註 14〕。〈天文〉說：「天有十二月以制三百六十日，人亦有十二肢以使三百六十節」〔註 15〕；這是形骸上稟自天地的遺傳性。就精神言，〈精神〉說：「天有風雨寒暑，人亦有取與喜怒……以與天地相參」。這是精神上稟自天的遺傳性。這種人副天數的天人合一觀念，當然是陰陽家式的，淮南子便拿它去解釋並配合先秦道家道生天地萬物的觀念，做爲論修養的起點，從而開展出一套寧靜節制的修養論。

三、人性本靜，嗜慾害之——性與情

不論談道或論修養，先秦道家都是主張虛靜的。《老子》說：「致虛極、守靜篤，萬物並作，吾以觀其復。夫物芸芸，各復歸其根，歸根曰靜，是謂復命」（十六章）；又以「靜」爲君（廿六章），以「清靜」爲天下之正（四五章）。《莊子》也說：「靜而聖」，「虛靜恬淡寂寞無爲者，天地之平……萬物之本也」（〈天道〉）。並以推「虛靜」於天地萬物爲「天樂」（〈天道〉）。《淮南子》承襲這種清靜爲本、爲正的說法，說：「天清以靜，地定以寧」「靜默者神明之宅也，虛無者道之所舍也」（〈精神〉）。而如前述：人的生命稟自道與天地，先天上有得自天、地、道的遺傳特質。天、地、道之性清靜、定寧，人之性本也該是清靜、定寧的。〈原道〉說：「人生而靜，天之性也。」〈齊俗〉說：「人之性無邪。」〈人間〉也說：「清靜恬愉人之性也。」人也只有效法天地，常保其靜寧的初態，才能如天地之久世長生。因此，〈精神〉說：「天清以靜，地定以寧，萬物失之者死，法之者生。」〈俶眞〉也說：「靜默恬淡所以養性也。」

人之性既本如天地之清靜、定寧，又何待修養？老子認爲這完全是受了外誘牽累的緣故；《老子》說：「五色令人目盲，五音令人耳聾，五味令人口爽，馳騁畋獵令人心發狂，難得之貨令人行妨」（十二章）。外物的誘引挑起

〔註 13〕「三百六十」本作「三百六十六」，茲依王念孫校改。其說同見註 2，卷 7〈精神〉，頁 220 當句下引。

〔註 14〕「三百六十」本作「三百六十六」，茲依王念孫校改。其說同見註 2，卷 7〈精神〉，頁 220 當句下引。

〔註 15〕「三百六十」本作「三百六十六」，茲依王念孫校改。其說同見註 2，卷 3〈天文〉，頁 126 當句下引。

了慾望，慾望滑亂生命本然的正常功能，老子因此要人「少私寡欲」（十九章）「不貴難得之貨……不見可欲」（十三章）。《莊子》也說：「好惡者德之失也」（〈刻意〉）「其嗜欲深者其天機淺」（〈大宗師〉）。因此勸人「不與物交」以淡其心。《淮南子》沿承這些觀點，首先，它重複老子的叮嚀：「五色亂目，使目不明；五聲譁耳，使耳不聰；五味亂口，使口爽傷；趣舍滑心，使行飛揚」（〈精神〉）。然後它用更大的篇幅去解析它們，它說：

好憎者心之過也，嗜欲者性之累也。（〈原道〉）

人之性無邪，久湛於俗則易，易而忘本則若性〔註16〕，故日月欲明，浮雲蓋之；河水欲清，沙石穢之；人性欲平，嗜欲害之。（〈齊俗〉）

人之性蕪穢而不得明者，物或堁之。（〈齊俗〉）

〈原道〉篇分析這種清靜天性外騖不反的過程說：

物至而神應，知之動也，知與物接而好憎生焉；好憎成形而知誘於外，不能反已，天理滅矣。

外物引起好憎，好憎牽動慾望，慾望萌動不已，清靜的本性便難以自持。〈氾論〉舉例說明這種面對可欲便兩眼發直，心性失守，不知身在何處的可憐相說：

齊人有盜金者當市繁之時，至掇而走，勒問其故曰：「而盜金於市中何也？」對曰：「吾不見人，徒見金耳。」

這則故事把一個人犯罪前霎那間，烈慾萌動，心將「發狂」的狀態，刻劃得十分入木。一般人便是如此地在可欲和所欲事物的誘引下，重演著可悲又可笑的鬧劇，甚至身陷法網、誤蹈刑戮；〈氾論〉說：

今人之所以犯囹圄之罪而陷於刑戮之犯者，由嗜欲無厭，不循度量之故。

人人皆知爲姦犯禁的後果，卻因不勝其欲，年年立秋之後，刑市不絕。人人亦知陣前「斬首者拜爵，而屈撓者要斬」，但一仗下來，總有「不能前遂斬首之功而後被要斬之罪」的。人人皆知投水無餘命，但楚人偏有乘船恐風波，倉卒之間自投水以求生者（詳〈氾論〉），《淮南子》因此感慨「人之嗜欲亦猶此也」。在慾望萌興的霎那間，人常渾不知南北西東，蠻幹一通，「惑財利而

〔註16〕「易而忘本則若性」本作「易而忘本合於若性」，玆依于師長卿校改。見于師長卿：《淮南鴻烈校釋・齊俗》，《淮南鴻烈論文集》（台北：里仁書局，2005年），頁769～770。

蔽死患」「去恐死而就必死」，這是人性深沉的悲哀。嗜慾的可怕由此可見，無怪乎向來論修養者，無不由治慾入手。《淮南子》因此鄭重地告誡道：

> 嗜欲者使人之氣越，而好憎者使人之心勞，弗疾去，則志氣日耗。（〈精神〉）

要人「去誘慕，除其嗜欲」「無所好憎」「不與物殽」，不要「以身役物，以欲滑和」（〈原道〉）。

除了外誘引發嗜慾外，內在情緒的發動也是攪亂清靜本性的禍因。《莊子》說：「悲樂者德之邪，喜怒者道之過，好惡者心之失。故心不憂樂，德之至也；一而不變，靜之至也；无所於忤，虛之至也，不與物交，淡之至也；无所於逆，粹之至也」（〈刻意〉）。《淮南子》承襲這些說法，並略加說明，它說：

> 喜怒者道之邪也，憂樂者德之失也，好憎者心之過也，嗜慾者性之累也。人大怒破陰，大喜墜陽；薄氣發瘖，驚怖爲狂；憂悲多恚，病乃成積；好憎繁多，禍乃相隨。故心不憂樂，德之至也；一而不變靜之至也；嗜欲不載，虛之至矣；無所好憎，平之至也；不與物殽，粹之至也。（〈原道〉）

〈精神〉也有同樣的記載。這裏它把喜怒、憂樂、好憎和嗜欲並論，同樣視爲攪亂清平本性的禍因。因爲它們同樣都是人在接受外物刺激時，自然產生的心理反應，嗜欲本身也是一種心理反應，有人稱它們爲「情」。《禮記・禮運》說：「何謂人情？喜、怒、哀、懼、愛、惡、欲七者，弗學而能」，就是把喜、怒、哀、樂、好、憎和嗜欲結合在一起的，這便牽涉到歷來講修養的人，尤其儒家一派，所常辯爭不休的情性善惡問題。何謂「性」？《春秋繁露・深察名號》說：「知其生之自然之資謂之性，性者資也」，以萬物與生俱來所各具的特質爲「性」。這可視爲《淮南子》同時或稍前的儒家學者們對於「性」「情」的解釋。而照常理推之，《淮南子》既以人性爲本靜，嗜欲害之，則豈不扯出一個性善情惡的問題來？其實不然，因爲《淮南子》在這些地方是承襲老、莊的，而老、莊一向泯差別、破拘執、齊是非，反對對某一事物的相對價値或名相作察察之辯。在老、莊的著作上，我們絕少看到對「性」或「情」特別著意界說的：《淮南子》也一樣，在廿一篇中我們看不出任何對「性」、「情」二辭有嚴格區分的跡象。這兩辭的意念甚至常是混而不分的。有時用「性」，有時用「情」，有時「性」、「情」並列，有時連稱。〈本經〉

說：「人之情，思慮、聰明、喜怒也。」〈齊俗〉也說：「喜、怒、哀、樂，有感而自然者也，……情發於中而聲應於外」，以喜怒哀樂、思慮、聰明等精神反應爲「情」。〈俶眞〉說：「人之情耳目應感動，心志知慮憂」，也以聰明、憂樂爲「情」。但〈本經〉同時又說：「凡人之性，心和欲得則樂……心有憂喪則悲……有侵犯則怒。」這種「性」當然和前舉「人生而靜」、「人性欲平」的「性」不盡同，反同於「情」了。非特義界沒有嚴格分別，它們甚至常相偕出現。〈俶眞〉說：「今萬物之來擢拔吾性、攓取吾情，有若泉源。」這裏的「擢拔吾性」、「攓取吾情」意思完全一樣。〈精神〉也說子夏失明是「迫性拂情」。「性」「情」兩字在這些地方只是避免字面的重複而已，取義並無不同。〈繆稱〉說：「情勝欲者昌，欲勝情者亡。」這個「情」自然不是那個和喜怒好憎嗜欲合類的「情」，而同於「生之自然之資」之「性」。其次，〈齊俗〉說：「耳目之可以斷，反情性也。」〈詮言〉也教人「適情性」都是情性合稱的。而〈齊俗〉下面接著說：「適『情性』則欲不過節……欲不過節則養『性』知足。」這裏的『性』和『情性』都指生命本然之所需。大致說來，當強調生命本狀時，《淮南子》總是用「性」字，要說明心理反應時，則常用「情」字。但這種區分並不是十分嚴明，因爲生命本狀也罷，心理反應也罷，都是很自然的生命現象，因此在泛稱生命時，便往往將它們混用或雜用了。

四、形賤神貴、適情辭餘

向來論修養的人都是形、神對舉的。《淮南子》既以「形」稟自地，「神」稟自天，又以嗜欲爲殘性之大害，天尊地卑，神虛無而形實有，嗜欲又屬養形之事，因此，不管就道家虛無爲貴的觀點，還是就治慾而言，「神」都較爲近「道」而可靠，其論修養都必然走上重「神」輕「形」的路子。其實不只道家，儒家也一樣，凡是強調生命價値和眞趣的，論修養都必定是這個結論。因爲人的生命價値和眞趣本來就是靠精神活動，而不是靠形骸官能，去呈顯的。一個人的形骸終必歸於枯朽，精神卻可以不死。〈精神〉說：「形有摩而神未嘗化，化者復歸於無形也，不化者與天地俱生也」，又說「人有戒（改也）形而無損心，有綴宅而無耗精。」換言之，形骸是會遷改的暫相，精神卻是可以天長地久的。一個癩者形雖傷而神在，無礙其正常的舉措；反之，一個狂者，形雖全而神已越，其言行顚頓錯繆是可以預期的。神之所以貴於形，也就在這裏了。道家在這些地方比別家體悟更深，也更有心得，整部《莊子》就在教人遺忘形骸、超越精神。《淮南子》承襲這個傳統，也重神而輕形。它說：

> 萬乘之主卒，葬其形骸於廣野之中，祀其鬼神於明堂之上，神貴於形也。(〈詮言〉)

> 以神爲主者，形從而利，以形爲制者，神從而害。(〈原道〉)

並以形爲「生之舍」，而以神爲「生之制」，〈詮言〉引廣成子的話「抱神以靜，形將自正」，神能靜，形便正，這些都說明了形、神雖然並列對立，神卻是應該貴於形的，因此養生應以養神爲重；〈泰族〉說：

> 治身太上養神，其次養形……神清志平，百節皆寧，養性之本也；肥肌膚、充腸腹、供嗜欲，養性之末也

因爲精神不但貴於形骸，而且主掌生命活動，絕對地左右著人的行爲表現，〈齊俗〉說：

> 凡將舉事必先平意清神，神清意平，物乃可正，若璽之抑植，正與之正，傾與之傾。

神對於「形」分毫不爽的影響力由此可見。而這個「神」只有當處於「清」「平」的狀況下，才能絕對「正」而不「傾」；因此，〈俶眞〉說：

> 鑑明者塵垢弗能薶，神清者嗜欲弗能亂。

> 神者智之淵也，淵清則智明矣。

而如何使此「神」恒保其「清」？〈兵略〉、〈說山〉都說：「夫水濁則魚噞，形勞則神亂。」〈俶眞〉也說：「人之拘於世也，必形繫而神泄。」形骸受外誘的牽繫，或透支於官能的滿足，都會導致精神的外泄或濁亂，因爲精神畢竟還是架構在形骸之上的；形骸上的變化，必然影響到精神，形官的接物或營司，對精神都不免造成或大或小的牽動。〈俶眞〉說：「神與形化」；〈原道〉說：「物至而神應」，小至耳目之接物，「手足之攢疾癢、辟寒暑」，「蜂蠆之螫指」，乃至情緒上的憂樂；大至憂患的入侵，都足以造成精神上的不安（詳〈俶眞〉）。因此養「神」之法，最基本的就在如何減少或免去這些隨時而至的騷擾，才能保此神之清平。〈俶眞〉說：

> 今萬物之來擢拔吾性、攓取吾情，有若泉源，雖欲勿稟，其可得邪……盆水在庭，清之終日，能見眉睫〔註17〕，濁之，不過一撓，而不能

〔註17〕「乃能見眉睫」本作「未能見眉睫」，茲依于師長卿校改。其說同見註6，頁

察方員，人神易濁而難清，乃猶盆水之類也，況一世而撓滑之，曷得須臾平乎？

〈精神〉也一再強調養神之法是「不可使外淫」，〈詮言〉引廣成子的話更教人要「愼守而內，周閉而外」。可見養「神」之要，其實就是「守而勿撓」。如何「守」？恐怕還得從「周閉而外」，妥善調理形骸和嗜欲著手，避免外誘的過度入侵，防止官能的透支。事實上，「神」和「欲」二者是因而果，果而因，互相牽制、互爲消長的。〈氾論〉說：「聖人心平志易，精神內守，物莫足以惑之。」精神清平內守，嗜欲固「弗能亂」（〈俶眞〉），外誘無以入侵；反之，嗜欲過度，「神」便保不住了。這便是後來宋代理學家們天理、人欲、人心、道心的問題。不過，這個「守」字，《淮南子》一本道家無爲的原則，聲明並不是刻意地去嚴防或窒閉什麼，而是順隨自然，不刻刻爲念，時時掛懷。〈俶眞〉說：「事其神者神去之，休其神者神居之」，〈精神〉也說要：「休精神」。可見，「守」的要領便是「休」。休者，止而不妄動。因爲爲者敗之，刻意地嚴防或窒閉，不但解決不了問題，反而增加精神上的負擔，豈不是欲益反損？

而養神之法既離不開形官接物的根本問題，因此，下文接著談調理形骸的問題。〈精神〉以「形」爲「生之舍」，「形」雖被稱爲生之「末」，卻具具體體地是生命之所寓託，就是那爲「重」爲「本」的「神」，也依倚它而存在。沒有了它，生命便架空，更無所謂養或不養了。因此，吾人欲安養生命，必先妥善安頓此形骸。而所謂形骸，要指外暴的四體與感官。感官外接於物而生慾，慾生而好惡之情起：耳悅好音，目好美色，口嗜佳味，四體樂安逸，莫不欲求快適而騖趨舒爽。常人之養形，因此多充物以養之：爲朝歌北鄙之樂以充耳，爲炫采誇麗「畫棟雕梁」、「繁文鏤刻」以充目；「刓木燎林」、「調齊和」以厭其嗜；「大興土木」、「崇侈城郭，大修垣道，高其魏闕，廣其囿苑」，甚至安車輕馬以逸四體（詳〈本經〉），舉凡所以養形之具莫不求備，這是常人的養法。而這些東西並不是隨時隨處可得，得與不得之間，喜怒悲樂之情由是以生。其求而不得者固憂戚滿懷不能平，其求而得之者亦從此耳淫於聲，目眩於色，口腹耽於甘美，四體湎於舒爽。是以感官接物而不休，嗜慾迭興而不止，好憎喜怒之情交迸於胸臆，血氣滔蕩，五臟動搖，精神紛攪離位而不能寧，從此不復營其正常的功能，這就是老子和《淮南子・精神》所以感

230～231。

嘆五色五音亂目滑心的原因。因爲人的心志是宜一而不宜多的，專於此則忘於彼，〈說林〉說：

> 用志不分，乃凝於神。
>
> 觀射者遺其執，觀書者忘其憂，意有所在，見忘其所守。……所重在外，則內爲之掘……嗜欲在外，則明所蔽矣。

這樣亂目滑心的「養」法，便不再是養，而是殘害了。長此以往，虛靜的本性、清平的精神都將被攪滑得面目全非，排擠得無處可容，嗜欲儼然取代了一切，〈齊俗〉篇因此感歎：「人之性無邪，久湛於俗則易，易而忘本則若性」。這正是孟子「以爲未嘗有材」的同一歎聲，嗜欲之禍是很凶烈的。

面對著這一類的禍患，《老子》當年也一樣頭痛，而視形身之養爲「大患」，對於這個難養卻又不能不養的形身，老子提出了「寡」「儉」的養法，要人「知足」「知止」（四十四章），「少私寡欲」（十九章），「不貴難得之貨」（三章），去除甚者、奢者、泰者（廿九章），把物慾之滿足降低到生命自然安養所需便可以，不要刻意去張羅，說：「聖人爲腹不爲目」（十二章），卻也不曾去禁絕它。《淮南子》在這些地方完全沿承《老子》的觀點，卻用更大篇幅去詮釋《老子》的意思，它說：「性命成而好憎生」（〈原道〉），嗜欲是與生俱來的，有生命便有官能，有官能便有相應於此官能上的需求，有需求即生「欲」。官能的需求本身是很自然的生理反應。因此，欲望基本上也是很自然的生理反應，凡屬自然之事，站在道家觀點都承認其存在。目能視，故欲視；耳能聽，故欲聽；鼻知臭，故欲嗅；口辨味，故欲食。這些生命自然的生理反應，有維持生命正常存在的作用，不宜禁，也不可禁，而應該「節」，應該維持其「適」度，〈詮言〉因此要人「節寢處、適飲食」，《淮南子》便是用這「節」和「適」去取代老子的「寡」「儉」；它說：

> 夫人之所以不能終共壽命而中道夭於刑戮者何也？以共生生之厚也。

嗜欲既是感官接物的自然反應，基本上沒什麼好反對或可反對的，之所以造成禍害，完全在於人饜養太厚，窮欲而無節，〈本經〉嘗舉五大流遁，以明人「生生之厚」，要不外窮金、木、水、火、土五大生材，以充耳、目、聲、色、四體之娛，如此地窮奢極欲，根本是作踐官能，那裏是養生？〈精神〉說：

> 耳目者日月也，血氣者風雨也，……日月失其行，薄蝕無光；風雨非其時，毀折生災；五星失其行，州國受殃。失天地之道，至紘以

大，猶尚節其章光，愛其神明，人之耳目何能久熏勞而不息乎？精神何能久馳騁而不既乎？

〈本經〉也說：

天愛其精，地愛其平，人愛其情。天之精，日月、星辰、雷電、風雨也，地之平，水火金木土也；人之情，思慮聰明喜怒也。

人的生命同於天地日月，有其和適之度，踰度便要錯繆失靈，安養形身之法因此要特別注意「節」而「愛」之，恆保其「適」度，《淮南子》因此教人「遺耳目」以「反諸性」，「閉四關（耳、目、口、心），止五遁」。而所謂「閉四關」、「遺耳目」並不是要人摒棄官能，而是要人「養以和、持以適」(〈精神〉)，「循性保眞」、「適情辭餘」(〈氾論〉)，順自然以養，不孜孜以耳目之快爲營，以減少一切足以炫目搖神、興欲、損心的誘因，有目而不妄見，有耳而不馳聽，「不以身役物，不以欲滑和」(〈原道〉)，除生命本然所需外，概所捐卻，「食足以接氣，衣足以蓋形」可矣，「以己爲度，不隨物而動」。舉凡一切「無益情者」、「不便性者」概所捐棄，讓耳目等官能得到充分的調適和休息，則耳目視聽等官能不待養而自清明，這叫「遺耳目」。可見所謂「遺耳目」，其實即是「循性保眞」，因此說是「反諸性」。我們的嗜欲要眞能返乎生命本然的情況，則一切外加的厚饜成贅餘，生命一片純和安寧，耳目不待「閉」而自「遺」，妄慾不待禁而自消，有形若無形，有欲若無欲，「形若槁木，心若死灰，忘其五藏，損其形骸。」一任情性，自然取足，不鉗不迫，此之謂「遺」。「遺」者，忘也，在《淮南子》的意思是，不刻意爲營、爲念。此時，「性有不欲，無欲而不得；心有不樂，無樂而不爲。」即使「縱禮肆意」也出不了差錯(〈精神〉)。因爲「欲」已處於絕對的穩定情況中了，因此說：

靜默恬淡所以養性也；和愉虛無所以養德也。外不滑和，則性得其宜；性不動和，則德安其位。(〈俶眞〉)

以恬養性，以漠處神，則入於天門。(〈原道〉)

從前《莊子》說要「忘肝膽、遺耳目」(〈大宗師〉)，所要強調的是通透死生，超越形骸。《淮南子》「遺耳目」的主張最後所要達到的境界雖然也像《莊子》一樣地通透生死，「入於天門」；但，比較起來，《淮南子》還是較著重在如何安頓形身，和妥善處理慾望的層次上，就這點而言，《淮南子》的論點比較接近老子。老子以「寡」、「儉」、「知足」爲養形、治欲之要，《淮南子》則用「持適」、「節愛」去詮釋它、發揮它，基於尊重自然之原則，皆不排斥生命本然之需求與安養，在不攪亂生命本然之寧和與平靜，不干礙心志與官能正常的運作下，我們的嗜欲仍然可以獲得適當的滿足，形骸一樣允予充分的安養，這樣的養法，《淮南子》認爲才是「原心反本」(〈精神〉)、正本清源的養法。以這種「持適」的道理爲基礎去修養，《淮南子》深信終可以達到逍遙太和的至境，〈精神〉篇說：

> 至人量腹而食，度形而衣，容身而游，適情而行，餘天下而不貪，委萬物而不利，處大廓之宇，游無極之野，登太皇，馮太一，玩天地於掌握之中。

由這個「持適」而不禁絕的觀點出發，《淮南子》批評了儒家以禮義爲防的治慾法。儒家對於慾，曾主張以仁義禮教匡矯之，冀由從容、周旋、嚴己、愛人等諸德的陶冶與訓練中，藉由自我克制與約束的工夫，去防範人的陷溺和沉湎。《淮南子》站在道家的觀點看起來，這種自我克制與約束本身就是一層不自然，藉由這種不自然的方法去治慾，對於已受慾侵擾而不能清平的生命本情而言，豈不是雙重不幸？其結果，「慾」或未必得治，卻已弄得「情心鬱殪，形性屈竭」(〈精神〉)，性命固自難安，又何養生可言？因此，對於儒家以道德防範嗜欲，遏止流湎的主張，《淮南子》以爲根本是「迫性害情」，是對生命另一種形態的殘害，它說：

> 衰世湊學，不知原心反本，直雕琢其性，矯拂其情，以與世交。故目雖欲之，禁之以度；心雖樂之，節之以禮；趨翔周旋，詘節卑拜。肉凝而不食，酒澄而不飲，外束其形，內愁〔註18〕其德，鉗陰陽之和而迫性命之情。(〈精神〉)

抹殺生命先天而自然之欲求，徒思以禮義道德之繩墨防治其流湎，《淮南子》以爲這是儒家治慾最大的失策，其結果必致強人所難而歸於失敗。它說：

> 孔墨之弟子皆以仁義之術教導於世，然皆不免於儡，身猶不能行，又況所教乎？(〈精神〉)

在這裏對於儒家仁、義、禮諸德，《淮南子》儘管承襲先秦道家譏議儒家的傳統，甚至站在道家「大道廢，有仁義」(十八章)的基點上，屢加非議，然當太上的道境成爲難成企及的理想時，站在事功與「用」的立場上，《淮

〔註18〕「內愁其德」本作「內總其德」，茲依王念孫校改，愁與揫同，說文：「揫，束也。」「外束其形，內揫其德，其義一也。」其說同見註2，卷7〈精神〉，頁240當句下引。

南子》卻也曾一再讓步，承認仁、義、禮對於治亂濟衰，仍有它一定的功能，而不失爲「善」德。因此，在〈兵略〉篇論用兵宗旨，〈主術〉篇論立法、治國，乃至〈繆稱〉、〈氾論〉、〈詮言〉、〈人間〉、〈脩務〉、〈泰族〉各篇談到處世治事時，對於「義」，都曾給予相當的認可和推許。甚至在以道家思想爲主，全篇發揮《莊子》思想的〈俶眞〉裏，於「窮逐造化」、「說符玄妙」之餘，猶不忘「審仁義之際」(〈要略〉)。可見《淮南子》對於儒家的禮、義之德，並不眞正期期以爲不可，〈精神〉也已說清楚了，它所深不以爲然的是「衰世湊學」的「孔墨之弟子」。而它之所以反對它們，主要基於兩點：(一)用克制和防範的方法違反道家因順自然的大原則。(二)顧慮到實際能獲致的效果。在《淮南子》看來，物生而莫不有其自然之性：魚善游，蝯蝪好援木，禽獸有野心，此其性。善游者嗜水，能援者好攀，有野心者狂奔馳走，噬嚙威雄，也是性。善養之者固不必揠助其性，也不可強矯其性，強魚去水，禁獸吼奔，其死必矣。善養之者，不助不長，不拂不迫，「縱之其所而已」(〈說山〉)，〈精神〉說：

> 牧民者猶畜禽獸也，不塞其圄園，使有野心。系絆其足，以禁其動，而欲脩身終壽，豈可得乎？……此皆迫性拂情而不得其和也。

養民如此，養性亦然。人有欲而不得，儒者務要假德義以防閑，顯非人性之所快安，強人以其性之所不快安，如何談得上「養」？這是《淮南子》的看法，因此說：

> 儒者不本其所以欲而禁其所欲，不原其所以樂而閉其所樂，是猶決江河而障之以手也。(〈精神〉)

> 儒者非能使人無欲而能止之，非能使人勿樂而能禁之。(〈精神〉)

生命是自然的，因此安養的方法也應自然而不宜有絲毫勉強，這是《淮南子》所要強調的，它對儒家以禮義治慾的反對，主要其實也就是這一點。外此，對於儒家制禮「佐實喻意」、「體情制文」，制樂「合歡宣意」，因順人情自然之需的本意，《淮南子》還是很贊許的，它所不以爲然的，只是不要明定什麼三年、三月之類的期限而已（詳〈齊俗〉)，明定期限在《淮南子》看來，便是強「情」以「期」，便是不自然。〈道應〉有一則事例，很可以說明淮南子強調自然不勉強的修養觀點，〈道應〉說：

> 中山公子牟謂詹子曰：「身處江海之上，心在魏闕之下，爲之奈何？」詹子曰：「重生，重生則輕利。」中山公子牟曰：「雖知之，猶不能

> 自勝。」詹子曰：「不能自勝則從之。從之，神無怨乎！不能自勝而強弗從者，此之謂重傷，重傷之人無壽類矣。」

爲了養生而太勉強自己，便不是養生而是傷生了。因此，儘管它把顏回的夭死、季路的葅醢、子夏的失明、冉伯牛的爲厲，通通歸之於安養失「適」，「迫性拂情」的結果（〈精神〉），是很不通的說法，但它那強調自然安養，不假一絲勉強的用意卻是很明顯的。

五、氣充神旺與心、神、氣、志

《淮南子》論修養固形神對立，以「神」爲本，以「形」爲末，但事實上，從養「神」少不了治慾的觀點，和它對治慾的大力討論看來，形、神之養其實是等重互濟的。區分本末，只是爲了標清無形至貴的修養主體，讓人知所著重而已。除了形、神之外，另有一個介於形、神之間的「氣」，也是修養的要目。〈原道〉說：

> 形者生之舍也，氣者生之充也，神者生之制也，一失位則三者傷矣。
>
> 形非其所安而處之則廢，氣不當其所充而用之則泄，神非其所宜而行之則味，此三者不可不愼守也。聖人將養其神、和弱其氣、平夷其形。

顯見形、氣、神三位一體，相互影響，必得同修共養。因此，養形、養神之餘，《淮南子》也養氣。

《淮南子》以「氣」（或稱「元氣」）爲天地萬物生化之始，「道」以「元氣」下生宇宙萬物，虛靜之道體，自「氣」以下始打破長古沉寂，活潑萌動，生生不已。宇宙由靜而動，瀰漫生機，「氣」乃宇宙之生機。氣生陰陽、生天地、生四時、生萬物，宇宙、陰陽、天地、四時、萬物無一不稟賦此「氣」，充滿此「氣」（詳〈原道〉、〈俶眞〉）。其生賦陰陽者有「陰陽之氣」（〈泰族〉、〈覽冥〉），生賦天地者，則天有「天氣」，地有「地氣」（〈俶眞〉）、「正土之氣」（〈地形〉），生賦四時者，則有「四時之氣」、「十二時之氣」（〈時則〉），生賦萬物者則〈本經〉說「含氣化物以成埒類」，〈地形〉說「皆象其氣，皆應其類」、〈精神〉說「煩氣爲蟲，精氣爲人」，故而有「牛馬之氣」，有「蟣蝨之氣」（〈泰族〉），盡所謂「煩氣」。至於「精氣」所化生的人，除了有同於異類的「血氣」（〈精神〉）之外，另有「神氣」（原道）、「志氣」（〈精神〉），且能使「氣」以成「勢」，叫「氣勢」(〈兵略〉)。而天地、四時、陰陽自然之氣有和、有「賊」，有正、有「偏」，〈本經〉說：「春肅、秋榮、冬雷、夏霜，皆賊氣之所生。」〈天文〉說：「天之偏氣，怒者爲風。」人之氣也有「正」「邪」、「虛」、「實」，〈詮言〉說：「君子行正氣，小人行邪氣」，〈兵略〉也有氣虛、氣實之說，這是《淮南子》論氣的大要。它所謂的「氣」，在人之外，大抵指流衍於宇宙天地間的生機。其在人者，則指流衍於人身內的生命力，它論修養時所要講的就是這種流衍於人身內的生命力。

氣之爲物，介於處實、有無之間，在中國思想中原爲應用極廣泛而複雜的概念，既含哲學意味、物理意味，漢儒等陰陽五行家又推衍之而成政治觀念。源其所起，約在春秋戰國，尤其陰陽五行思想興起後，用以配合陰陽五行，以解釋宇宙的生成與現象。《左傳》初有「六氣」之說，《國語・周語》則分氣爲陰、陽，《易傳》更言氣類相求(〈乾文言〉)之理。諸子中老、莊、孟乃至呂覽也都言「氣」。老子的「氣」，或「專氣致柔」，或「心使氣曰強」，都指修養，而無涉於天地宇宙。《孟子・公孫丑》則大事以氣論修養，結合「氣」與「心」而有「氣」、「志」之辨，並以養成浩然之氣爲修養之極致。呂覽則同於《易傳》，偏言氣之相求與感應(見〈召類〉)。《莊子》言「氣」尤多，內篇言「氣」，如〈逍遙遊〉的「六氣」，〈齊物論〉的「大塊噫氣」，都以「氣」爲充滿天地的生機。外雜篇言氣特多，除繼承內篇，以氣爲充滿天地之生機，而有所謂「天氣」、「地氣」、「雲氣」、「六氣」(〈在宥〉)外，並以「氣」賦生萬物，造就生命，而說「合六氣之精，以育群生。」(〈在宥〉)，說：「比形於天地而受氣於陰陽」(〈秋水〉)。〈至樂〉更明言「氣」先於「形」，「形」先於「生」，且以人的生死爲「氣」的遷化(〈知北遊〉)。天地自然之氣由是而與生命形骸緊密關連，然後涉及修養。〈達生〉因以「性」、「氣」並論，欲人「壹其性，養其氣」。由內篇至外雜篇，「氣」由流衍充滿天地之生機，逐漸成爲肇生生命形骸之源能，再而及於修養。從這裏我們依稀可見《淮南子》養氣論的因襲痕跡。《淮南子》養氣論的基本架構正是依據《莊子》，尤其外雜篇，有關「氣」的理論發揮而來。因此，我們如果眞正地把《莊子》外、雜篇思想看成是由《莊子》到《淮南子》間道家思想的橋樑〔註 19〕，是

〔註 19〕劉汝霖說：「《莊子》一書……包括自莊子以至淮南王時之道家思想」「研究《莊子》，應視作自莊子至淮南王時道家思想之總集。」羅根澤也說：「淮南子的編著是在公元前 164 至 122 年，距莊子之卒已一百七十八年。那麼，道家的系統，照一般人的敘述，則莊子以後即戛然而止，一直斷絕了二百年，到劉

很正確的。

而諸子中《孟子》、《管子》、《禮記》皆曾直接爲「氣」下義界。《孟子》說：「氣者體之充也」（〈公孫丑上〉）。《管子》說：「氣者身之充也。」（〈心術下〉）皆就「氣」之爲生命基源解釋「氣」。《禮記・祭義》則以「神」釋「氣」，〈祭義〉說：「氣也者，神之盛也」。《淮南子》論「氣」大抵二者兼有，〈原道〉說：「氣者生之充也」，這和管、孟所說並無不同，然〈原道〉接著又說：

> 今人之所以眭然能視，䁝然能聽，形體能抗，而百節可屈伸，察能分白黑，視美醜，而知能別同異、明是非者何也？氣爲之充，神爲之使也。……無所不充，則無所不在……（形、神、氣、志）失其所守之位而離其外內之舍，是故舉錯不能當，動靜不能中。

對於「氣」的性與能有較明白的解說。依其意，所謂「氣」乃充於身、旺於神，而可形於外者。當它充於內時，有若血液之流衍潛通於週身，故稱「血氣」（見〈精神〉）；當它旺於神時，則能辨識外物，故稱「氣志」（〈精神〉、〈原道〉、〈脩務〉）；當它形於外時，則產生能力，故稱「氣力」（〈原道〉、〈主術〉、〈脩務〉）。氣充而後神旺，而後我們對外的一切本能：視、聽、動、靜、知、慮、云、爲得以正確而明當。因此，要我們的舉措明當，除須保持內在的虛靜澄明外，就「氣」而言，尤當充處得位，神才能充旺足使。〈精神〉說：

> 精神充而氣不散則理，理則均，均則通，通則神，神則以視無不見，以聽無不聞，以爲無不成也。

可見我們的一切外在行爲，事實上是取決於其人形內「氣」之運作與流衍。〈精神〉又說：

> 血氣者人之華也，而五藏者人之精也。夫血氣能專於五藏而不外越，則胸腹充而嗜欲省，胸腹充而嗜欲省，則耳目清而聽視達矣。

所謂「五藏」，根據〈精神〉自己的說法是「膽、肝、肺、腎、脾」，是「氣」

安才平地一聲雷，異軍突起，重整了道家的旗鼓，眞成了怪現象了。我敢說在莊子以後，劉安以前，道家必在蓬蓬勃勃的發展。」劉說見《周秦諸子考》（北京：文化學社，1929 年）。羅說見〈《莊子》外雜篇探源〉，《諸子考索》（台北：泰順書局翻印，年份不詳），頁 282～283。而《莊子》內篇既是莊子所自著，莊子外、雜篇後人又一致認爲不出於一人之手。，黃師天成由是而認爲，《莊子》外、雜篇是「從莊子到淮南子之間的道家思想的橋樑」、「是塡補道家思想眞空時代的重要文獻。」見氏著〈莊子書的考證〉，收入黃錦鋐：《新譯莊子讀本》，台北：三民書局，1974 年），頁 14。

所當充處之正位。氣充處得位而不妄散，則神旺而自我內足，對於外物因不妄欲求，然後可以免去外物的誘慕，消除競逐得失之患，長保生命的虛靜恬和，而臻至耳清目明，舉措思慮無不恰當的地步。反之，氣妄散則思慮錯繆，〈本經〉說：「氣激則發怒」，〈齊俗〉說：「氣亂則智昏」。因此談修養不能不充養此氣，而充養此氣之法又須由省嗜欲著手。因爲血氣充處得位固足以絕止誘慕，消亡無謂的嗜欲。反之，氣不能內充以消慾，慾必趁虛入搗，充塞其氣，氣由是而「滔蕩」妄散，這種道理就好像「神」之與「慾」的互爲消長一樣，因爲「神」本來就是賴「氣」以充旺的，血氣遭充塞而妄散，神自然不能清平，不能「休」、「守」，神不能休守，禍便大了。〈精神〉說：

> 血氣者五藏之使候也。耳目淫於聲色之樂，則五藏搖動而不定矣；五藏搖動而不定，則血氣滔蕩而不休矣；血氣滔蕩而不休，則精神馳騁於外而不守矣；精神馳騁於外而不守，則禍福之至雖如丘山，無由識之矣。

五藏爲內在形官，耳目是外在形官，「氣」定寧充處於內固足以消「欲」，反之，外官接物過繁，嗜欲迭興弗省，也足以震盪內官而散「氣」。〈詮言〉說：「君子行正氣，小人行邪氣」。氣有正邪，是以慾的消長爲別的，因此〈詮言〉解釋「正氣」說：「內便於性，外合於義，循理而動，不繫於物」，解釋「邪氣」說：「重於滋味，淫於聲色，發於喜怒，不顧後患者邪氣也」。我們養「氣」，由是而必須內外兼養：一則除去外在的誘慕，以減省無謂的嗜欲；一則保持內在的虛靜平和，以充處血氣，然後精神和寧清平，舉措不失。〈精神〉教人：

> 使耳目清明玄達而無誘慕，氣志虛靜恬愉而省嗜欲，五藏定寧充盈而不泄，精神內守形骸而不外越。

依此順序，《淮南子》的修養公式似乎是：

> 物→外官（耳、目）→嗜慾→內官（五藏）→血氣→精神→行爲
> （形）　　　　　　　（形）　　（氣）　　（神）

大抵以養形爲初基，養神爲目的，而不論養形、養氣、養神莫不以虛靜爲旨歸。治形叫「平夷」，治氣叫「和弱」，治神叫「將養」，都不離先秦道家虛靜的原則。而不論治形或養氣、養神，主要的關節還都在「嗜欲」之上，因爲「慾」是生之基本要件，也是生之大妨，難怪歷來論修養的，除了《列子・楊朱》之外，幾乎莫不以治慾爲要項。

以上是《淮南子》修養論的基本架構。此外，在《淮南子》的修養理論中，除了性、情、形、氣、神之外，另有兩個經常出現的辭彙——心與志，它們在《淮南子》的這些理論之中，究竟扮演著怎樣的角色？和形、氣、神之間究竟有何關聯？亦在此一併交代，茲先論心。

（一）心

〈精神〉說：「心者形之主也」。〈繆稱〉說：「其心治者肢體相遺也」。心是主宰形骸的，心治好，形便不理而自安，此其一。〈覽冥〉說：「心怡氣和」，〈原道〉說：「不得於心而有經天下之氣者……必不勝其任矣。」〈道應〉說：「忿心張膽，氣如泉涌」，心也制馭著氣，此其二。〈精神〉說：「膽……肺……肝……腎……脾……而心為之主」、「五藏能屬於心而無乖，則勃志勝而行不僻」，心又同時轄制五藏等內官，此其三。綜合這一切，〈原道〉說：

> 心者五藏之主也，所以制使四支，流行血氣，馳騁於是非之境，而出入於百事之門户者也。

這一段最清楚，心不但是一切內外形官之宰，統轄五藏，「制使四支」，還制馭血氣，甚而「馳騁於是非之境，出入於百事之門戶」掌理了一切精神活動。它曾經是形下的，和耳、目、口合稱「四關」（〈本經〉），卻經常是形上的，統領一切形下官能，也統領一切形上活動，〈詮言〉說：

> 目好色，耳好聲，口好味，接而說之，不知利害，……三官交爭，以義為制者心也。耳、目、口〔註20〕不知所取去，心為之制，各得其所。

這是它宰制形下官能的情況。當它掌理形上的活動時，〈繆稱〉說：「心有所至，而神喟然在之。」神隨心在。〈覽冥〉曾大事描述馳神感通的道理，說明人的精神活動能夠打破一切時空障礙，達到無所不至，無遠弗至的境界。所說的，其實就是心的作用，心至神便至。心的這種掌制精神的作用，此其它在宰制形官時，更要神奇靈妙多了。〈人間〉說它「發一端、散無境，周八極，總一筦」，潛處方寸之間，而兼治形神、內外，觸端引類，馳通萬方，神奇至極，也靈妙至極。它總制形、氣、神，也等於總制人全部生命，因此，所謂「養生」，其實就是「養心」。〈詮言〉說：「聖人勝心」，把心修養到極致，〈原道〉說，甚至不必「發號施令」，而可以「移風易俗」。因此，如果說心和神

〔註20〕「耳、目、口」本作「耳、目、鼻、口」，俞樾以為「鼻」字衍文，茲依俞氏校改。其說同見註2，卷14〈詮言〉，頁476當句下引。

有什麼區別的話，那就是：神和形、氣是並列的，形、神更是對立，份量或有輕重之別，地位卻無高、下之分。心卻是高於形、氣、神，總制形、氣、神的。不過，由於心最高度的靈妙價值和功能都是表現在它制「神」的一端上。因此，淮南書中便常用它來偏指精神一方，有時甚或和「神」並舉連用，〈俶眞〉說：「精有湫盡而行無窮極，則滑心濁神」，「滑心」、「濁神」並舉。因爲神隨心在，心受滑亂，神也「清」不起來，「心」和「神」也就常混用或代用了。

（二）志

《孟子》說：「志者心之所之」（〈公孫丑下〉）。《淮南子》書中並不曾正面或直接爲「志」字下過義界，或作過較明確的解說。但〈俶眞〉說，「志與心變」，〈主術〉也說，「志之所在踰千里」，〈人間〉說，心可以「散無境……周八極」，此處說「志」可以「踰千里」，可見《孟子》「志者心之所之」的說法用在《淮南子》，大致上是沒錯的。〈氾論〉說：「心平志易，精神內守。」心「平」，「志」便「易」，可見心、志是合一的，「志」便是「心」之發用，因此它們也常合稱「心志」。〈俶眞〉說：「人之情，心志知憂樂」。前面說，神隨心在，此處又說「志與心變」，「志」與「神」究竟又有何區別？照《淮南子》看來，應該說：「神」是「心」所統轄的三個生命要素中最重要的一個，〈精神〉說：「神者心之寶」，「神」、「心」的核心主體「志」卻是心的發用。這個「志」當它發用平和時，和「神」是一體互濟的，這就是〈氾論〉所說的「心平志易，精神內守」，〈泰族〉說：「神清志平，百節皆寧」，〈兵略〉也說「在中虛神，在外漠志」。但，當它發用過度時，便和「慾」連結在一起了。〈俶眞〉說「肆其志，充其欲」，「志」一「肆」，「慾」便「充」，欲一充，便要侵越「神」位了。因此，一個人行爲是否合度正確，決定在「心」，其實也就是決定在「志」。而這個「志」的對外發用，《孟子》說：「志一則動氣」，是不免要牽動氣的，因此也常與「氣」連用，合稱「氣志」或「志氣」，〈原道〉說：「營其精神，亂其氣志」「精神、氣志靜而日充以壯」，〈精神〉說：「氣志虛靜恬愉」，〈脩務〉說：「馬，聾蟲也，而可以通氣志」，都是顯例。其實，在《淮南子》的修養理論中，除了形、神、氣、志之外，另有三個「精」字也是經常出現的辭彙，但由於它在論感應時所擔任的角色遠較論修養時重要得多，故留待論感應時討論，茲從略。

六、由「道」到「術」——《淮南子》修養論的最終目標

在前述的修養基礎上，《淮南子》究竟預期能修養出什麼樣的結果？換言之，《淮南子》修養論的最高理想和最終目的是什麼？

（一）外化而內不化

《淮南子》和老、莊都是主張遺形以全神的，在遺形全神的大原則下，《老子》藉由持儉、知足，希望獲得一個自然而素樸的生命，在這個素樸的生命裏沒有智巧，沒有詐僞，純然一派天機。《老子》因此反對智慧，因爲開發的智慧對素樸的自然生命而言，是一種無謂的雕琢和殘害，《老子》說：「絕聖棄智，民利百倍」（十九章）、「智慧出有大僞」（十八章），《莊子・應帝王》殘鑿渾沌的比喻所發出的也是同一感慨。於是無知無慮，一派天眞的嬰兒，和柔弱無爭、最善適應的水，便成了老子修養至境中的標準形象，柔弱、雌後、謙下、不爭、恆保「無知」（十章）、「挫其銳、解其紛、和其光、同其塵」（四章）也因此成了《道德經》中的處世圭臬。《莊子》則藉由心齋、坐忘的工夫，希望修養到一種超越而永在的生命，在這個生命裡沒有任何牽絆和罣礙，因此莊子也反對知識，通透死生。因爲知識的追求會造成精神上沒完沒了的煩惱和負擔，〈養生主〉一開始便強調了這一點。而生死的勘不破也一樣是精神上永遠的愁苦和憂患。因此，形骸上天殘地缺，精神上通透死生、不善不惡、循「虛」無觸，便成了《莊子》中的修養典範和處世哲學，全書隨時隨處都強調著這些觀點。在〈德充符〉裏有形殘德全、德長形忘的王駘、申徒嘉、叔山無趾、哀駘它，在〈人間世〉裏有以無用而壽的櫟社樹，在〈養生主〉裏它提示了不善不惡、「緣督爲經」的修養要領；在〈山木〉裏它更指出了「材與不材」之間絕妙的生存空間。它時而鼓盆（〈達生〉），時而化蝶（〈齊物論〉），時而髑髏見夢（〈至樂〉），都是爲了勘破世俗拘執生死的迷夢。它一方面教人要「忘其肝膽，遺其耳目」、「墮肢體、黜聰明、離形去知」（〈大宗師〉）「無爲名尸，無爲謀府，無爲事任，無爲知主。」（〈應帝王〉），另一方面又要人「入遊其樊而無感其名」（〈應帝王〉）、「有人之形而無人之情」（〈德充符〉）、「形就心和」，卻又「就不欲入，和不欲出」（〈人間世〉）。既能不顯鋒芒、適應環境地羣於人，又能不陷不溺，使是非不上其身。終而歸結出「隨物而變，因物而應」（〈秋水〉）、「不將不迎，外化而內不化」（〈知北遊〉）的處世極則。

循著老、莊養神遺形的修養路線，在《老子》持儉守靜與《莊子》循虛

無觸修養要領的導引下，《淮南子》完成了它清靜、持適的修養理論。在這套理論裏，一方面為了強調它貴神賤形的大原則，論遺耳目、忘形身的同時，也攬挈《莊子》齊生死的要旨，說「生乃徭役，死乃休息」，生生死死只是大自然遷化的過程，個體的生死無所增損於大化。因此，生不必喜，死不必憎，應該「隨其天資而安之不極」（詳〈精神〉），一個人能「明於死生之分則壽矣」（〈繆稱〉）。另一方面，為了達成它清平、寧靜的修養目標，《淮南子》也反對智巧，反對妄自造作，〈精神〉叫人要「棄聰明以反太素，休精神而棄知」，〈原道〉、〈主術〉兩篇也一再地辯說個人有限材智不可靠的道理，而由於反對逞能用智，《淮南子》很自然地踏上《老子》無專無執的雌柔路線，在〈原道〉、〈氾論〉、〈詮言〉、〈道應〉、〈兵略〉各篇裏，論道、論修養的同時，也都用了相當的篇幅去複述老子雌柔的叮嚀。而在〈精神〉、〈原道〉、〈人間〉各篇裏，我們都看到了《淮南子》至高修養典範和處世哲學的描述，〈精神〉說：

> 所謂真人者，性合於道也……治其內，不識其外，……機械知巧弗載於心。是故，死生亦大矣而不為變，……審乎無瑕而不與物糅，見事之亂而能守其宗……亡肝膽〔註21〕，遺耳目……形若槁木，心若死灰，忘其五藏，損其形骸，……感而應，迫而動，不得已而往……物無能營。廓惝而虛，清靜而無思慮……視珍寶珠玉猶石礫也，視至尊窮寵猶行客也，視毛嬙西施猶顛醜也，以死生為一化，以萬物為一方……其寢不夢，其智不萌，其魄不抑，其魂不騰……此精神之所以登假於道也。

> 至人……無往而不遂，無至而不通，生不足以挂志，死不足以幽神，屈伸俛仰，抱命而宛轉，禍福利害，千變萬妙，孰足以患心？……勢位爵祿何足以槩志也，此之謂無累之人。

總之，「真人」是「輕天下……細萬物……齊生死……同變化」，遺忘形骸、通透死生、無我無執、全神而守真的；「至人」是「齊死生」、「同變化」、賤名位而無累的。這樣的修養典範，基本上是十分老、莊（尤其是莊子）的。因此，在〈原道〉和〈人間〉裏，它很直接地點出了最高的處世原則是「外

〔註21〕「亡肝膽」本作「正肝膽」，王念孫云：「正當為亡……亡與忘同。下云『遺耳目』，此云『亡肝膽』，忘亦遺也，義相類。」玆依王氏校改。其說同見註2，卷7〈精神〉，頁227當句下引。

與物化而內不失其情」(〈原道〉)、「外化而內不化」(〈人間〉),〈人間〉更進而說明所謂「外化而內不化」是指「內有一定之操而外能詘伸贏縮卷舒,與物推移」,「外化」是爲了「入人」,「內不化」是爲了「全其身」。這很明顯地是由莊子「有人之形,無人之情」,「就不欲入,和不欲出」、「入遊其樊而無感其名」而來的。從老、莊的道論和修養論入手,《淮南子》得到了和老、莊大致一樣的結論,這是很自然的事。但,這一切都只是對老莊之說表示一種精神上的承襲和推崇,卻並不是《淮南子》談修養的最終目的。它的最終目的並不只是在修得虛靜、清平或完純的「道」,或修成一個「輕天下、細萬物、齊生死、同變化」的超人,求「道」只是它第一階段的目標。一切再高妙的「道」,最終的目的都是爲了建立事功,指導人事之用的。因此,淮南子修養至境中的典範人物,眞人也罷,至人也罷,聖人也罷,是不像《老子》的理想人一樣,安和於其素樸純眞的精神國度裏,也不能像《莊子》的理想人一樣,無牽無掛地逍遙於其沖虛無觸的絕妙空間,在自樂之餘,它還想要挾此雌柔而通透、虛靜而清平、「外化而內不化」的超然素養,去深深地投入人事,理治人事,由是而來自老、莊的形上之道,便一變而爲各種靈妙萬用的「術」或「數」了。把原先得自《老子》的虛靜、清平之道往「用」上去推展,《淮南子》拈出了一個「簡」、「易」(有時也用「約」或「省」)的道理來(詳主術)。而從老子「和光同塵」的雌柔之道,和莊子的「形就心和」中,《淮南子》開展出一套「因」術,這個「因」(有時也用「因循」)的哲學甚而成了貫串整部《淮南子》的核心思想。全部《淮南子》的應用理論就是架構在這個「簡」、「易」(約省)的「因」術之上的,《淮南子》也就是用這個「因」術去詮釋並發揮老莊的「無爲」哲學。有關《淮南子》的「因術」留待無爲論中去探討,姑從略。

(二)自　得

而由《老子》的「和光同塵」到《莊子》的「就不欲入,和不欲出」中間,《淮南子》悟出了一個「自得」的道理,何謂「自得」?《淮南子》說:「所謂自得者,全其身者也」「全其身則與道爲一」(〈原道〉),可見所謂「自得」,是指一個人的修養達到了「與道爲一」,成熟完足的境界,一個人的修養能達到這樣的境界,〈原道〉說必定是「中有本主以定清濁,不受於外而自爲儀表」。它一方面「形就心和」「和光同塵」,另一方面卻又能「以中制外」

而「不待萬物之推移」，全然地操持主動、掌握全局。這時候，「天下之要不在於彼而在於我，不在於人而在於身」(〈原道〉)，我與天下「相得」「相有」，即使是「喬木之下，空穴之中」也無不「適情」，這才叫「至樂」。淮南子就用這個「外化而內不化」的「自得」之道，去濟助它的「因循」之理，它的因循之理也就因此不是「決然無主……於物無擇，與之俱往」的「䡢斷」之理，而知「時變」，講「權變」，能「應時偶變，見形施宜」(〈齊俗〉)。《淮南子》的因循說能免於如愼子因循說「死人之理」的窠臼〔註 22〕，完全在於它不失「本主」的「自得」與「權變」。

不過，當論到「自得」，論到身道合一、身得則萬物得時，《淮南子》便一轉而進到「正身」以應物的路線上，它說：

> 身者道之所託，身得則道得矣。(〈齊俗〉)
>
> 身者事之規矩也，未聞枉己而能正人者也。(〈詮言〉)
>
> 未嘗聞身治而國亂者也，未嘗聞身亂而國治者也，故本在於身。(〈道應〉)

繼而，在〈主術〉、〈繆稱〉、〈泰族〉各篇裏，都大大地推闡了這種「正身」以應物的思想，由正身應物再進一步推移便是「反己」爲治，既「正身」又「反己」，這便把儒家思維也融入進去了。於是在〈人間〉裏，聖人是「內有一定之操而外能詘伸贏縮卷舒，與物推移」、知「龍變」的「得道之士」。到了〈繆稱〉，聖人便是個「正身直行」的君子了。在〈主術〉和〈泰族〉兩篇裏也可以看到這樣的結合。它是把先秦道家的弗用之道，與儒家的求用之道相盡辦法，找盡機會地牽連在一起了。它之所以成爲雜家，原因在此。它之所以遭人非議，也往往由此。不過，當我們知道《淮南子》以「道」治「事」的撰作宗旨，一切的形上道理終必落實而爲治事之「術」，一切的治事之「術」也儘求其統合互濟之後，對於《淮南子》思想理論中的某些不協調，也就不難了解其何以故了。因此，在〈主術〉、〈兵略〉、〈覽冥〉、〈泰族〉等篇裏，我們都看到了《淮南子》修養至境中的理想人物，在立身、施政、爲君、用

〔註 22〕《莊子・天下》說愼到：「決然無主，趣物而不兩，不顧於慮，不謀於知，於物無擇，與之俱往」，又說「愼到棄知去己而緣不得已，冷汰於物以爲道理，……謑髁无任……椎拍輐斷，與物宛轉……不師知慮，不知前後，魏然而已矣。推而後行，曳而後往……無知之物，無建己之患，無用知之累，……非生人之行，而至死人之理。」「其所謂道非道」，終不免於「輐斷」。

兵上的完美表現。在立身方面，它必定是個誠於此而應於彼，最具感應魅力和影響效果的神奇人物。在施政時，必然是最懂得「因道之數」，不逞能、不馳智的高效政治。當他爲君時，則「塊然保眞，抱德推誠」，以「神」化而不以「刑」治，「簡」、「易」而「清靜」，「因資」而用眾。當他用兵時，則因虛而乘勢，隱形而用奇，既知借天時，又能因地利，更善用人謀，「以道理而制勝」。不過，這時候這個千面多方的高手，早已不全是老子的樣子，也不全是莊子的樣子，而是存留著老、莊面貌的若干特徵，卻又摻合著各家（陰陽、儒）的某些精神氣質或形貌，而散發著綜合氣味的雜揉形態了。

第三節　《淮南子》中的陰陽學——天文

一、陰陽家與陰陽學

陰陽家，漢志說它出於古羲和之官，「敬順昊天，曆象日月星辰，敬授民時。」可見，陰陽家的學說是通天文以頒授民事、時令，尤其是農作節令的早晚。《漢書・藝文志》說，陰陽家有二十一家，三百六十九篇，其內容性質多不可知，從補注的說明看來，略爲可知者僅：（一）「宋司星子韋三篇」，沈欽韓說是宋景公時觀熒惑，斷禍福的子韋之術。（二）「公檮生終始十四篇」，沈氏說是「言黃帝以來三千六百二十九歲」。然篇名既稱「終始」，則內容應如鄒衍五行終始，推黃帝爲源頭，而論政權之遞嬗依五行克勝之理。（三）「公孫發二十二篇」，根據沈氏的說法是漢文帝時上書陳〈五德終始傳〉的公孫勝之先人。（四）《黃帝泰素》二十篇，顏師古引劉向《別錄》說是「言陰陽五行，以爲黃帝之道也。」（五）「南公三十一篇」，補注引徐廣說是「言陰陽事」。（六）容成子十四篇，補注引朱一新說是六國時人作，乃如《黃帝泰素》之類，「言陰陽以爲容成之道」。容成，相傳爲古造曆者，則此十四篇或亦曆數之事。（七）「張蒼十六篇」，補注引王應麟以爲即西城北平侯張蒼所作，言陰陽曆事。（八）「五曹官制」五篇，補注引王應麟說，以爲即《漢書・賈誼傳》所謂「改正朔，易服色、制度，定官名……色上黃，數用五，爲官名」。又引沈欽韓說，以爲這五曹之官即《五曹算經》所謂掌田疇之田曹、資人力之兵曹、聚眾食飲之集曹、務儲蓄之倉曹、主貨幣交質之金曹。從這些說明看來，似乎沒有太明顯的五行概念。二十一家中最爲有名，而性質內容較爲大家所熟悉的，則是鄒衍的「鄒子四十九篇」與「鄒子終始五十六篇」。補注說，前者應該說就是《史記・孟荀列傳》所說的「終始大聖之篇十餘萬言」，在燕所作的〈主運〉等篇，後者則是政權的遞嬗依五行克勝之理為轉移依據的五德終始（其詳容後述）。

要之，從漢志所錄陰陽家著作看來，陰陽家學至少包括了占星、曆律、陰陽五行、五德終始等等學說與專業知識。然不論其推陰陽五行或盛言五德終始，要皆遠推至黃帝，依託於黃帝。

其次，我們再就漢志所載「五行」類觀之，共三十一家，六百五十二卷。漢志說「五行」家：

> 五行者，五常之形氣也。《書》云：初一曰五行，次二曰羞用五事，言進用五事，以順五行也。貌、言、視、聽、思。心失而五行之序亂，五星之變作，皆出於律曆之數而分為一者也。其法亦起五德終始，推其極則無不至。而小數家因此以為吉凶，而行於世，寖以相亂。

五行家亦長於律曆，推演五德終始與星變之論，其末流則淪為吉凶之附會。唯漢志所載三十一家五行說，篇名少作「五行」（唯「四時五行」一例），而多稱「陰陽」，如「泰一陰陽」、「黃帝陰陽」、「黃帝諸子論陰陽」、「諸王子論陰陽」、「太元陰陽」、「三典陰陽談論」。或稱「陰陽五行」，如「陰陽五行時令」十九卷。顯見「陰陽」與「五行」在陰陽家學說中，本是一體的，除了陰陽五行外，五行家亦長於音律與災異，故其書有稱「災異」、稱「鐘律」、稱「五音」者，如「務成子災異應十四卷」、「十二典災異應十二卷」、「鐘律災異二十六卷」、「鐘律叢辰日苑二十三卷」、「鐘律消息二十九卷」、「黃鐘七卷」。凡此，皆見五行家善由音律以推陰陽災異，斷吉凶。此外，五行家另有運雌雄北斗躔度之「堪輿金匱十四卷」，推太陰運行之「天一六卷」，言歲星行宮之「泰一二十九卷」，論一年十二月中陰陽刑德（門）內、（門）外消長之理的「刑德七卷」，言歲星運行十二辰休咎吉凶之「轉位十二神二十五卷」。以及論兵陰陽之孤虛、「五音奇胲用兵二十三卷」、「五音奇胲刑德二十一卷」、「五音定名十五卷」，乃至風后、風鼓、六甲、羨門式法、文解等等占筮之術。而漢志所載「兵陰陽」十六家中，定多陰陽奇胲之理，應亦屬陰陽家說之應用與推廣。

總之，從漢志對「陰陽」與「五行」兩家的論述與著錄看來，陰陽家學的涵攝內容約略可得其輪廓：

（一）陰陽家的代表鄒衍雖閎言天地，亦長地理，而有大九州說，然根據漢志的說法，天文學是陰陽家的起家之學。陰陽家上通天文、星象，以下貫人事之理，所謂古羲和之官的職掌。

（二）陰陽家善推陰陽消長之理與五行變化之道。

（三）陰陽家長於音律與曆數，並以之而推災異、吉凶。

（四）陰陽家盛行五德終始之論。

（五）陰陽家長於斗運、星占之術。

（六）陰陽家亦有演爲羨門、六甲、風后等占筮之術。

（七）兵家的孤虛奇胲之道，要亦陰陽術之運用。

這應該就是流行於先秦兩漢時期，陰陽學的大致內容。其中尤以鄒衍的四十九篇「鄒子」與五十六篇「五德終始」最具代表性，也最爲有名，影響亦最深遠。

二、鄒衍遺說與陰陽學

鄒衍是陰陽家中最具代表性的一位，也是陰陽學的發展與傳播過程中最具關鍵性的人物。可惜漢志所載的這四十九篇《鄒子》與五十六篇《鄒子終始》，如今都亡佚了，長久以來，對於相關於鄒衍的學說與一切，我們都只能從《史記・封禪書》、〈孟荀列傳〉、乃至《鹽鐵論・論儒》、〈論鄒〉、《呂氏春秋・召類》、〈應同〉乃至《太平御覽》的記載中去拼組與釐定。在一切有關鄒衍的記載中，《史記・孟荀列傳》的記載算是最詳細的，〈孟荀列傳〉說：

> 鄒衍有睹有國者益淫侈，不能尚德，若大雅整之於身，乃深觀陰陽消息，而作怪迂之變，終始大聖之篇十餘萬言。其語閎大不經，必先驗小物，推而大之，至於無垠。先序今以上至黃帝，學者所共術，大並世盛衰，因載其禨祥度制。推而遠之，至天地未生，窈冥不可考而原也。先列中國名山大川、通谷禽獸、水土所殖、物類所珍，因而推之，至海外人之所不能睹。稱引天地剖判以來，治各有宜，而符應若茲。以爲儒者所謂中國者，於天下乃八十一分居其一分耳。中國名曰赤縣神州，赤縣神州內自有九州，禹之序九州是也，不得爲州數。中國外如赤縣神州者九，乃所謂「九州」也。於是有裨海環之，人民、禽獸莫能相通者，如一區中者，乃爲一州，如此者九。

> 乃有大瀛海環其外，天地之際焉，其術皆此類也。然要其歸，必止乎仁義、節儉、君臣上下、六親之施。

根據這些記載，鄒衍原本治儒而尚德，卻不得志。窮則變，變則通，在深入檢討思索之後，認爲儒家之德術難以閎通應世，因大轉方向，馳言天地之道。《鹽鐵論・論鄒》說：

> 鄒子疾晚世之儒墨不知天地之弘，昭曠之道，將一曲而欲道九折，守一隅而欲知萬方，猶無准平而欲知高下，無規矩而欲知方圓也。于是推大聖終始之運，以喻王公列士。

〈論儒〉說：

> 鄒子以儒術干世主，不用，即以變化終始之論，卒以顯名……鄒子之徒作變化之術，亦歸于仁義。

可見，鄒衍之所以調轉方向馳論陰陽，不是認爲儒家的仁義倫常不好，而是認爲整個儒家學說侷限在人事的道理與倫理中打轉，論題在那個劇烈變動的時代既不吸引人，範圍亦嫌拘謹迫促。他於是胸次視野大開，上天下地，寬闊探索，而有所謂「五德終始」與「大九州」說。鄒衍在稷下號爲「談天衍」，顯然是以好「談天」有名的。天地相對而一體，談天的同時，鄒衍亦論地，而有「大九州」之說。於是而上天下地、閎大不經地推演馳說，終於造就了鄒衍轟動一世的學說、聲望與威名。

有關鄒衍談天說地的學說內容，從〈孟荀列傳〉看來，似乎可分爲三大部分：

（一）大聖終始之篇

「深觀陰陽消息」所作的「終始大聖之篇十餘萬言」，亦即《鹽鐵論・論鄒》所說的「變化終始」之論，《史記・封禪書》稱爲「陰陽之運」（或簡稱「主運」）與「五德終始」。根據王夢鷗的推測，鄒衍所說的「五德終始」至少包括兩部分：一部份是講帝王受命依五德（行）克勝之理（木剋土，金剋木，火剋金，水剋土）爲轉移，所謂「五德之次從所不勝」、「虞土、夏木、殷金、周火」，一朝一代的終始，這是大型的終始，稱「大終始」。另一部分則是用於帝王行政的，一年一周的終始，即「時令」之類的設計，這是小型的終始，可稱爲「小終始」〔註 23〕。有關第一部分「大終始」，《史記・封禪

〔註 23〕參見王夢鷗：《鄒衍遺說考》（台北：商務印書館，1966 年），頁 56。

書》說：

> 秦始皇既併天下而帝，或曰：黃帝得土德，黃龍地螾見；夏得木德，青龍止於郊，草木暢茂；殷得金德，銀自山溢；周得火德，有赤烏之符。今秦變水德之時，昔秦文公出獵，獲黑龍，此其水德之瑞。於是，秦更命河曰德水，以冬十月爲年首，色上黑……。

這就是〈孟荀列傳〉所說「五德轉移，治各有宜，而符應若茲。」的「五德終始」說在秦代的推衍與運用。《呂氏春秋・應同》說得更清楚了，它說：

> 黃帝之時，天先見大螾大螻。黃帝曰：土氣勝。土氣勝，故其色尚黃，其事則七。及禹之時，天先見草木，秋冬不殺。禹曰：木氣勝。木氣勝，故其色尚青，其事則木。及湯之時，天先見金刃生於水。湯曰：金氣勝。金氣勝，故其色尚白，其事則金。及文王之時，天先見火……文王曰：火氣勝。火氣勝，故其色尚赤，其事則火。代火者必水，……水氣至而不知數備，將徙於土。

換言之，自五帝以迄三王，鄒衍將之分爲四代，一一配以土、木、金、火四行（德），依五行相剋之理，詮釋其政權之轉移，避開武力攻併之醜陋事實，而凸顯政權遞嬗爲自然合理且無可避免的定理。根據王夢鷗先生的說法，此中影射位居北方的燕昭王政權將是下一個取代「火德」，一統天下的「水德」新王朝。

值得注意的是，在這個「大終始」的推衍中，黃帝明明位居源頭，以土德王，鄒衍卻安排五帝（由黃帝至虞舜）共一德，皆爲土德，而夏、商、周三代各居一德。而依據王夢鷗先生的推斷，鄒衍在紀元前三二五年遊稷下開始「深觀陰陽消息」，作「終始大聖之篇」。約當西元前三○一年如燕，燕昭王擁篲相迎，築碣石宮師事之，鄒衍完成了「主運」的撰作〔註24〕。「終始大勝之篇」即「主運」，其開始撰寫既在田齊稷下，相應著田齊造祖運動所延續的黃帝學術風潮，其推黃帝爲土德第一帝可以理解。然若依五帝、三王一帝一王下推其終始，則依次應當是：

> 黃帝（土）－顓頊（木）－帝嚳（金）－唐堯（火）－虞舜（水）－夏（土）－商（木）－周（金）－代周者（火）

〔註24〕同見註1，頁33。該書頁108說：「鄒衍流落國外，感激知遇之恩……獻出他的拿手好戲，替燕昭王演一部大的終始，亦即終始大聖之篇，以證明此國水德之王，將要『受命而帝』。」頁112又說：「鄒衍『既至燕國』，欲鼓勵燕昭王承天啓運以號令天下諸侯，特設計一套『水德將王』的理論。」

絕對得不出「夏木、殷金、周火」的結論。〔註 25〕

鄒衍的推配卻是：

> 黃帝－顓頊－帝嚳－唐堯－虞舜（以上皆土）－夏（木）－商（金）－周（火）－代周者（水）

原因是：這五帝實際上只是一個血統派生下來的，其情形與夏禹——啓——太康——仲康……以及殷商——外丙——仲壬——大甲……的世系一樣，都是一個血統派生的。因此，自黃帝至堯舜，合共爲「土德」，然後繼以夏禹之木德，殷商之金德，周之火德……。〔註 26〕

這同時是因爲該學說的完成階段，鄒衍已去齊在燕，燕昭王盛禮相待。而燕地處北，依五行方位，「北」屬「水」德，故只能將五帝合而爲一（土）德，始能推出：居北方，應配水德的燕國，極可能是五德系統中下一個應「運」而出的一統之「主」（大聖）。〔註 27〕

「五德終始」的另一部份是「五行相次轉用事，隨方面爲服」，只講一年十二個月中王者施政終始，如《呂氏春秋・十二紀》、《禮記・月令》、《淮南子・時則》之類，爲王者居明堂四時施政的總綱領，稱「小終始」。

（二）大九州說

透過由小推大、由近推遠的方法，先說中國境內的大小山川、河道、地理出產與人文，然後向外推衍。以儒家所謂「中國」爲「赤縣神州」，內分九州（即禹所序九州），鄒衍以爲這種「九州」，算不得州數，不是他所說的「九州」。他所說的「九州」是指在「赤縣神州」之外，和「赤縣神州」一樣的，仍有八個，合共九個，才叫「九州」，外有裨海圍繞。像這樣的「九州」亦共有九個，便是所謂「大九州」。大九州外就是大瀛海，那是天地交接之處。換言之，他強調所謂的「州」，是指一個個各自獨立、阻絕，彼此不能相往來的地理單位，《禹貢》的「九州」只是行政區劃，彼此可以互通往來，根本不能稱「州」。只有周圍到處有裨海、瀛海圍繞，與他州難通往來的地理單位才稱「州」，這已和今日三大洋、八大州的觀念很類近了。

像這樣，原本儒家我族中心觀念中居天下中央的「中國」，在鄒衍的地理

〔註 25〕見顧頡剛：《五德終始說下的政治和歷史》（香港：龍門書局，1970 年），頁 11～14。

〔註 26〕同見註 1，頁 108。

〔註 27〕同見註 1，頁 112。

世界裡，只佔八十一分之一而已。而《禹貢》「九州」的每一州更小，僅居全天下七百二十九分之一，不能算作「州」。像這樣閎大的的世界觀，大大拓展了當時人的胸境與視野，這是鄒衍憑其靠海的齊人寬闊胸襟所構想出來的世界地理。

在這個地理觀中，除了有藉開闊的胸襟與豐富的想像力所構築的寬大宇宙外，也有經由實際相關資料蒐集與考察所統計出來的眞實自然地理與人文地理狀況。而根據〈孟荀列傳〉的說法，後者才是前者推衍的基本依據。

（三）一般推論鄒衍遺說的，大致上止於這大小「終始說」與大小「九州」兩部分

其實鄒衍學說原應不止於此。鄒衍既號「談天衍」，其術定然不會只有言「主運」、明堂政令的大小「終始」，與說地理的大小「九州」，而應該有著相當比重推衍天道的學說理論。從〈孟荀列傳〉的說法看來，空間上他由可知可見的自然與人文地理推及海外不可知不可見的狀況。在時間上，他由「序今」上溯至黃帝，更「推而遠之，至天地未生，窈冥不可考而原」。但及今所知之「五德終始」卻僅止上溯至「黃帝」，並未再「推而遠之，至天地未生，窈冥不可考而原」。顯然鄒衍之說應另有「稱引天地剖判以來」，或「天地未生，窈冥不可考而原」的部分，那樣才更符合其「談天衍」的名號。

此外，《太平御覽》八四二引劉向《別錄》云：「傳言鄒衍在燕，有谷地美而寒，不生五穀。鄒子居之，吹律而溫至，生黍到今，名黍谷焉。」鄒衍應該是深通曆術與「候氣」之法的，因此，透過對鍾律與曆術的瞭解，去準確掌握天候的寒暖變化，爲燕人定下種黍的適合季節，獲得了良好的成效〔註 28〕。則在鄒衍的學說中，原本或亦有著曆術一類理論記載。

總之，從漢末陰陽、五行兩家的著錄，與相關於鄒衍的學說記載看來，陰陽家學至少包括了天文、星占、曆律、陰陽五行、五德終始、閎衍的地理觀、由曆數以推災異、吉凶，乃至奇門、遁甲、風后的數術，以迄至兵家的奇賅、孤虛之說。以下我們因依這些論題與內容來探索《淮南子》二十一篇中的陰陽學說。

三、《淮南子》的天文學

鄒衍言「主運」的「大終始」說，秦漢以後，帝國政權雖然一統，仍然

〔註 28〕同見註 1，頁 25。

被熱烈地討論與附會著，秦爲了應「水德」代周之說，在一統天下之時努力向上追索「黑色」的符瑞，以合水德應命之說。終於找到秦文公渭水獵黑龍，以爲德瑞。劉漢建國之初，亦在水德、土德的考量中徘徊。到了武帝時，這一論題經過董仲舒的刪削變造，終於轉成爲「改正朔、易服色」依據的「三統說」。或因主要立場是道家的緣故，這種帶有「天命」色彩的「大終始」說，在《淮南子》裡並未見載。然其言明堂月令的小終始，則經由《管子・玄宮》、〈玄宮圖〉、《禮記・月令》、《呂氏春秋・時則》的不斷傳承、整理、推衍，到了《淮南子・時則》，終於完成了它最全備齊整的定式，陰陽學中的天人災異之說，則在董仲舒的手中完成了理論體系的建構。至於那些羨門、六甲（遁甲）、風后之類數術，若有，或已收列於中篇《萬畢數》中，並未見載於以哲學爲主體內容的內書二十一篇裏。

換言之，在以老莊道家思想的詮釋與推闡爲主調的《淮南子》中，既不見對應命終始之說的推闡，也不大見對各類數術的載記。它一方面上承古羲、和之氏「敬順昊天、曆象日月星辰」的本職，收羅保存了大量有關上古天文、星象等自然知識的記載以「談天」，完成了它〈天文〉篇中的理論內容。另一方面又既保存且改造地載述了鄒衍以下「說地」的各系理論，構成了它〈地形〉篇的理論內容；並澈底地整理了鄒衍以下的明堂月令小終始，完成了〈時則〉體式齊整、內容完備的「敬授民時」大綱領。以下我們本當由這三部分來探討《淮南子》二十一篇所保存的陰陽學說，茲僅先述第一部分——天文。

（一）氣的創生與天象

〈孟荀列傳〉載鄒衍學說中原有「稱引天地剖判以來」，乃至「天地未生，窈冥不可考而原」，類似談論天地創生的部分。但不論從今存大小終始或大小九州的相關理論載述中，都看不到這樣的內容或形跡。《淮南子・天文》篇卻開宗明義就說：

> 天地未形，馮馮、翼翼、洞洞、灟灟，故曰太始，太始生虛廓〔註29〕，

〔註29〕「故曰太始，太始生虛霩」本作「故曰太昭，道始于虛霩」，上下文意不相承。王引之以爲「太昭」當作「太始」，「道始于虛霩」當作「太始生虛霩」。于師長卿以爲《群書通要》甲集所引正作「太始生虛霩。」王說見劉文典：《淮南鴻烈集解》（台北：文史哲出版社，1982年），卷3〈天文〉，頁79當句下引，于說見氏著：〈淮南鴻烈天文校釋〉，《淮南鴻烈論文集》（台北：里仁書局，2005年），頁245。今並從校改。

> 虛廓生宇宙，宇宙生元氣，元氣有涯垠〔註30〕，清陽者薄靡而爲天，重濁者滯凝而爲地。清妙之合專易，重濁之凝竭難，故天先成而地後定。天地之襲精爲陰陽，陰陽之專精爲四時，四時之散精爲萬物。積陽之熱氣久者生火，火氣之精者爲日。積陰之寒氣久者爲水，水氣之精者爲月，日月之淫氣精者爲星辰〔註31〕。天受日月星辰，地受水潦塵埃。……天地之偏氣，怒者爲風；天地之合氣〔註32〕，和者爲雨。陰陽相薄，感而爲雷，激而爲霆，亂而爲霧。陽氣勝，則散而爲雨露；陰氣勝，則凝而爲霜雪。

以「氣」爲創生基元，將宇宙、天地、陰陽、四時、五行、日、月、星辰以迄風、霜、雨、露等等各種自然現象（天象）的形成，作了簡明而有系統的論述，個人懷疑，這會不會就是鄒衍失傳的那些「稱引天地剖判以來」或「天地未生之際」一類的記載？

（二）天的區劃與構造

然後〈天文〉篇開始述說「天」的區劃與構造，並一一加以解說，它說：

> 天有九野……五星、八風、二十八宿、五宮、六府、紫宮、太微、軒轅、咸池、四守、天河〔註33〕。

它先將天上二十八宿及其所在的廣闊天域，以中央爲核心，依逆時針方向分東、東北、北、西北、西南、南、東南等九大區劃，每一區或三宿，或四宿，

〔註30〕「宇宙生元氣，元氣有涯垠」，本作「宇宙生氣，氣有漢垠」。王念孫以爲兩「氣」上脫「元」字，「漢」爲「涯」之誤，《太平御覽．天部．一》「元氣」下引此正作「宇宙生元氣，元氣有涯垠。」其說見同見註7劉書，卷3〈天文〉，頁79當句下引，今從校改。

〔註31〕「日月之淫氣精者爲星辰」，「氣」本作「爲」，意不可通。王念孫以爲，此因上下文「爲」字而誤，《廣韻》「星」字注引此正作「日月之淫氣精者爲星辰」，其說同見註7劉書卷3〈天文〉，頁80，當句下引。

〔註32〕「天地之合氣」本作「天地之含氣」，王念孫以爲「含」乃「合」之誤。「合氣」與上文「偏氣」正相對，作「含氣」則非其旨矣，其說同見註7，卷3〈天文〉，頁81當句下引，今從校改。

〔註33〕「天河」，本作「天阿」，洪頤煊以爲：「天阿」本作「天河」，後人以「天河」非星名，故改爲「天阿」。然「天阿」一星據《開元占星》甘氏中官占引甘氏曰，以爲「天阿」星在昴西，察山林之妖變，與門闕之義無涉，且非黃道所經，不得言「群臣之闕」。《北堂書鈔》、《太平御覽》引此並作「天河」。又《初學記》、《太平御覽》引許注，以「天河」爲「四守」之一。是許本亦作「天河」，其說同見註7，卷3〈天文〉，頁85當句下引，今從校改。

稱「九野」：

> 中央曰鈞天，其星角、亢、氐；東方曰蒼天，其星房、心、尾；東北方曰變天，其星箕、斗、牽牛；北方曰玄天，其星須女、虛、危、營室；西北方曰幽天，其星東壁、奎、婁；西方曰昊天，其星胃、昴、畢；西南方曰朱天，其星觜巂、參、東井；南方曰炎天，其星輿鬼、柳、七星；東南方曰陽天，其星張、翼、軫。

它又依木、火、土、金、水等五行的架構，將方位、季節、星辰、音、器、十干等自然現象與人世事物搭配結合起來，並宗教性地一一爲之安上司掌的帝、佐、神、獸，構成了以中央制四方，整齊而有規則，自然與宗教結合的五帝、五神轄制五方圖。它說：

> 東方木也，其帝太皞，其佐句芒，執規而治春，其神爲歲星，其獸蒼龍，其音角，其日甲乙；南方火也，其帝炎帝，其佐朱明，執衡而治夏，其神爲熒惑，其獸朱鳥，其音徵，其日丙丁；中央土也，其帝黃帝，其佐后土，執繩而制四方，其神爲鎮星，其獸黃龍，其音宮，其日戊己；西方金也，其帝少昊，其佐蓐收，執矩而治秋，其神爲太白，其獸白虎，其音商，其日庚辛；北方水也，其帝顓頊，其佐玄冥，執權而治冬，其神爲辰星，其獸玄武，其音羽，其日壬癸。

奇特的是，除了對五方帝、佐、器依所配四時之質性而產生之功能略有說明（所謂「規生、矩殺、衡長、權藏、繩居中央，爲四時根。」）之外，在帝、佐、神、獸四者之中，它既不強調帝或佐，也不強調獸，唯獨對「五星」之「神」的運行、出沒及其所可能造成的休咎、災眚有相應的說明，它說：

> 熒惑常以十月入太微，受制而出，行列宿，司無道之國，爲亂、爲賊、爲疾、爲喪、爲饑、爲兵，出入無常，辨變其色，時見時匿。鎮星以甲寅元始建斗，歲鎮行一宿，當居而弗居，其國亡土；未當居而居之，其國益地、歲熟。日行二十八分度之一，歲行十三度百十二分度之五，二十八歲而周。太白元始以甲寅正月與熒室晨出東方〔註 34〕，二百四十日而入，入百二十日而夕出西方，二百四十日

〔註 34〕此句「甲寅正月」本作「正月甲寅」，「熒惑」本作「熒室」。王引之以爲，當作「甲寅正月」，謂甲寅年之正月，非正月甲寅日。又「太白與營室晨出東方」猶下文「歲星與營室東壁晨出東方」，皆以所在之宿言之，若云「與熒惑晨出東方」，則不知在何宿？其說同見註 7，卷 3〈天文〉，頁 90～91 當句下引，

而入，入三十五日而復出東方。出以辰、戌，入以丑、未。當出而不出，未當入而入，天下偃兵；當入而不入，未當出而出，天下興兵。辰星正四時，常以二月春分效奎、婁，以五月夏至效東井、輿鬼，以八月秋分效角、亢，以十一月冬至效斗、牽牛。出以辰、戌，入以丑、未，出二旬而入，晨侯之東方，夕候之西方。一時不出，其時不和；四時不出，天下大飢。

五行家依五行、五位之定式，由九大行星中挑出五顆，配以帝、佐、時、獸、音、十干，形成了一個天文學與神學緊密結合的五行網。在這個天合神的五行網中，星的出沒除了說明歲曆時令之外，休咎吉凶也是它所要顯示的主題。換言之，在這五行、五方、五音、五帝、五佐、五神與五獸等的配屬中，〈天文〉所著重的，除了自然星宿的出沒、運行外，也關涉到人事的休咎吉凶問題，這應是漢志「陰陽家」所載，子韋一系的「司星」之術。

對於分布於「九野」中的二十八宿，〈天文〉並配記其所屬月分，〈天文〉說：

星：正月建營室，二月建奎、婁，三月建胃，四月建畢，五月建東井，六月建張，七月建翼，八月建亢，九月建房，十月建尾，十一月建牽牛，十二月建虛。

〈天文〉甚至明確記錄出其（與赤道）所形成之夾角度數，它說：

星分度：角十二，亢九，氐十五，房五，心五，尾十八，箕十一四分一，斗二十六，牽牛八，須女十二，虛十，危十七，營室十六，東壁九，奎十六，婁十二，胃十四，昴十一，畢十六，觜巂二，參九，東井三十三，輿鬼四，柳十五，七星、張、翼各十八，軫十七，凡二十八宿也。

這樣的載述，應該是古天文學的可靠記錄。然〈天文〉另將天上這二十八宿與地上的州國疆域作了一定的配屬與聯繫，以作爲斷定州國吉凶的依據，稱之爲「星部地名」。它說：

星部地名：角、亢，鄭；氐、房、心，宋；尾、箕，燕；斗、牽牛，越；須女，吳；虛、危，齊；營室、東壁，衛；奎、婁，魯；胃、昴、畢，魏；觜巂、參，趙；東井、輿鬼，秦；柳、七星、張，周；翼、軫，楚。

今從校改。

然後〈天文〉說「八風」。它將一年三百六十日（舉其成數）均分爲八等分，每一等分四十五日爲一節，依順時針方向，由東北、東方、東南……北方等，一一述說其來自之風向，以爲所屬時節（立春、立夏、立秋、立冬與春、秋二分，冬、夏二至）始終之依據，並規劃了當令之施政重點。它說：

何謂「八風」？日冬至四十五日，條風至；條風至四十五日，明庶風至；明庶風至四十五日，清明風至；清明風至四十五日，景風至；景風至四十五日，涼風至；涼風至四十五日，閶闔風至；閶闔風至四十五日，不周風至；不周風至四十五日，廣莫風至。條風至，則出輕繫，去稽留；明庶風至，則正封彊、修田疇；清明風至，則出幣帛、使諸侯；景風至，則爵有德、賞有功；涼風至，則報地德、祀四郊；閶闔風至，則收縣垂，琴瑟不張；不周風至，則脩宮室、繕邊城；廣莫風至，則閉關梁、決罰刑〔註35〕。

需要特別說明的是：《呂氏春秋‧有始覽》與《淮南子‧地形》皆有「八風」之說，然呂覽與〈地形〉所言主方位，故以方向爲各風來自之關鍵，屬空間問題。〈天文〉所言主時節，故以日數爲各風來自之關鍵，屬時間問題，兩者所著重者並不相同。

它再說「五官」、「六府」；它說：

何謂「五官」？東方爲田，南方爲司馬，西方爲理，北方爲司空，中央爲官都〔註36〕。何謂「六府」？子午、丑未、寅甲、卯酉、辰戌、巳亥是也。

所謂「五官」，只是在五行、五方的架構上，配上政治位銜。所謂「六府」，則是十二辰兩兩相對的配屬，亦稱爲「六合」，目的在爲此後〈時則〉言節令的孟、仲、季三春與三夏，三秋與三冬之兩兩對合立基。

〈天文〉並將天上的某些大星群神異化，構成了一個廣大無比的天闕，它說：

太微者，天子之庭也；紫宮者，太一之居也；軒轅者，帝妃之舍也，

〔註35〕「決罰刑」本作「決刑罰」，王念孫以爲當作「決罰刑」，故爲注云：「罰刑疑者……」，下文與〈時則〉皆言「斷罰刑」，《太平御覽‧時序部‧十二》引此亦作「斷罰刑」。其說同見註7，卷3〈天文〉，頁93當句下引，今從校改。

〔註36〕「中央爲官都」，本作「中央爲都」，俞樾以爲：「都」上當省「官」字，《管子》〈問〉與〈揆度〉皆作「官都」。其說同見註7，卷3〈天文〉，頁93當句下引，今從校改。

咸池者，水魚之囿也；天河者，群神之闕也；四守者，所以司賞罰。

（三）年的規定與月日的劃分

1、回歸年的確定

說完「天」的區劃與結構後，〈天文〉續以日躔定年、月、日。在時間上，它以冬至爲起點，夏至爲極點。在空間上，它以傳說中的「峻狼之山」爲起點，「牛首之山」爲極點，依陰極陽萌之理，說太陽每日行一度，行了182 5／8 度（日），剛好到達傳說中極南的「牛首之山」，是夏至；此後便回轉原路，依陽極陰萌之理，繼續北返，又走 182 5／8 度（日）而回至峻狼之山，又是冬至，完成一年的運行，共 365 1／4 度（日）。〈天文〉說：

> 日冬至峻狼之山，日移一度，凡行百八十二度八分度之五，而夏至牛首之山，反覆三百六十五度四分度之一而成一歲。

2、十二月的劃分

〈天文〉又說：

> 欲知天道，以日爲主，六月當心，左周而行，分而爲十二月，與日相當，天地重襲，後必無殃。

明說一年十二月的規定，是依太陽在廣大天體上運行的狀況劃分的。它將太陽運行一周天，等分爲十二等分。第六等分剛好是心宿，便意味著：六月太陽剛好運行到天體上心宿之位。而太陽的運行是依順時針方向，由右向左旋轉的，這和定節令的北斗和定年主月的太陰都相同。

3、九州七舍與朝、晝、昏、夜

〈天文〉非特依日躔定一年爲365 又 1／4 日，又據日躔，並採上古神話傳說中的地名，將一日間日之所運行，定爲十六處（所謂九州七舍），據以分一日爲十五個小時段與朝、晝、昏、夜四個大時段。〈天文〉說：

> 日出于暘谷，浴于咸池，拂于扶桑，是謂晨明；登于扶桑，爰始將行，是謂朏明；至于曲阿，是謂旦明；至于曾泉，是謂蚤食；至于桑野，是謂晏食；至于衡陽，是謂隅中；至于昆吾，是謂正中；至于鳥次，是謂小遷〔註 37〕；至于悲谷，是謂餔時；至于女紀，是謂

〔註 37〕「小遷」本作「小還」，王念孫以爲：作「小還」義不可通，當作「小遷」。「遷」之爲言西也。日至昆吾，謂之正中；至鳥次，則小西矣，故謂之「小遷」，至女紀則大西矣，故謂之「大遷」，《初學記》、《太平御覽》、《北堂書鈔》天部引此，並作「小遷」。其下「大遷」同。其說同見註 7，卷 3〈天文〉，頁 108

大遷；至于淵隅〔註38〕，是謂高舂；至于連石，是謂下舂；至于悲泉，爰止其女，爰息其馬，是謂縣車；至于虞淵，是謂黃昏；至于蒙谷，是謂定昏。日入于虞淵之汜，曙于蒙谷之浦，行九州七舍，有五億萬七千三百九里，禹以爲朝、晝、昏、夜〔註39〕。

（四）以北斗定天時

在傳統天文學中，北斗與太陰是兩個核心要項。斗杓所指以定節令，太陰運辰以定歲，亦主月。唯斗杓之運行在〈天文〉中是依周曆建「子」，太陰之運行則建「寅」。茲先說斗運。

1、十二律與二十四節氣

傳統天文學以北斗之運行定天時，凡斗杓所指之位概以干支與四維稱之。十二辰中，子、午、卯、酉爲居中之四辰，爲四正時，稱「四仲」。子、午相對成一線，卯、酉亦相對成一線，一貫南北，一貫東西，一經一緯，稱「二繩」。其餘八辰，丑寅爲一組，辰巳爲一組，未申爲一組，戌亥爲一組，分居東北、東南、西北、西南四角，稱「四鉤」（或稱「四維」）。方斗杓指向四仲時爲二至、二分，指向四鉤四維時，則分別爲立春、立夏、立秋、立冬。東北（丑寅一鉤）是陽氣復回，陰陽氣盛衰之轉點，陽爲德，陰爲刑，因稱「報德之維」。東南（辰巳一鉤）陽氣已發而未極，不進不退，不盛不衰，往來徘徊，因稱「常羊之維」。西南（未申一鉤）陽氣已過，陰盛陽衰，故稱「背陽之維」。西北（戌亥一鉤）爲純陰，陽氣閉結，須號始通，因稱「蹏通之維」，這是傳統天文學的基本架構。其立四時，定節氣，行太歲，要皆本此。如配以十干、十二律與物候，則二十四節氣生焉。〈天文〉說：

兩維之間九十一度十六分度之五，而斗日行一度〔註40〕，十五日爲

當句下引，今並從校改。

〔註38〕「淵隅」，本作「淵虞」，王念孫以爲：乃涉下文「淵虞」而誤。桓五年《公羊傳》疏、《藝文類聚》、《太平御覽》等類書引此並作「淵隅」，其說同見註7，卷3〈天文〉，頁108當句下引，今從校改。

〔註39〕「離以爲朝、晝、昏、夜」，「離」本作「禹」，義不可通。王念孫以爲當作「離」，謂分之以爲昭、晝、昏、夜，其說同見註7，卷3〈天文〉，頁110當句下引，今從校改。于省吾以爲「離」，古文省作「离」，與「禹」形近而誤，其說見氏著：〈淮南子新證卷一〉，《諸子新證》（台北：樂天出版社，1970年），頁394，今從校改。

〔註40〕「兩維之間九十一度十六分度之五，而斗日行一度」，「九十一度」下本省「也」字，「斗」本作「升」。王念孫以爲：「九十一度十六分度之五」作一

一節，以生二十四時之變。斗指子則冬至，音比黃鍾；加十五日指癸，則小寒，音比應鍾；加十五日指丑，則大寒，音比無射；加十五日指報德之維，則越陰在地，故曰：「距日冬至四十六日而立春」，陽凍解〔註41〕，音比南呂。加十五日指寅，則雨水，音比夷則；加十五日指甲，則雷驚蟄，音比林鍾；加十五日指卯，中繩，故曰：「春分則雷行」，音比蕤賓；加十五日指乙，則清明風至，音比仲呂；加十五日指辰，則穀雨，音比姑洗；加十五日指常羊之維，則春分盡，故曰：「有四十六日而立夏」，大風濟，音比夾鍾。加十五日指巳，則小滿，音比太蔟；加十五日指丙，則芒種，音比大呂；加十五日指午，則陽氣極，故曰：「有四十六日而夏至」，音比黃鍾；加十五日指丁，則小暑，音比大呂；加十五日指未，則大暑，音比大蔟；加十五日指背陽之維，則夏分盡，故曰：「有四十六日而立秋」，涼風至，音比夾鍾；加十五日指申，則處暑，音比姑洗；加十五日指庚，則白露降，音比仲呂；加十五日指酉，中繩，故曰：「秋分雷臧〔註42〕，蟄蟲北鄉」，音比蕤賓；加十五日指辛，則寒露，音比林鍾；加十五日指戌，則霜降，音比夷則；加十五日指號通之維〔註43〕，則秋分盡，故曰：「有四十六日而立冬」，草木畢死，音指南呂；加十五日指亥，則小雪，音比無射；加十五日指壬，則大雪，音比應鍾；加十五日指子，故曰：「陽生於子，陰生於午。」陽生於子，故十一月日冬至，鵲始加巢，人氣鍾首。陰生於午，故五月爲小刑，薺、麥、亭歷枯，冬生草木必死。

句讀。「也」字衍，遂隔斷上下文義，劉績本删去「也」字是也。「升」當爲「斗」，「斗日行一度」作一句讀。其説同見註7，卷〈天文〉，頁98當句下引，今從校改。

〔註41〕「陽凍解」，本作「陽氣凍解」，王引之以爲文不成義，當作「陽凍解」。「陽凍」，地上之凍也；「陰凍」，地中之凍也。立春之日，地上之凍先解，故曰「陽凍解」。其説同見註7，卷3〈天文〉，頁99當句下引，今從校改。

〔註42〕「雷臧」，本作「雷戒」，王念孫以爲：「戒」當爲「臧」，古「藏」字，「秋分雷藏」與上文「春分雷行」相應。〈時則〉云：「八月雷不藏」是其證。其説同見註7，卷3〈天文〉，頁100當句下引，今從校改。

〔註43〕「號通之維」，本作「蹏通之維」，錢塘以爲「蹏」當作「號」。西北，乾也，天門在焉，號呼則通，故曰號通。其説見氏著〈天文訓補注〉，收入劉文典：《淮南鴻烈集解》，附錄二，頁817，今從校改。

二十四節氣反映出四季、氣溫、雨量、物候等方面的變化，是我國上古農民掌握農業季節的總經驗，〈天文〉以斗運干支與四維表示，每節並配以相應的音律。

2、五音、十二律及其衍生

〈天文〉又載斗運十二辰，以生一年十二月之律，以及十二律之律長、律數及其相生之序。〈天文〉說：

> 帝張四維，運之以斗，月徙一辰，復返其所。正月指寅，十二月指子，一歲而匝，終而復始。指寅，……律受太蔟……；指卯，……律受夾鍾……；指辰，……律受姑洗……；指巳，……律受仲呂……；指午，……律受蕤賓……；指未，律受林鍾……；指申，……律受夷則……；指酉，……律受南呂……；指戌，……律受無射……；指亥，……律受應鍾……；指子，……律受黃鍾……；指丑，……律受大呂……。

這是斗運十二辰以生十二律的情況。至於五音十二律與一年十二月之搭配，及其相生之法，〈天文〉也有詳細的說明，它說：

> 黃鍾為宮，太蔟為商，姑洗為角，林鍾為徵，南呂為羽。……宮生徵，徵生商，商生羽，羽生角。
>
> 音以八生。黃鍾為宮，宮者音之君也，故黃鍾位子，其數八十一，主十一月，下生林鍾；林鍾之數五十四，主六月，上生太蔟；太蔟之數七十二，主正月，下生南呂；南呂之數四十八，主八月，上生姑洗；姑洗之數六十四，主三月，下生應鍾；應鍾之數四十二，主十月，上生蕤賓；蕤賓之數五十七，主五月，上生大呂；大呂之數七十六，主十二月，下生夷則；夷則之數五十一，主七月，上生夾鍾；夾鍾之數六十八，主二月，下生無射；無射之數四十五，主九月，上生仲呂；仲呂之數六十，主四月，極不生。……律歷之數，天地之道也。下生者倍，以三除之；上生者四，以三除之。

十二律的生成，是依「隔八相生法」產生，亦即前一律與後一律之間相差六律，首尾並含共八律，其所主之月份也首尾並含差八個月，故稱「隔八相生法」。中間實得五度音程，故又稱「五度相生法」。至其律數之訂定，則定黃鍾為 81，依上生增 1／3（變成 4／3），下生減 1／3（變成 2／3）之法產生而來，故又稱「三分損益法」。表圖以示之，則為：

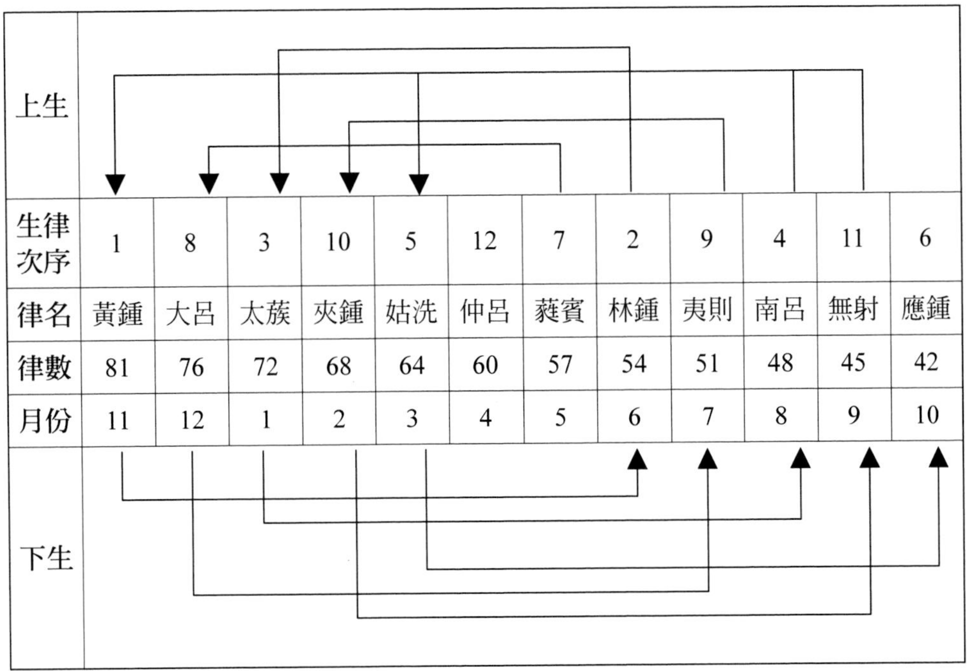

生律次序	1	8	3	10	5	12	7	2	9	4	11	6
律名	黃鍾	大呂	太蔟	夾鍾	姑洗	仲呂	蕤賓	林鍾	夷則	南呂	無射	應鍾
律數	81	76	72	68	64	60	57	54	51	48	45	42
月份	11	12	1	2	3	4	5	6	7	8	9	10

十二律的律長，依〈天文〉的說法是：

> 十二各以三成，故置一而十一三之，爲積分十七萬七千一百四十七，黃鍾大數立焉。

換言之，若以十一月，斗杓指「子」之律長爲 1，則十二月指丑，律長便是 3，以下依次依一月、二月……至十月，斗杓指寅、卯、辰……至「亥」，其律長便依「3」的倍數累乘而下，一月是 9，二月是 27……總共累乘十一次，至十月律長便增爲 177,147 了。

3、冬夏二至與陰陽消長

其實，在一年四季十二時令的相關載述中，〈天文〉所最重視的是杓指二繩的冬、夏兩至，因爲那是斗運的始、極之點，也是陰陽二氣「消息」轉換處。因此對於這二至的陰陽消長狀況及其候測之法與物候、禁忌等等，〈天文〉都有清楚的說明，〈天文〉說：

> 日冬至則斗北中繩，陰氣極，陽氣萌，故曰：「冬至爲德」；日夏至則斗南中繩，陽氣極，陰氣萌，故曰：「夏至爲刑」。陰氣極則下至黃泉，北至北極，故不可鑿地穿井，萬物閉藏，蟄蟲首穴，故曰：「德在室。」陽氣極，則南至南極，上至朱天，故不可以夷丘上屋，萬物蕃息，五穀兆長，故曰：「德在野。」日冬至則火從

> 之，日夏至則水從之〔註 44〕，故五月火正而水漏，十一月水正而火勝〔註 45〕。陽氣爲火，陰氣爲水，水勝，故夏至濕；火勝，故冬至燥；燥故炭輕，濕故炭重。日冬至，井水盛，盆水溢，羊脫毛，麋角解，鵲始巢。八尺之表，日中而景修丈三尺〔註 46〕。日夏至而流黃澤，石精出，蟬始鳴，半夏生，不食駒犢，鷙鳥不搏黃口。八尺之景，脩徑尺五寸。景脩則陰氣勝，景短則陽氣勝。陰氣勝則爲水，陽氣勝則爲旱。

> 夏日至則陰乘陽，是以萬物就死；冬日至則陽乘陰，是以萬物仰而生。晝者陽之分，夜者陰之分。是以陽氣勝，則日脩而夜短；陰氣勝，則日短而夜脩。其加卯酉，則陰陽分，日夜半矣〔註 47〕。

是陰陽二氣的消長狀況決定了二至二分與晝夜的區分。〈天文〉又說：陽氣主生，冬至過後陰極陽生，故陽與冬至皆爲「德」；陰氣主殺，夏至過後陽極陰萌，故陰與夏至皆爲「刑」。陽氣爲火，陰氣爲水。冬至陰極陽生，水盡火從，故燥；夏至陽極陰生，火盡水從，故濕。這種冬燥夏濕的細微變轉狀況甚至是可以用懸炭、鐵之法去測得，從而感知二至之到來。此外立圭表觀影亦可得知：立八尺圭表，冬至正午測之，得影一丈三尺；夏至正午測之，得影一尺五寸，顯見日之斜射與直射。影子最長，表示陰氣最盛，陰爲水，陰氣最盛，冬至故「井水盛，盆水溢」。影子最短，表示陽氣最盛，陽爲火，陽氣最盛，故夏至旱熱而「流黃津，石精出」。而冬至陰氣斂藏至極，萬物蟄伏，因不可鑿地，以護藏。夏至陽氣旺極，萬物快速繁滋，因不可夷丘，正所以助長。

〔註44〕兩句本作「日冬至則水從之，日夏至則火從之。」俞樾以爲水、火二字當互易。冬至一陽生，故冬至而火從之；夏至一陰生，故日夏至而水從之。其說同見註 7，卷 3〈天文〉，頁 79 當句下引，今從校改。

〔註45〕「十一月水正而火勝」，「火」字本作「陰」，俞樾以爲上文「五月火正而水漏」說夏至水從之義，此句正說冬至火從之義，「陰勝」當作「火勝」，其說同見註 7，卷 3〈天文〉，頁 79 當句下引，今從校改。

〔註46〕此句本作「八尺之脩，日中而景丈三尺」，何寧以爲文義不明，疑作「八尺之表，日中而景脩丈三尺」，下文云：「八尺之景，脩徑尺五寸」，《藝文類聚・三》引作「八尺之表，影脩尺五寸」，無「表」安得有「影」？「脩」字疑在「景」下。「景脩丈三尺」與「景脩徑尺五寸」同一句式。其說同見註 7，卷 3〈天文〉，頁 98 當句下，今從校改。

〔註47〕「其加卯酉，則陰陽分，日夜半矣」三句本在下段，王引之以爲當移此，其說同見註 7，卷 3〈天文〉，頁 112 當句下，今從校改。

〈天文〉甚至算出冬、夏二至之間固定的奇妙關係，它說：

> 日冬至子午，夏至卯酉。冬至加三日，則夏至之日也。歲遷六日，終而復始。

也就是說，當年的冬至加三天就是當年夏至的日子；當年的夏至加三天，就是來年冬至的日子。當年冬至是子日或午日，則夏至一定是卯日或酉日；由子至卯差三日，由午至酉也差三日，一年共差六日。以一年爲週期，反復循環。

（五）太陰之運行、紀年與禨祥

太陰與斗運是古代天文、曆數的核心，斗運以定節令，太陰以定歲、主月。所謂的「太陰」，另一個稱謂是「天一」，俗稱「太歲」，爲古天文學家所假設的星名。古人認爲歲星十二年繞天一周，因將假想之天體面——黃道附近等分爲十二等分，以十二辰示之，歲星每年行經一辰，因以所在爲歲名。然歲星由西而東運行，與日由東而西之運行方向相反。爲求方便，古天文學家因另設一與歲星運行方向相反之太歲，以其所在之辰爲歲名。因此太陰的運行也和日躔、斗運一樣，移動於四仲、四鉤、二十八宿所建構的天體上。〈天文〉說：

> 太陰在四仲，則歲星行三宿；太陰在四鉤，則歲星行二宿。二八，十六；三四，十二，故十二歲而行二十八宿。日行十二分度之一，歲行三十度十六分度之七，十二歲而周。

太陰的運行紀元，是從「寅」辰開始，每年移一位，十二年一周天，〈天文〉說：

> 天維建元，常以寅始起，右徙一歲而移，十二歲而周天〔註48〕，終而復始。

這十二年間的位移、舍宿狀況與歲名依次是這樣的，〈天文〉說：

> 太陰在寅，歲名曰攝提格，其雄爲歲星，舍斗、牽牛，以正月〔註49〕

〔註48〕此句當作「十二歲而大周天」，王引之以爲：歲星十二歲小周天，不得稱「大周」，淮南王時未有歲星超辰之説，亦無大周、小周之分，其説同見註7，卷3〈天文〉，頁102，當句下引，今從校改。

〔註49〕「正月」本作「十一月」，其下「二月」、「三月」、「四月」……「十二月」依次本作「十二月」、「正月」、「二月」……「十月」，王引之以爲：「十月」當作「正月」，「十二月」當作「二月」，「正月」當作「三月」……「十二月」

> 與之晨出東方，東井、輿鬼爲對。太陰在卯，歲名曰單閼，歲星舍須女、虛、危，以二月與之晨出東方，柳、七星、張爲對。太陰在辰，歲名曰執除，歲星舍營室、東壁，以三月與之晨出東方，翼、軫爲對。太陰在巳，歲名曰大荒落，歲星舍奎、婁，以四月與之晨出東方，角、亢爲對。太陰在午，歲名曰敦牂，歲星舍胃、昴畢，以五月與之晨出東方，氐、房、心爲對。太陰在未，歲名曰協洽，歲星舍觜嶲、參，以六月與之晨出東方，尾、箕爲對。太陰在申，歲名曰涒灘，歲星舍東井、輿鬼，以七月與之晨出東方，斗、牽牛爲對。太陰在酉，歲名曰作鄂，歲星舍柳、七星、張，以八月與之晨出東方，須女、虛、危爲對。太陰在戌，歲名曰閹茂，歲星舍翼、軫，以九月與之晨出東方，營室、東壁爲對。太陰在亥，歲名曰大淵獻，歲星舍角、亢，以十月與之晨出東方，奎、婁爲對。太陰在子，歲名曰困敦，歲星舍氐、房、心，以十一月與之晨出東方，胃、昴、畢爲對。太陰在丑，歲名曰赤奮若，歲星舍尾、箕，以十二月與之晨出東方，觜嶲、參爲對。

從上述引文看來，太陰不僅主歲，也各以其歲主其月。除了歲名之外，〈天文〉並將十二辰配上十干，其中十年除了歲名之外，另有歲陽之名，唯「困敦」與「赤奮若」無歲陽名，〈天文〉說：

> 攝提格之歲，……寅在甲，曰閼逢；單閼之歲，……卯在乙，曰旃蒙；執徐之歲，……辰在丙，曰柔兆；大荒落之歲，……巳在丁，曰強圉；敦牂之歲，……午在戊，曰著雝；協洽之歲，……未在己，曰屠維；涒灘之歲，……申在庚，曰上章；作鄂之歲，……酉在辛，曰重光；掩茂之歲，……戌在壬，曰元黓；大淵獻之歲，……亥在癸，曰昭陽〔註 50〕；困敦之歲，……子在癸；赤奮若之歲……。

將之作成對照表，則是：

當作「十月」。蓋《史記・天官書》說：「歲陰左行在寅，……以正月與斗、牽牛晨出東方。」《漢書・天文志》也說：「太歲在寅，歲星正月晨出東方；在卯，二月出；在晨；三月出；……在丑，十二月出。」其說同見註 7，卷 3〈天文〉，頁 118，當句下引，今從校改。

〔註 50〕此兩句原缺，錢塘以爲：此處當作「亥在癸，曰昭陽」，卻錯在「困敦之歲」下，說見〈淮南〈天文訓〉補注〉，收入劉文典：《淮南鴻烈集解》附錄（台北：文史哲出版社，1985 年），頁 115。今依錢說校改。

歲　名	太歲	歲　　星			月　份	歲　陽
	辰　位	辰　位	次　位	舍　宿		
攝提格	寅	丑	星紀	斗、牽牛	一月	閼蓬
單閼	卯	子	玄鄂	女、虛、危	二月	旃蒙
執除	辰	亥	諏訾	室、壁	三月	柔兆
大荒落	巳	戌	降婁	奎、婁	四月	強圉
敦牂	午	酉	大梁	胃、昴、畢	五月	著雍
協洽	未	申	實沈	觜、參	六月	屠雍
涒灘	申	未	鶉首	井、鬼	七月	上章
作鄂	酉	午	鶉火	柳、鬼、張	八月	重光
閹茂	戌	巳	鶉尾	翼、軫	九月	元黓
大淵獻	亥	辰	壽星	角、亢	十月	昭陽
困敦	子	卯	大火	氐、房、心	十一月	
赤奮若	丑	寅	析木	尾、箕	十二月	

除定歲、治月、行宿外，〈天文〉中相關於「太陰」的記載尚包括五行刑德與干支相配的紀年法，與大小終、三統、一元等各種大小週期紀年說。〈天文〉說：

> 太陰在甲子，刑德合東方宮，常徙所不勝，合四歲而離，離十六歲而復合。所以離者，刑不得入中宮，而徙於木。太陰所居曰德，辰爲刑；德：綱日自倍因，柔日徙所不勝。刑：水辰之木，木辰之水，金火立其處。

它規定太陰行至十天干爲「德」，行至十二辰爲「刑」，配以方位，則十德以東、西、南、北、中爲序：甲爲東、丙爲西、戊爲南、庚爲北、壬爲中。刑以東、西、南、北爲序，子、丑、寅、卯與辰、巳、午、未與申、酉、戌、亥分別依次配東、西、南、北，東、西、南、北、中爲刑德所居之處，謂之「五宮」。於是而前四年甲子、乙丑、丙寅、丁卯，刑與德皆相合，甲子相合在東，乙丑相合在西，丙寅相合在南，庚卯相合在北，是前四年刑德相合。此後十六年，刑德皆參差相離。五四二十，十六年後，完成二十年之週期，亦即甲申年，刑德又相合於東方宮，謂之一小終。二小終（亦即四十年後）得甲辰年，刑德二度相合於東方宮；須待三小終（亦即六十年後）始再得甲子年，刑德三度相合於東方宮。以圖表示之，則是：

離　合	合（4年）	離（16年）				複　合
干支紀年 五宮 刑德	甲乙丙丁 子丑寅卯	戊己庚辛 辰巳未午	壬癸甲乙 申酉戌亥	丙丁戊己 子丑寅卯	庚辛壬癸 辰巳午未	甲乙丙丁 申酉戌亥
德	東西南北	中東西南	北中東西	南北中東	西南北中	東西南北
刑	東西南北	東西南北	東西南北	東西南北	東西南北	東西南北

除了「小終」之外，太歲紀元另有所謂「大終」與「三統」、「一元」的大週期紀年說。〈天文〉說：

> 天一元始，正月建寅，日月俱入營室五度。天一以始建七十六歲，日月復以正月入營室五度，無餘分，名曰一紀。凡二十紀，一千五百二十歲大終。三終，日月星辰復始甲寅元。日行危一度，而歲省奇四分度之一，故四歲而積千四百六十一日，而復合故舍，八十歲而復故日〔註51〕。

太陰開始紀元，是以斗柄指向寅位時爲正月作基準，此時日月恰好同運行至營室內五度之處，所顯現的天象是，日月相連，如相串之璧玉，五星相貫如一，似編珠，天象奇特而美麗，造成了天文學上的特殊景觀。這一天不但是元年元月冬至，同時也是朔日（初一）。此後再逢冬至與朔日相合，須經 19 年，稱「一章」。但 19 年後，冬至雖與朔日相合，卻仍有分數殘留，（因爲一回歸年有 365 又 1/4 日，分數殘留爲 1/4 日，19 年後 1/4 日×19＝4 又 3/4 日，仍有 3/4 日之分數殘留）須經 4 章（3/4 日×4＝3 日），亦即 76 年後（19 年×4=76 年）冬至始與朔日相合，如太歲始紀元之年，且時辰亦一致，無分數殘留，稱「一紀」，亦稱一「小終」。經過 20 紀，亦即 1520 年，稱「大終」，所建爲甲戌年，二「大終」所建爲甲午年，經過三「大終」，合共 4560 年（1520×3＝4560，亦即 76×60（一甲子）＝4560）所建之年、月、日始能與始建之初完全相同，了無餘分，圓滿循環完一個絕對完整的週期，回到甲寅年、元月、冬至、朔日，稱爲一「元」，這是就「年」（建元）而言的大週期。〈天文〉說：

> 太陰元始，建于甲寅，一終而建甲戌，二終而建甲午，三終而復得甲寅之元。

〔註51〕「復故日」本作「復故曰」，義不可知。集解引黃楨云：「曰」當作「日」。一歲凡 365 又 1／4 日，八十歲計有 487 甲子，而餘分皆盡，仍復故日干支也，其說同見註 7 卷 3〈天文訓〉，頁 96 當句下引，今從校改。

就是這個意思。

其次，就紀「日」而言，如甲寅年冬至子時，日月會合於牽牛，無餘分。因為每年 365 又 1/4 日，有 1/4 日的殘留，因此必待 4 年後，亦即積共 1461 日，至第五年的夜半子時，日月始得復合於牽牛之舍，無小餘（365 1/4 日×4＝1461 日）。然仍有大餘（5 1/4 日×4＝21 日），其日之干支仍不得與四年前同為甲寅，必待 80 年後，合共 29220 日，恰為 487 甲子（365 1/4×80÷60＝487，或 360×80÷60＋5 1/4×80÷60＝480＋7＝487），大餘分亦盡，始復返昔之甲寅冬至日。《淮南子．天文》以太陰之運行為歲曆時令者大抵如此。

除了紀年、歲曆與時令外，〈天文〉尚記載太陰的運行在兵戰與民事上所可能造成的休咎禨祥。〈天文〉曾對大陰一週天十二年中的饒饉狀況有相當明確而肯定的推定，它說：

> 以日冬至數至來歲正月朔日，滿五十日者，民食足。不滿五十日，日減一升〔註 52〕，有餘日，日益一升，有其歲司也。攝提格之歲，歲早水晚旱，稻疾，蠶不登，菽麥昌，民食四升，寅在甲，曰閼蓬。單閼之歲，歲和，稻、菽、麥、蠶昌，民食五升，卯在乙，曰旃蒙。執徐之歲，歲早旱晚水，小饑，蠶閉，麥熟，民食三升，辰在丙，曰柔兆。大荒落之歲，歲有小兵，蠶小登，麥昌，菽疾，民食二升，巳在丁，曰強圉。敦牂之歲，歲大旱，蠶登，稻疾，菽麥昌，禾不為，民食二升，午在戊，曰著雝。協洽之歲，歲有小兵，蠶登，稻昌，菽麥不為，民食三升，未在己，曰屠維。涒灘之歲，歲和，小雨行，蠶登，菽麥昌，民食三升，申在庚，曰上章。作鄂之歲，歲有大兵，民疾，蠶不登，菽麥不為，禾蟲，民食五升，酉在辛，曰重光。掩茂之歲，歲小饑，有兵，蠶不登，麥不為，菽昌，民食七升，戌在壬，曰玄（元）黓。大淵獻之歲，歲有大兵，大饑，蠶開，菽麥不為，禾蟲，民食三升。亥在癸，曰昭陽〔註 53〕。困敦之歲，

〔註 52〕以上五句本作「以日冬至數來歲正月朔日，五十日者民食足；不滿五十日，日減一升。」王念孫以為：《太平御覽．時序部》十三、十四引此，「數」下有「至」字，「五十日」上有「滿」字，「一斗」作「一升」，皆是也。其說同見註 7，卷 3〈天文〉，頁 126 當句下引，今從校改。

〔註 53〕「亥在癸，曰昭陽」兩句本錯在「困敦之歲」下，而缺「亥」字，今據錢塘之校移此，說見〈天文訓補注〉，收入劉文典：《淮南鴻烈集解》，附錄二，頁 895。

> 歲大霧起，大水出，蠶登，稻疾，菽、麥昌，民食三升〔註54〕；子……〔註55〕，赤奮若之歲，歲有小兵，早水，蠶不出，稻疾，菽不爲，麥昌，民食一升。

此太陰之運行主饒饉。

〈天文〉又說：

> 歲星之所居，五穀豐昌，其對爲衝，歲乃有殃。當居而不居，越而之他處，主死國亡。太陰治春則欲行柔惠溫涼，太陰治夏則欲布施宣明，太陰治秋則欲修備繕兵，太陰治冬則欲猛毅剛彊。三歲而改節，六歲而易常，故三歲而一饑，六歲而一衰，十二歲一康。

前面說過，太陰之運不但主歲，也各以其歲主其月，故月亦與太陰相應。如寅、卯、辰之年，太陰治寅、卯、辰之月（春季）；巳、午、未之年，太陰治巳、午、未之月（夏季）；申、酉、戌之年，太陰治申、酉、戌之月（秋季）；亥、子、丑之年，太陰治亥、子、丑之月（冬季）。太陰由治春到治夏，須經三年，故曰「三歲而改節」。而由申年至寅年間隔六年，每經過六年，亦即由申年至寅年，當年（寅年）的節候會大反其常，亦即申月（秋七月）的氣候會如寅月（春正月），故稱「六歲而易常」。類似這樣對年歲豐歉、饒饉的推定，已帶有相當的神秘色彩了，這是太陰之運行顯現於農事上的禨祥。

其應用於兵戰上的，〈天文〉說：

> 天神之貴者，莫貴於青龍，或曰天一，或曰太陰。太陰所居，不可背，而可鄉，北斗所擊，不可與亂。

因有所謂「六神歲徙法」，〈天文〉說：

> 凡徙諸神，朱鳥在太陰前一，鉤陳在後三，玄武在後五，白虎在後六。虛星乘鉤陳，而天地襲矣。
>
> 太陰在寅，朱鳥在卯，勾陳在子，玄武在戌，白虎在酉，蒼龍在辰。

所謂「六神」，指的是太陰、朱鳥、鉤陳、玄武、白虎、蒼龍等六種傳說中的星辰與神獸，奉以爲星神，並以「太陰」爲準，說明朱鳥、鉤陳、玄武、白

〔註54〕「蠶登、稻疾、菽麥昌，民食三升」，本作「蠶、稻、菽麥昌，民食三斗。」王念孫據《開元占經》校改如此，其說同見註7，卷3〈天文〉，頁128當句下引，今從校改。

〔註55〕「子……」本作「子在癸，曰昭陽。」「在癸，曰昭陽」五字已據錢塘之見移至「大淵獻之歲」末，則此下當有缺，其下「赤奮若之歲」太陰亦當在「丑」位，不知何以缺漏？其說同見註31引，頁895。

虎諸神運行十二辰的規律。將這些規律應用於兵戰上，〈天文〉說：

凡用太陰，左前刑，右背德，擊鉤陳之衝辰，以戰必勝，以攻必剋。

（六）陰陽刑德與五行用事

1、刑德七舍

此外，〈天文〉以陽氣爲「德」，陰氣爲「刑」，以「門」爲交關之點，由近而遠，分爲七大範圍，謂之「七舍」，門內有庭、堂、室，門外依次是巷、術、野，以門爲軸點，兩兩對應。由十一月開始，陽氣在「室」，陰氣在「野」，每一舍各停留三十天，各自向著門的方向漸次移近，至二月而陰陽二氣會合於門，謂之「刑德合門」。二月後，陰氣入內，陽氣出外，漸次背離，至五月至極，陰氣在「室」，陽氣在「野」。此後，陰陽二氣再度回轉，漸次相對移近，由室、野而堂、術，而庭、野，終於八月，刑德再度「合門」。此後又漸次背離，至十一月而刑德各返其始，完成一年十二個月的陰陽消長週期。不過這陽德開始停駐在「室」的十一月，〈天文〉說，準確的時段是在冬至的前後各十五日。〈天文〉說：

陰陽刑德有七舍，何謂七舍？室、堂、庭、門、巷、術、野。十一月〔註 56〕德居室三十日，先日至十五日，後日至十五日，而徙所居各三十日。德在室則刑在野，德在堂則刑在術，德在庭則刑在巷，陰陽相德，則刑德合門。〔註 57〕德南則生，刑南則殺，故曰：「二月會而萬物生，八月會則草木死。」

這應該就是漢志「五行家」所載「刑德七卷」的主要內容。

2、五行之生壯、用事與災眚

〈天文〉除了盛言「陰陽消息」與刑德外，也論五行之消長、用事與災眚。茲先說消長，〈天文〉說：

木生於亥，壯於卯，死於未，三辰皆木也。火生於寅，壯於午，死於戌，三辰皆火也。土生於午，壯於戌，死於寅，三辰皆土也。金生於巳，壯於酉，死於丑，三辰皆金也。水生於申，壯於子，死於

〔註 56〕「十一月」本作「十二月」，王念孫以爲當作「十一月」，其說同見註 7，卷 3〈天文〉，頁 98 當句下引，今從校改。

〔註 57〕「刑德合門」與「德南則生」間本有「八月、二月陰陽氣均，日夜分平，故曰刑德合門」。十八字劉家立以爲，此十八字應是「刑德合門」之注，其說見劉家立：《淮南集證》（台北：廣文書局，1978 年），卷 3〈天文〉，頁 16 當句下引，今從刪改。

辰，三辰皆水也。故五勝，生一，壯五，終九。

它將十二辰依「一生、五壯、九終」間距均等之定式，配上五行，詮釋其消長，則每行由生到死都跨三個季節，九個月分。每個消長階段之間相隔三個月，亦即第一個月生，第五個月壯，第九個月死，三個月之後復生。五行不但各行皆包含三辰，且其消長間距亦是每一歷程間隔三個月。唯一年只有四季，分別配屬木、火、金、水，土不入四季之中，因插入中央之位，而與火同三辰，唯生、壯、死之消長狀況有別。今配以所屬時節，列爲表圖，則：

過　程	生			壯			死		
五行＼月辰	辰	季	月	辰	季	月	辰	季	月
木	亥	冬	10	卯	春	2	未	夏	6
火	寅	春	1	午	夏	5	戌	秋	9
土	午	夏	5	戌	秋	9	寅	春	1
金	巳	夏	4	酉	秋	8	丑	冬	12
水	申	秋	7	子	冬	11	辰	春	3

如此一來，一年四季、十二月，五行之運作與消長情況可得而明。

〈天文〉繼而以壬午年爲例，述說五行之用事、氣性與災眚。它先將一年舉其成數三百六十日依五行規分爲五等分，分由五子（甲子、丙子、戊子、庚子、壬子）主制，每行（子）各主七十二日，以火煙爲記，配居五色，依陰陽消長之理，各述其氣性與干犯之災害。唯每年仍餘五又四分之一日，近六日，故每年移六日，至次年冬至，將不再是甲子受制，而轉爲「甲子」後推六日的庚午受制。須經十年後，累積六十日，循環一甲子，冬至復回甲子受制。〈天文〉說：

> 壬午冬至，甲子受制，木用事，火煙青；七十二日丙子受制，火用事，火煙赤；七十二日戊子受制，土用事，火煙黃；七十二日庚子受制，金用事，火煙白；七十二日壬子受制，水用事，火煙黑；七十二日而歲終，庚午受制〔註58〕。歲遷六日，以數推之，十歲而復至甲子〔註59〕。

〔註58〕「庚午受制」本作「庚子受制」，王引之以爲：由甲子日向後推六日，當是「庚午」日，作「庚子」者，乃涉上文「庚子」而誤，其說見劉文典：《淮南鴻烈集解》，卷3〈天文〉，頁105當句下引，今從校改。

〔註59〕「十歲」本作「七十歲」，王引之以爲當作「十歲」，蓋由甲子受制，每年以

接著它開始記述這五子（行）之受制、合宜之行令、氣性與干令災害，它說：

> 甲子受制則行柔惠，挺群禁，開闔扇，通障塞，毋伐木；丙子受制則舉賢良，賞有功，立封侯，出貨財；戊子受制則養老、鰥、寡，行稃鬻，施恩澤；庚子受制，則繕牆垣，脩城郭，審群禁，飾兵甲，儆百官，誅不法；壬子受制，則閉門閭，大搜客，斷刑罰，殺當罪，息關梁，禁外徙。甲子氣燥濁，丙子氣燥陽，戊子氣溼濁，庚子氣燥寒，壬子氣清寒。丙子干甲子，蟄蟲早出，故雷早行；戊子干甲子，胎夭卵毈，鳥蟲多傷；庚子干甲子，有兵；壬子干甲子，春有霜；戊子干丙子，霆；庚子干丙子，雹〔註 60〕；壬子干丙子，雹；甲子干丙子，地動；庚子干戊子，五穀有殃；壬子干戊子，夏寒雨霜；甲子干戊子，介蟲不爲；丙子干戊子，大旱、苽封熯；壬子干庚子，則魚不爲〔註 61〕；甲子干庚子，草木再死再生；丙子干庚子，草木復榮，戊子干庚子，歲或存或亡；甲子干壬子，冬乃不藏；丙子干壬子，星隊；戊子干壬子，蟄蟲冬出其鄉；庚子干壬子，冬雷〔註 62〕。

這類五行、五子行御說早見載於《管子・五行》。唯《管子・五行》但載五行（子）受制行令，不述干令災眚，亦不言五行（子）氣性，所述行令內容亦較詳。《淮南子・天文》則所載行令簡明扼要，其述氣性、災眚形式亦較精簡、齊整，應是較爲成熟的表現，這以後便成了〈時則〉一系小終始行令、逆令的初式。

（七）雌雄北斗與獸

〈天文〉除了承襲古天文學以北斗爲準，運日月星辰以定天時外，又論所謂雌雄北斗之神的運行及其吉凶。〈天文〉說：

「遷六日」推之，至十歲而六十甲子，終而復始，今本衍「七」字乃涉上文「七十二日」而衍，其說見劉文典：《淮南鴻烈集解》，卷 3〈天文〉，頁 105 當句下引，今從校改。

〔註 60〕「雹」本作「夷」，馬宗霍以爲：上文「戊子干丙子，霆。」下文「壬子干丙子，雹。」此處當作「庚子干丙子，雹。」「雹」之籀文作「[illegible]」，與夷之篆文「[illegible]」二形相似，故混。其說見《淮南子舊注參正》卷第三，今從校改。

〔註 61〕「則魚不爲」，本作「大剛魚不爲」，義不可知。王引之以爲：「大」字因上文「大旱」而衍，「剛」當爲「則」字，其說同見註 7。

〔註 62〕「冬雷」下本有「其鄉」二字，于鬯以爲涉上文「冬出其鄉」而衍，其說見于鬯：《香草續校書》（北京：中華書局，1993 年），頁 529，今從校改。

> 北斗之神有雌雄，十一月始建於子，月徙一辰，雄左行，雌右行。五月合午謀刑，十一月合子謀德。雌所居辰爲猒〔註63〕，猒日不可以舉百事。堪輿徐行，雄以知雌〔註64〕，故爲奇辰。

日、月、星辰之運行以北斗之運行爲準，故稱北斗有「神」，其神並有雌雄二者，雄北斗指歲星，它是和北斗運行相反的定歲之星，又稱「陽建」。雌北斗和「太陰」一樣，是古星占家所假設出來，與歲星運行方向相反，和北斗運行方向相同，大抵與「太陰」所在一致之北斗神名，名稱「陰建」。太陰所在爲「猒」，雌北斗所在亦爲「猒」，不宜舉事。雄北斗可見，雌北斗是假設出來的，自然不可見。然而，它與雄北斗相對應，由雄北斗所在，可以推知雌北斗所在。這雌雄二北斗神自陰曆十一月，由子辰起，每月各移徙一辰位，雄北斗向左運行，雌北斗向右運行，方向相反，六個月後，會合於「午」辰，時爲仲夏五月，陽極陰生，故曰「謀刑」。此後繼續運行，又經六個月，至十一月，陽建、陰建再度會合於子辰，時爲仲冬，陰極陽生，故稱「謀德」。根據補《漢書》所引沈欽韓的說法，此即漢志「五行家」所載「堪輿金匱十四卷」的主要內容。

（八）干支紀日與州國配屬

在古中國的天文、曆數中，干支是個應用十分廣泛的東西，它不但以定位、代數，是位序，也是數序，又以紀年、紀日，斷吉凶。甚至以紀州國疆域。〈天文〉說：

> 甲齊，乙東夷，丙楚，丁南夷，戊魏，己韓，庚秦，辛西夷，壬趙，癸北夷〔註65〕；子周，丑翟，寅楚，卯鄭，辰晉，巳衛，午秦，未宋，申齊，酉魯，戌趙，亥燕。

〔註63〕此句本作「太陰所居辰爲猒日」，王引之以爲：「太陰所居辰」當爲「雌所居辰」，「太陰」二字因下文「太陰所居」而誤。「雌」爲北斗之神右行者，月徙一辰，與左行而歲徙一辰之「太陰」不相涉。又「猒」下本無「日」字，此亦因下句「猒日」而衍。其說同見註7，卷3〈天文〉，頁124當句下引，今從校改。

〔註64〕「雄以知雌」，本作「雄以音知雌」，意不可知，歷來之考據學家對此亦無考校。桂案：據《文選・甘泉賦》注所引，無「音」字，意較可通。蓋雌雄北斗方向相反，一左一右，對應運行，故曰由雄北斗之所在，找出對應之位，應可得知雌北斗之位。因從《文選・甘泉賦》注所引校改。

〔註65〕「壬趙，癸北夷」，本作「壬衛，癸越」。錢塘據《漢書・天文志》改此，其說見〈天文訓補注〉，收入劉文典：《淮南鴻烈集解》，附錄二，頁881，今從校改。

又說：

> 甲戌，燕也；乙酉，齊也；丙午，越也；丁巳，楚也；庚辰〔註66〕，秦也；辛卯，戎也；壬子，代也；癸亥，胡也；戊戌，□也；己巳，□也；己亥，韓也；己酉，□也；己卯，魏也；戊午，□也；戊子，□也〔註67〕。八合，天下也。

這是以干支配州國疆域。可見，〈天文〉不但以天上星宿對應地上州國，而有「分野說」；也以干支配屬州國，目的應該和「分野說」一樣，都在配合北斗或太陰的運行，以斷吉凶。〈天文〉又說：

> 甲、乙、寅、卯，木也；丙、丁、巳、午，火也；戊、己、四季，土也；庚、辛、申、酉，金也；壬、癸、亥、子，水也。水生木，木生火，火生土，土生金，金生水。子生母曰義，母生子曰保，子母相得曰專，母勝子曰制，子勝母曰困。以制擊殺〔註68〕，勝而無報；以專從事，而有功；以義行理，名立而不墮；以保畜養，萬物蕃昌；以困舉事，破滅死亡。

此處先以十干、十二支配五行，每行配二干、二支，然寅、卯、辰分別主孟、仲、季三春，屬木；巳、午、未分別主三夏，屬火；申、酉、戌分別主三秋，屬金；亥、子、丑分別主三冬，屬水。如此，則土無所配。然土居中央，調制策應四方，因取四季中每季末辰（春之辰，夏之未，秋之戌，與冬之丑，悉歸屬中央土），故曰：「戊己、四季，土也。」然後再據干支記日之母子生

〔註66〕「庚辰」，本作「庚申」，王念孫引錢氏答問，以爲當作「庚辰」，其說同見註7，卷3〈天文〉，頁125當句下引，今從校改。

〔註67〕自「戊戌」以下至此，本作「戊戌、己亥，韓也；己酉、己卯，魏也；戊午、戊子，……」語意既未完，與其上文例亦不一致。桂案：此節亦以八合配八區，與上節相似。唯上節爲四方之八合，不含中央，稱「大會」；此節專言中央之八合，亦即居中分王四時之戊己兩干與辰搭配之八合，爲「小會」。因知當有八干支、八區域相配，文例統作「干支，地也。」知其殘缺，太甚。今依戊、己與上節八大會之各辰相配，戊爲陽，配奇數月之辰；己爲陰，配偶數月之辰。故「戊」配三、五、九、十一各月之辰，而得戊辰、戊午、戊戌、戊子四合；「己」配二、四、八、十諸月之辰，而得己卯、己巳、己酉、己亥四合，共八合，因據補其缺如此。

〔註68〕「以制擊殺」本作「以勝擊殺」，王引之以爲：上文「子生母曰義，母生子曰保，子母相得曰專，母勝子曰制，子勝母曰困。」其名有五，下文因分承專、義、保、困四字而說，不應於「制」字獨不承，可見此當作「以制擊殺」明矣，作「以勝擊殺」乃涉上文「勝」字而誤。其說同見註7，卷3〈天文〉，頁124當句下引，今從校改。

剋關係，以定所表日子之吉凶。「母」指十干，「子」指十二支。「子生母」指干支「下生上」之日，稱「義」，是吉日；「母生子」，指干支「上生下」之日，稱「保」，亦是吉日。「子母相得」，指干支上下同行之日，稱「專」，亦是吉日。「母勝子」指干支上剋下之日，稱「制」，並非吉日。「子勝母」，指干支下克上之日，稱「困」，亦非吉日。

此外，另有所謂「建除十二辰」，或稱「建除十二神」，〈天文〉說：

> 寅爲建，卯爲除，辰爲滿，巳爲平，主生；午爲定，未爲執，主陷；申爲破，主衡；酉爲危，主杓；戌爲成，主少德；亥爲收，主大德；子爲開，主大歲〔註69〕；丑爲閉，主……〔註70〕。

其法蓋以建、除、滿、平、定、執、破、危、成、收、開、閉等十二字與十二辰相配，以斷月之吉凶，後亦以斷日之吉凶。規定：凡逢「建」、「除」、「滿」、「平」各辰必主生長，得吉；逢「定」、「執」兩辰，有破缺之虞，逢「破」辰，亦不吉；逢「危」辰，則凶；逢「成」辰，則小有所得；逢「收」辰，大有收穫；逢「開」，主咸池；遇「閉」，陰氣大藏，凡事不宜。

（九）度、量、衡與音律之訂定

〈天文〉說：

> 古之爲度量、輕重，生乎天道。……律曆之數，天地之道也。

古代長度、重量乃至音律的訂定，〈天文〉以爲皆源生自自然之物。有關音律之源生，依「隔八相生」、「三分損益」之法，已如前述。茲再述長度、重量單位之產生，〈天文〉說：

> 黃鐘之律脩九寸，物以三生，三九二十七，故幅廣二尺七寸。音以八相生，故人脩八尺，尋自倍，故八尺而爲尋。有形則有聲，音之數五，以五乘八，五八四十，故四丈而爲匹，匹者中人之度也，一匹而爲制。秋分蔈定，蔈定而禾熟。律之數十二，故十二蔈而當一粟，十二粟而當一寸。律以當辰，音以當日；日之數十，故十寸而爲尺，十尺而爲丈。其以爲量：十二粟而爲一分，十二分而當一銖，

〔註69〕「主大歲」，本作「主太歲」，王引之以爲：〈天文〉篇無稱「太歲」者，斗杓爲「小歲」，咸池爲「大歲」，「太歲」乃「大歲」之誤。其說同見註7，卷3〈天文〉，頁118當句下引，今從校改。

〔註70〕「丑爲閉，主……」，「主」下原有「太陰」二字。王引之以爲：「太陰」二字乃下屬爲句，與下文「太陰在卯」之屬相同。「主」下當別有所屬之事，而今脫去。其說同見註7，卷3〈天文〉，頁118當句下引，今從校改。

十二銖而當半兩，衡有左右，因倍之，故二十四銖爲一兩。天有四時，以成一歲，因而四之，四四十六，故十六兩而爲一斤。三月而爲一時，三十日爲一月，故三十斤爲一鈞，四時而爲一歲，故四鈞爲一石。

要之，長度單位的訂定，大抵來自人體以爲據，重量單位的形成則來自禾粟。至其如何或以十二進位，或以十進位，或以二十四進位，或以四進位，或以三十進位，要亦各有其說。

四、結　論

《淮南子・天文》遠承上古羲和之學，總集先秦以來所發展出來的古天文、曆數、陰陽五行等陰陽家說，以日躔定年、月與日、時，以斗運定時令，以太歲（與歲星）之運轉定歲，大論休咎災異之理，以及陰陽消長、五行行令、用事與吉凶之道。牽涉所及，對二十八宿之布列夾角，十二律律長與律數之衍生，皆有極其精確之記載。從這此記載中，我們可以看出：除了鄒衍的「終始大聖」（「大終始」）與兵陰陽的孤虛、奇胲，以及陰陽學末流轉爲六甲、羨門、羊角等數術外，漢志所載「陰陽」、「五行」兩家之說，諸如天文、曆數、星占、音律、災異、吉凶之道，陰陽消長與五行生滅之理，〈天文〉幾乎都涉及與保存。從中，我們可以看出幾點跡象：

（一）鄒衍學說中應有涉及「天地未生之際」的相關內容，其詳不得而知。《淮南子・天文》開宗明義的「天地未形……」一段論及天地萬象的創生，會不會就是這一類內容的存留？

（二）綜觀《淮南子・天文》所載內容，雖含包了漢志所載「陰陽」、「五行」兩家的大部分論題，也多論休咎吉凶與災異，並多援用神話中之人物與地名以爲神、帝、所之稱，卻並不涉及仙鬼之道，此應與淮南內書以哲學爲主題有關。

（三）〈天文〉所載的五行概念，並無帝德終始之推衍。「五行」主要被用於空間配位、人事事物的規分，乃至行令之吉凶，陰陽則重在消長與刑德。

（四）此外，在〈天文〉中不只一處保留「土德」居中策應四方的觀點。如布列「九野」時，一開始便列中央「鈞天」，然後才依次序東北、東方、……北方。其後在配屬五方帝、佐、神、獸、器時，除了配中央屬「土」、色黃、音宮，並以黃帝、黃龍爲帝、獸外，又說，中央是「執繩而制四方」，「規生、矩殺、衡長、權藏，繩居中央，爲四時根。」像這樣以「土」之「黃」居中策應的安排，會不會是鄒衍早期在齊稷下時的配屬與創造之殘留？因爲黃帝傳說之衍生與地位之提昇原本出自田齊稷下之創造與哄抬。之所以說它是殘留，是因爲這種以土居中策應的觀點就〈天文〉全篇而言，並不如「冬至」爲首思維之貫串全篇。在前述的五行生、壯配屬與循環中，「土」雖被插入「中央」之位，卻與「火」同三辰，只是所安排的生、壯、死階段不同，並無居中策應觀點，徒然顯示出「五」與「四」兩種框架格格不入的尷尬，在五行刑德與干支相配之紀年法中也一樣。其後，在五子（甲子、乙子……壬子）行令受制的規範中，土被安排配屬戊子，亦無特別凸出之質性或功能，凡此皆顯現〈天文〉作者並無特別重「土」之意。或許，更準確的說法是，它保留記載了各種不同系統的五行說。

第四節　陰陽五行與神話交揉的《淮南子》地理

《淮南子》的思想上承先秦道家，以道家與陰陽家的思想爲主軸，而兼合各家。不論談道、論政、講修養、主無爲，議用兵，都明顯呈現出統合色彩。其於〈天文〉、〈地形〉兩篇中所表現的天、地觀，尤其充分顯現出雜家「博雜」的特質。在〈地形〉中，它以陰陽五行的思維貫穿中國的自然地理、神話地理與人文地理。它或象徵性、或承繼性地載錄了古中國地理文獻〈禹貢〉、《呂氏春秋・有始覽》中相關於自然地理的記載，尤其是古中國地理與神話交融的代表鉅著——《山海經》中的各種地理知識、動植物知識、神話記載，加以改造或創造，建構出屬於漢代人獨特的地理觀。本文即是站在思想史的角度，透過〈地形〉對所載述資料之處理與論述中，觀測其所呈顯之特殊思維與觀點，而不重在它的地理現象。

一、陰陽五行與神話意象夾揉的自然地理

〈地形〉一開始便揭示了它所要載述的地理範疇，它說：

> 地〔註71〕之所載，六合之間，四極之內，照之以日月，經之以星辰，

〔註71〕王念孫以爲，此篇言地之所載，地下不當有「形」字，此因篇名而誤，說見劉文典：《淮南鴻烈集解》（台北：文史哲出版社，1982 年），卷 4〈地形〉，頁 130 當句下引，今從校改。桂按：此段至「要之以太歲」，亦見《山海經・海外南經》，卻無「形」字，因從校改。

紀之以四時，要之以太歲。天地之間，九州、八柱〔註 72〕，土有九山，山有九塞，澤有九藪，風有八等，水有六品。

這段文字前半早見於《山海經・海外南經》，後半則大致見諸《呂氏春秋・有始覽》。〈地形〉結合二者，表述全篇所要探討的範疇就是「六合」、「四極」所涵蓋、圈定的範圍，這是〈地形〉所認定的「天地」。這個範圍是日月、四時、陰陽、太歲等天文、曆數涵攝所及的範圍。在這個範圍中，有山、有水、有河川、有湖泊、有沼澤、有隘口，還有不同時節來自不同方向的風。這就是〈地形〉作者所認定，古代中國人所棲息、活動的主要場所，也是它所要論述的主體。

然後，它開始述說這空間的詳細情況與內容。它依著四方、八方的觀點，由「東南」開始，循順時針方向，依次而正南、西南、正西、正中、西北、正北、東北、正東的方位，逐一述說「九州」、「九山」、「九塞」、「九藪」、「八風」、「六水」的方位、名稱與行政區劃所在。光這「九」、「八」、「六」的數字，便充滿了五行氣味。因爲，在五行家的數字搭配中，西方之數是九，東方之數是八，北方之數是六，（南方數字是七，中央數字是五）。

（一）九州、九山、九塞、九藪、八風、六水

茲先說「九州」。《淮南子》的地理觀是以「九州」爲核心與基點推展出來的，所謂「九州」，依次是：

東南	正南	西南	正西	正中	西北	正北	正東
｜	｜	｜	｜	｜	｜	｜	｜
神州、	赤州、	戎州、	弇州、	冀州、	台州、	泲州、	陽州
農土、	沃土、	滔土、	并土、	中土、	肥土、	成土、	申土

有關「九州」的記載，較早見於〈禹貢〉，其次是《呂氏春秋・有始覽》。然〈地形〉所載九州之名，除冀、弇兩州外，與〈禹貢〉、〈有始覽〉全不相應〔註 73〕。尤其特殊的是，它在每一州都加上了「土」名與方位，以示其與人的居住生活及農業息息相關。其方位事實上是依五行的方位觀念，先將四

〔註 72〕王念孫說：「八極」當爲「八柱」，柱與極草書相近，故「柱」誤爲「極」，《太平御覽・地部》、〈州郡〉三及《白孔六帖》一引此並作「九州八柱」，其說同見註 1，卷 4，〈地形〉，頁 130 當句下，今從校改。

〔註 73〕〈禹貢〉「九州」不標方位，但標河川、國域所在，名稱依次爲冀州、弇州、青州、徐州、揚州、荊州、豫州、梁州、雍州，〈有始覽〉同。

方、四極結合天文學上的「四鉤」、「四維」〔註 74〕，擴大為八方八柱，再配以「中央」，終於建構出不同於〈禹貢〉與〈有始覽〉的「九州」。高誘注這「九土」之名義因此全就陰陽節候與農作耕稼著眼，他說：

> 東南辰為農祥，后稷之所經緯也，故曰農土。沃，盛也，五月建午，稼穡盛張，故曰沃土也。滔，大也，七月建申，五穀成大，故曰滔土也。并，猶成也，八月建酉，百穀成熟，故曰并土也。冀，大也，四方之主，故曰中土也。薄，猶平也，氣所隱藏，故曰隱土也。申，復也，陰氣盡於北，陽氣復起東北，故曰申土。

純以陰陽之氣的消長與穀物稼穡為命名之意涵，這是他書「九州」說之所無。

其次說「九山」。「九山」依次是會稽、泰山、王屋、首山、太華、岐山、太行、羊腸、孟門，但標山名，既無方位，也無屬國，與〈有始覽〉完全一致。然後是「九塞」，也是僅載其名，依次為太汾、澠阨、荊阮、方城、殺阪、井徑、令疵、句注、居庸。其中，除「澠阨」〈有始覽〉作「冥阨」之外，其餘八塞完全相同。不論「九山」還是「九塞」，都是實存的地理狀態。再次是「九藪」，越之具區、楚之雲夢、秦之陽紆、晉之大陸、鄭之圃田、宋之孟諸、齊之海隅、趙之鉅鹿、燕之昭余。其中除「陽紆」〈有始覽〉作「陽華」，「昭余」〈有始覽〉作「大昭」外，其餘悉同。這九大澤藪也是古中國有名的實存澤藪，依高誘注解，亦都有其明確的地理位置。然後是「八風」，依著順時針方向，它們順次是：

東北——炎風　　西南——涼風（淒）
東方——條風（滔）　西方——飂風
東南——景風（重）　西北——麗風（厲）
南方——巨風　　北方——寒風

其中「條風」，〈有始覽〉作「滔風」，「景風」作「熏風」，「麗風」作「厲風」，應是一音之轉。「涼風」作「淒風」，則取意同。最後是「六水」：河水、赤水、遼水、黑水、江水、淮水，與〈有始覽〉全同，是中國境內實存的六大名川。

總之，以《淮南子》刻意仿效《呂氏春秋》之撰作狀況看起來，除了「九州」之外，九山、九塞、九藪、八風、六水基本上大致是因承《呂氏春秋》

〔註 74〕〈天文〉說：「子午、卯酉為二繩，丑寅、辰巳、未申、戌亥為四鉤。東北為報德之維也，西南為背陽之維也，東南為常羊之維也，西北為蹏通之維。」

而來，也應是實指的自然地理現象。唯「九州」之方位部列與八、六、九之數帶著濃厚的五行氣味。各州所配之土名尤其充滿象徵意味，應是臆想而來。

然後，它總說這「天地」空間的大小與水陸、谿谷、淵藪道里之數，曰：

> 闔四海之內，東西二萬八千里，南北二萬六千里，水道八千里，通谷六〔註75〕，名川六百，陸徑三千里。禹乃使太章步自東極，至于西極，二億三萬三千五百里七十五步；使豎亥步自北極，至于南極，二億三萬三千五百七十五步。凡鴻水淵藪自三仞以上，二億三萬三千五百五十有九。

這「四海之內」二萬六千與二萬八千里的寬廣距離，以及八千里水道，〈地形〉所載與《山海經．中山經》、《管子．地數》與《呂氏春秋．有始覽》相同，唯「四極之內」的寬廣距離則大有出入。〈海外東經〉亦載步測之法，曰：

> 帝命豎亥步，自東極至於西極，五億十萬九千八百步。豎亥右手把算，左手指立此。一曰禹令豎亥，一曰五億十萬九千八百步。

〈有始覽〉不稱步測，逕載「四極之內，東西五億有九萬七千里，南北亦五億有九萬七千里。」與〈海外東經〉載記數目雖有小異，大致相去不遠，〈地形〉所載距離不到它們的一半。然不論里步之數懸殊多大，各家要皆認定東西與南北兩極等距，不若「四海之內」之東西長，南北稍窄。姑不論其里數精確與否，東西略長於南北確是合乎文獻所載傳統中國地形一向略扁之狀況。〈地形〉以禹爲下令步測之人，而不以帝爲下令步測之人，比〈海外東經〉更理想，因爲大禹治水，走遍全天下。而以「九州」爲核心，東西、南北兩極等距的四極觀，明顯反映了戰國秦漢以來，知識份子心目中空間概念的極限，也是它們所能臆想的最大空間範圍。在這個臆想所及的最大範圍中，它們承襲了鄒衍的概念，建構了一個以「九州」爲核心，由內而外層層拓展的「八殯」、「八紘」、「八極」環狀地理圖式。

（二）八殯、八紘、八極

〈地形〉說：

〔註75〕「通谷六」本連屬下句「名川六百」，作「通谷其名川六百」，集解引陳觀樓之說，據《呂氏春秋．有始覽》斷爲兩句，改爲「通谷六，名川六百。」以「其」爲「六」行近之僞。其說同見註1，卷4〈地形〉，頁132當句下引，今從校改。

> 九州之大，純方千里。九州之外，乃有八殥，亦方千里。自東北方曰無通，曰大澤；東方曰大渚，曰少海；東南方曰具區，曰元澤；南方曰大夢，曰浩澤；西南方曰渚資，曰丹澤；西方曰九區，曰泉澤；西北方曰大夏，曰海澤；北方曰大冥，曰寒澤。凡八殥八澤之雲，是雨九州。八殥之外，而有八紘，亦方千里：自東北方曰和丘，曰荒土；東方曰棘林，曰桑野；東南方曰大窮，曰眾女；南方曰都廣，曰反户；西南方曰焦僥，曰炎土；西方曰金丘，曰沃野；西北方曰一目，曰沙所；北方曰積冰，曰委羽。凡八紘之氣，是出寒暑，以合八正，必以風雨。八紘之外，乃有八極：自東北方曰方土之山，曰蒼門；東方曰東極之山，曰開明之門；東南方曰波母之山，曰陽門；南方曰南極之山，曰暑門；西南方曰編駒之山，曰白門；西方曰西極之山，曰閶闔之門；西北方曰不周之山，曰幽都之門；北方曰北極之山，曰寒門。凡八極之雲，是雨天下；八風之門，是節寒暑；八紘、八殥、八澤之雲，以雨九州而和中土。

由「九州」中央冀州除外的周圍八州向外逐層推展，依次臆想出八殥、八紘、八極來，方位依然是順時針方向。這八殥、八紘、八極的範圍，每一項大致和「九州」一樣大（約千里），顯然也是臆想的估定，目的在極盡可能地描繪地理空間之廣大遼遠，故在名稱上極盡可能地賦予空闊無邊的概念：大澤、大渚、元澤、大夢、浩澤、大夏、大冥、海澤、大窮、都廣、桑野、沃野等等，不是大，就是浩、廣、野……，都傳達了這種思維。而一律千里的估定，也帶著濃厚的，力求齊整一致的規範企圖。

「八殥」上有「八澤」，八澤上所飄浮的雲氣及其作用，想當然爾地被認定是滋潤「九州」的雨源。然後是「八紘」，「紘」字是「維繫」之意。高注〈原道〉「紘宇宙而章三光」曰：「紘，綱也，若小車蓋四維謂之紘繩。」可見「紘」是維繫邊角之意。「八紘」謂維繫天地的八大邊區，也是八方海外的遙遠國度。在這「八紘」中的每一區塊，作者逐一安排了兩個區、國之名。其名時或含攝五行配屬與神話意味。比如：神話中說，日出東方扶桑（或榑桑），東方於五行中屬木，季節配春，〈地形〉於東方便安排了棘林、桑野的區名。西方屬金，〈地形〉便稱「金丘」。北方屬水，季節配冬，故稱「積冰」。「八紘」之外的「八極」也一樣，想來因爲它是臆想的天地極遠邊區與盡處，作者安排了八座擎天的大山，每一座山各是一扇通天的大門。其名稱，依陰陽五行之說，東方屬陽，其色蒼，故凡東邊之門或稱「蒼門」，或稱「開明之門」，或稱「陽門」；南方亦屬陽，其色赤，時令夏，故南方稱「暑門」；西方屬陰，其色白，故西方稱「沃野」（集解曰：「沃猶白也」。）西南方有「白門」；北方亦陰，其色黑，時令冬，故西北與北或稱「幽都之門」，或稱「塞門」；都明顯反映出陰陽五行色彩。而這「焦僥」（矮小國）、「桑野」、「一目」、「反戶」、「眾女」（無男）之國名，與乎「不周」、「波母」等山名，也都帶著反乎現實的神話意味。這「八紘」之氣與「八極」之雲、八門之風，〈地形〉作者推定它們就是決定「九州」、「中土」，乃至天下寒暑、風雨的根源。

這九州與八殥、八紘、八極環狀地理圖式的建置，基本上是脫化、變造自鄒衍的「大九州說」。鄒衍的「大九州說」正是以禹所定九州爲核心，以九倍大之空間一層又一層地向四周擴展，以至「天地之際焉」。唯鄒衍的「大九州」說雖以所謂「中國」的「赤縣神州」（亦即「禹所序九州」）爲核心，層層向外推展；卻明定，州與州之間須有「裨海環之，人民禽獸莫能相通，如一區中者」，才算是大九州中的一「州」。換言之，大九州中的每一州各自是一個小海環繞的獨立區塊，而不只是相連陸境的區劃而已。禹定九州的赤縣神州中之每一州都只是小州，不是大州。如此的大州共有九個，其外是大瀛海圍繞著，一直到天地的盡頭。（參見《史記・孟荀列傳》）

〈地形〉的八殥、八紘、八極則僅是陸地的等面積（千里）拓展，其以中國境內的「九州」爲核心，向外延伸，固與鄒衍相同；其層層向四面八方推展之八殥（有八澤）、八紘、八極（有八山），基本上大致是陸地構造之延伸，與鄒衍之環海獨立區塊不同。

其間的差異是否根源於「大九州」說的意想背景是分裂割據的戰國，而〈地形〉的撰作背景則是一統集權的大漢帝國？尤其「大九州」旨在破除「我族中心」的華夏本位迷思，故極力強調「赤縣神州」之「九州」不足爲「大」。〈地形〉則不同，其「八極之雲」是要「雨天下」，「八殥、八紘、八澤」之雲是要「雨九州而和中土」。其以「九州」、「中土」爲核心主體，擴而充之，天下四周一統來會的思維是很明顯的。

（三）三十七條河川之導源、流向與歸趨

除了簡要標出古中國境內實存的六大主要河川之外，〈地形〉同時也詳述了中國境內各地的大小河流及其源、流，〈地形〉曰：

江出岷山，東流絕漢入海，左還北流，至于開母之北，右還東流，至于東極。河出積石，睢出荊山，淮出桐柏山，睢出羽山，清漳出楬戾，濁漳出發包，濟出王屋，時、泗、沂出臺、台、術，洛出獵山，汶出弗其，西流合於濟。漢出嶓冢，涇出薄落之山，渭出鳥鼠同穴，伊出上魏，雒出熊耳，浚出華竅，維出覆舟，汾出燕京，衽出濆熊，淄出目飴，丹水出高褚，股出嶕山，鎬出鮮于，涼出茅盧、石梁，汝出猛山，淇出大號，晉出結紿〔註 76〕，合出封羊，遼出砥石，釜出景，岐出石橋，呼沱出魯平，泥塗淵出山，維灃〔註 77〕北流出於燕。

這三十七條水道之源流記載，有二十六條早見於〈禹貢〉，二十八條分別見載於〈山海經〉各篇。〈地形〉所載，應是綜合二者而有所增益。

（四）各地水質與物產

〈地形〉說：

東方之美者，有醫毋閭之珣玗琪焉；東南方之美者，有會稽之竹箭焉；南方之美者，有梁山之犀象焉；西南方之美者，有華山之金石焉；西方之美者，有霍山之珠玉焉；西北方之美者，有崑崙之球琳、琅玡焉；北方之美者，有幽都之筋角焉；東方之美者，有斥山之文皮焉；中央之美者，有岱嶽，以生五穀桑麻，魚鹽出焉。

這裡依五行、八方之位，載述了各地名山之經濟作物，從植物、農作物、礦物到動物之副產品，琳琳琅琅，相當豐富，反映的應是當代豐盛的物質生活狀況。其中對於中土所盛產，作爲衣食主要來源的五穀桑麻之類作物，〈地形〉另有補強的敘述。〈地形〉說：

汾水濛濁而宜麻，泲水通和而宜麥，河水中濁而宜菽，雒水輕利而宜禾，渭水多力而宜黍，漢水重安而宜竹，江水肥仁而宜稻，平土之人慧而宜五穀。

這裡根據常識及經驗所知，簡單載述了五穀及麻、竹等中土之人作爲衣、食主要來源的作物，其生產所宜之水質，及其生產河域。這些基本上都有相當

〔註 76〕此句本作「晉出龍山結紿」，王引之云：當作「晉出結紿」，龍山二字因注而誤。其說同見註 1，卷 4〈地形〉，頁 153 當句下引，今從校改。

〔註 77〕「維灃」本作「維濕」，莊逵吉引錢別駕云：「濕」字當作「灃」，其說同見註 1，卷 4〈地形〉，頁 154 當句下引，今從校改。

的實存狀況作依據，大致上是合理可信的人文地理。

（五）陰陽與氣牽繫下的自然生態與類應

《淮南子》認爲人與天地萬物、萬象都是陰陽氣化的生成，〈天文〉、〈精神〉對於這種氣化宇宙萬類的過程都有相當具代表性的論述，〈精神〉說：

> 古未有天地之時惘像無形，窈窈冥冥，芒芠漠閔，澒濛鴻洞，莫知其門。有二神混生，經天營地，孔乎莫知其所終極，滔乎莫知其所止息。於是乃別爲陰陽，離爲八極，剛柔相成，萬物乃形，煩氣爲蟲，精氣爲人。

〈天文〉說：

> 天地未形，馮馮、翼翼、洞洞、灟灟，故曰太始，太始生虛廓，虛廓生宇宙，宇宙生元氣，元氣有涯垠，清陽者薄靡而爲天，重濁者滯凝而爲地，清妙之合專易，重濁之凝竭難，故天先成而地後定。天地之襲精爲陰陽，陰陽之專精爲四時，四時之散精爲萬物。積陽之熱氣久者生火，火氣之精者爲日；積陰之寒氣久者爲水，水氣之精者爲月，日月之淫氣精者爲生辰。……天地之偏氣，怒者爲風；天地之合氣，和者爲雨。陰陽相薄，感而爲雷，激而爲霆，亂而爲霧。陽氣勝，則散而爲雨露；陰氣勝，則凝而爲霜雪。

天地與宇宙萬物、萬類、萬象之生成，都是由這「元氣」分生陰陽，和合變化而來。站在這一「氣」相連相通的基點上，《淮南子》認爲，人與天地、宇宙、萬物、萬類都存在著某種奇妙的特殊關係，時或可以相繫相應。其表現於地理上的，則地形的高低，土壤的肥沃、水質的好壞，風氣的通塞，濕度、溫度的大小、高低、方位，甚至是食物的種類，在在影響人的生長、健康、心性、智慧與美醜，而這一切都和「氣」有關，〈地形〉說：

> 土地各以類生人〔註78〕：山氣多男，澤氣多女，障氣多陰，風氣多聾，林氣多癃，木氣多傴，岸下氣多腫，石氣多力，險阻氣多癭，暑氣多夭，寒氣多壽，谷氣多痺，丘氣多狂，衍氣多仁，陵氣多貪，

〔註78〕此句本作「土地各以其類生」，據《史記・天官書》正義、《藝文類聚・水部上》、《白孔六帖》六、《太平御覽・天部》十五、〈地部〉二十三、〈疾病部〉一、三引此，並無「其」字，有「人」字，宜從校改。其說同見註1，卷4〈地形〉，頁140當句下引，今從校改。

輕土多利，重土多遲。清水音小，濁水音大，湍水人輕，遲水人重，中土多聖人。皆象其氣，皆應其類。堅土人剛，弱土人脆〔註79〕，壚土人大，沙土人細，息土人美，耗土人醜。

食水者善游能寒，食土者無心而慧，食葉者有絲而蛾，食肉者勇敢而悍，食氣者神明而壽，食穀者知慧而夭，不食者不死而神。凡人民、禽獸、貞蟲各有以生，或奇或偶，或飛或走，莫知其情。平土之人，慧而宜五穀。萬物之生而各異類：蠶食而不飲，蟬飲而不食，蜉蝣不飲不食。介鱗者夏食而冬蟄，齕吞者八竅而卵生，嚼咽者九竅而胎生，四足者無羽翼，戴角者無上齒，無角者膏而無前，有角者指（脂）而無後。晝生者類父，夜生者似母，至陰生牝，至陽生牡。夫熊羆蟄藏，飛鳥時移。

這裡有些是實際的自然生態記錄，如「食水者善游能寒……」與「蠶食而不飲……有角者指而無後」、「熊羆時藏，飛鳥時移」。有些是陰陽對立配分的結果，如「山氣多男、澤氣多女」、「堅土人剛、弱土人脆」、「石氣多力」、「晝生者類父，夜生者似母；至陰生牝，至陽生牡。」。有些應是生活經驗的觀察，加上合理的推想，綜合歸納所得，如「清水音小，濁水音大；湍水人輕，遲水人重」、「暑氣多夭，寒氣多壽，谷氣多痺」、「息土人美，耗土人醜」。有些則是不知其來源依據的載述，如「風氣多聾……岸下氣多腫」、「丘氣多狂……重土多遲」、「壚土人大，沙土人細」。〈地形〉又說：

凡地形，東西爲緯，南北爲經。山爲積德，川爲積刑。高者爲生，下者爲死。丘陵爲牡，谿谷爲牝。水圓折有珠，方折有玉。清水有黃金，龍淵有玉英。

這裡很明顯，也有陰陽刑德概念。

總之，在氣化宇宙論的概念下，各地有各地不同的「氣」，每一物類也有每一物類不同的「氣」，「氣」非特決定了它們各自的生態特質，也在在影響著它們彼此之間分歧不一的關係。這其中有合乎科學的，有陰陽學的歸分，也有不可思議的載述，〈地形〉的作者將它們匯聚爲一。

〔註79〕此句本作「弱土人肥」，義與下文大、細、美、醜相對之情況不協。俞樾以爲：「肥」當作「脆」，《家語・執轡》作「堅土之人剛，弱土之人柔。」柔亦脆也。其說同見註1，卷4〈地形〉，頁142當句下引，今從校改。

二、五行架構下的人地與物產

此外，地理方位也因爲所存在山川情況的關係，對人種特質與物產起了關鍵性的決定作用。於是，在五行方位的基本架構下，〈地形〉嘗試做出了天、地、人之屬性、特質與物產之間的繫聯網與歸配關係。〈地形〉說：

> 東方，川谷之所注，日月之所出。其人兑形小頭，隆鼻大口，鳶肩企行，竅通於目，筋氣屬焉。蒼色，主肝，長大早知而不壽。其地宜麥，多虎豹。南方，陽氣之所積，暑濕居之。其人修形兑上，大口決眥，竅通於耳，血脈屬焉。赤色，主心，早壯而夭。其地宜稻，多兕象。西方高土，川谷出焉，日月入焉。其人末僂〔註 80〕，修頸卬行，竅通於鼻，皮革屬焉。白色，主肺，勇敢不仁。其地宜黍，多旄犀。北方幽晦不明，天之所閉也，寒冰之所積也，蟄蟲之所伏也。其人翕形、短頸，大肩下尻，竅通於陰，骨幹屬焉。黑色，主腎，其人惷愚，禽獸而壽。其地宜菽，多犬馬。中央四達，風氣之所通，雨露之所會也，其人大面短頤，美須惡肥，竅通於口，膚肉屬焉。黃色，主胃，慧聖而好治。其地宜禾，多牛羊及六畜。

這裡從頭到尾沒有標出五行中任何一行之名，但很清楚地，從東、南、西、北、中的五方，蒼、赤、白、黑、黃的五色，目、耳、鼻、陰、口五官，肝、心、肺、腎、胃五藏，到筋氣、血脈、皮革、骨幹、膚肉等等五種生理部位與成分的配屬，無一不是在五行的基模上架構出來的。去除這些五行標記，所剩餘的：東方，川谷所注，日月所出，宜麥，多虎豹；南方，陽氣之所積，暑濕，宜稻，多兕象；西方高土，川谷所出，宜黍，多旄犀；北方，宜菽，多犬馬；中央，宜禾，多牛羊六畜。……等記載應是實際的地理狀況與動、植物產。唯麥、稻、黍、菽、禾五穀之記載，亦帶有濃厚的五行配屬意味。而「北方，幽晦不明，天之所閉，寒水之所積，蟄蟲之所伏」固亦與「水」德的配位、顏色（黑）、節令（冬）等等一切屬性相合；即中央的「四達，風氣之所通，雨露之所會」，也一樣有著「土」德爲主，想當然爾，居中策應四方的特質。這一切都有著濃厚的五行色彩，仍是五行架構下的思維。扣除這

〔註 80〕此句本作「其人面末僂」，俞樾云：高注曰：「末，猶脊也。」然則，末僂者，謂其脊句僂也。末上不當有面字，疑是衍文，其說同見註 1，卷 4〈地形〉，頁 145 當句下引，今從校改。

些，所餘的五方人種生理特徵與情性特質：

東方之人：兌形小頭，隆鼻大口，鳶肩企行，長大早知而不壽。

南方之人：修形兌上，大口決眦，早壯而夭。

西方之人：末僂脩頸卬行，勇敢不仁。

北方之人：弇形短頸，大肩下尻，春愚、禽獸而壽。

中央之人：大面短頤，美須惡肥，慧聖而好治。

這些生理特徵與情性特質記載不知何所依據？但，顯然亦有著中央爲正、爲美的觀點，這不但是華夏本位，我族中心立場，也再一次表現了土德獨尊的觀點。

（一）五行的生剋與地理配屬

除了上述的以類似夾插的方式，將陰陽五行的架構與思維隱入自然地理與人文物候的記載中之外，事實上，在〈地形〉中也有多處明白地推闡五行生剋及以居中之「土」德爲主之五行配屬與循環轉化。

1、五行相剋與代王

〈地形〉說：

> 木勝土，土勝水，水勝火，火勝金，金勝木。故木春生秋死，菽夏生冬死，麥秋生夏死，薺冬生中夏死。〔註81〕……。

這裡除了載明五行的生剋之序外，顯然以「中夏」配「土」的觀念已經形成。

除了五行相剋外，〈地形〉也載五行之代王，它說：

> 木壯、水老、火生、金囚、土死，火壯、木老、土生、水囚、金死，土壯、火老、金生、木囚、水死，金壯、土老、水生、火囚、木死，水壯、金老、木生、土囚、火死。

列表以明，則：

〔註81〕此句儘管王念孫以爲：《藝文類聚．草部》下、《太平御覽．百穀部》一、〈菜部〉五所引並作「薺冬生而夏死」，薺又死「中夏」，後人因誤爲「中夏」，故以「中」字爲衍，當刪作「薺冬生夏死」。桂案：此句高注：「薺，水也，水王而生，土王而死。」明以「冬生」爲水王而生；「中夏死」爲「土王而死」，若作「夏死」，則是「火王而死」，如何配成「土勝水」與「土王而死」？因知「中夏死」無誤，王氏校改失誤。

消長歷程	壯	老	生	囚	死
五行循環	木	水	火	金	土
	火	木	土	水	金
	土	火	金	木	水
	金	土	水	火	木
	水	金	木	土	火

可見五行不但相勝，也有消長而代王。其消長是依著「壯、老、生、囚、死」的流程循環輪替。在這樣的輪替中，「壯」與「死」是「相勝」的關係，「壯」與「生」則是「相生」的關係，從「壯」的階段見其代王。

（二）土為中主與五行相治

除了五行之生剋與代王外，〈地形〉也一而再地顯示其土德居中爲主之觀點，〈地形〉說：

> 音有五聲，宮其主也；色有五章，黃其主也；味有五變，甘其主也；位有五材，土其主也。

有關五聲、五色、五味與五行之搭配，在《呂氏春秋・十二紀》與《淮南子・時則》都有很完整而嚴謹的搭配，〈地形〉只是突出其居中獨大之「土」德而已。

除了土德居中獨大的五行觀之外，〈地形〉還提出了「五行相治」的特殊觀點。在這個觀點中，除了相生、相勝交迭外，還有一個「反土」成治的特殊觀念，再一次強調了「土德」獨大的思維，這是他家論五行之所無。〈地形〉說：

> 鍊土生木，鍊木生火，鍊火生雲，鍊雲生水，鍊水反土。鍊甘生酸，鍊酸生辛，鍊辛生苦，鍊苦生鹹，鍊鹹反甘。變宮生徵，變徵生商，變商生羽，變羽生角，變角生宮。是故，以水和土，以土和火，以火化金，以金治木，木復反土。五行相治，所以成器用。

在上文的論述中，不管是「鍊※生○」，還是「變※生○」，甚至是「以※治○」，至少包括了三種概念：

1. 相生：鍊木生火、鍊雲（高注：「雲，金氣也。」）生水、變宮生徵、變商生羽、變羽生角、以土和火等，都是相生。
2. 相勝：鍊土生木、鍊火生雲、鍊甘生酸、鍊酸生辛、鍊辛生苦、鍊苦生鹹、變徵生商、以水和土、以火化金、以金治木。

3.「反土」成治：鍊水反土、鍊鹹反甘、木復反土、變角生宮（應該是「角復反宮」之意）。

所謂「反土」，意即：不論五行還是五味、五音的生剋變化，最後都須回歸到中央「土」，始成其用，強調的是中央土德為核心、為本的觀點。高誘因此注「五行相生，以成器用」曰：「土，本也，故曰五行相生，以成器用。」值得注意的是，除「反土」的觀點較為明顯特殊外，其相生、相勝之序列，相當參差，並不整齊。其「鍊※生○」、「變※生○」、「以※治○」之論述，卻含帶著鍊丹意味。

（三）五行的搭配與五氣之循環轉化

除了上述的載記之外，〈地形〉猶有兩處，五行的表述十分凸露而明顯：其一為五水及其礦產，另一則為五土之氣的循環與變化。〈地形〉說：

> 白水宜玉，黑水宜砥，青水宜碧，赤水宜丹，黃水宜金。

這裡很明顯的是五行五色假水與礦產之搭配，雖沒什麼特殊理據，卻清楚標示了作者心目中水與礦物的奇妙關係。就精通方術的劉安集團而言，另一更明顯而特殊之五行搭配是五土之氣的循環、生成與轉化。〈地形〉說：

> 正土之氣也御乎埃天，埃天五百歲生砄，砄五百歲生黃澒，黃澒五百歲生黃金，黃金千歲生黃龍，黃龍入藏生黃泉，黃泉之埃上為黃雲，陰陽相薄為雷，激揚為電，上者就下，流水就通，而合于黃海。偏土之氣御乎青天，青天八百歲生青曾，青曾八百歲生青澒，青澒八百歲生青金，青金八百歲生青龍，青龍入藏生青泉，青泉之埃上為青雲，陰陽相薄為雷，激揚為電，上者就下，流水就通，而合于青海。牡土之氣御於赤天，赤天七百歲生赤丹，赤丹七百歲生赤澒，赤澒七百歲生赤金，赤金千歲生赤龍，赤龍入藏生赤泉，赤泉之埃上為赤雲，陰陽相薄為雷，激揚為電，上者就下，流水就通，而合於赤海。弱土之氣御于白天，白天九百歲生白礜，白礜九百歲生白澒，白澒九百歲生白金，白金千歲生白龍，白龍入藏生白泉，白泉之埃上為白雲，陰陽相薄為雷，激揚為電，上者就下，流水就通，而合于白海。牝土之氣御于玄天，玄天六百歲生玄砥，玄砥六百歲生玄澒，玄澒六百歲生玄金，玄金千歲生玄龍，玄龍入藏生玄泉，玄泉之埃上為玄雲，陰陽相薄為雷，激揚為電，上者就下，流水就

通，而合于玄海。

它以五行爲基本架構，中央、黃色爲正，依著「氣」化的宇宙觀點，沿著中、東、西、南、北五位，正、偏、牡、弱、牝五土，埃（黃）、青、赤、白、玄五色，以及五、八、七、九、六等五數的搭配，論述五礦（砄、曾、丹、礜、砥）、五澒、五金、五龍、五泉、五雲、五海等由礦物、而動物、而水資源之間循環轉化的歷程，全是一氣之長時間變化。其轉化週期，全依五行之數配置（東方木，其數八；南方火，其數七；西方金，其數九；北方水，其數六；中央土，其數五。）唯五金與五龍之間的轉化，耗時較長，除青金與青龍的轉化爲八百歲外，其餘悉以千歲爲期。各物類間之轉化，似乎僅是時間上長期的自然演變，逐漸形成。唯五雲下爲五海，由至高下降至至低，陰陽激烈作用，雷電交加，氣化狀況較爲激烈，應是實際觀察的經驗記錄。而所舉物例中，礦物與水特多。泉、雲、海皆水之異態變化，礦物則種類繁多：黃砄、青曾（硫酸銅）、赤丹（丹砂）、白礜、玄砥、五色澒（水銀）、五色金皆是。這些礦物大抵皆古人鍊丹常用之礦石，泉水也是鍊丹所需。據了解，淮南的「八公山」下正有一股極爲清澈美好的泉水，叫做「珍珠泉」。劉安及其以八公爲主的賓客常在這兒鍊丹、鍊方術，甚至無意間發明了豆腐。鍊丹方術之操作，水和礦物是核心素材。「龍」則是傳統中國表徵奇妙變化之典型意象。由上述兩段引文一致性的標示水與礦物之緊密關係，以及下述神話中，導源於昆侖的四條神水，被指稱爲「帝之神泉」，用以「和百藥」的說法看來，頗足以說明這類表述的背後意象應是來自劉安集團的鍊丹經驗。而淮南境內多水，變幻不定，氤氳迷濛的雲夢、彭蠡兩大澤，尤其是適合作爲奇異幻想的原鄉。

這五土之氣上天、入地、下海的循環轉化，所凸顯的，至少有幾個概念：（一）不論礦物、動物、能源皆來自天地之氣。（二）天地宇宙間充滿著「氣」的循環變化。（三）這些循環變化是依五行的格序在作用的。（四）透過氣化的過程與作用，宇宙間各物類不論天上的、地下的、海中的，都是可以轉化相通的。

三、神話地理

除了陰陽五行思維下的自然地理與人文物產外，〈地形〉還載述了與《山海經》同系，應該有著相當因承關係的豐富神話地理。

（一）海內仙鄉的建構——昆侖帝鄉與神物

崑崙山是中國實存的地理景觀，也是虛擬的神話仙鄉，在虛實二者的交錯下，「昆侖」一詞成爲古中國典籍文獻中位置最爲飄忽不定的地理名稱。就實存的景觀而言，它是中國自然地理中的諸水之源；就虛擬的世界而言，它是中國神話地理中的仙鄉。而虛擬的仙鄉，應該是從實存的水源之域發展建構起來的。淮南一帶多水，其雲夢、彭蠡兩大澤氤氳迷濛之氣，爲建構神奇的帝鄉創造了良好的條件。〈地形〉因此從「六水」的自然地理與大禹的治水故事中去建構虛擬的昆侖世界。

在自然地理上，它說中國境內有六大河川，稱「六水」（河水、赤水、遼水、黑水、江水、淮水）。在神話地理中，它把焦點集中在昆侖水系，以昆侖爲天地之中央，說：導源於昆侖山有四大神水：河水、赤水、弱水、洋水，它們的方位依次在昆侖四維（角），東北、東南、西北、西南，分別流入渤海（河水）與南海（其餘三水），它們是「帝之神泉」，用來「和百藥、潤萬物」。這昆侖四大水系全見於《山海經》，卻並未被稱爲神泉。其中至少有河水、弱水、洋水三條見載於〈禹貢〉與《史記・夏本紀》，因此也並非純然虛構，而是以實存的地理爲依據，去建構其神話世界。

然後，〈地形〉開始建構作爲神泉、神水之源的帝鄉奇景，它說：昆侖之形成來自禹的疏河塡土：

> 禹乃以息土塡洪水，以爲名山，掘昆侖虛以下地，中有增城九重，其高萬一千里百一十四步二尺六寸。上有木禾，其修五尋，珠樹、玉樹、琁樹、不死樹在其西，沙棠、琅玕在其東，絳樹在其南，碧樹、瑤樹在其北。旁有四百四十門，門間四里，門九純〔註82〕，純丈五尺，旁有九井玉橫，維其西北之隅，北門開以內不周之風。傾宮、旋室、縣圃、涼風、樊桐在昆侖閶闔之中，是其疏圃。疏圃之池，浸之黃水，黃水三周復其原，是謂白水，〔註83〕飲之不死。
>
> 昆侖之丘或上倍之，是謂涼風之山，登之而不死。或上倍之，是謂

〔註82〕此句本作「里間九純」，俞樾以爲，義不可通，疑本作「門九純」，言門之廣也。門誤爲間，後人遂妄加「里」字耳。其說同見註1，卷4〈地形〉，頁133當句下引，今從校改。

〔註83〕此句「白水」本作「丹水」，王念孫以爲：「丹水」本當作「白水」，蓋王逸注〈離騷〉：「朝將濟於白水兮」曰：「《淮南》言白水出昆侖之原，飲之不死。」《太平御覽・地部》二十四所引同。

懸圃，登之乃靈，能使風雨。或上倍之，乃維上天，登之乃神，是謂太帝之居。

作爲帝鄉的昆侖山，高 11000 多里，其上中、東、西、南、北五方各有許多珍奇的神樹和美玉，這些神樹之命名且是和美玉的臆想相關聯的。在它的鋪寫下，昆侖山簡直就是一個玉的世界〔註 84〕。而在實存的地理中，昆侖山下的于闐確實產美玉，可見昆侖世界的建構，並非全憑想像，仍有一定的事實依據。其上有四百多扇門，作者並確載其門間之距與門之寬度。從北門望去，是許多座美麗的仙山，下有仙水環繞，其水既是帝鄉神泉，當然「飲之不死」。由昆侖山層層上登眾仙山，每登一層就增生一種超絕於塵世之異能，三登之後，終達天際，那是神仙、太帝之居。〈地形〉又說：

扶木在陽州，日之所曊，建木在都廣，眾帝所自上下，日中無景，呼而無響，蓋天地之中也。若木在建木西，末有十日，其華照下地。

這裡特別描述做爲天地中心之處的景況。在那裡，景觀獨特，日正當中，光華獨盛而無影、無響，其西有十日，這十日之說顯然是古太陽神話的餘留。

上述這些帝鄉中的特產，若視肉、珠樹、玉樹、不死樹、玗琪、九井、木禾以及四神水，皆見載於《山海經・海外西經》。其縣圃、「增城九重」、高萬里，乃至四方有門通天等等記載，也都和《楚辭・天問》有相當的對應相承關係。陳廣忠說，《淮南子・地形》的昆侖神話基本上和《山海經》、《楚辭》同屬南方楚文化系統〔註 85〕，是很有道理的。

（二）海外的神話國度——三十六國及其附近的仙鄉異產

除了昆侖帝鄉之外，〈地形〉又承襲《山海經》，載述了海外三十六國：

自西北至西南方，有修股民、天民、肅慎民、白民、沃民、女子民、丈夫民、奇股民、一臂民、三身民；自西南至東南方，結胸民、羽民、讙頭國民、裸國民、三苗民、交股民、不死民、穿胸民、反舌民、豕喙民、鑿齒民、三頭民、修臂民；自東南至東北方，有大人國、君子國、黑齒民、玄股民、毛民、勞民；自東北至西北方，有跂踵民、句嬰民、深目民、無腸民、柔利民、一目民、無繼民。

這三十六國之名，見載於〈海外西經〉者有九，見載於〈海外南經〉者有十一，見載於〈海外東經〉者有六，見載於〈海外北經〉者亦有七。可以說，

〔註 84〕參見陳廣忠《淮南子的科技思想》（合肥：安徽大學出板社，2000 年），頁 165。
〔註 85〕同上註，頁 166。

除了天民、裸國民、豕喙民之外，其餘三十三國，與《山海經》各篇名稱容或小有差異，大致都對應，可見其與《山海經》之密切關係。特殊的是：〈地形〉除這三十六國外，所有關於方位的記載，不論由東方、東南，或西南起算，都是依順時針方向列序，唯此三十六國由西北開始，依逆時針方向列序，或許是爲了與海內中土作區隔。

除了三十六國的國名之外，〈地形〉同時記載了三十六國之外的神鄉與異產；〈地形〉說：

> 雒棠、武人在西北陬，硥魚在其南，有神二人，連臂爲帝候夜，在其西南方，三珠樹在其東北方，有玉樹在赤水之上。昆侖、華丘在其東南方，爰有遺玉、青馬、視肉、楊桃、甘樝、甘華，百果所生。和丘在其東北陬，三桑、無枝在其西，夸父、耽耳在其北方，夸父棄其策，是爲鄧林。昆吾丘在南方，軒轅丘在西方，巫咸在其北方，立登保之山。暘谷、榑桑在東方，有娀在不周之北，長女簡翟，少女建疵。西王母在流沙之瀕，樂民、拏閭在昆侖弱水之洲，三危在樂民西，宵明、燭光在河洲，所照方千里。龍門在河淵，湍池在昆侖，玄耀、不周、申池在海隅，孟諸在沛，少室、太室在冀州，燭龍在雁門北，蔽於委羽之山，不見日，其神人面、龍身而無足。后稷壟在建木西，其人死復蘇，其半魚，在其間。流黃、沃民在其北方三百里，狗國在其東。雷澤有神，龍身人頭，鼓其腹而熙。

大有總理其所知之神話地域、國族、靈種、異產以展示之意味。內中所記，多見於《山海經》。

（三）八風之神

此外，它還爲「八風」安上了神靈。〈地形〉說：

> 諸稽、攝提，條風之所生也；通視，明庶風之所生也；赤奮若，清明風之所生也；共工，景風之所生也；諸比，涼風之所生也；皋稽，閶闔風之所生也；隅強，不周風之所生也；窮奇，廣莫風之所生也。

依據高誘的注解，這些諸稽、攝提、通視……窮奇等等，皆天神名。從海外三十六國到八風之神的安配，〈地形〉呈現了一個繽紛多姿的神話世界，其內容和《山海經》有深厚的淵源。

四、數術與生物學的交揉

除了夾揉著五行與神話的地理記載與《山海經》一系神話世界的建置外，〈地形〉還含帶著數術意味地推算各類生物孕期與演化歷程，充分反應了漢代學術哲學、科學與宗教揉合夾雜的普遍現象。

（一）陰陽數術下的神秘孕期

〈地形〉說：

> 天一地二人三，三三而九，九九八十一。一主日，日數十。日主人，人故十月而生。八九七十二，二主偶，偶以承奇，奇主辰，辰主月，月主馬，馬故十二月而生。七九六十三，三主斗，斗主犬，犬故三月而生。六九五十四，四主時，時主彘，彘故四月而生。五九四十五，五主音，音主猿，猿故五月而生。四九三十六，六主律，律主麋鹿，麋鹿故六月而生。三九二十七，七主星，星主虎，虎故七月而生。二九十八，八主風，風主蟲，蟲故八月而化。

這段文字亦見於《大戴禮記．易本命》。不論就陰陽學還是八卦的觀點言，天是乾、是陽（⚊），其數一；地是坤，是陰（⚋），其數二，人是天地和合所生，故是三，以三自乘所得之「九」爲計數之基數（乘數），再以九自乘所得之「八十一」爲計數之極數，以下乘數不變，被乘數依次遞減，將每次相乘所得不同之積，依人、馬、犬、彘、猿、鹿、虎、蟲之序，與辰、月、斗、時、音、風、律等與律曆相關之元素，逐一配置孕期。從其所配類物順序看來，看不出有任何的依據或原則，卻散發著濃厚的數術氣息。

（二）物種的生成與演化

除了生物孕期的數術推算外，〈地形〉並記載了各類動植物種的起源與演化。〈地形〉說：

> 朕生海人，海人生若菌，若菌生聖人，聖人生庶人，凡朕者生於〔註86〕庶人。羽嘉生飛龍，飛龍生鳳皇，鳳皇生鸞鳥，鸞鳥生庶鳥，凡羽者生於庶鳥。毛犢生應龍，應龍生建馬，建馬生麒麟，麒麟生庶獸，凡毛者生於庶獸。介鱗生蛟龍，蛟龍生鯤鯁，鯤鯁生建邪，建邪生庶魚，凡鱗者生於庶魚。介潭生先龍，先龍生玄黿，玄黿生靈

〔註86〕「於」，此處應作「至」之解，「生於庶人」即「生至庶人」。以下「生於庶鳥」、「生於庶獸」、「生於庶魚」、「生於庶龜」同。

龜，靈龜生庶龜，凡介者生於庶龜。

它先言動物的生成與演化，分爲人、鳥、獸、魚、龜五類：

腜　→海人→若菌→聖人→庶人（人類）

羽嘉→飛龍→鳳皇→鸞鳥→庶鳥（鳥類）

毛犢→應龍→建馬→麒麟→庶獸（獸類）

鱗薄→蛟龍→鯤鯁→建邪→庶魚（魚類）

介潭→先龍→玄黿→靈龜→庶龜（龜類）

在五類動物的演化中，第一階段生出來的全是水中生物，所謂海人、飛龍、應龍、蛟龍、先龍；第二、三階段生出來的是各類中的靈秀與菁華，第四階段生出來的是凡品。而作爲各類物種演化源頭的腜、羽嘉、毛犢、鱗薄、介潭，不但有更高遠的來源，其高遠來源彼此間且有先後之演化關係，同時還有一個共同的最高起源，叫「濕玄」。〈地形〉說：

煖濕生腜，煖濕生於毛風，毛風生於濕玄，濕玄生羽風，羽風生煗介，煗介生鱗薄，鱗薄生介潭。五類雜種興乎外，肖形而蕃。

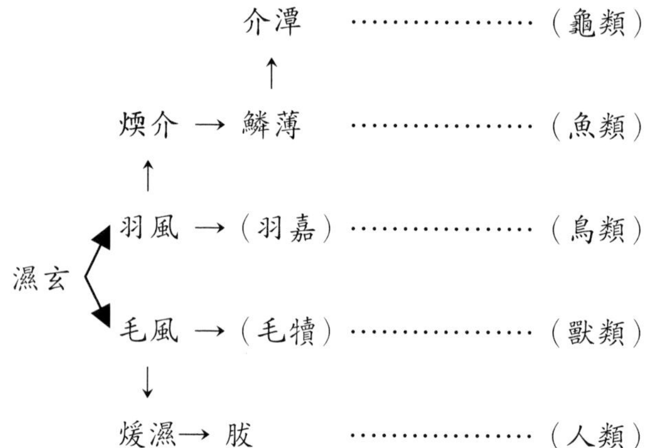

這樣的推演有一定的合理性。照它的意思，「濕玄」是萬類之源，由「濕玄」先生出卵、胎生（亦即毛獸、羽鳥）兩類動物的遠祖——「羽風」與「毛風」。胎生的獸類遠祖「毛風」再分生出人類的遠祖「煖濕」，卵生的鳥類遠祖「羽風」則分生出魚類遠祖「煗介」、「鱗薄」，由「鱗薄」再分生出龜類遠祖「介潭」。這樣的推測可能源自人與獸同屬胎生動物，人由獸類中的「猿」演化而來；魚、龜同爲水中生物，而鳥、魚、龜同爲卵生，因此推定牠們彼此間有先後相生的演化關係。換言之，動物的演化是由靈妙不可言喻的充滿著水之類的東西，稱爲「濕玄」，演化而來的。濕玄首先分生出卵、胎生兩類動物的遠祖，胎生的獸類再分生出人類，卵生的鳥類則分生出魚類，魚類再分生出龜類，從此五類各自依類繁殖，這叫「五類雜種興乎外，肖形而蕃。」

值得注意的是，它以「濕玄」爲動物生化演進的初源，「玄」是靈妙不可言喻之意，「濕」則充滿水分。以「濕玄」爲物類進化之起源，似乎表示：奇妙不可言喻的水是萬類生化的源頭。這令人想起郭店楚簡〈太一生水〉的水生說〔註 87〕與《管子・水地》：「水者，何也？萬物之本原也，諸生之宗室也。」一類說法，都是以水爲生化本原。然則，《淮南子・地形》基本上是與〈太一生水〉、《管子》（〈水地〉以水爲生原，〈內業〉以氣爲生元）一樣，都是水生、氣化觀念並存的。

說完了動物的演化，再說植物，〈地形〉說：

> 日馮生陽閼，陽閼生喬如，喬如生幹木，幹木生庶木，凡根者生於庶木。根拔生程若，程若生玄玉，玄玉生醴泉，醴泉生皇辜，皇辜生庶草，凡茇者生於庶草。海閭生屈龍，屈龍生容華，容華生蔈，蔈生萍藻，萍藻生浮草，凡浮生不根茇者生於萍藻。

它大抵將植物分爲木、草、浮藻三類，並加以推演：

> 日馮 → 陽閼 → 喬如 → 幹木 → 庶木（木類）
> 根拔 → 程若 → 玄玉 → 醴泉 → 泉辜 → 庶草（草類）
> 海閭 → 屈龍 → 容華 → 蔈　→ 藻　→ 浮草（萍藻類）

三類植物的演化階段不如動物整齊一致，但中間二、三階段的生成物顯然較爲精華，故稱「喬如」，稱「玄玉」，稱「醴泉」，稱「容華」，最後才生出庶類，這樣的情況和五類動物的演化完全一致，都是精品先於凡品生成，這樣的推測與認定是否反映了先秦道家的退化論觀點，則可再作思考。

這樣的演化令人想起了《莊子・至樂》的一段記載；〈至樂〉說：

> 種有幾，得水則爲㡭，得水土之際則爲鼃蠙之衣，生於陵屯則爲陵舄，陵舄得鬱棲則爲烏足，烏足之根爲蠐螬，其葉爲胡蝶。胡蝶胥也，化而爲蟲，生於竈下，其狀若脫，其名爲鴝掇，鴝掇千日爲鳥，其名爲乾餘骨，乾餘骨之沫爲斯彌，斯彌爲食醯。頤輅生乎食醯，黃軦生乎九猷，瞀芮生乎腐蠸，羊奚比乎不箰。久竹生青寧，青寧

〔註 87〕有關〈太一生水〉的生成說，筆者已於〈〈太一生水〉研究綜述及其與《老子》丙的相關問題〉一文中討論過，茲不贅述。參見《漢學研究》第 23 卷第 2 期（總 47 號）（2005 年 12 月），頁 413～437。

生程，程生馬，馬生人，人又反入於機。萬物皆出於機，皆入於機。

這段文字儘管或因版本與校讎問題而有詮解不一之處，大致上卻仍可看出作者的意思是要說明：天地萬物以一「氣」變化相代、異形相禪之理。上文三個「機」字與「幾」同意，都是指一種類似於「氣」的，最細微的生元。而𪁕、鼃蠙之衣、陵舄、烏足，羊奚、不箰、久竹等都是草類，蠐螬、胡蝶、鴝掇、斯彌、頤輅、食醯、黃軦、九猷、瞀芮、腐蠸、青寧、程等都是蟲類，乾餘骨是鳥類，馬是獸類，此外還有人類。〈至樂〉的作者說，這五大生類各自不同，其實都是由「幾」變化而來，都是一「氣」之化生，郭象注此因說：「此言一氣而萬形，有變化而無死生也。」這樣的論述背後的基本思維依據應該是：觀察大自然與現實生活經驗中，多種植物久置則潮濕、腐爛、生蟲的有機變化現象而來，作者相信他們源自同一質素的循環變化，和〈地形〉本節思維之源自煉丹的生命經驗基本上是一樣的。只是，這五類之間的轉化條理秩序雜蕪而混亂，目的顯然只在陳述一「幾」之化生萬類，而不在整理五類彼此間詳細之演化淵源與次序，故一無歸類之企圖與痕跡，不論是草類生蟲類，還是蟲類轉生鳥類抑或獸類，都看不出有什麼軌則條理可循，相較之下，〈地形〉的記載緊密進步多矣。

五、結　論

《淮南子・地形》以陰陽五行與氣化觀念貫穿中國的自然地理、神話地理與人文地理，明顯呈現出土德居中獨大、策應四方的觀念。

就自然地理而言，它先列述中國境內的九山、九塞、九藪、八風、六水，這九、八、六之數本身便含帶五行意味。它又以「九州」爲核心，依四方、八位的觀點，逐層向外拓展，依次而八殥、八紘、八極，構成了一個環狀的地理圖式。這個圖式基本上脫化自鄒衍的「大九州」說，卻明顯有著以「九州」爲核心，中央獨大，八殥、八紘、八極潤澤支應「九州」核心的思維，和鄒衍不以「赤縣神州」（禹所分「九州」）爲「州」數，堅持周圍須有裨海環繞始稱「州」的情況大不相同。其所反應的，或許是六國割據與劉漢一統時期情勢的歧異？

它並記載了「四海之內」的經緯里徑、水道河川數，同時神話意味十足地載述東西、南北步測之距，其所記載與《呂氏春秋・有始覽》、《山海經・海外東經》數目雖有不同，其東西長、南北短的記載則一致，且與中國實際的疆域狀況脗合。它並記載了中國境內三十七條重要河川之導源與歸趨，內容與〈禹貢〉及《山海經》所載亦大致脗合，唯數量較多。

它又依五行方位論述五方經濟特產、五穀之產域與水質。它不但基於陰陽對分與氣化觀點說明人的生理、物類的生態與土地間近乎類應的密切關係，更明白地以五行為架構，將方位、人種的外形、內性，五官、生理部位、五色、五藏以及五穀、五畜一一搭配、繫聯，且明顯凸顯中央土德獨勝的觀點。

它甚至以相當不小的篇幅專論五行的生剋、代王與相治關係。其生剋與前此《呂氏春秋・應同》及稍後董仲舒所說一致，應是鄒衍遺說。其「代王」與「相治」說則為他書所無。其五行反土相治始成其功之說，則再一次反映了以土為中主，四方來會的思維，或許也有一定程度的政治意涵。此外，它還將水質與礦物依五行的配屬一一搭合起來，若由水和礦物皆煉丹之基本素材角度觀之，這些記載應和劉安集團之煉丹經驗有一定關係。在其所記載各類五行變化中最為奇特的，當屬五氣與五礦、五金、五土、五龍、五雲、五泉、五海間之循環轉化。這些載述，除了五行的思維框架外，若不從漢代的氣化觀與劉安集團的煉丹經驗中去體會與思索，很難了解其意想之由來。

除了自然地理與五行思維外，〈地形〉更參採〈禹貢〉與《史記・夏本紀》之部份載述，循著《山海經》、《楚辭》一系的崑崙神話與太陽神話，建構起繽紛多姿的海內仙鄉與恢詭奇譎的海外神話國度及異產，並安置了八方風神，豐富多采地架構其神話的地理世界。在那裡，海內仙鄉是大禹治水掘土所成，其帝鄉之構造彷如千門萬戶，直達天際的玉世界。海外國度則一反全篇所有方位順時針之表述方式，而採逆時針之順序，幾近全面地轉載了《山海經》之神鄉與異產。

除了自然地理、神話地理及其所涉及之人文地理、經濟地理，與其背後所牽繫的五行思維外，寫定於自然科學與神秘數術同步發展的西漢，《淮南子・地形》更以三、九等數之遞進乘積，推算人與各類動物之孕期，充滿了神秘的數術意味。它並分動、植物兩系，推論物種的演化，而以充滿道家意識的「水」與「玄」結合而成的「濕玄」作為五類動物生化的始源。其論及五類動物彼此間之演化關係，雖不知何所據，其以人類為由同樣胎生的獸類演化而來，又以同樣卵生的鳥、魚、龜彼此間有先後之演化關係：龜由魚來，魚由鳥來等載述，仍有一定理路可循。更特殊的是，不論五類動物還是三類植物的演化，根據〈地形〉的安排，精品都先於庶品產生，這是否也一定程度地反映了道家的退化論觀點，亦可再加思索。

總之，〈地形〉豐富多面的資料載述，一方面充分展現了劉安學術集團豐富的學識與深厚的學養；另一方面其令人難以理解的神奇記載，除了承自楚系文化、文獻之特質外，其思維意象往往源自煉丹之生活體驗。而其一再凸顯的五行序列中，土德居中獨大的觀點，應該也有著一定程度的政治意涵，這些都是研讀《淮南子・地形》時應一併留意的。

第五節　《淮南子》的感應思想——兼論《春秋繁露》

一、傳統中國哲學中的感應模式

天人關係與感應思想是漢代哲學的重要課題，也是《淮南子》與《春秋繁露》思想中的主要論題。所謂「感應」，指的是一種互動關係，包括了人與天、與他人、與外物，乃至物與物彼此之間含帶神秘意味的互動關係。漢以前的中國典籍中，涉及感應理論較明確可察的，首推《尚書・洪範》，其次是《易傳》與《呂氏春秋》。其所涉及的感應模式，至少有三：（一）天降禍福（二）氣類相動（三）精誠感通。

（一）天降禍福

這類感應模式，帶著濃厚的宗教意味。中國自古以農立國，農業是中國傳統的產業形態。農業仰賴天候，天候的正常與否，關係著民生幸福，天氣變化因此很容易被與人事禍福相附會、相連結。其次，在初民的社會裡，神權至上的觀念相當地普遍，政權的取得，往往被推定爲源自天命。基於這些原因，天人合一、天人感應思想在中國發源甚早，天被視爲有意志的人格神，被賦予賞善罰惡的能力與職權，敬天、畏天的觀念很早就普遍地出現於典籍中。《書・湯誓》說：「天命殛之」，〈泰誓〉說：「天命誅之」，〈皋陶〉：「天命有德」，〈微子〉說：「天毒降災，荒殷邦」。《詩・大雅・蕩》說：「天降喪亂」、「天降罪罟」。《左傳・昭公三十二年》說：「天降禍於周」。這樣的「天」，其實形同宗教神。這個含帶神性的「天」，被視爲對人間的善惡，尤其是帝王德業的好壞，會產生回應，即所謂「命有德」，「降罪罟」，賞善罰惡。這是早期典籍《詩》、《書》中所常出現的天人感應模式，其中尤以《尚書・洪範》所載最為詳細而明確，〈洪範〉論「九疇」說：

> 次八曰念用庶徵……庶徵：曰雨、曰暘、曰寒、曰風、曰時，五者來備，各以其敘，庶草蕃廡。一極備，凶；一極無，凶。曰休徵：曰肅，時雨若；曰乂，時暘若；曰晳，時燠若；曰謀，時寒若；曰聖，時風若。曰咎徵：曰狂，恆雨若；曰僭，恆暘若；曰豫，恆燠若；曰急，恆寒若；曰蒙，恆風若。次九曰嚮用五福，威用六極……五福：一曰壽，二曰富，三曰康寧，四曰攸好德，五曰考終命。六極：一曰凶短折，二曰疾，三曰憂，四曰貧，五曰惡，六曰弱。

五種休徵、五種咎徵各應人君政德之良窳而來至，明顯有著天降禍福的宗教意味。而天以五福養人，以六阨示威譴，清楚地說明了這是賞善罰惡一系的天人感應模式。這庶徵、五福、六極以後便成了秦漢以下，尤其是漢代天人災異說的較早根源，對漢代天人災異理論影響極大。這是現存典籍資料中，從政治角度去論天人關係較早而詳細的記載。

不過，就「次八」的「庶徵」應政德良窳而來之說而言，除了有天賜休、咎以為賞罰的宗教意義外，事實上，就五事召五徵，五徵應五事而言，亦含帶濃厚的類應意味。

（二）氣類相動

和宗教感應模式相反的，傳統中國哲學中另有一種類似物理性共鳴原理的感應模式。《周易・乾・九五》〈文言〉〔註88〕說：

> 同聲相應，同氣相求，水流濕，火就燥，雲從龍，風從虎，聖人作而萬物睹……各從其類也。

類似的話同見於《荀子・勸學》和《呂氏春秋・應同》中。〈勸學〉說：

> 施薪若一，火就燥也；平地若一，水就濕也。草木疇生，禽獸群焉，物各從其類也。

《呂氏春秋・應同》說：

> 類固相召，氣同則合，聲比則應，故鼓宮而宮應，鼓角而角動。平地注水，水流濕；均薪施火，火就燥。山雲草莽，水雲魚鱗，旱雲

〔註88〕有關《易》傳〈文言〉的產生時代，一般以為正如十翼傳一樣，難以推斷，早可以早至戰國初期，晚可以晚至漢代，〈文言〉的時代一般認為遲至秦漢，甚至是漢代，此處因不較論其與《荀子》、《呂氏春秋》的先後問題。

> 熛〔註89〕火，雨雲水波，無不皆類其所以生。

類似的話又大同小異地重複出現在〈召類〉。〈精通〉也說：

> 月者群陰之本也，月望則蚌蛤實，群陰盈；月晦則蚌蛤虛，群陰虧。夫月形乎天，而群陰化乎淵。

這類相應非關內德、行爲或意志，而是同質性事物彼此之間物理性的牽引、互動。換言之，質性相類的事物彼此之間恆存在著，或被認爲存在著奇妙的互動關係，會自然地相互牽引或影響。其導致彼此間牽引互動的關鍵要素，亦即它們彼此之間的共同質性，在秦漢氣化宇宙論的領域中，自然是指的宇宙萬物創生基元的「氣」。所謂的物類相動，因此也就是氣類相動，因爲它常是指的「物」以「氣」的形態，和自己同質性（同屬於陰氣或陽氣）的他物自然地交流互動。〈乾・文言〉的「同氣相求」，〈應同〉的「氣同則合」，都是這個意思。這類的感應，原本屬於物理性的自然之理，帶著濃厚的唯物色彩。然而，在傳統典籍中，它卻常被用來論證人事事件與吉凶禍福的因果關係，尤其用以解證天象、物候與人事行爲感應流程中的核心原理，而成爲《淮南子》與《春秋繁露》感應理論的重要模式。

（三）精誠感通

除了前述兩類模式之外，傳統中國哲學中，另有一種透過類似道家虛靜專一的精神修養所能達至的，人與天、與物、與人之間交流互動的感通模式，主張者認爲：人的精神心靈當處於某一種特殊狀況，或面對某類特殊情境與對象時，便能產生靈妙的感知，而與他人、他物或外境，作非凡的互動與交流。《呂氏春秋》〈精論〉、〈精通〉等篇大量論證了這個道理，〈精通〉說：

> 身在乎秦，所親愛在於齊，死而志氣不安，精或往來也。
>
> 父母之於子也，子之於父母也，一體而兩分，同氣而異息，若草木之有華實也，若樹木之有根心也，雖異處而相通，隱志相及，痛及相救，憂思相感，生則相歡，死則相哀，此之謂骨肉之親。神出於忠而應乎心，兩精相得，豈待言哉？

這似乎是氣類相動之理向精神心靈方面的推衍。〈精通〉認爲，親子之間，由

〔註89〕「熛」字本作「煙」，《淮南子》引此亦作「煙」。王引之以爲：「煙」當爲「熛」字之誤，《說文》：「熛，火飛也」，「旱雲熛火，雨雲水波」猶言旱雲如火，雨雲如水耳。如云「旱雲煙火」，則與下句不類矣。說見氏著：《讀書雜誌》（台北：臺灣商務印書館，1978年），〈淮南內篇〉，卷6，頁22～23。

於先天血緣的關係，不僅生理質性相類相近，心靈質性也相類相近，依照同類相動之理，其所能產生的類應作用特別強烈。不過，有別於物類相動之以「氣」交流互動，這裡卻是以「精」、以「神」交流感通。〈精通〉說：

> 今夫攻者，砥礪五兵，發且有日矣，所被攻者侈衣美食，不樂，非或聞之也，神者先告也。

當攻伐之事因發動者強烈的意願而進入一種勢在必行的高度狀況時，其所涉及的對象便能自然而奇妙地接受到這種強烈的訊息，〈精通〉說，這是一種靈妙的感知作用。前述的「精」，和這裡的「神」，指的都是一種超越時空的感知能力。稱作「神」，指它靈妙莫測；稱作「精」，指它品質細緻高級。「精」，在氣化宇宙論的領域中，原來也是一種「氣」。只不過，它比氣更細緻精良，品質更好，層次也更高。《管子・內業》說「精也者，氣之精者也」，氣被界定爲泛稱宇宙萬物創生的基元時，「精」則被規定爲「氣」的高品質化，〈心術下〉說：「一氣能變曰精，一事能變曰智」。《呂氏春秋》裡的「精」顯然與此相關，層次卻更爲提昇，儼然指的一種精神能源。這種精神能源在《呂氏春秋》裡被推闡得相當廣泛，不但用以詮釋親子間心靈的靈妙契合、吉凶到來之前的莫名預感、政治上上下之間的和諧互動，甚至用以解證道家「至言無言」的高度心靈交流。〈精喻〉說：

> 聖人相諭不待言，……口昏不言，以精相告……聖人之相知，豈待言哉？

〈精通〉說：

> 聖人南面而立，以愛利民爲心，號令未至，天下皆延頸舉踵矣，則精通乎民也。

總之，透過「精」這種內在能源，《呂氏春秋》認爲可以對他人或外物、外境產生強大的深入能力，而且得到相當的回應。親子之間固然因先天身心質性的自然類近，深入特別容易，回應也特別強烈。即使是了無血緣關係的敵我雙方，仍會因爲一方銳意的深入對方，而使對方感受到莫名的強大壓力。換言之，相關雙方當一方精神能力強大地投射，另一方必然接受到訊息，而隨其強度，作出一定的回應，是這類感應的基本程式。就這個基本程式而言，它所強調的不是回應那方的神性、權威或主動性，也不是氣與類的共鳴，而是發端一方精神意志的強度，與心靈品質的純度，並著重修治與培養。《淮南子・覽冥》說：「全性保眞，不虧其身，遭急迫難，精通於天」，就是這個道理。

傳統中國哲學中的感應模式至少有這三類，《淮南子》與《春秋繁露》的感應理論基本上不出這三式彼此之間的結合與變化。

二、《淮南子》的感應思想

《淮南子》總承〈洪範〉「九疇」與《呂氏春秋》〈應同〉、〈召類〉、〈精通〉、〈精論〉各篇的感應思想，結合著秦漢以來的氣化觀念，與道家虛靜專一的修養要旨，構成了它氣類相動與精誠感通合一的感應理論。

（一）肯定天人災異

以〈覽冥〉和〈泰族〉爲核心，《淮南子》展開它的感應理論。首先，它肯定「上天之誅」絕對存在，〈覽冥〉說：

> 上天之誅也，雖在曠虛幽閒，遼遠隱匿，界障險阻，其無所逃之，亦明矣。

不過，對於這個「上天之誅」，《淮南子》並沒有循宗教神學的方向，去論證「天」的意志與尊威、賞罰，而是從「氣」的類應原理去解證這些變異，且著重在發端一方，亦即「人」這邊的精神、心靈狀況與行爲的好壞，〈泰族〉說：

> 天之與人有以相通也，故國危亡而天文變，世禍亂而虹蜺見，萬物有以相連，精祲有以相蕩也。

> 精誠感於內，形氣動於天，則景星見，黃龍下，祥鳳至，醴泉出，嘉穀生，河不滿溢，海不溶波……逆天暴物，則日月薄蝕，五星失行，四時干乖，晝冥宵光，山崩川涸，冬雷夏霜。

它肯定異常天象的出現，與國家社會的動亂有絕對的關係，但卻不因此而強調天的尊威、主宰力或神性。反而是循著氣類相動與精誠感通兩種軌式去解證這種天人之間的感應現象。說所謂天人感應，是陰陽之氣相激、相蕩的結果，說人君政治表現的好壞，與內在心靈的品質，會引致天、地、物象超乎尋常的正、反變化。換言之，不論災異或瑞應的產生，重點都不在任何神性主宰或超然力量有意志的掌控或安排，而是人的強大精神意志力量與特殊政治行爲投射所及，產生的必然類應與迴響。

身爲漢代的思想家，以劉安爲首的《淮南子》作者們很難不受天人感應與災異、瑞應一系思想的影響，而肯定天人災異之絕對性。但，以道家思想為倡，又同時堅持氣化宇宙論的《淮南子》，在解證這些天人相應的現象時，並不從神學的觀點去詮釋，而是結合著氣化宇宙觀與道家虛靜專一的修養要旨，以氣的類應與精神意志的專注凝聚作為內容。

（二）氣類相動

承襲《荀子・勸學》，尤其是《呂氏春秋・應同》等篇的說法，對於大自然間萬物的奇妙應和與互動，《淮南子》一本氣化宇宙的觀點，概以氣類相動去詮釋，它說：

> 寒暑燥濕以類相從，聲響疾徐以音相應也。（〈泰族〉）
>
> 天之且風，草木未動，而鳥已翔矣；其且雨也，陰曀未集，而魚已噞矣，以陰陽之氣相動也。（〈覽冥〉）
>
> 東風至而酒湛溢，蠶咡絲而商弦絕，或感之也；畫隨灰而月暈闕，鯨魚死而彗星出，或動之也。（〈覽冥〉）

「夫燧取火於日，慈石之引鐵，蟹之敗漆，葵之向日」，天地間諸多事物彼此奇妙地應和，在《淮南子》看來，都是一氣之相感相動，是物理性的類應現象。我們相信，在殘佚的，號稱八卷，卻有「二十餘萬言」的中篇《萬畢術》中，這類記載一定很多。其中容或有觀察上的誤解和無端的想像與揣測，卻仍有合於科學原理，屬於物理現象者。淮南內篇載列這些，除了論證物類儘管無知無情，彼此之間仍存在著不可思議的奇妙關聯，常以氣相牽引互動外，在政治上，也用它來比附地解證天人之間的感應與災異問題。〈天文〉說：

> 月者陰之宗也，是以月虛而魚腦減，月死而蠃蛖膲。火上蕈，水下流，故鳥飛而高，魚動而下。物類相動，本標相應，故陽燧見日則燃而為火，方諸見月，則津而為水。虎嘯而谷風至，龍舉而景雲屬，麒麟死而日月食，鯨魚死而彗星出，蠶咡絲而商弦絕，賁星墜而勃海決。人主之情上通於天，故誅暴則多飄風，枉法令則多蟲螟，殺不辜則國赤地，令不收則多淫雨。

在它看來，人君不良的政治行為會導致天災、地變、物候異常，這猶如「月虛而魚腦減」一樣，屬於一種「物類相動、本標相應」的道理，類似物理性的共鳴原理。換言之，災異是不良政治的物理性類應。人君若欲消止災異，召致祥瑞，只有反求諸己，從政治行爲與政治措施上去努力，修治這端，那端自會以「類」回應。

（三）精誠感通

不過，《淮南子》究竟是以道家思想爲主軸的論著，因此，除了以同類相動詮釋天人災異與感應外，在〈覽冥〉等主論感應的篇章中，《淮南子》大力推闡精誠感通之理，反覆論證精神心靈對外物外境靈妙的感通功能。〈覽冥〉開宗明義便說：

> 昔者師曠奏白雪之音而神物爲之下降，風雨暴至，平公癃病，晉國赤地。庶女叫天，雷電下擊，景公臺隕，支體傷折，海水大出。專精厲意，委務積神，上通九天，激厲至精。

由此而歸結出「上天之誅也，雖在曠虛幽閒、遼遠隱匿、重襲石室、界障險阻，其無所逃之亦明矣。」的結論。可以說，和〈洪範〉「九疇」的「威用六極」相類似，《淮南子》肯定「上天之誅」的必然性。然而，歸納出這個結論是有前提的，它舉師曠以音下神鳥和和東海節婦的故事，說明天地異象之所以產生，是師曠和東海節婦異乎常情、常態下，精神意志的強力集中與凝聚，所得到的回應。〈覽冥〉接著又說：

> 武王伐紂，渡于孟津，陽侯之波逆流而擊，疾風晦冥，人馬不相見。於是武王左操黃鉞，右秉白旄，瞋目而撝之曰：「余在〔註90〕，天下誰敢害（曷）（遏）吾意〔註91〕者。於是，風濟而波罷。魯陽公與韓遘難，日暮，援戈而撝之，日爲之反三舍。全性保眞，不虧其身，遭急迫難，精通於天。

它再次肯定，天地會因人強大意志力量的瞬間投射，而產生相當的回應。唯其關鍵性的條件卻必須是，發動者的精神心靈能達到一種超乎尋常的高度狀態。換言之，一個人如果能集中意志，堅定信念，其精神心靈便能瞬間超昇，臻至某種上層境界，或匯聚成強大的無形力量，蔚爲巨大的感通能源，瞬間投射，造成神奇的感通效果。

〔註90〕「在」字本作「任」，「余任」義不可通；王念孫以爲「任」當爲「在」字之誤，其說見劉文典：《淮南鴻烈集解》，卷6〈覽冥〉，頁192當句下引，今從校改。

〔註91〕誰敢害（曷）（遏）吾意，王念孫以爲：「害」讀爲「曷」，止也，言誰敢止吾意，其說同見註3，卷6〈覽冥〉，頁192當句下引，今從校改。

這樣的感應原理，顯然無關於宗教神的超然主宰力，而是結合著前述氣類相動之理與道家虛靜專一修養要旨而成的綜合體。就發端一方而言，它極力強調其精神、心靈狀態與強度，以之爲感應的起動要素與關鍵；就災異的回應而言，卻依循著一種類似共鳴原理的類應方式產生。這好比空谷迴音，發出多強的力量，便造成多大的迴響；發出怎樣的聲音，便造成怎樣的迴響。〈天文〉說：

> 人主之情上通於天，故誅暴則多飄風，枉法令則多虫螟，殺不辜則國赤地，令不收則多淫雨。

因此，感應的關鍵與主體完全在於發端者——人（君）這方的精神心靈或行爲狀態。如何妥善有效地調整、修治發端者——人這方的心靈狀態，因此始終是《淮南子》感應理論所著力強調的重點。對於被感應的另一端，不論是天、是物、是人，《淮南子》總是鋪寫其所呈現的回應狀況，而不強調它的主體意志。在《淮南子》的感應理論裡，我們只看到對天災、地變的描述，而不大看到對天威、神力的膜拜與謳歌。反之，對人的精神力量之強調，心靈狀態及其修治之道的講求，卻是《淮南子》感應理論的主體思想，也是〈覽冥〉篇的主要內容，這樣的說法是很道家式的，和他的道家虛靜專一重神的修養論是相重合的。換言之，《淮南子》的感應論和它的修養論是有交集的，那個交集就是它通貫全書的道家觀點。道家眞樸、虛靜、專一的思想基調貫串了《淮南子》的感應論和修養論。這種現象，不只表現在人與天的相感相應，也同時表現在人對物的感通上。〈覽冥〉說：

> 蒲且子之連鳥於百仞之上，而詹何之鶩魚於大淵之中，此皆得清淨之道、太浩之和也。

蒲且子和詹何相傳都是楚國人，蒲且子善射，能令百仞高空之鳥向矢無所逃；詹何善釣，能令魚馳鶩，自來趨鉤餌。《淮南子》說，這些都是射者、釣者的精神、心靈上臻於一種至爲清淨、精微的上乘境界，因能深入物中，得到良好的回應，產生良好的默契，這樣的感通是很莊子式的。講求心靈超越的《莊子》，極重精神的虛寧清淨，它那有名的「心齋坐忘」，就是一種絕對澈底的澄心淨慮工夫，冀求達到一種與外物外境合一交融、無我無跡的超高境界，終極目標是「忘」與「化」，與物合一，平等無侵，「兩忘而化於道」。〈覽冥〉卻不同，它不諱言射物、釣物的目的，其論證的重點亦不在「忘」，不在「化」，而在彼端的必然回應。《莊子》所關切的是那種精神層次的超越與美感，《淮南子》卻同時在乎其所能收到的回應效果，這便不純粹是修養問題，而涉及感應問題。《淮南子》其實是以道家重「神」的修養工夫爲其精誠感通說的理論基礎。不僅如此，在發動者精神的專注，與回應者同等強度的類應迴響中，其過程其實是一種「氣」的交流作用。

（四）氣的交流與激盪——精誠感通與氣類相動的合一

〈覽冥〉說，天人之間的感應是「精祲相蕩」的結果。又說瑞應的產生，是施政者「精誠感於內」，故「形氣動於天」。又說：

> 聖人在位，懷道而不言，澤及萬民。君臣乖心，則背譎見於天，神氣相應徵矣。

〈本經〉也說：

> 天地之和合，陰陽之陶化萬物，皆乘一氣者也。是故上下離心，氣乃上蒸；君臣不和，五穀不爲。

可見，人的精神能夠和天地萬物相感相應，基本上是緣於彼此「皆乘一氣」，爲一「氣」之所化生。〈本經〉說：「古之人同氣於天地」，因此，當人的心靈虛寧專注時，其精神便復返於生命本初的狀態，在那種狀態下，精神與形骸，心與物，人與我，天地與人，都化做一種自然的氣機，以一種自然之氣的狀態呈現，彼此渾然同質而不分，因能自在無礙地交通往來，這便是《淮南子》感應作用的基本流程，事實上是它道家修養論與氣化宇宙論的結合。《淮南子》不但是西漢道家思想的總代表，也是戰國秦漢以下氣化宇宙論的總代表。

而一似《呂氏春秋》，《淮南子》感應理論的推衍目的之一，是用以論證統治者對被統治者的政教施化成效。它把聖人的以德化民和物類相動看成同一種道理，說最快速有效的政治，是統治者與被統治者彼此之間精神心靈的互動，這有賴統治者以「精」入人。〈主術〉說：「至精入人深矣」，又說：

> 古之人至精形於內，而好憎忘於外，出言以副情，發號以明旨……揲貫萬世而不壅，橫扃四海而不窮，禽獸昆虫與之陶化。
>
> 至精之動若春氣之生，秋氣之殺也，雖馳傳騖置，不若此其亟。

在〈泰族〉和〈主術〉裡，它甚至把政治依其成效分三等，〈泰族〉說：

> 不言而信，不施而仁，是以天心動化者也；施而仁，言而信，怒而威，是以精誠感之者也；施而不仁，言而不信，怒而不威，是以外貌爲之者也。

〈主術〉說：

太上神化，其次使不得爲非，其次賞賢而罰暴。

第一等不言、不施，卻自然向化的「天心動化」，〈主術〉所謂的「神化」，是道家自然無爲原則的政治呈現。第二等施而仁、言而信、怒而威的「精誠感之」，〈主術〉謂之「使不得爲非」，是有發必應、有治必成，無或差爽，要求達到統治者與被統治者彼此之間，精神心靈眞正的雙向交流，這其實是重事功而尚「用」的《淮南子》〔註 92〕，在實際的政治操作中，眞正在意和講求的。第一等「天心動化」的「神化」，事實上只能作爲一種崇高的理想去嚮往景崇，在現實的政治事件中是難能存在，而必須仰賴統治者一步一腳印地去向被統治者輸出精誠。而按照前述類應感通之理，他必然得到良好的回應。至於第三等「外貌爲之」的「賞賢罰暴」，須透過發號施令，甚至法令規範去強制，則是法家的末策了。這裡又一次展現《淮南子》推崇道家，以道爲上，以法爲下，卻又深明「王治無不貫」之理，在實際的操作上，綜採各家以宏實效的黃老風格。

須加說明的是，在這類交流感通的論述中，對其中關鍵性的感通要素，《淮南子》的用辭是很不一致的，它至少用過「情」、「精」、「精氣」、「至精」、「精誠」等等，其目的都在強調心靈品質與層次之超乎一般情況。這種精誠可以動人的說法其實是承自《呂氏春秋》而早見於《莊子》。《淮南子》刻意模仿《呂氏春秋》，多方面承襲《呂氏春秋》，是個不爭的事實。只不過，在《莊子》裡，稱之爲「精誠」，《呂氏春秋》則或稱「精」，或稱「誠」。《莊子・漁父》說：「眞者，精誠之至也；不精不誠，不能動人」。《呂氏春秋・精通》說：「聖人南面而立，以愛利民爲心，精通乎民也。」然而，在《莊子》裡，並沒有太明顯的感通、感應之類神秘意味，通過《呂氏春秋》〈精諭〉、〈精通〉，到了《淮南子》，則是「弩雖強，不能獨中；令雖明，不能獨行，必自精氣所以與之施道」（〈泰族〉），或甚至是「精誠形於內，形氣動於天，則景星見，黃龍下……」，逐漸進入了「感應」的領域中。

總之，《淮南子》深受《尚書・洪範》一系天人觀念的影響，堅信天人感應與天人災異現象之存在，它也同時是氣化宇宙論的堅持者，在氣化宇宙論

〔註 92〕《淮南子》在〈要略〉中自述其撰作宗旨是「言道」並「言事」的，既要「紀綱道德」，又要「經緯人事」；要「與化游息」，堅持較高的理念與層次；又要「與世浮沈」，講求實際的功能與效用。

的基礎上，吸收《呂氏春秋・應同》一系的觀點，以「氣」的類應來解證天人感應的過程。在肯定天象物候會因人主政治行爲的好壞而有對等回應的同時，並把這種回應解釋爲一種類似物理性共鳴原理的類應現象，並以「氣」爲產生類應的核心質素。

然而，《淮南子》一則受《呂氏春秋》〈精諭〉、〈精通〉一系觀點的影響，再則基於對道家立場的堅持，是以精誠感通結合著氣類相動來論感應。它雖然絕對肯定天人災異與天人感應之存在，卻不強調天的意志與神性，也不循天降禍福一端去論證，而是強調感應與發端一方——人的精神意志之專一、凝聚，與心靈品質之精緻、高超，以爲感應之良好條件，從而呼籲人修治並妥善調整其精神心靈，使成爲感應之優質能源。它其實是將道家一系的修養理論與氣化宇宙、氣類相動一類觀點結合，以道家虛寧專一的修養要旨爲感應的前提條件，使其感應理論在心物雜揉中因而散發著濃厚的道家氣質，充滿著黃老情調。

它只論述災異狀況，而不強調「天」的神性，這便爲其論證氣類相動與精神感通留下不少緩衝的空間。它也極力地試圖消融氣類相動與精誠感通彼此之間一心一物的尷尬，先天上顯然也有一定的方便程度。因爲依照先秦道家老莊一系的修養觀點，人的精神心靈在經過高度的凝聚、修養，而上臻於一種超高的道境時，原本就會呈現出一片自然的契機，和外物、外境、他人自在無礙地交通往來。而依黃老學家的精氣說，精誠感通所賴以感通的核心質素「精」，原本就是「氣」的精緻化，或甚至是半形上化。這一切都使得《淮南子》的感應理論雖然心物交揉，在哲學上仍然呈現一定的合理性。

三、《春秋繁露》中的感應理論

與《淮南子》同時代卻稍後，董仲舒在他的《春秋繁露》部分理論中，也表現了類似的觀點。天人關係的探討是《春秋繁露》全書撰作的主要目的，也是它的核心課題。有關天人災異、天人感應的思想理論在《春秋繁露》裡的重要性，遠比在《淮南子》裡大得多。《春秋繁露》遠承《詩》、《書》天降禍福，尤其是〈洪範〉「九疇」五事應五徵，與五福、六殛之類觀點，肯定災異的到來，是天對人君政治行爲的懲處，卻又極力論證天人之間之以「氣」相應，構成其天降禍福與氣類相動並存的天人感應論。

（一）天的神性義

《春秋繁露》說：

> 天地之物有不常之變者謂之異，小者謂之災，大者謂之異。災常先至，而異乃隨之。災者天之譴也，異者天之威也，譴之而不知，乃畏之以威。

> 《詩》云：「畏天之威。」此之謂也。

> 凡災異之本盡生國家之失，國家之失乃始萌芽，而天出災異以譴告之，譴告之而不知變，乃見怪異以驚駭之，驚駭之尚不知畏，恐其殃咎乃至，以此見天意之仁而不欲害人也。謹按災異以見天意，天意有欲也，有不欲也，所欲所不欲者，人內以自省，宜有懲於心，外以觀其事，宜有驗於國。故見天意者之於災異也，畏之而不惡，以爲天欲振吾，救吾失，故以此報我也。

這段文字明白表達了幾層意思：（一）所謂「災異」，指的是天地不尋常的現象與物候變化，有大小之分，大者稱「異」，小者稱「災」。（二）災異是「天」意志的顯現，是天降威譴。（三）災異的產生，亦即天意之降示威譴，根源於人君政治的缺失。（四）天有意志與好惡（所謂「有欲」、「有不欲」），其內容之一便是「仁」。（五）人君在內應該透過深度的自省，在外透過國政的表現，去配合天意，尤其要懂得透過災異去體認天意、領受天教。這就是《春秋繁露》神學感應論的總綱。

從這樣的論證看來，《春秋繁露》裡的「天」，是含帶濃厚的宗教神意味的。〈郊語〉、〈郊義〉都說：「天者百神之大君也」、「王者之所最尊也」。明白宣稱「天」不但是神，而且是超高之神，相對於人間的帝王，它是眾神的總統帥。對於人君的政治表現，會透過災祥來顯示其滿意度。人君對於「天」，因此應該特別地尊奉，以示敬畏。在《春秋繁露》裡因此有許多相關於崇天、奉天的禮儀——「郊」之意義推闡及其相關規定的篇章，諸如〈郊語〉、〈郊義〉、〈郊祭〉、〈郊祀〉、〈四祭〉、〈順命〉、〈郊祀對〉等，詳細論證天與郊祀地位的崇高，無能匹敵。它超乎百祀之上，須卜始祭，更高於宗廟之祭，可以越喪行事。甚至，祭祀中的禱詞，句數都採極陽之「九」。郊禮因此是所有人事之祭中最重要，不可輕忽的。〈郊語〉和〈順命〉因此都說「君子有三畏」，第一畏就是「畏天命」，並且說：

> 天之不可不敬畏，猶上之不可不謹事，……不畏敬天，其殃來至

> 闇，……郊禮者，人之所最甚重也。

總之，「天」是個有意志與超然主宰力的宗教神，它透過災異去對人間帝王顯示其權威與好惡。帝王對於天，除了應該經常性的尊奉與崇祀外，一旦遇到災異，還應該從中領悟天怒，一方面努力修省改過，一方面透過祭祀去解除，《春秋繁露》裡因此有各種求雨、止雨、變救之祭。

（二）天與人的比附與合類

天既被推定爲有意志、有好惡，就表示祂是有情感、情緒的。《春秋繁露》說，四時節候的轉換變化，就是天的情緒表現，〈天辨在人〉說：

> 喜怒之禍，哀樂之義，不獨在人，亦在於天。……人無春氣，何以博愛而容眾？人無秋氣，何以立嚴而成功？人無夏氣，何以盛養而樂生？人無冬氣，何以哀死而恤喪？天無喜氣，亦何以煖而春生育？天無怒氣，亦何以清而秋就殺？天無樂氣，亦何以竦陽而夏長養？天無哀氣，亦何以激陰而冬閉藏？故曰：「天乃有喜怒哀樂之行，人亦有春夏秋冬之氣」者，合類之謂也。

〈陰陽義〉亦說：

> 天亦有喜怒之氣、哀樂之心，與人相副，以類合之，天人一也。春，喜氣也，故生；秋，怒氣也，故殺；夏，樂氣也，故養；冬，哀氣也，故藏。四者天人同有之，有其理而一用之。

這樣的推定是很特別的，它既視天爲宗教神，宗教神的存在應該是只可崇奉信仰，不可究詰的，這是宗教心靈產生的根源。但它卻偏偏要究詰、要驗證，非要從週遭生活經驗與事物中去確認這個神的意志存在與情緒顯現，於是便只有從人身上去想像與推斷，從天候的轉換變化中去附會。說四時的生、殺、長、養與閉藏就是天的情緒表現。同時又反過來。由天推定人，說人也和天一樣有煖、清、寒、暑的節候換轉。人在不同層面，面對不同事物，或處於不同情境下的情緒表現和性格傾向，就是人的煖、清、寒、暑，如此的雙向比附推定叫做「合類」。就合類的觀點言，天和人是合一的。整部《春秋繁露》事實上大多是依照這樣的方式和途徑去論證天人合一、天人相應、王者配天等等道理，其目的就在取得天人之間的一致性。〈四時之副〉說：

> 聖人副天之所爲以爲政，故以慶副煖而當春，以賞副暑而當夏，以罰副清而當秋，以刑副寒而當冬……慶賞刑罰與春夏秋冬，以類相副也如合符，故曰王者配天。謂其道天有四時，王有四政，四政若

> 四時，通類也，天人所同有也。

整部《春秋繁露》再三反覆這類的理論。有關「天」的一切情緒、性格，乃至神性、權威，事實上是從「人」身上與人間的政治架構、帝王權威去附會類推而來的。將人的情緒性格向天投射，天便具有了人的性格與帝王的權威，卻同時又高過人、高過帝王，再反過來制約人、制約帝王。

不僅如此，爲了顯示天人之間爲他物所無法取代的緊密關係，它不惜大量地從天的現象變化與數目等等自然特質中去比附人的形體結構與性格特徵。〈爲人者天〉說：

> 人之爲人本於天……人之形體化天數而成，人之血氣化天志而仁，人之德行化天理而義，人之好惡化天之暖、清，人之喜怒化天之寒暑，人之受命化天之四時，人有喜怒哀樂之答，春夏秋冬之類。……天之副在乎人，人之情緒有由天者矣。

〈人副天數〉的比附更澈底，它說：

> 天氣上，地氣下，人氣在其間……莫精於氣，莫富於地，莫神於天，天地之精所以生物者，莫貴於人……人有三百六十節，偶天之數也；形體骨肉，偶地之厚也；上有耳目聰明，日月之象也；體有空竅理脈，川谷之象也；心有哀樂喜怒，神氣之類也，……人之身首坌員，象天容也，髮象星辰也，耳目戾戾象日月也，鼻口呼吸象風氣也，胸中達智象神明也，腹胞實虛象百物也……天地之象以要爲帶，頸以上者精神尊嚴，明天類之狀也；頸以下者豐厚〔註 93〕卑辱，土壤之比也；足步而方，地形之象也。

> 天以終歲之數，成人之身。故小節三百六十六，副日數也；大節十二，副月數也；內有五藏，副五行數也；外有四肢，副四時數也；乍視乍瞑，副晝夜也；乍剛乍柔，副冬夏也；乍哀乍樂，副陰陽也；心有計慮，副度數也；行有倫理，副天地也。此皆暗膚著身，與人俱生，比而偶之弇合，於其可數者副數，不可數者副類，皆當同而副天一也。

它將人從外在形體特徵，到內在生理結構、精神情緒，作了地毯式的檢視，

〔註 93〕此句凌曙本作「豐薄卑辱」，義不可通，凌氏下注引《春秋元命包》云：「地豐厚，陰之象」，因知其本作「豐厚」，蘇輿《春秋繁露義證》正作「豐厚」，因從校改。說見〔清〕蘇輿：《春秋繁露義證》（台北：河洛圖書出版社，1974年），〈人副天數〉，頁 252。

一一尋求其與天象、天數、天序之類合點，企圖比附成一個全然吻合的模式，來論證它的天人合一。〈人副天數〉說：

> 身猶天也，數與之相參，故命與之相連。

基於先天上這樣緊密的數與類皆契合的關係，天人之間脈息相動，相感相應也就是自然而必然的了。

類似的天人相副載述也見於《淮南子・精神》，〈精神〉說：

> （人）頭之圓也象天，足之方也象地，天有四時、五行、九解，三百六十六日，人亦有四支、五藏、九竅、三百六十六節；天有風雨寒暑，人亦有取與喜怒。故膽爲雲，肺爲氣，肝爲風，腎爲雨，脾爲雷，以與天地相參也，而心爲之主。

但是，這樣比附式的天人相副，在《淮南子》裡和在《春秋繁露》裡，目的不同，功能不同。在《淮南子・精神》裡，它上承「萬物負陰而抱陽，沖氣以爲和」、「二神混生，經天營地，……別爲陰陽，離爲八極，剛柔相感，萬物乃形，煩氣爲蟲，精氣爲人」等等氣的創生論，下啓道家愛神惜精的修養論。《春秋繁露》則不同，其目的不在內聖地推衍修養論，而是外王地爲其天人合一、天人感應、王道法天、配天搭便橋。不過，從它比附、合類的前提依據：人是天地之氣所生之最貴者，和「天氣上，地氣下，人氣在其間」的論述看來，《春秋繁露》和《淮南子》的天人相副不可諱言的，有一個共同點，那就是天人同氣、同質，也同構，這是漢代氣化宇宙論下的普遍觀點，這對《春秋繁露》中宗教神義的「天」，和降禍福、示威譴等等權威神性都是極大的背離與抵牾。既說「天」有欲、有不欲，有喜怒哀樂，又把那些喜、怒、哀、樂說成是「氣」，而且是從「人」的身上去比附、合類得來的，這對他那神性義的「天」，是極大的挑戰。換言之，繁露儘管極其宗教意味地說天有意志、情緒，但論及「天」的意志、情緒，內容卻仍不離「氣」。

（三）氣類相動

1、天的氣化義

其實在《春秋繁露》裡，與人格神相當矛盾對立的，「天」的內容同時也被界定爲物質性的陰陽五行之「氣」，繁露說：

> 天有十端，……天……地……陰……陽……火……金……木……水……土……人……凡十端而畢，天之數畢也。（〈天地陰陽〉）

天道之常，一陰一陽。(〈陰陽義〉)

天有五行：木、火、土、金、水是也。(〈五行對〉)

天氣上，地氣下，人氣在其間。(〈人副天數〉)

天所含包的內容至少有十項：天、地、陰陽、五行和人。這十項基本上都是「氣」所形成。天是氣、地是氣，陰陽是氣，五行是氣，連人也是氣，遍天地間皆充滿氣，人在這充滿氣的天地間，好比魚在充滿水的空間裡，〈天地陰陽〉說：

天地之間有陰陽之氣常漸人者，若水常漸魚也。

這樣的「天」是物質性的，是漢人氣化宇宙觀點下所涵攝的「天」，其內容本質是「氣」。〈五行相生〉說：

天地之氣合而爲一，分爲陰陽，判爲四時，列爲五行。

陰陽五行與四時的呈現都是「氣」的消長變化，春是天的喜「氣」，夏是天的樂「氣」，秋是天的怒「氣」，冬是天的哀「氣」，天的喜怒哀樂都是「氣」的表現（詳〈天辨在人〉與〈陰陽義〉)。在這樣的觀點下，天人之間的相感相應因此變成了「氣」的交通往來。

2、天人以氣相殺、相應

〈天地陰陽〉說：

人下長萬物，上參天地，故其治亂動靜順逆之氣，乃損益陰陽之化，而搖蕩四海之内……今氣化之淖非直水也，而人主以眾動之無已時，是故，常以治亂之氣與天地之化相殽而不治也。世治而民和，志平而氣正，則天地之化精，而萬物之美起；世亂而民乖，志僻而氣逆，則天地之化傷，災異起。……皆因天地之化以成效，物乘陰陽之資，以任其所爲。天地之間有陰陽之氣常漸人者，若水常漸魚也。所以異於水者，可見與不可見耳，其澹澹然也……天地之間若虛而實，人常漸是澹澹之中，而以治亂之氣與之流通相殽也。故人氣調和而天地之化美，殽於惡而味敗，……治亂之氣，邪正之風，是殽天地之化，亂則以邪氣殽天地之化。

它以「氣」的流通殽蕩來論證人主政治成效的優劣（即所謂治亂）對天地萬物變化的影響。它說天地之間歸結到最後，就是陰陽之氣，人與萬物在這充滿陰陽之氣的天地間生存、活動，本身也都是陰陽之氣所化生，也有陰陽之氣。人泡在「氣」裡，好像魚泡在水中。魚在水中的任何動靜都會殽蕩水，人在氣裡的一舉一動也會殽蕩「氣」，而牽動同為「氣」、同在「氣」中的天地萬物。人的行為舉措透過「氣」，和天地萬物相互牽連，相互影響。不過所謂的「人」，主要指人君，而不是單獨的個人。《春秋繁露》除了〈循天之道〉外，所談的幾乎都是外王之道，其所指的天人合一、天人感應的「人」，基本上都是指的人主。人主以透過政治動作與政治行為，率領全體臣民所引起的眾人之氣，去殽蕩天地之氣。天地之氣應其殽蕩而有不同回應：政治行為良好，就產生「正氣」；政治行為不好，就產生「邪氣」。以正邪不同之「氣」去殽蕩天地，所產生的回應絕對不同。是正氣，則引致「精」、「美」的回應，是「逆氣」、「邪氣」，則引至災害，完全是天地萬物因乘陰陽之氣所作的回應。人是天地之氣所化生，也同時反過來，以政治行為的好壞，去影響天地變化，這就是《春秋繁露》天人感應的流程與內容。說穿了，就是一個「氣」的殽蕩與類應問題。

〈同類相動〉的論證更為直截，它說：

> 今平地注水，去燥就溼；均薪施火，去溼就燥。百物去其所以異，而從其所與同。故氣同則會，聲比則應，其驗皦然也。試調琴瑟而錯之，鼓其宮則他宮應之，鼓其商則他商應之，……非有神，其數然也。美事召美類，惡事召惡類，類之相應而起也，如馬鳴則馬應之，牛鳴則牛應之。帝王之將興也，其美祥亦先見；其將亡也，妖孽亦先見，物固以類相召也。故以龍致雨，以扇逐暑……美惡皆有所從來以為命，莫知其處所。天將欲陰雨，人之病故為之先動，是陰相應而起也。天將欲陰雨，又使人欲睡臥者，陰氣也。有憂，亦使人臥者，是陰相求也；有喜者，使人不欲臥者，是陽相索也……故陽益陽而陰益陰，陰陽之氣因可以類相益損也。天有陰陽，人亦有陰陽，天之陰陽起，而人之陰陽應之而起；人之陰氣起，而天地之陰氣亦宜應之而起，其道一也。明於此者，欲致雨則動陰以起陰，欲止雨則動陽以起陽，故致雨非神也。……非獨陰陽之氣可以以類進退也，雖不祥禍福所從生亦由是也，無非己先起之，而物以類應之而動者也。

它承襲《呂氏春秋・應同》一系的類應說與鄒衍五德終始的符命說，認定祥瑞與妖孽的產生，徵兆著帝王與朝祚的興衰，並強調這些兆象的呈現是有理路可尋的，它就好像水流濕、火就燥，五音各應其類鳴一樣，屬於一種同氣互會、以類相召之理。天地萬物歸結到最後，都是陰陽之氣。陰陽之氣有同類相感相動的特性，天人災異與天人感應，基本上就是這種類應之理。連祭祀、禱解等等變救的儀式，在神秘的宗教形式背後所依據的，事實上也仍然是這種以陽致陽，以陰致陰的類應之理。

宗教神學的普遍瀰漫與氣化宇宙論的流行是漢代學術的兩大特色，《春秋繁露》裡的感應理論明顯反應出這兩大特色的交互影響與結合。

四、《淮南子》與《春秋繁露》感應論之異同

（一）氣化宇宙與物類相動之合一

《淮南子》與《春秋繁露》深受《尙書・洪範》一系天人觀念的影響，堅信天人感應與天人災異現象之存在，它們也同時都是氣化宇宙論的堅持者。它們在氣化宇宙論的基礎上，吸收《呂氏春秋・應同》一系的觀點，同樣以「氣」的類應來解證天人感應的過程。在一致肯定天象物候會因人主政治行爲的好壞而有對等回應的同時，它們並把這種回應解釋爲一種類似物理性共鳴原理的類應現象，並以「氣」爲產生類應的核心質素。

（二）精誠感通與天降禍福的歧異

然而，《淮南子》一受《呂氏春秋》〈精諭〉、〈精通〉一系觀點的影響，再則基於對道家立場的堅持，是以精誠感通結合著氣類相動來論感應。它雖然絕對肯定天人災異與天人感應之存在，卻不強調天的意志與神性，也不循天降禍福一端去論證，而是強調感應與發端一方——人的精神意志之專一凝聚，與心靈品質之精緻、高超，以爲感應之良好條件，從而呼籲人修治並妥善調整其精神心靈，使成爲感應之優質能源。它其實是將道家一系的修養理論與氣化宇宙、氣類相動一類觀點結合，以道家虛寧專一的修養要旨爲感應的前提條件，使其感應理論在心物雜揉中因而散發著濃厚的道家氣質，充滿著道家情調。

《春秋繁露》則不同，它當然要求感應發端著——人君一方政治行爲的良好，俾便產生良好的回應。但爲了保證或加強其必然性，它總結秦漢以來的神學理論，大力推闡回應一方——天的權威與神性，將人的性格、情緒向天投射，使天具有了人的一切質性，和高過人間帝王的權威、能力與政治架構，再回過頭來制約帝王，要求帝王以其政治行爲在天人之間的感應活動中，能對天作出良好的投射。因此，伴隨著天人感應的，是大量的神學理論。換

言之，陰陽五行的氣化論、氣類相動與宗教神學的結合是《春秋繁露》天人感應的主要內容。

同樣是心物雜揉的感應論，在《淮南子》裡的情況顯然比《春秋繁露》要自然得多。《春秋繁露》一方面極力地誇大「天」的威權與神性，另一方面又大力地推闡陰陽五行的「氣」運之理，並把天的情緒解證為「氣」的表現。對於這二者之間絕對對立的矛盾性，《春秋繁露》無以消解，亦不大見其努力去消解，只是透過粗糙的比附和合類之法去遮掩，終使其不論在篇幅章節或思想理論的比重上都呈現出勢均力敵、參差並存的狀況。

《淮南子》則只論述災異狀況，而不強調「天」的神性，這便為其論證留下了不少緩衝的空間。它也極力地試圖消融其氣類相動與精誠感通彼此之間，一偏向物質，一偏向精神意志的尷尬。不過，較之《春秋繁露》的極端神學，《淮南子》的精誠感通，顯然先天上有一定的方便程度。因為依照先秦道家老莊一系的修養觀點，人的精神心靈在經過高度的凝聚、修養，而上臻於一種超高的道境時，原本就會呈現出一片自然的氣機，和外物、外境、他人自在無礙地交通往來。而依黃老學家的精氣說，精誠感通所賴以感通的核心質素「精」，原本就是「氣」的精緻化，或甚至是形上化。這一切都使得《淮南子》的感應理論較之《春秋繁露》在哲學的基礎上更為方便而自然。

不過，從兩書對傳統三式感應模式的採從與論證中，我們確實可以清楚地看出一個現象，那就是：時代的思潮與學派的堅持，不但決定思想家或思想論著全部的思想傾向，也同時具體而微地反應在它的局部各論中，《淮南子》如此，《春秋繁露》也不例外。戰國以下氣化觀念的普遍，造成了兩書對氣類相動感應流程論證的一致性。然而，神學取向與道家取向的歧異卻更關鍵性地，不但決定了兩書思想性格的不同，也同時決定了兩書感應理論的不同。

第六節　《淮南子・齊俗》對《莊子・齊物論》的因承與轉化

先秦道家《莊子》有〈齊物論〉、〈人間世〉，西漢道家《淮南子》有〈齊俗〉篇、〈人間〉篇，不論就篇名或相當於自序的〈要略〉所述撰作宗旨看來，後者對前者的因承企圖相當明顯。〔註 94〕然而，一如全書其餘各論一般，其

〔註 94〕〈要略〉說：〈齊俗〉的撰作宗旨是要「一群生之短脩，同九夷之風氣，通古

「因」中之「革」，「承」餘之「變」，仍可得察，亦多可論者。今試以〈齊物論〉與〈齊俗〉之思想內容爲例，觀測西漢楚道家《淮南子》對先秦道家《莊子》之因承與轉化。

一、《莊子》的「齊物」論

《莊子・齊物論》以消除對立、泯是非、齊物我爲宗旨，從萬籟自取發論，敷衍萬類平等之理，舉凡宇宙間一切知、言、喜樂、憂悲、生死、物我、是非皆無有根，無有所定，若影之於形，蝶之與周，相待相遞，無有底止而通合爲一，以勘破世間一切名相與價值之相對、無根源，無足依恃。從而凸顯「萬物並育而不相害，道並行而不相悖」之理，要人捐棄我執，去除一切的差別與對立，「兩忘而化於道」。

因此，不論吹萬自取，還是消解物論之彼此與是非，或統合生死分際，齊一莊周、蝴蝶之殊異，〈齊物論〉基本上都是站在「道」的本源上來觀照。故其論吹萬自取，則拈出天籟的自然本體以爲「自取」之總源。其齊一言辯之是非，亦以「莫得其偶」、「得其環中」之「道樞」來統一一切對立，並提出「以明」之法與「因」的態度，以爲消解統合之方。一再教人要「因是因非，因非因是，……照之以天」；它不但極其根源性地從是非、愛惡形成之際，去觀照「道」之成虧，也分由時間的「始」與空間的「有」層層上推，而得出不知果有果無、孰有孰無的「因是」，歸結出「不言之辯」、「不道之道」的「天府」與「葆光」來，作爲統合一切相對價值與分歧物論的最終歸趨。其途徑是上溯的，是統合的。

二、《淮南子》的「齊俗」論

（一）由「齊物」到「齊俗」

《淮南子・齊俗》則不盡然，它當然崇道、推老莊，但和《莊子》之超

今之論，貫萬物之理」，「一」、「同」、「通」、「貫」都是等同看待之意，與《莊子・齊物論》之消弭物論是非，等同其價值是相似的意圖。〈人間〉的撰作宗旨則是要「觀禍福之變，察利害之反，鑽脈得失之跡，標舉終始之壇……使人……有以傾側偃仰世俗之間，而無傷乎讒賊螫毒者也。」與《莊子・人間世》郭象注所謂「與人群者，不得離人，然人間之變故，世世異宜，唯無心而不自用者爲能隨變所適，而不荷其異也」之旨，出世、入世氣質雖有不同，其探索人於世間處人、自處之道，宗旨明顯一致，而《淮南子》全書推闡老、莊旨趣者遍在，故以爲兩篇爲仿莊之入世作。

然物外不同，它注重世用。因此，老莊所崇奉為最高根源的「道」，《淮南子》有所因承，也有所轉化，它總是從世用的層面來談「道」。其顯現在〈齊俗〉的，也是這樣的狀況。它雖然也推崇「道」，以「道」為統合一切事物價值的最高依據，說：

> 往古來今謂之宙，四方上下謂之宇，道在其間而莫知其所。……昔者馮夷得道，以處昆侖，扁鵲以治病，造父以御馬，羿以之射，倕以之斲，所為各異，而所道者一也。夫稟道以通物者，無以相非也。……百家之言，指奏相反，其合道一體也。

但是，大致上它還是站在道德衰跌後的俗世之應上來談價值的統一。開宗明義〈齊俗〉便推衍《老子》「大道廢，有仁義」一章之旨，凸顯了這樣的觀點。它站在道家觀點，從仁義禮樂是「道德」的下跌開說：

> 率性而行謂之道，得其天性謂之德，性失然後貴仁，道失然後貴義。是故，仁義立而道德遷矣，禮樂飾則純樸散矣，是非形則百姓眩矣，珠玉尊則天下爭矣，凡此四者，衰世之造也，末世之用也。……今世之為禮者恭敬而忮，為義者布施而德，……則失禮義之本也，故搆而多怨。

這是《老子》「大道廢，有仁義」章的鋪衍。道家所推崇的道、德是合乎本性自然的，儒家所推崇的仁義、禮樂是道德的下跌，自然本性的澆散。此下全文論題也幾乎都定著在道、德下跌後，對仁、義、禮、樂與世務價值的研論。作者之意，大致上是認定「率其天性」的「道」、「德」時期大致是過去而不可復回了，因此將絕大部分的注意力定著於世俗之應，放眼世務以談價值批判，此篇名之所以不名「齊物」，而稱「齊俗」之故。這個「俗」，正是指的世務禮俗。換言之，《莊子・齊物論》的焦點較堅持對絕對價值的推崇與對相對價值的批判與否定。《淮南子・齊俗》則否，它一方面批判這些相對價值之不足恃，另一方面，面對諸多普世的相對價值，卻又不得不對它作妥善的疏理與安置。〈齊俗〉全文的論述重點，其實主要在這一方面。即使是相對價值，也應該有它的處理原則，這是〈齊俗〉作者之意。

（二）道德不易，趨舍禮俗不定

〈齊俗〉說：

> 凡以物治物者，不以物，以睦；治睦者不以睦，以人；治人者不以人，以君；治君者，不以君，以欲；治欲者不以欲，以性；治性者

> 不於性，以德；治德者不以德，以道。

上文談事務的處理，層層上推，而歸結出「道」爲處理事物的最終與最高法則。此處「道」、「德」都被界定爲治事之則，與老、莊作終極根源的「道」，是稍有不同的。爾後，全篇所選用的素材與所論證的議題，幾乎都是圍繞著人間的禮俗與道德作說。

他因承《老子》的退化論，認定道德純樸時代之不復可能，仁義禮樂時代今不如古。因此，向上逆溯，從人類社會演進與世俗價值相對增生的臍帶關係，說明其非絕對與不可靠，引出所要「齊」的論題。它說：

> 古者民童蒙，不知東西，貌不羨乎情，而言不溢乎行。其衣煖而無文，其兵銖而無刃〔註 95〕，其歌樂而無轉，其哭哀而無聲，鑿井而飲，耕田而食，無所施其美，亦不求得，親戚不相毀，朋友不相怨。及至禮義之生，貨財之貴，而詐僞萌興，非譽相紛，怨德並行。於是乃有曾參孝己之美，而生盜跖莊蹻之邪。故有大路、龍旂、羽蓋、垂緌、結駟連騎，則必有穿窬拊楗、抽箕踰備之姦；有詭文繁繡，弱緆羅紈，必有菅屩跐踦、短褐不完者。故高下之相傾也，短脩之相形也，亦明矣。

上古「道」、「德」下跌，衍生出當代之「禮」、「義」，而當代以「禮義」爲導向的價值觀是有問題的，它們是相對互生出來的，其彼此間的功能也是可以互相轉化的。〈齊俗〉說：「胡人見黂，不知其可以爲布也；越人見毳，不知其可以爲旃也。」其價值自然也不是那麼地固定而絕對。它舉周公治魯，變禮革俗，尊尊親親，終致日削以亡；太公治齊，因禮簡俗，舉賢尚功，終爲田氏所篡爲例，說明人世事物相倚互生之理，以證成政事無絕對是非。又舉孔子對子路、子贛救人一受金、一不受金之批判，以明世俗之道德批判，可以隨觀測角度而有不同的結論。其原因除世間利弊得失原本互倚共生外，天下事物彼此之間原本也缺乏一體適用的客觀標準。《莊子・齊物論》中，藉由對正味、正色、正處判定之疑慮，已清楚論證了這個道理。在〈齊俗〉中，更羅列了許多形式不同卻有著同一功能目標的事例，再一次論證了仁義、禮俗的價值出自人爲的認定，並無必然的道理。它說：

〔註 95〕上兩句本作「其衣致煖而無文，其兵戈銖而無刃」，王念孫依《文子・原道》，以爲「致」與「戈」字皆衍文，誤入，則義無所取，故當刪去，說見劉文典：《淮南鴻烈集解》（台北：文史哲出版社，1982 年），卷 11〈齊俗〉，頁 344 當句下引，今從校改。

> 公西華之養親也，若與朋友處；曾參之養親也，若事嚴主烈君。其于養，一也。故胡人彈骨，越人契臂，中國歃血也，所由各異，其於信，一也。三苗髽首，羌人括領，中國冠笄，越人鬋鬋，其於服，一也。帝顓頊之法，婦人不辟男子於路者，拂之於四達之衢；今之國都，男女切踦，肩摩於道，其於俗，一也。故四夷之禮不同，皆尊其主而愛其親、敬其兄。獫狁之俗相反，皆慈其子而嚴其上。夫鳥飛成行，獸處成群，有孰教之？故魯國服儒者之禮，行孔子之術，地削名卑，不能親近來遠。越王句踐鬋髮文身，無皮弁搢笏之服，拘罷拒折之容，然而勝夫差於五湖，南面而霸天下，泗上十二諸侯皆率九夷以朝。胡、貉、匈奴之國，縱體拖髮，箕倨反言，而國不亡者，未必無禮也。楚莊王裾衣博袍，令行乎天下，遂霸諸侯。晉文君大布之衣，牂羊之裘，韋以帶劍，威立於海內。豈必鄒魯之禮之謂禮乎？

> 有虞氏之禮，其社用土，祀中霤，葬成畝，其樂咸池、承雲、九韶，其服尚黃。夏后氏其社用松，祀户，葬牆置翣，其樂夏籥、九成、六佾、六列、六英，其服尚青。殷人之禮，其社用石，祀門，葬樹松，其樂大濩、晨露，其服尚白。周人之禮，其社用栗，祀竈，葬樹柏，其樂大武、三象、棘下，其服尚赤。禮樂相詭，服制相反，然而皆不失親疏之恩，上下之倫。

> 伯樂、韓風、秦牙、管青，所相各異，其知馬一也。故三皇五帝，法籍殊方，其得民心均也。

不論是孝養、盟信、髮制、服制，還是喪制、習俗、禮儀、音樂、法籍，南邦北國，各有其式，亦各行其制，並無絕對客觀之依據與一體通判之準則，只要各便其用，皆無不可；但其核心宗旨卻是不能丟棄的，〈齊俗〉說：

> 道德之論，譬猶日月也，江南河北不能易其指，馳騖千里不能易其處。趨舍禮俗猶室宅之居也，東家謂之西家，西家謂之東家，雖皋陶爲之俗，不能定其處。

這裡的「道」、「德」是道家「法自然」的「道德」，非儒家所崇奉之仁義諸德，「趨舍禮俗」則是概稱儒家所重禮儀制度涵蓋下的人文內容。「道」、「德」價值是崇高而絕對的，人世的行爲、禮俗與是非卻是見仁見智的。

禮俗如此，仁義、德操亦然，〈齊俗〉說：

> 伯夷、叔齊非不能受祿任官以致其功也，然而樂離世伉行以絕眾，故不務。豫讓、要離非不知樂家室、安妻子以偷生也，然而樂推誠行，必以死主，故不留也。今從箕子視比干，則愚矣；從比干視箕子，則卑矣；從管、晏視伯夷，則戇矣；從伯夷視管、晏，則貪矣。趨舍相非，嗜欲相反，而各樂其務，將誰使正之？曾子曰：「擊舟水中，鳥聞之而高翔，魚聞之而淵藏。」故所趨各異，而皆得所便。故惠子從車百乘，以過孟諸，莊子見之，棄其餘魚。鵜胡飲水數斗而不足，鱓鮪入口若露而死。智伯有三晉而欲不澹，林類、榮啓期衣若縣衰而意不慊。由此觀之，則趣行各異，何以相非也！夫重生者不以利害己，立節者見難不苟免，貪祿者見利不顧身，而好名者非義不苟得。此相爲論，譬猶冰炭鉤繩也，何時而合？若以聖人爲之中，則兼覆而并之，未有可是非者也。

每一種可感的德操，在作者看來，都是歡喜做、甘願受的自我抉擇與考量，所謂「各樂其安，致其所蹠」，沒有絕對的是非、對錯問題。過去《莊子．齊物論》站在「道」的最高角度來統合這一切，說：「恢詭譎怪，道通爲一。」〈齊俗〉的作者則讓「聖人」來齊一，說「未有可是非者」。從「道」到「聖人」，是〈齊物論〉與〈齊俗〉論述層次的基本差異。在《莊子》的理論思維中，「道」與「聖人」的層次是有差別的，在《老子》理論思維中「道」與「聖人」一在體，一在用，方向不同，位階層次卻一樣高。《淮南子》因爲求「用」，便常與《老子》較爲一致，此處亦然。

儘管論述層次不同，〈齊俗〉還是和〈齊物論〉一樣，得出了天下是非難定的結論，〈齊俗〉說：

> 天下是非無所定，世各是其所是而非其所非，所謂是與非各異，皆自是而非人。由此觀之，事有合於己者，而未始有是也；有忤於心者，而未始有非也。故求是者，非求道理也，求合於己者也；去非者，非批邪施也，去忤於心者也。忤於我，未必不合於人也；合於我，未必不非於俗也。至是之是無非，至非之非無是，此眞是非也。若夫是於此而非於彼，非於此而是於彼者，此之謂一是一非也。此一是非，隅曲也；夫一是非，宇宙也。今吾欲擇是而居之，擇非而去之，不知世之所謂是非者，不知孰是孰非？

這是莊子〈齊物論〉的複述。一如周公之「親親」與太公之「尊賢」一般，每一種堅持背後，必然同時孳生另一類問題，此《老子》之所謂「相傾」、「相形」、「相隨」（第二章），它是孿體相生的，你無法捨此而去彼。因此，不論是站在「道」的層次看也罷，「聖人」的層次看也罷，都只是各自一時的抉擇，代表的只是一方的見解與是非，叫做「隅曲」的是非，非通體的定論，當然沒有代表性，不能作準。

（三）重實用宜，因時處勢

既然世間的道德、禮俗價值難以確定，〈齊俗〉轉而朝向兩個方向呼籲與推衍：其一，回返根源地求索其所以成爲「道」的下跌與淪落，乃至「衰世之造、末世之用」的原因，是因爲「失性」，丟失了最核心的自然本源之故，〈齊俗〉因此呼籲，爲人世間的仁義、禮樂找回自然的本源。其二，既然人世的「隅曲」是非、片面價值是源自彼此觀測角度之不同，趨舍在我，誹譽由人，二者之間並沒有必然的關係。〈齊俗〉因此一方面呼籲人，觀測事物要有通體觀。另一方面也充分認可這些片面價值、「隅曲是非」之功能，而力求統合聯結這一切，成爲一個有機的整合體，使其片面斷裂之缺失得以轉化爲局部有用之價值，再結合局部，完成整體，此其二。除此之外，從事物價值非能操之在我的論證中，〈齊俗〉作者也深深體會到外在時、空條件對於事物價值有著不可忽視的決定力。換言之，除了事物本身內質的有無、各人觀測角度與主觀思維的歧異外，時、空條件等外在情勢也是決定事物價值的重要因素，〈齊俗〉因此也用了相當大的篇幅論證「時」與「勢」對人間事物價值的決定性，強調「因」順「時」、「勢」之重要，此其三。後二者使〈齊俗〉煥發著一定的黃老色彩。〈齊俗〉全篇絕大部分的篇幅就是針對著這些議題作論證。

1、探本索源，合「實」稱「情」

〈齊俗〉說：

> 禮者實之文也，仁者恩之效也，故禮因人情而爲之節文，而仁發恲以見容。故禮不過實，仁不溢恩。……制禮足以佐實喻意而已矣，……制樂足以合歡宣意而已矣，喜不羨於音。……葬薶足以收斂蓋藏而已。

> 義者循理而行宜，禮者體情制文者也。義者宜也，禮者體也。

極力地強調仁、義、禮的內涵。在〈齊俗〉作者看來，仁、義、禮都須是一種有核心軟體的表現，這個核心軟體便是實、情、恩、理。它們其實是「道」的多面向存在。有了這些核心軟體，則禮有實，仁有恩，義合宜，仁、義、禮的表現都合「道」，有眞實內容，才能自然、穩定而有美感。去除這些內容，所有「升降槃還」之禮，「采蹀肆夏」之容，鐘鼓、筦簫、干戚、羽旄之陳，「含珠鱗施、綸組節束」之飾都成了空洞的形式。三年之喪、三月之制、五縗之服也成了「強人所不及」、「以僞輔情」的虛文。在〈齊俗〉中因此一再強調要「返道」、「稟道」、「體道返性」，不離「道德之本」。「道」在〈齊俗〉裡，是一切世俗價值的最高根源，也是其核心內容與依據。有了「道」爲核心內容，所有仁、義、禮俗的價值才能確定。

〈齊俗〉又說：

> 狐梁之歌可隨也，其所以歌者不可爲也；聖人之法可觀也，其所以作法不可原也；辯士言可聽也，其所以言不可形也；湻均之劍不可愛也，而歐冶之巧可貴也。……得十利劍，不若得歐冶之巧；得百走馬，不若得伯樂之數。

「所以歌」、「所以爲法」、「所以巧」、「所以言」是歌、言、法、巧之所以產生價值的根源，亦即其核心「理」與「道」。〈齊俗〉說，「道」在宇宙間，遍在無定所，可以在馮夷之潛中，鉗甘、造父之御中，羿之射、倕之斲中，當然也在狐梁諸人的歌、巧、言中。有了它，一切事物的功能、價值才有著落，它是一切事物的核心與根源。

2、稟道因宜，各安其性

除了呼籲掌握事物的核心根源，以保住價值外，〈齊俗〉對於隅曲是非、片面價值產生的根源也有深入的觀察與剖析，它說：

> 賓有見於宓子者，賓出，宓子曰：「子之賓獨有三過：望我而笑，是攓也；談語而不稱師，是返也；交淺而言深，是亂也。」賓曰：「望君而笑，是公也；談語而不稱師，是通也；交淺而言深，是忠也。」故賓之容一體也，或以爲君子，或以爲小人，所自視之異也。故趨舍合，即忠言而益親；身疏，則謀當而見疑。親母爲其子扢禿而血流至耳，見者以爲其愛之至也；使在於繼母，則過者以爲嫉也。事之情一也，所從觀者異也。從城上視牛如羊，視羊如豕，所居高也。窺面於盤水則員，於杯水則隋，面形不變其故，有所員，有所隋者，所自窺之異也。今吾雖欲正身而待物，庸遽知世之所自窺我者乎？」

同一事件，可以因不同的立場與角度，做出不同的批判，這就是天下是非紛歧的因由。〈齊俗〉呼籲人，不只站在「道」的高點上，承認它們「各有所宜」，逐一接納認可，還要將諸多隅曲是非、片面價值有機整合，讓它們和諧互補，以全完「道」的整體功能。〈齊俗〉說：

> 夫飛鳥主巢，狐狸主穴，……各樂其安，致其所蹠，……故以道論者，總而齊之。夫稟道以通物者無以相非也，譬若同陂而溉田，其受水均也。今屠牛而烹其肉，或以爲酸，或以爲甘，煎熬燎炙，齊味萬方，其本一牛之體。伐楩枏豫章而剖梨之，或爲棺槨，或爲柱梁，披斷撥檖，所用萬方，然一木之樸也。故百家之言，指奏相反，其合道一體也，譬若絲竹金石之會樂同也，其曲家異而不失於體。

既然隅曲的是非，片面的價值源自「道」的分裂，〈齊俗〉企圖整合這些分裂，統一這些片面，它說：

> 治世之體易守也，其事易爲也，其禮易行也，其責易償也，……農與農言力，士與士言行，工與工言巧，商與商言數。是以……各安其性，不得相干。故伊尹之興土功也，修脛者使之跖鏵〔註96〕，強脊者使之負土，傴者使之塗，各有所宜，而人性齊矣。胡人便於馬，越人便於舟，異形殊類，易事而悖，失處而賤，得勢而貴，聖人總而用之。

> 堯之治天下也，舜爲司徒，契爲司馬，禹爲司空，后稷爲大田師，奚仲爲工，水處者漁，山處者采〔註97〕，谷處者牧，陸處者農。地宜其事，事宜其械，械宜其用，用宜其人……各得其所安。

這叫做「因」。從前《莊子・齊物論》也說要「因」，提出了「因是」之法，以統合一切相對價值。《淮南子・齊俗》則說要「因」其「宜」，「因其所有而並用」，這是一種多元尊重，普遍承認事物各別價值，讓它們在各自的領域中佔有一席之位，展現各自的功能，不需比較，也沒有高低優劣之別，平等、安定、和諧、分工，以組成一個相協並進，齊同合一的有機體，這是〈齊俗〉

〔註96〕「跖鏵」本作「跖钁」，王念孫據《太平御覽・地部二》與〈器物部九〉引此，並作「鏵」，因以爲「钁」當作「鏵」，「鏵」即「臿」（鍬）。故高注謂「長脛以踏臿者，使深入。」其說同見註2，卷11〈齊俗〉，頁368當句下引，今從校改。

〔註97〕「采」本作「木」，俞樾以爲乃「采」之壞字。采，樵也。其說同見註2，卷11〈齊俗〉，頁351當句下引，今從校改。

所推崇的理想境域。在這個境域中，既不標榜尖端事物，也不推崇鳳毛麟角，「宜用」是唯一的普世價值。〈齊俗〉說：

高不可及者，不可以爲人量；行不可逮者，不可以爲國俗。

比起《莊子・齊物論》之始終定著於從根源之「道」消解一切對立，否定一切世俗價值，《淮南子・齊俗》入世多了。

3、審時度勢，因宜用世

除了事物本身是否保住核心本源與個人主觀成見會影響該事物之價值判斷外，〈齊俗〉的作者認爲，周遭時空條件也是影響價值判斷的重要因素，在篇中，作者因此也大大強調了「時」與「勢」的重要。它說：

趨舍同，毀譽在俗；意行鈞，窮達在時。湯武之累行積善可及也，其遭桀紂之世，天授也。今有湯武之意，而無桀紂之時，而欲成霸王之業，亦不幾矣。事周於世則功成，務合於時則名立。……世多稱古之人而高其行，並世有與同者而弗知貴也，非才下也，時弗宜也。故六騏驥、駟駃騠，以濟江河，不若窾木便者，處勢然也〔註98〕。是故立功之人簡於行而謹於時。

武王先興兵伐紂，後搢笏臨朝；周公先攝政、作禮樂，後發兵誅管、蔡。或先武後文，或先文後武，皆得其「宜」，功在定「周」，〈齊俗〉說：「非意變也，以應時也。」「齊桓公合諸侯以乘車，退誅於國以斧鉞；晉文公合諸侯以革車，退行於國以禮義」，剛柔相反，卻一樣「令行乎天下，權制諸侯」，因爲他們「審於世之變。」換言之，人世價值是一種情勢需求，市場需求，只有合宜不合宜，沒有絕對對錯的問題。是周遭的時空條件，決定了人世的道德價值，這樣的價值當然是不穩定的普世價值，卻是切合當下需求的有效方案，轉一段時間，換一個空間，一切便要改變。它雖非最高的絕對價值，卻是立世成功的必要法則。

這種情勢、時勢的強大決定力，有時甚至遠遠蓋過了自然本性之所能，〈齊俗〉說：

夫竹之性浮，殘以爲牒，束而投之水則沈，失其體也；金之性也沈，託之於舟上則浮，勢有所支也。夫素之質白，染之以涅則黑；縑之

〔註98〕「處勢然也」本作「處世然也」，王念孫據《莊子・山木》、《賈子・過秦》、《史記・楚世家》、《淮南子・俶眞》、〈原道〉、《新序・雜事》，以爲當作「處勢」，其說同見註2，卷11〈齊俗〉，頁351當句下引，今從校改。

性黃，染之以丹則赤。

形勢比人強，強大的外力與情勢，往往遠強過事物的本質，深深決定其價值與功能。

論到這裡，《淮南子》相當遲疑與徬徨。它一方面堅持道家本調，強調返道守本，害怕一旦「轉化而與世競走」，將如「逃雨也，無之而不濡。」越逃越濕，越陷越深，故堅持「體道返性，不化以待化。」另一方面，站在用世的立場，卻又十分在乎世俗的觀點，而有著「今吾雖欲正身而待物，庸遽知世之所自窺我者乎？」的憂慮，與「仁鄙在時不在行，利害在命不在智」的感嘆，終而得出一個「以道通物」、以道總齊，卻又「因時」從「勢」的結論。無論如何，「時」也罷，「勢」也罷，「命」也罷，大致上也是自然的一環，因「時」從「勢」或許在一定程度上，也算是循「道」了。

總之，《淮南子・齊俗》站在《莊子・齊物論》的思想基礎上，企圖統一現象界事物的對立價值。但它並不盡站在如〈齊物論〉一般的超然角度，來觀測人事的是非，消彌一切的對立，統一價值。而是循著《老子》道衰有相對、生是非的觀點，來批判儒家所推崇的仁義、禮樂價值。它當然也依循《莊子》，以「道」爲事物最高的價值根源，卻將更大的篇幅與比重著置於對俗世不穩定的相對價值之處理。呼籲它們應該有穩定的核心內容，以保住價值。它和〈齊物論〉一樣，揭示它們源生於觀測角度的歧異所產生的曲見；也和〈齊物論〉一樣，承認它們各有其是，亦各有其非。卻更進一步地，思欲結合這些一曲小是以爲整體之大是，以利世便用，這和不求「用」的《莊子》內七篇是不同的。它一方面急急呼籲以「道」通物，站在「道」的較高、較寬角度來統合事物價值，重視事物個別的價值，也呼籲爲世俗價值植入眞實的內容。但同時又喟嘆外在時、勢無可抵拒的力量，決定了世間價值的取向。在入世求用的目標與要求下，〈齊俗〉終於拈出了合宜因時、順勢便用的原則，以爲普世價值的標準。雖遠離《莊子・齊物論》之初衷，卻爲黃老道家的價值觀開出了新路。

第七節　淮南子的無爲論

一、先秦諸子的無爲

先秦諸子中儒、法、道三家論政、談修養都曾論及「無爲」。儒家的「無爲」，根據《論語》的說法是「恭己正南面」(〈衛靈公〉)、「居其所而眾星拱之」、「其身正，不令而行」(〈爲政〉)。要求執政者透過自我的修養，去取得政治的成功。在《孟子》則是「賢者在位，能者在職，國家閒暇」(〈公孫丑上〉)，要求在各就其位的情況下，很自然地把政治帶入正軌。《荀子》則說「推禮義之統，故操彌約而事彌省」(〈王霸〉)；「不見而視，不聽而聰……塊然獨坐而天下從之如一體」(〈君道〉)。以透過禮義去從事爲最精簡之道，已偏帶道、法色彩。法家講「無爲」，偏於論君道。在《管子》是「靜身以待之」(〈白心〉)、「君據法而出令……執要而待之」(〈君臣〉)。在商君則是「舉要以治萬物」(〈賞刑〉)。韓非則要求「不親細民」、「不躬小事」(〈外儲說右下〉)、「靜退以爲寶、不自操事、不自計慮」；「知者盡其慮而君因以斷之……賢者效其材而君因而任之」(〈主道〉)，都是指人君的統御術。道家講「無爲」則《老子》說：「爲無爲則無不治」(三章)。《莊子》也說：「寂寞無爲者，萬物之本也」(〈天道〉)、「天地無爲也而無不爲也」(〈至樂〉)。在諸子中是唯一正面而直接地以「無爲」爲倡的。因此，論「無爲」仍以道家爲正宗。大致說來，儒家站在道德的基礎上主德治、重禮義，強調以身作則，故以反己、正身、守職爲無爲；法家明法、任勢、用術而求變，每每就運作調度的技巧解說無爲；道家則崇自然、尙虛無，因以虛靜自然解說無爲，其中《老》、《莊》又有不同。基本上說來，《老》、《莊》講無爲都崇自然而黜人事，但《老子》較著重順應客觀情勢去以柔克剛，從不造作的自然中提煉出一套柔韌的久視長生之道。《莊子》內篇則一方面絕對肯定自然造化之不可抗禦，一方面澈底否定人事作爲的無效，從而呼籲人放棄一切無謂的造作和掙扎，全面停止無意義的思惟活動和實踐行爲，透過虛靜的工夫，去汰澱思慮的雜質，淨化並提昇精神的品質和層次〔註99〕。《莊子》外、雜篇則依違於《老子》和內篇之間。

《淮南子》的「無爲」，基本上是循著《老》、《莊》雙軌並進的，但當它逐漸朝「用」的功能一端推進時，便明顯地偏倚向《老子》，乃至《莊子》外雜篇一路，甚而兼揉儒、法，而呈現出相當典型的黃老形態了。

二、淮南無爲論的特質

和《老》《莊》一樣，《淮南子》也以「無爲」爲行事的最高準則，〈說山〉

〔註99〕〈齊物論〉說要：「形若槁木，心若死灰。」，〈大宗師〉說要「墮肢體、黜聰明、離形去智，同於大通。」〈人間世〉說要「心齋」，〈德充符〉說要「遊心於德之和」。

說：「人無爲則治，有爲則傷。」然則何謂「無爲」？《淮南子》書中幾次直接或間接地明示「無爲」的義界與內涵：

所謂爲善者，靜而無爲也；所謂爲不善者，躁而多欲也。(〈氾論〉)

福生於無爲，患生於多欲。(〈繆稱〉)

以「無爲」和「多欲」對稱，可見無爲必須「寡欲」，其連帶特質是「靜」。〈說林〉說：「有爲則議，多事固苛」，又可見「無爲」必須簡易寡事。〈主術〉說：「人主處無爲之事，行不言之教」，以「不言之教」補釋「無爲之事」，又一次說明了無爲含具靜默的特質。〈原道〉說：「無爲復樸」，因此，「無爲」又須是依循自然，不假人僞的。這些雖然瑣碎，卻可以看出《淮南子》書中「無爲」一詞的基本理念：無爲須是靜默、寡欲、簡約省事、依循自然而不飾人僞，這些大致合於先秦道家無爲的基本性徵。但，除此之外，《淮南子》的無爲有更積極的開展。

首先，它有別於《老子》的明哲自保和《莊子》的逍遙自適，把《老子》早已顯露的「無爲而無不爲」的思想大加發揮和強化。〈說山〉說：「不能無爲者，不能有爲也。」〈俶眞〉說：「能有天下者必無以天下爲者也；能有名譽者，必無以趨行求者也。」〈詮言〉說：「無以天下爲者，必能治天下者也。」可見「無爲」的重點不在無爲或無求，而在「有爲」、「有天下」、「有名譽」，一切正面的不舉措，更重大的意義是背面的大舉措。整個《淮南子》的無爲論，重點可說都在強化這個「無不爲」的功能。在〈原道〉、〈主術〉、〈俶眞〉、〈脩務〉各篇中，作者曾正面而直接地爲「無爲」下過定義。〈原道〉說：

所謂無爲者，不先物爲也；所謂無不爲者，因物之所爲也。所謂無治者，不易自然也；所謂無不治者，因物之相然也。

這裏顯示了：(一) 無爲、無治、無不爲、無不治是二而一的。(二) 它的重大特質之一是表面上不搶主動，不改本然，一切觀物而爲，應物而動。〈俶眞〉說：

至道無爲，一龍一蛇，盈縮卷舒，與時變化，外從其風，內守其性。

這一則可以做爲上一則的補充。「無爲」的另一重大特質是具高度彈性，能隨時隨物而變化，但在隨物逶迤中，卻又能執守本眞，不逐物忘返。〈原道〉說：「聖人守清道而抱雌節，因循應變，常後而不先」，也是這個意思。此外，〈主術〉說：「無爲者非謂其凝滯而不動也，以言其莫從己出也。」更說明了：(一)「無爲」雖是靜默，卻不是死寂。(二)「無爲」必須去已不自用。到了〈脩務〉，作者更大規模而全面性地界定「無爲」，它說：

> 或曰，無爲者寂然無聲，漠然不動，引之不來，推之不往，如此者乃得道之象，吾以爲不然。……吾所謂無爲者，私志不得入公道，嗜欲不得枉正術，循理而舉事，因資而立功，推自然之勢而曲故不得容者，事成而身弗伐，功立而名弗有，非謂其感而不應，攻而不動者也。若夫以火熯井，以淮灌山，此用己而背自然，故謂之有爲。若夫水之用舟，沙之用鳩，泥之用輴，山之用蔂，夏瀆而冬陂，因高爲山〔註100〕，因下爲池，此非吾所謂爲之。

這裏幾乎綜合了前述各義：（一）無爲不是毫無作爲。（二）無爲必須從「公道」，而戒「私志」。（三）無爲必須順自然而反智巧，尤忌逞炫自我。（四）無爲是充分利用一切自然條件而建立事功。總之，「無爲」、「有爲」的差別不在「爲」與「不爲」，而在如何「爲」，是「循己」以爲，還是「因資」而爲。只要不違背自然規律，能充分利用周遭條件，因時、因地、因物而制宜，都是《淮南子》所極力推崇的無爲。這樣，一方面扣緊道家推崇自然、去己去智的基本特質，另一方面也用了許多積極觀念去塡充道家「無爲」的內容。從此「無爲」成爲一種尊重客觀規律以行事的合理而高效的行爲，一種循自然以求發展的特定意義的「有爲」。達到了它一向因承《老》《莊》，又改造《老》《莊》思想的雙重目的，也實踐了它自己一再標榜「道」、「事」並重的撰作原則。以下我們便循著這些特質，逐步探討《淮南子》無爲論的全部內涵。

三、淮南子的無爲論

（一）虛無與靜默

《老》《莊》都尚虛無，用虛無去詮釋至高的道境和應世理物的極則。《老子》說：「無、名天地之始」（第一章），教人由「無」以觀道妙。說天地如橐籥，「虛而不屈，動而愈出」（五章），說車軸必「無」而後有車之用（十一章），又說「大方無隅、大音希聲、大象無形」（四十二章）。在《莊子》，「虛」是一種最澈底的修養工夫，〈人間世〉把這種工夫叫「心齋」，它同時也是最高的修養境界和處世哲學。〈逍遙遊〉拈出一個「無何有之鄉、

〔註100〕「因高爲山」本作「因高爲田」，玆依王念孫校改，說詳劉文典：《淮南鴻烈集解》（台北：文史哲出版社，1982年），卷19〈修務〉，頁635當句下引。

廣漠之野」來做為至高的道境，〈人間世〉則大事闡發「無用之用」，提出「虛己以遊於世」做為處世極則。

循著《老》《莊》路線，《淮南子》也尚虛無。〈原道〉說：「虛無恬愉者，萬物之用也。」大抵道家一派學者由觀察天地物象，而深切體悟到：凡抽象無形者，雖多寓於具體有形的事物之中，卻常超越其上而指導之。有形事物之所以成其用，關鍵並不在具體可見的物形本身，而在於寄託於此物體之上的無形之理。〈說山〉說：

> 物莫不因其所有而用其所無，以為不信，籟與竽。使鼓鳴者，乃不鳴者也。

「有」與「無」在道家看來，原本一體雙向，「無」是道源，「有」是道委。「無」是「有」的根源，也往往是「有」背後的存在依據，「有」不可去「無」而孤存。一般人卻只把注意力放在「有」這頭，無法把握其存在的根源，做起事來，因此也就常失卻準頭，挫折連連。這些原本在《老》《莊》書中已多少揭示過，在《淮南子》裏它們則得到更詳實的發揮。在〈說山〉、〈說林〉、〈道應〉各篇中，它一再透過實例的分析，去解證：（一）「有」是由「無」發用的，「用」的根源來自「無」，像鼓、籟、竽，除去虛空，便無由共鳴以發聲。〈俶眞〉說：「其用也以不用」。（二）「無」佐助「有」以成其用。人手、鳥尾無用於跑與飛，但縛手、去尾則敗跑飛之用。鳥中羅僅一目，人設羅捕鳥卻不能僅一目。矢中人在分寸之間，人防矢則全身被甲。橑持蓋以蔽口，軸持輪以追疾。但徒有橑軸則不能成其蔽日追疾之用（以上詳〈說林〉）。總之，有、無是成套相輔而不可拆分的；其無用處並非眞無用，虛無也並非空集合。因此，〈道應〉說：「用者必假於弗用也而以長得其用。」（三）有時，甚至無用本身就是至大的功用，「虛無」本身就是一種至高無上的價值。〈說山〉說：

> 鼎錯日用而不足貴，周鼎不爨而不可賤，物固有以不用而為有用者，……物固有以不用為大用者。

〈俶眞〉說：「其不用也而後能用之」。周鼎以不用而成就無上的大用價值，這眞可以做為我們立身處世的大警惕。眞正偉大的事功，有時並不在汲汲為營，躬身力事。〈泰族〉說：

> 夫鬼神視之無形，聽之無聲，然而郊天，望山川、禱祠而求福，雩兑而請雨，卜筮而決事。

鬼神以虛無留給人無窮的想像空間，任人恣意附會，因此威力無邊，功能不絕。先秦道家一直都在提醒人，多多注意這一方面的功用。《淮南子》因此告訴我們治事理物貴由實有中去體悟虛無的妙理，由虛無中去抽繹實有的指導原則。大匠不親斫而能使人斫（〈說林〉），善捶者無所視察，一運於神（〈道應〉），為政者不以政相苛（〈說林〉），卻都能隨心奏效，這就是「虛無」的妙用。〈說林〉說：

聽有音之音者聾，聽無音之音者聰。

良醫者常醫無病之病，故無病；聖人常治無患之患，故無患。

我們做事因此也該「視於無形，聽於無聲」，醫於無病，治於無患。不僅察有形之跡，還要注意無形之兆。《淮南子》由此而開展出一連串「虛無」的理論：在修養方面，它教人要「返性於初而遊心於虛」（〈俶眞〉）、「虛無恬愉其氣志」（〈精神〉）、「堅守虛無之宅」（〈要略〉）、「藏神明於無形，返精神於至眞」（〈詮言〉）。在處世方面，教人效飛微，「以毫末為宅」（〈原道〉），「虛己以遊世」（〈詮言〉），「處於陰」而不「處於陽」，「行於水」而不「行於霜」（〈說林〉），「保於虛無，動於不得已。」（〈詮言〉），然後可以全生不毀，應物無傷。在政治方面，它標榜一種不用轡御而御的「神化」至境，教人通過「虛無純一」的自我修養，藉由「不喋苛事」、「官府若無事、朝廷若無人」的清靜手法，達到懷道不言而天下磬然動化的偉大效果（詳〈泰族〉）。在軍事方面，它要「隱無形」（〈兵略〉）。

總之，《淮南子》尚虛無，教人把握虛無的原則，操持虛無的技巧，使「虛無」成為超乎一切思想行為而上的原則與藝術，將一切「有為」納入其中，接受指導，以求獲致不敗、不滅、不毀、不傷的完美效果。

其次，在道家，尤其老子，「虛」和「靜」幾乎是相連成套的，尚虛無的同時也強調以靜制動。《老子》說：「致虛寂、守靜篤」（十六章），致虛和守靜是連帶的工夫。又說：「靜為躁君」（二十六章），「清靜為天下正」（四十五章），以飄風暴雨為不能靜而不久長（二十二章），說：「牝常以靜勝牡，以靜為下」（六十一章）。《莊子》內篇尚虛，外雜篇若〈在宥〉、〈天道〉、〈庚桑楚〉、〈漁父〉等則多推闡「靜」的工夫。〈在宥〉要「抱神以靜」。〈天道〉一開始就大事恢廓「虛靜」的道理，說虛靜是「萬物之本」、「天地之平」、「道德之至」。又說「虛」則「靜」、「靜則無為」、「靜而聖」。〈庚桑楚〉也說「靜則明」，〈漁父〉則教人要「處靜以息迹」。《淮南》主靜默大致不出《老》《莊》的旨意。它說：

> 水靜則平，平則清，清則見物之形弗能匿也。(〈說林〉)
>
> 水定可清，動則失平。故惟不動，則所以無不動也。(〈說山〉)
>
> 人不鑑於沫雨而鑑於澄水者，以其休止不蕩也。(〈說山〉)

天地物性每每由靜止而後呈顯其用，水如此，其他事物也一樣。天定以載日月、地定以植草木，雨止而後能霑濡，矢待靜而後能貫物，人也一樣。只有透過「靜」的工夫，去蘊生足以鑑照外物的清明，才能在滔濫紛擾的事物行爲中，認清客觀環境，把握正確方向，堅實穩住自我，然後可以應對外物而無差忒，進而談到超拔或提昇。因此，〈說山〉說：「唯止能止眾止」。

不過，這種「能止眾止」的「靜」道，在《淮南子》至少包括兩層涵義。（一）不躁。躁則生亂，不躁所以免於亂而穩住自己，潛沉觀變以趁物待機。〈兵略〉談用兵，大大發揮這種以靜「合躁」、「應躁」，甚或制躁的道理。（二）正己以形物。在穩住了自我之後，還要進一步調整自我到最理想、最標準的狀態，以做爲觀測外物、指導外物的資本，故能正確無誤地形鑑是非，這就不只是道家的反眞修養，也同時是儒家的內聖工夫了。〈齊俗〉說：

> 凡將舉事，必先平意清神，神清意平，物乃可正，若璽之印埴，正與之正，傾與之傾。

「平意清神」是自止自正的工夫，先自止自正而後止物正人。這種「平意清神」的工夫在道家講起來，是要反樸歸眞，復返沖漠而清明的「靈臺」。在儒家講起來，則是去邪欲、養夜氣、致明誠。而在《淮南子》，顯然這兩類意思都有。因此，在〈氾論〉裏，它戒人要持守本心，「循性保眞」，以充其精、神、氣、志；在〈繆稱〉，則教人要「正身直行，眾邪自息。」前者猶是道家虛齋的工夫，後者則是不折不扣的儒家示範教育了。而不管透過那一種工夫，《淮南子》深信都可以達到「靜」以形物的效果。

（二）自正其道：循天保真與反己正身

〈泰族〉在說明道體運作的「自然無爲」時，曾以「正其道」與「非爲」去解釋無爲，它以天地、日月、四時、雨露、林木、深淵的各正其道、呈其理、無私就、無私予，而萬物自然孳生潛藏，說明「無爲」的眞諦其實只是自正其道、呈其理，一無侵擾干犯於外物，使外物也得其充分的生長條件，而自正其道、全其理，自行取足安養於其間，則天地安列有序，萬物自足無缺，宇宙和諧圓滿，這才是至大至美的「爲」。這種「無爲」的核心意義，其實只是強調依其本然之性，呈其自然之理，不刻意，不造作，完全是先秦道家反樸歸眞的自然義，與儒家側重規矩尺度的把握，與克制省察工夫的訓練不同。它偏向循天保眞一路，明白揭示出：萬物本身自然沖漠的生命本狀就是偉大的天地玄機，就足以參同造化的妙理。因此，〈原道〉教人要「內修其本而不外飭其末，保其精神，掩其智故」，才能達到「無爲而無不爲」、「無治而無不治」的地步。〈詮言〉說的「原天命、治心術、理好憎、治情性、則治道通矣」，原本也是希望透過某些工夫，把精神、生命調整回清純眞樸的本狀，讓它能自在地依其本然之性，呈其自然之理，就足以產生偉大的功效。但在講到這些工夫時，便岔出了歧義。〈詮言〉說：「凡此四者（原天命……等）弗求於外，弗假於人，反己而得」。又說：「身者事之規矩也，未聞枉己而正人者也。」顯然由循天保眞的「自正其道」義，岔出了「反己」的克制省察義。先秦道家性分自足、無慮無營的無爲義，與儒家內治斂省、盡其在我的無爲義有結合的傾向。由是道家的虛己體道便時而參拌著儒家的反躬踐道，出現在《淮南子》的無爲理論中，同樣成爲治事理物的重要工夫。〈齊俗〉說：「聖人體道反性，不化以待化」猶在道家範圍內，但「身者道之所託，身得則道得矣」，則已是徘徊於儒、道兩界間。而〈詮言〉說：

> 聖人不爲可非之行，不憎人之非己也。修足譽之德，不求人之譽己也。不能使禍不至，信己之不迎也；不能使福必來，信己之不攘也。禍之至也，非其求所生，故窮而不憂；福之至也，非其求所成，故通而弗矜。知禍福之至不在於己也，故閒居而樂，無爲而治。聖人守其所有，不求其所未得。

固略帶道家不將不迎、無可無不可的曠達與瀟灑，更多的是儒家不忮不求、盡其在我、樂天安命的篤厚與寬和。反己與治身因此也被納入《淮南子》的無爲義中。〈繆稱〉、〈詮言〉等篇多處發揮這種反己修身的無爲義。而〈泰族〉所標出的「不用轡而御」的「神化」至治，那關鍵性的「精誠」，基本上便是道家「致虛」工夫和儒家反身修養相結合的產物。而不論是通過道家的循天保眞，還是儒家的反身斂省，《淮南子》相信最後都將達到一種「中有本主」、「不受於外」的「自得」境界，都能做到「使性命之情處其所安」而「不待萬物之推移」，從此，他眞能「窮而不懾、達而不榮」、「不待勢而尊、不待財而富、不待力而強……不以康爲樂，不以慊爲悲，不以貴爲安，不以賤爲危」（〈原道〉）、「明於死生之分，達於利害之變……定于死生之境，通于榮辱之理」,「以內樂外」,「輕天下、細萬物、齊生死、同變化」的「自得」之境(詳〈俶眞〉)。

(三)去智與勸學

先秦道家深信，自然本身就蘊含偉大的生機和最全備的妙理，因而一切後天的智巧和僞故都是多餘而害事的。道家因此澈底反智，幾近全面否定後天開發智慧具有任何價値功能。講無爲，先要去智。《老子》說:「智慧出，有大僞。」(十八章),因此要「使民無知無欲，使夫智者不敢爲也」(三章)。《莊子》視開竅爲最殘酷的天機滅殺,〈應帝王〉的殘鑿渾沌就是一個深惡痛絕的歎惋。它們所反的「智」,是指世俗所最重視的思慮智巧、耳目才能，甚至外在知識。在《老子》看來，這些不是開發過的，就是有所侷限，不是違離自然，就是曲而不徧。它們所推崇的是渾樸若愚，契合自然的周徧「大智」與「大巧」。因此，在《老子》的反智理論中，所反的不只曲智偏巧，也反對知識的學習，認爲「爲學」和「爲道」是南轅北轍的,「爲學」有害「爲道」。《莊子》則不但反對智巧、心機、才能，也視知識的追逐爲沒完沒了的苦差事。它「墮肢體、黜聰明」,處「材與不材間」,理想中的體道眞人竟不是以口鼻呼吸的，它甚至塑造許多反常態的畸形人，去抨擊世俗所認可的一切，是沒根據且靠不住的。

《淮南子》講「無爲」也反心機、智巧、和個人有限才能。唯獨對於知識的學習和追求一端，卻持全然相反的看法。它說:

> 機械之心藏於胸，則純白不粹，神德不全。(〈原道〉)
>
> 任耳目以視聽者勞形而不明，以知慮爲治者，苦心而無功。(〈覽冥〉)
>
> 耳目之察不足以分物理，心意之論不足以定是非，故以智爲治者難以持國。(〈覽冥〉)
>
> 智不足以安危。(〈主術〉)

教人要「廢智」(〈原道〉)、「掩聰明」(〈主術〉)、「消知能、黜聰明」(〈覽冥〉)。「耳目之察」指的是個人天生的特殊才質,「心意之論」指的是開發的主觀成見和智巧。在《淮南子》看來，前者固然有侷限，後者也往往曲而不徧，而根據〈脩務〉篇的無爲定義，無爲須排除一切自我的色彩，澈底地去己與去私，則《淮南子》所反的智，意義大致同於《老》《莊》,指一切夾帶濃厚個人色彩的表現或成見，這些表現或成見，不但指個人開發的心智，也包括個人特殊優越的才能與技藝。〈詮言〉說：「好智窮術也……好勇危術也……賢能之不足任也」。又說「天下不可以智為也，不可以事治也，不可以仁附也，不可以強勝也」。〈齊俗〉說：「人材不足專恃」。強、勇、仁德、智慧都是含有濃厚個人色彩的才德，都是與無為相牴觸而遭否定的，否定的理由當然因其本身侷限性太大，不能周徧裕如地應對事物。〈詮言〉說：

天下之物博而智淺，以淺澹博，未有能者也，獨任其智，失必多矣。

而在否定之餘，如何打破這些侷限，或彌補這些不周？在《老》《莊》是提出了一個返道的工夫，認為只要返於道，一切便盡善盡美，圓滿無缺。

在《淮南子》，則可分三路來講。（一）它也擡出一個「道」來做為準則，教人要「依道廢智」（〈原道〉），說：「人材不足專恃，而道術可以公行」（〈齊俗〉）。不過，這個「道」，卻轉化了《老》《莊》的「道」義，指的是外在事物個別客觀之理，或足以成就事物的一定手法或道理。它既是一種「數」，也是一種「術」，《淮南子》認為，這些「數」或「術」才是決定事物成敗的核心關鍵，不能把握住這些，一切才智、技能都枉然。在《淮南子》書中，「道之數」和「己之能」是對立的。（二）把握的要領是「因」。能巧妙地「因」著這些外在事物的個別客觀之理，不但很自然地排除了「私」、「己」，更進而集合眾多有限和不周，互相補足，終能打破侷限而圓滿了不周。《淮南子》因而提出了「因資用眾」簡易省約的原則。（三）不管是領悟這些「道數」與「道術」，或因資而用眾，《淮南子》認為，都須透過學習去交流與溝通。換言之，侷限的突破，固有賴不斷琢磨、改進與提昇的工夫，不周的彌補，更有待吸收他人或他物的經驗與長處，這一切捨學習莫由，《淮南子》由是強調學習，發展出與《老》《莊》大不相同的反智理論與無為思想來。有關「道數」與「因」術我們留待下節去詳論，茲先論「學習」。

在〈脩務〉篇裏，《淮南子》曾明確表示它的無為是要「因資以立功」的，也一再列舉五聖四賢趨時勉務以立功的例子，說明它的無為是要建立事功，是因自然以求發展的。因此，在界定過無為的新義後，作者開始大篇幅地推衍勸學的道理。它說：

夫地勢，水東流，人必事焉，然後水潦得谷行；禾稼春生，人必加工焉，故五穀得遂長。聽其自流、待其自生，則鯀禹之功不立，而后稷之智不用。

夫純鈞魚腸之始下型，擊則不能斷，刺則不能入。加之砥礪，摩其

> 鋒鍔，則水斷龍舟，陸剸犀甲。明鏡之始下型，矇然未見形容。及其粉以玄錫，摩以白旃，鬢眉微豪可得而察。

人天生的材質終歸是粗糙的，要讓它產生功能和價值，一定要加上後天的修整工夫。而這種修整工夫既然是順其先天材性而施加，便不是「用己而背自然」，不算有爲，此其一。

其次，除了粗糙不便直接應用外，對於偏曲多侷限的材質缺失，《淮南子》說：

> 賢者之所不足，不若眾人之有餘。

> 昔者蒼頡作書，容成造歷，胡曹爲衣，后稷耕稼，儀狄作酒，奚仲爲車，此六人皆有神明之道，聖智之迹，故人作一事而遺後世，非能一人而獨兼有之。各悉其知，貴其所欲達，遂爲天下備。今使六子者易事而明弗能見者何？萬物至眾而知不足以奄之。

天生全才之人幾乎沒有，即使天生才質特別差或特別好，了無調整餘地的人也是少之又少，絕大多數人都是透過學習去增益或產生功能價值，〈脩務〉說：

> 身正性善，發憤而成，冒憑而爲義，性命可悅，不待學問而合於道者堯舜文王也。沉湎耽荒，不可教以道，不可喻以德，嚴父弗能正，賢師不能化者，丹朱、商均也。曼頰皓齒，形夸骨佳，不待脂粉芳澤而性可說者，西施、陽文也。啳睽哆噅，籧篨戚施，雖粉白黛黑弗能爲美者，嫫母仳倠也。夫上不及堯舜，下不及商均，美不及西施，惡不若嫫母，此教訓之所諭也，而芳澤之所施。

> 今無五聖之天奉，四俊之才難，欲棄學而循性，是謂猶釋船而欲蹩水也。

學習因此有了重大需要而被納入無爲的工夫中，此其二。而更重要的，學習可以交換智慧與經驗，積累眾智多才，以提昇先天，突破侷限。〈脩務〉說：

> 周室以後無六子之賢，而皆脩其業；當世之人，無一人之才，而知六賢之道者何〔註101〕？教順施續，而知能流通。

此其三。

這三點中，須特加說明的是第一點：在《淮南子》的講法，講求後天的修整工夫，並不表示對先天材質功能的否定。對萬物先天材質的個別功能，

〔註101〕「知六賢之道」本作「知其六賢之道」，衍「其」字，茲依王念孫校改，其說同見註2，卷19〈修務〉，頁646當句下。

《淮南子》是絕對肯定的，在〈脩務〉中它讚揚過馬「跳躍揚蹏、翹尾而走」的天性。又說：

> 雁順風以愛氣力，銜蘆而飛以備矰弋，螘知爲垤，貛貉爲曲穴，虎豹有茂草，野彘有艽莦，槎櫛堀虛，連比以像宮室，陰以防雨，景以蔽日，此皆鳥獸之所知，求合於其所利。

萬物「趨利避害」的自然本能是大自然偉大的玄機和妙理，《淮南子》對它還是相當推崇且堅確肯定。在〈原道〉中它也認可萬物先天自然性徵之不可改易。它說：

> 橘樹之江北則化而爲枳，鴝鵒不過河，貈渡汶而死，形性不可易，勢居不可移。

全然移易其天性固然不可，適度地修整或潤飾，在《淮南子》看來不但是可以，而且是必要的。「學習」正是順導、修整、潤飾其天性，而不是全然移易其天性。而這種順導、修整的工夫不但不會抹滅其天性，反而能使其天性得到更大、更充分的發展。《淮南子》勸學的目的，就是希望能更充分且自在無礙地領理並發揮這些先天的才質功能。換言之，它希望它們變得更可期、更穩定，這就有待於學習的繼續淬勵。因此，《淮南子》在講無爲、講去智之餘，竟講出了「日就月將」，「服習積貫」的勉學工夫。因爲這些工夫基本上是利用先天、依順自然去執行，既不觸犯「背自然」的大原則，又能交流才智、奄包眾長，正是不折不扣地不「用己」，全然符合「無爲」的定義。

總之，在求用、重事功的大前題下，《淮南子》的「無爲」，由道家的「去己」「反智」扭轉而歸結於儒家的「勸學」，內中是有其特殊的原因的。《淮南子》曾不只一次明白地表示過：它是道事並講、天人並重的。它一方面強調「循天」，另一方面也要「俯仰於世人而與俗交」。〈要略〉本來就說過，撰作的最終目的是要「置之尋常而不塞，布之天下而不窕」的。它希望做到「外化而內不化」、「外與物化而內不失其情」，既要「全其身」，也要「入人」。而以西漢太平初開的背景看來，《淮南子》「入人」的意願顯然大大強過「全其身」，這種精神是通貫《淮南子》全書的。既希望保住「天眞」，又希望不失人俗之照應。「天」和「人」在先秦道家原本是絕對對立的，《淮南子》卻要他們調和圓滿，這促使他們不能全然保守住事物拙樸的本狀，而不思改造。因此，從去己、反智走到非學，在先秦道家是自然而必然的；從去己、反智演成勸學，在《淮南子》也是自然而必然的。要逍遙自適，持守天性本眞是最圓滿便捷的。但是，如果要在俗世求發展，恐怕就得對自然條件有所調整或發揮了，學習因此成了必要的工夫。

（四）易簡與周數

主「無為」的先秦道家是反對苛削細察的。《老子》說：「法令滋彰、盜賊多有」（五十七章），「其政察察，其民缺缺」（五十八章），「我有三寶……二曰儉……儉故能廣」（八十七章）。凡事繁瑣細碎、察察之明，在《老子》看來只會橫生枝節而枉費精神。唯有精減其事，才能廣應大通。把握這點要旨，《淮南子》也反對挑剔求全、察察之明。它說：

> 治愈煩而亂愈生。（〈泰族〉）
>
> 急轡數策者非千里之御也。……德彌粗，所至彌遠；德彌精，所至彌近。（〈繆稱〉）

〈泰族〉的闡述更為詳盡。它說：

> 治大者道不可以小，地廣者制不可以狹，位高者事不可以煩，民眾者教不可以苛。夫事碎難治也，法煩難行也，求多難澹也。寸而度之，至丈必差；銖而稱之，至石必過。石秤丈量，徑而寡失；揀絲數米，煩而不察。故大較易為智，曲辯難為慧。……功不厭約，事不厭省，求不厭寡。功約易成也，事省易治也，求寡易澹也……小辯破言，小利破義，小藝破道，小見不達，達必簡。河以逶迤故能遠，山以陵遲故能高，陰陽無為故能和，道以優遊故能化。夫徹於一事、察於一辭、審於一技，可以曲說而未可廣應也。蓼菜成行，甂甌有𥫗，秤薪而爨，數米而炊，可以治小而未可以治大也。員中規、方中矩、動成獸、止成文，可以愉舞而不可以陳軍。滌盃而食，洗爵而飲，盥而後饋，可以養少而不可以饗眾。

這些理論把先秦道家崇尚易簡的無為精神闡析得相當透澈。同樣的文字敘述重見於〈詮言〉篇。在《淮南子》看來，天下事物無窮，個人精力才智有限。以有限的個人才智去應對無窮的天下事物，如果還斤斤計較、求全挑剔，疲弊一生恐怕也成就不了多少事。《淮南子》因此拈出一個「易簡」的原則，來做為治事理物的精神指導。它說：

> 非易不可以治大，非簡不可以合眾。易故能天，簡故能地。（〈詮言〉）
>
> 聖人守約而治廣。（〈氾論〉）

把這種精神廣泛運用到取人、用人的標準上，就是一種把握要點的治事要領。就取人、用人的標準言，在〈氾論〉裏，它大事論證取大遺小的用人原則，說：

君子不責備於一人。

人有厚德，無問其小節，而有大譽，無疵其小故。人之情其不有所短，誠其大略是也，雖有小過，不足以爲累；若其大略非也，雖有閭里之行，未足大舉。……小謹者無成功，訾行者不容於眾。體大者節疏，蹠距者舉遠，自古及今，五帝三王未有能全其行者也。……人莫不有過，而不欲其大也。

一個全然合道而了無瑕疵的完美事物或行爲，只能當做一種理想的象徵，在現實的世界裏幾乎是找不到的。「周公有殺弟之累，齊桓有爭國之名」（〈氾論〉），同樣的事件或行爲，從不同的角度看，便往往看出不同的結果，產生截然不同的價值判斷。做事如果抱著求全挑剔的態度，將無可成之事。用人抱著求備的心理，終無可用之人，這些都是不切實際的。天地間遍處都是瑕疵和缺憾，過度計較或擴大這些缺憾，必將因小失大。求全的結果，終將失去一切。只有從認可缺憾中去減少缺憾，才是最聰明的辦法。《老子》說：「曲則全，枉則直」（二十二章），《淮南子》也說：

目中有疵，不害於視，不可灼也；喉中有病，無害於息，不可鑿也。（〈氾論〉）

畫者謹毛而失貌，射者儀小而遺大，治鼠穴而壞里門，清小皰而發痤疽，若銖之有纇、玉之有瑕，置之而全，去之而虧。（〈說林〉）

只有以平常心去正視這些缺憾，才能把缺憾減到最低。《淮南子》因此提出了一個取大不求全的簡易原則。它說：

有大略者不可責以箠巧，有小智者不可任以大功。

這樣的取人原則，重點並不在肯定那些缺憾，而在保全那個「大略」。

這種簡易精神的另一面發揮，《淮南子》演成了一套把握要害的治事要領。〈詮言〉說：

得道以御者，身雖無能，必使能者爲己用。不得其道，技藝雖多，未有益也。

天下事物外表儘管繁富，內在的核心道理卻是一定的，這個固定的核心道理是整個事物的癥結與關鍵。能夠穩握住它，整個事物便全然在握。把握不住它，花再多的精神工夫都枉然。《淮南子》因此呼籲人，治事理物要懂得尋繹事物背後那一點核心之理，去四兩撥千斤。換言之，天地事物莫不有其規律可尋，這些規律每每是這些紛繁的物象背後抽象的存在理據，把握住它，便沒有解決不了的事。〈人間〉說：

物无不可奈何，有人无奈何。

車之所以能轉千里者，以其要在三寸之轄。

聖人行之小而可以覆大矣，審之於近則可以懷遠矣……形於微小而可以通大理。

《淮南子》因此告訴人，做事要能「得其數」、「審其所由」，「誠得其數，則所用無多」（〈人間〉）。這個「數」便是指的那個事物存在的關鍵或背後的規律和理據，也就是那個能撥千斤的四兩。統括地說，《淮南子》稱之爲「道」，因爲它們都是宇宙總規律的分支。但有時它更明確地用「數」、用「理」，甚至用「道理」、「道理之數」去指稱它們是事物個別存在的規律和理據。有時它又用「公」、「公道」去指稱它們是一種放諸天下恆然不變的客觀道理。它說：「審於數則寧」、「慮不勝數」、「勝在於數，不在於欲」、「釋道而任智者必危，棄數而用才者必困」，要「守其分、循其理」，不要「釋公而就私，背數而任己」（以上詳〈詮言〉）。〈主術〉說：「動靜循理」，聖人舉事絕不「拂道理之數」，「不脩道理之數，雖神聖人不能以成功」。〈原道〉也說要「循道理之數〔註102〕」、「執道理以耦變」、「依道廢智，與民同出於公」。〈說林〉也說「不得其數，愈蹙愈敗」。

這些「理」、「數」、「道」、「公」、「道理之數」名稱不同，指的都是一樣的。把握得住它們，做起事來，四兩撥千斤，省時、省力、效率又高，豈非最簡易、最約省？〈主術〉稱之爲「執柄持術，得要以應眾，執約以治廣，……運於璇樞，以一合萬」。這些「數」、「道」既然都是事物的客觀規律，當然是最自然而不雜智故的。在〈原道〉〈主術〉兩篇裏，都把「道理之數」和「自然之性」看成一回事，〈原道〉說要「循道理之數，因自然之性」。〈主術〉說「豈能拂道理之數，詭自然之性」，顯然「道理之數」與「自然之性」是二而一的。執數循理去行事，自然也是「無爲」了。

在《淮南子》之前，《呂氏春秋》也有「任數」篇。但所謂「任數」，只

〔註102〕「循道理之數」本作「修道理之數」，茲依王念孫校改，其說同見註2，卷1〈原道〉，頁16當句下引。

是強調不任耳目知巧，而未嘗言明所謂「數」者究竟何所指。它說：

夫耳目知巧固不足恃，惟脩其數，行其理爲可。

大抵也以不任耳目感官之才智思慮爲「任數」。而該篇以「任數」爲名，事實上通篇提到「數」字的僅此一句，不像《淮南子》在〈詮言〉、〈人間〉各篇都用了相當大的比重去反覆叮嚀舉證。要之，捐棄無謂的主觀智能，準確把握事物所以然而必然的客觀原則，這是相當聰明省事的好辦法。這叫「周數」，也是《淮南》「無爲」的重大內涵之一。

（五）柔後與因循

《老子》由觀察自然物象柔弱恆強中推衍出柔後的哲學。在這個哲學中，水是道性的全備化身。從《道德經》第八與七十八章中可見水正是由不爭、柔弱中成就它致「強」取「勝」的條件。由這個柔弱的「水」道中，老子體悟了「守愚」、「謙下」、「雌後」的處世哲學。冀由愚頑、昏悶去引開注意、避免侵害或消解紛端，臻致強大，《道德經》只強調這一點。到了《淮南子》，更凸顯《老子》的旨意。它一方面在〈原道〉裏全面而周遍地鋪衍水性的貼合道性，後人發揮老子水的哲學，大致不出這些理論。另一方面，它開始演繹老子的柔弱哲學，它說：「柔弱者道之要也」。又說：

聖人守清道而抱雌節……常後而不先，柔弱以靜，舒安以定，攻大摩堅，莫能與之爭。（〈原道〉）

聖人不爲物先而常後之，其類若積薪樵，後者在上。（〈繆稱〉）

《老子》講柔弱講到最後，有轉化爲「寓弱於強」的傾向。《道德經》三十六章說：「將欲歙之，必固張之；將欲弱之，必固強之；將欲廢之，必固興之；將欲奪之，必固與之」。《淮南子》推衍《老子》的柔弱哲學，專門強化這一方面。它說：

行柔而剛，用弱而強。（〈原道〉）

欲剛者必以柔守之，欲強者必以弱保之。（〈原道〉）

柔弱的同時，念念不忘的是剛強。而眞正的剛強卻非一蹴可幾，必須透過積漸和緩的陶鍊工夫，才具韌度、成氣候。〈天文〉說：「柔日徙所不勝」，〈原道〉說：「積於柔則剛，積於弱則強」，此其一。其次，先者、強者恆爲弱者、後者的擋箭牌，弱者、後者恆受庇護，且以先者、強者爲戒鑑，拾取其失敗之經驗而順成，也是柔弱勝剛強的主因，這在〈原道〉裏有很詳細的說明。更重要的是：柔弱事實上比剛強具備了更大的彈性和韌度，因而也含藏更強的後勁。比較起來，《老子》的柔後較偏於以之爲自全長存之道，強大只是柔弱不爭之餘，自然而必然的收獲，並不一定是行柔不爭之初所懷藏的目的。《淮南子》的柔後，則是處心積慮地要致強大。〈兵略〉說要「示之以柔而迎之以剛」，行柔的背後，往往挾帶著強烈的剛強動機。如果說《老子》的「柔後」是看透式的，《淮南子》的「柔後」便該算是蓄意式的。自從《老子》觀測、體悟、並揭示出了這樣一條不敗的長存之道後，先秦的黃老學家便大加拓寬而專循此徑了。在《老子》，那是身處紛擾動亂的先秦，站在弱者的立場，冀由柔後去減少人際紛爭，換取久視長生之機。在《淮南子》，則是生處四海統一、時局大有可爲的初漢，站在強者的立場，初由新滅的嬴秦中鑑知剛強必敗之理，不得不收斂起強者姿態，出之以柔弱，去保住剛強。它所反映出來的，是一個強者躊躇滿志之餘的謹慎與戒懼。我們只要看〈詮言〉推論「成霸王」的因素，最後得出了一個「必柔弱」的結論，便不難了解漢代道家主柔後的心結。因此，〈原道〉篇在提到柔後的體道者時說他必須是「志弱而事強，心虛而應當」。什麼叫「志弱而事強」？根據〈原道〉的敘述，它是「藏於不敢」、「行於不能」、「動不失時，與萬物回周旋轉，不爲先唱，感而應之」，「行柔而剛、用弱而強」，最後希望能夠達到「得一之道」而「以少正多」的目標。〈原道〉並且說：所謂的「後」也不是「底滯而不發，凝結而不流」，而是要求能「周於數而合於時」。總之，「柔弱」不是一灘爛泥，持「後」也不是一團死寂或了無所謂，只是要求在不急躁反應之情況下，能更準確穩當地把握住事物發展的核心關鍵或時機，以便一舉致勝。一切表面的柔弱後退，其實是蓄勢待發，以便應「時」而「動」，「事強」才是重點所在，弱「志」只是爲了強「事」。這樣的「柔弱」當然不僅限於自保自全，而是更積極地轉化成爲致強、取勝的訣竅了。《老子》寓弱於強的意味，經它這一轉化，正式進入黃老權謀的界囿，成了一種與物回周旋轉、高效不敗之「術」了。而這樣的持「後」當然也變成了一種耐心、耐性的撐持與等待，等待事物發展的成熟時機，等待一舉致勝的關鍵性時刻。在這樣的情況下，重要的是「時」，不是「先」、「後」問題。「時」未至，自然宜後不宜先；「時」既至，則宜先不宜後。〈原道〉說：「執道理以耦變，先亦制後，後亦制先」。《老子》的「柔」、「後」哲學到此氣味本質都有明顯的改變，《淮南子》因此改稱之爲「因」或「因循」。而這個「因」或「因循」之術是要隨物、順勢、待時而變的。故而，因循的同時，《淮南子》也講「時」講「變」。這個「因循」、「時變」的哲學此後成爲《淮南》無爲論的主要內涵，整部《淮南子》如果用一個概念去提挈其精神，就是「因循」、「時變」。有關「時變」部分我們留待下節討論，這裏先談「因循」。

《淮南子》認爲，天地萬物莫不有其本然之性與自然之勢。「萍樹根於水，木樹根於土；鳥排虛而飛，獸蹠實而走；蛟龍水居，虎豹山處」，「兩木相摩而然，金火相守而流。員者常轉，窾者主浮。羽者嫗伏，毛者孕育。草木榮華，鳥獸卵胎」，春風至則萬物生，秋風至則草木零（詳〈原道〉）。這些都是萬物自然的性勢，也是萬物所自具以別於他類的基本特質，先天上有不可改易的絕對性。〈原道〉說：

> 夫徒樹者失其陰陽之性則無不枯槁。故橘澍之江北，則化而爲枳；鸜鴒不過河，貈渡汶而死。形性不可易，勢居不可移。

既然不可改易，我們便只有因順它。萬物非特生具這種可「因」而不可「易」的自然性勢，也同時生具循性求便的本能，爲全養其不可改易的形性，往往能因勢趨便，就其所遭遇的環境，自擇利便而趨之。換言之，萬物天生懂得在物與我，外境與己性兩不可改易的性勢之間，自然找出一條足以相依輔而不相衝突的和諧均衡之道，以利己而遂生。〈原道〉說：

> 禽獸有芄，人民有室，陸處宜牛馬，舟行宜多水，匈奴出穢裘，干越〔註 103〕生葛絺。各生所急，以備燥濕；各因所處，以禦寒暑。竝得其宜，物使其所。……九疑之南，陸事寡而水事眾，於是民人劗〔註 104〕髮文身，以像鱗蟲；短綣不絝，以便涉游；短袂攘卷，以便刺舟……雁門之北，狄不穀食，賤長貴壯，俗尚氣力，人不弛弓，馬不解勒，……禹之裸國，解衣而入，衣帶而出。

這種與外物外境自然協調的本能叫「因」。懂得因順外物外境，這也是萬物與生俱來的先天本能。它和萬物自然的性勢一樣，都是不知其然而已然的，功能卻妙用無窮，《淮南子》因此大加推闡。〈泰族〉曾引《愼子・因循》曰：「因則大，化則細」，〈主術〉說：「循道理之數，因天地之自然，則六合不足均也」，〈原道〉也說：「能因，則無敵於天下。」都是先肯定萬物有自然不可矯易的性勢，站在接受認可的立場，作適當的妥協，則萬物遍在，自然遍在，我也

〔註 103〕「干越」本作「于越」，茲依王念孫校改，其說同見註 2，卷 1〈原道〉，頁 18 當句下引。

〔註 104〕「劗髮」本作「被髮」，茲依王引之校改，其說同見註 2，卷 1〈道原〉，頁 19 當句下引。

與之而遍在。

有形事物如此，無形的事件也一樣，有它自具而固定的發展規律。這些規律也是堅確而具有決定該事件成敗的必然性，因此也是只能尊重而不能移易的，這些都是《淮南子》所謂的「數」、「道理之數」，都是該「因」的對象。所謂「循道理之數」、「因天地之資而與之和同」（〈精神〉），都是指的尊重並妥協於這些物先天的自然之性、或是發展的必然之理，這是《淮南子》因循說的第一層涵義。

而《淮南子》的因循術既然是從《老子》柔後思想演化過來的，便同時含帶了被動而不採主動，與去己不專制兩層含義。因此，在推演因循之理的同時，《淮南子》也衍論「應而不倡」與「不運於己」的哲學。它說：

> 聖人內藏，不爲物先倡，事來而制，物制而應。不爲福先，不爲禍始，保於虛無，動於不得已。（〈詮言〉）
>
> 聖人不先風吹，不先雷毀，不得已而動。（〈說山〉）

〈主術〉篇說一個執政者要懂得「物至而觀其變〔註105〕，事來而應其化」，才能不勞耳目精神地把天下治好，又說：

> 主道圓者，虛無因循，常後而不先。

教我們理治事物只有慢一步，不急著反應，才能透視事物的全貌，準確捏拿那核心的性勢或數，一舉而成。〈兵略〉教人「觀彼之所以來，各以其勝應之」，就是這個意思。這是「因循」的第二層涵義。

〈氾論〉說，周公在事文王的時候是「行無專制，事無由己，身若不勝衣，言若不出口」，〈詮言〉說：「聖人無思慮、無設儲，來者弗迎，去者弗將」，〈齊俗〉也說：「通於道者如車軸，不運於己而與轂致千里，轉無窮之原也」。這種無專制、無由己（不運於己）的特質正是「因循」的第三層涵義。在這樣的含義之下，一切的不任私智，「乘眾人之智，用眾人之力」便也都是「因循」了。總之，《淮南子》的因循術，幾乎涵蓋了一切無爲的內容而成爲整個無爲論的主要精神。它不但用「因」去界定「無爲」，說「無爲」是「循理而舉事，因資而立功」（〈脩務〉），更把這個「因」的道理擴展到一切人事的制作上而得到一個結論；舉凡一切事業沒有不假「因」術而成功的。它說：

> 三代之所道者因也。（〈詮言〉）

〔註105〕「觀其變」本作「觀其象」，茲依王念孫校改，其說同見註2，卷9〈主術〉，頁298當句下引。

> 先王之法籍非所作也，其所因也。（〈齊俗〉）
>
> 天下之事不可爲也，因其自然而推之。（〈原道〉）

大禹治水是「因水以爲師」（〈原道〉）、「因水之流」（〈泰族〉），神農播穀是「因苗以爲教」（〈原道〉），后稷墾殖也是「因地之勢」（〈泰族〉）。古今聖王設政立教，在《淮南子》看來，都是透過這種「因循」的手法才成功的。聖王立禁，每「因鬼神禨祥而爲之」，其垂法設刑也是「因民之所喜以勸善，因民之所惡而禁姦」（〈泰族〉），湯武取天下是「因民之欲」，先王制禮也是「因民之所好而爲之節文」。〈泰族〉說：

> 因其好色而制婚姻之禮……因其喜音而正雅頌之聲……因其寧家室、樂妻子，教之以順……因其喜朋友而教之以悌。然後修朝聘以明貴賤，饗飲習射以明長幼，時搜振旅以習用兵，入學庠序以修人倫。

甚至連冶匠鑠鐵鑄金，鍛刀塑劍也都要「因其可」，即使是駕馬、服牛、馴雞、使狗的小事也都是「因其然」（〈泰族〉）。政治上要「因循而任下」，用兵更要「因勢」、「因資而成功」、「因與之（敵）化」。〈時則〉整篇從頭到尾就是一篇因自然而制人事的記錄。

總之，一切人事之治如果要通達順遂是必須透過這種「因」的手法，去與事物對象取得妥協，由順應外物中去理治外物，由與物無忤中去超越外物，一本「不犯禁而入，不忤逆而進」（〈齊俗〉）的原則去全物（使盡其性）、同物（協調於物），終而制物（理治、疏導外物）。如此，不只闡釋了道家循天保眞的無爲義，也印證了唯天人調和而後足以「無不爲」的道理。我們也唯有全物之性，使物得盡其性，才能「曲得其情」（〈說林〉），然後可以馳應之而不失其宜，理治之而不失其當，如「量鑿而正枘」（〈人間〉），無所差爽。也唯有妥協於物，然後得以消除一切無謂的乖忤與挫折，而與物共馳驅，假物之利、之用，濟我之便宜和困窮，故事有不爲，爲則無不達。

這個「因」的哲學，早期直可上推至《老子》「和光同塵」的「玄同」（五十六章）。不過，《老子》原本只是求其順隨外物，以避免突露出眾，成爲搶眼目標，以減少侵害，保全自我。《老子》之外，《莊子》也標「因」名，內、外篇多次提到「因」，主要是爲了破除「我」「執」，大通於自然，以達逍遙至境。因此，它並不一味順隨外物，一方面說「形莫若就，心莫若和」，另一方面又說「就不欲入，和不欲出」。眞正把這個「因」的哲學大用之於人事之治理，使之發展成高妙的治事技術的，是先秦的黃老學家。這在《管子》、《慎子》、《韓非子》、《呂氏春秋》中，我們都可以清楚地看到對這種「因」術的推闡。推想起來，應該是：這個「因」的哲學以其無比的後勁，成爲黃老思想的核心精神，隨著黃老思想的普遍流行於戰國秦漢之間，這種「因」的人事之「術」也被廣泛採用。因此，在《管子》裏，施政用兵都要「因」。〈玄宮〉說：「時因，勝之終。」〈兵法〉也說：「得地而國不敗者因其民也」。施教要「因便而教」，〈君臣〉上說：「民性因而三族制也」。〈勢〉說：「天因人，聖人因天」，〈九守〉說，人君制刑罰要「因其所以來，因而予之」，〈形勢解〉說明主治天下，要懂得「因天下之智力起」，才能「身逸而福多」。最可注意的是〈心術〉上對「因」術的解釋：

> 有道之君其處也若無知，其應物也若偶之，靜因之道。……無爲之道，因也。因也者，無益無損也，以其形，因爲之名，皆因術也。……去智與故，其應非所設也，其動非所取也，此言因也。因也者，舍己而以物爲法者也，感而後應，非所設也；緣理而動，非所取也。

「因」是「無損無益」、「緣理而動」、「以物爲法」，這是順物自然的性勢，是前述第一義的「因」。「因」又是「以其形因爲之名」、「感而後應」，這是不操主動，不得已而爲，是前述第二義的「因」。「因」必須「若無知」、「無損無益」於物，「去智與故」、「舍己」而「非所設」，這又是前述第三義的「因」。對於「因」術的直接說明相當清楚，在黃老學家，「因」就是結合這幾個要素而成的一種治事技術。

《管子》之後，純以「因循」之道爲應事理物之唯一通則，是介於道法之間的慎子。《慎子・因循》篇說：「天道因則大，化則細」。一有關慎子的因循說，《莊子・天下》篇說它：

> 公而不黨，易而無私，決然無主，趣物而不兩。不顧於慮，不謀於智，於物無擇，與之俱往……棄知去己，而緣不得已，冷汰於物以爲道理……謑髁無任……縱脱無行……椎拍輐斷，與物宛轉，舍是與非，不師知慮，不知前後……。

總之，它要去除一切心知的謀慮，無所選擇或辨別，以任順外物而與之共宛轉，「推而後行，曳而後往」，全然被動，以化同於無知的外物，「若飄風之還，若羽之旋，若磨石之隧」。在慎子看來，只有全然無知的外物才能免去「建己之患」與「用知之累」，我們的行事也只有全然化同於無知的外物，取得外物各別之理來依循，才能免去自恃與專主。

顯然，愼子所要「因」的「理」，是指的無知的外物個別之理。而它的「因」術是全然無選擇的共逶迤，這便充滿了消極與無奈。《莊子》譏刺它是「死人之理」就是這個意思。愼子之道也因此始終無法成爲超然於事物之上的指導原則，而必須另外拈出一個絕對無知慮、去聖賢的「法」或「刑」，終於步入了法家之途。欽定《四庫全書提要》序說愼子：

> 欲因物理之當然，各定一法而守之，不求於法之外，亦不寬於法之中……然法所不行，勢必刑以齊之，道德之爲刑名，此其轉關。

《老子》思想中的某些精神如何被法家大量擷用，以及戰國以下法家爲何同時也都精通黃老之學，在這裏我們找到一些答案。

愼子之後，韓非繼起，尤執此「因循」之術專用之於政治，成就其無爲的治術。〈八經〉說治天下要「因人情」，〈定法〉也說治官要「因任而授官，循名而責實」。〈大體〉篇說人主要「守成理，因自然」，施政用人要「因物以治物，……因人以知人」（〈難三〉），「使智者盡其力，君因以斷事……賢者敕其材、君因而任之」（〈主道〉），這樣才能「不窮於智，不窮於能」。另外，〈喻老〉也說要「因乘以導之，因隨物之容」、「因資以立功」。

繼愼子、韓非之後，《呂氏春秋》也以「因」爲治事的要領，昌言其用。不僅有〈貴因〉專論「因」用，在〈知度〉、〈任數〉、〈順說〉、〈決勝〉、〈貴富〉各篇論政、論兵、論說、論修養，皆莫不以「因」爲要術。論政方面，它說：「有道之主因而不爲」（〈知度〉），「因者君術也，因冬爲寒，因夏爲暑，君奚事哉？」（〈任數〉）。論兵方面則說：「凡兵貴其因也」，「因敵之險」、「因敵之謀」、「能因而加審，則勝不可窮矣」（〈決勝〉）。論說時則要「因人之力以爲力，因其來來而與之來，因其往而與之往」（〈順說〉）。論修養則應「因其固然（之性）而然之」（〈貴富〉）。徧觀天下之事幾無一不「因」，堯舜相禪、湯武革命、大禹治水、曆官推曆也都是「因」，因民、因水、因天。因此說：「三代所寶莫如因，因則無敵」（〈貴因〉）、「作者擾，因者平」（〈君守〉），對於「因循」之道眞是推崇備至了。

上述各家理論，都可說是《淮南》因循術的沿承。但，比較起來，《淮南子》較偏於《管》、《韓》、《呂》一路，以之爲治事理物的通則。這個「因循」的思想不但是《淮南》無爲論的核心思想、《淮南》全部思想的核心精神，更是早期西漢政治，乃至整個漢代制度的核心精神。西漢早期的政治固然是靠著因循無為的黃老精神而邁入平治，整個漢代制度又何嘗不是靠著對秦制的因循而站穩茁壯起來的。

（六）時、變與權、常

與慎子「因循」說最大的不同是，在主「因循」的同時，《淮南子》也講「時變」。原本在主柔後的同時，《淮南子》便已說過，要把握贏取的不是先後問題，而是「時機」，最成熟、恰當的時機才是決定事物成敗的重大關鍵。在《淮南子》，這和它前面所說事物發展的客觀規律是緊密相合的，時機也是一種事物發展的客觀規律，是前述「數」的一部分，「周於數」便包括了「合於時」。在這樣的觀點下，《淮南子》認為事物成敗與否，關鍵並不全然決定於當事人內在主觀的才德，而每每有賴於外在客觀的時機。所謂形勢強於人，古今多少「所行同而利害異」或「意行均」而窮達不同的例子。儒墨仁義，世所高慕，皆一時之顯學，然「徐偃王為義而滅，燕子噲行仁而亡；哀公好儒而削，代君為墨而殘」（詳〈人間〉）。太公比干同德，太公封，比干剖（〈繆稱〉），這一切並不意味著賢德、儒墨、仁義有何不好，或諸人行為有何不妥，問題只在「時機」不恰當。同樣的人和事，時間出了差錯，結果便不同。《淮南子》說：

> 事周於世則功成，務合於時則名立……仕鄙在時不在行。（〈齊俗〉）
>
> 善鄙同，誹譽在俗；趨舍不同，逆順在時。（〈人間〉）
>
> 遇者能遭於時而得之也，非智能所求而成也……功所與時成也。（〈詮言〉）

《淮南子》因此得到結論，「得在時，不在爭；治在道，不在聖」（〈原道〉）。一個立功行事的人，不能不特別注意把握客觀而外在的「時」。但，時卻很難把握和捉摸。《淮南子》說：

> 時之反側間不容息，先之則太過，後之則不逮，時不與人遊，……時難得而易失也。（〈原道〉）
>
> 時之至，不可迫而反也，要遮而求合；時之去，不可追而援也。（〈詮言〉）

一個善於建立事功的人，首先就要學會掌握時機，時機尚未來到之前要耐心等，時機一旦來到，就該當下捏拿穩當，牢握不可失。「待時」和「乘時」因此成了行事的緊要工夫，它說：

> 事或不可前規，物或不可豫慮，卒然不戒而至，故聖人畜道以待時。（〈說山〉）
>
> 聖人者不能生時，時至而弗失也。（〈說林〉）

時機是客觀地隨著事物的自然發展而漸臻成熟，而不是我主觀的意願或才智所可如何的。因此，你只能去等待它，而無法催迫它。當它尚未來到之前，你只合耐心等待。這種事前的儲備工夫做得越澈底，越有助於你相準時機，做好爾後的駕馭工作。所謂「持後」就是希望先做好這些，這叫「內治而待時」（〈詮言〉），「畜道以待時」（〈說山〉）。而時機一旦來到，則要當下抓牢，這叫「應化揆時」（〈原道〉）、「動不失時」（〈人間〉）。〈原道〉說，大禹爲了搶握時機，「履遺而弗取，冠挂而弗顧」，就是深切明瞭時機之不可錯失。

而在另一方面，照道家的說法，事物自然的道理久盈則損，隆極必殺，在恆定不變的性勢中，仍有必變的自然趨勢。在與物透迤「因循」之同時，物既有極而必變的性勢，我也當順著相應以變。否則，當物勢由盛轉衰、由盈漸損、由隆趨殺之際，我若不能乘時應變，而一味與之共「宛轉」，則物衰殺，我也與之共衰殺，終而相率於窮窘。必也物極反而我相應以變，物衰殺而我及時更爲，然後可以不隨衰墮而淪於困窮。適「時」地「變」正是爲了「救敗扶衰」。〈泰族〉說：

> 天地之道，極則反，盈則損。……物有隆殺，不得自若。故聖人事窮而更爲，法弊而改制，非樂變古易常也，將以救敗扶衰，黜淫濟非，以調天地之氣，順萬物之宜也。

能順勢變改，不與物共衰殺，這是《淮南子》因術對愼子所作最大修正。《淮南子》的「因」術本來就是站在趨「利」求「便」的大前提下講的，「便」、「宜」之所在則「因」，其所「因」，是那「利」、「便」的情勢，而不是事物的形迹本身，「利」、「便」的情勢改易，所因的形迹也要隨之改易，這叫因變，因著利便的情勢而「變」。就情勢之利便而言，不論形迹變不變都是「因」，都常「因」。換言之，《淮南子》「因」術是隨「勢」以因，非隨「迹」以因，因其「勢」而不因其「迹」。就此「勢」言，恆「因」而不「變」，就其「迹」言，則或「因」或「變」，一以「利」、「便」的情勢條件爲轉移。這比起愼子僅抬出一個事物固定之理來做爲依據，確是靈活周延得多。〈氾論〉說：

> 苟利於民，不必法古；苟周於世，不必循舊。

常故不可循，器械不可因，先三之法度有移易者矣。

「常故」、「器械」都是指事物的形迹。〈說山〉說：「循迹者非能生迹者也」，要「循」的是「勢」而不是「迹」，「勢」隨「時」變，「迹」也該變。〈齊俗〉說：

世異則事變，時移則俗易。故聖人論事而立法，隨時而舉事。

五帝三王立法，三代制禮樂，莫不及「因時變」而制宜適，「五帝貴德，三王用義，五霸任力」、「殷變夏，周變殷，春秋變周」（〈人間〉），各不相同，卻都是因「時」、「宜」而制「變」，何曾有「常」？〈氾論〉說：

……先三之制不宜則廢之，末世之事善則著之，是故禮樂未始有常也。……夏商之衰也，不變法而亡；三代之起也，不相襲而王。故聖人法與時變，禮與俗化，衣服器械各便其用，法度制令各因其宜，故變古未可非而循俗未足多也。……聖人論事之曲直，與之屈伸偃仰，無常儀表。

基於這樣的觀點，《淮南子》反對盲目迷戀上古，或貴古而賤今。這在〈脩務〉、〈氾論〉等篇都有明白的批判；〈脩務〉說：

世俗之人多尊古而賤今，故爲道者必託之神農黃帝而後能入說，亂世闇主高遠其所從來，因而貴之，爲學者蔽於論而尊其所聞，相與危坐而稱之，正領而誦之，此見是非之分不明……今劍或絕側羸文，齧缺卷鋌，而稱以頃襄之劍，則貴人爭帶之。琴或撥刺枉橈、闊解漏越，而稱以楚莊之琴，側室爭鼓之。苗山之鋌、羊頭之銷，雖水斷龍舟，陸剸兕甲，莫之服帶。山桐之琴、澗梓之腹，雖鳴廉脩營，唐牙莫之鼓也。

〈氾論〉也說：

圖工好畫鬼魅而憎圖狗馬者，何也？鬼魅不世出，而狗馬可日見也。

上古的事物，隔著一定的時空，留下較多想像與附會的空間。而且透過時空的過濾，渣滓盡去，精華獨存，因此較能產生錯覺美感。而《淮南子》卻認爲，一切事物都該實際觀測過內質，所作的價值判斷才有效。一個眞正可靠的價值判斷，是應有其自具的原則與標準，不爲時空所干擾。〈脩務〉說：

有符於中，則貴是而同今古；無以聽其說，則所從來者遠而貴之耳。

一個佩劍者，該在乎的是劍利不利，而不該在乎它是不是墨陽、莫邪；乘馬者只合問馬跑不跑得快而遠，不必問是不是驊騮、綠耳；彈琴的人應在乎琴音好不好，不必在乎是不是名琴濫脇、號鐘；唸詩書的人也不一定非唸〈洪範〉、〈商頌〉不可。美人不是只有西施一人，通士也非僅孔墨而已。總之，今世未必不好，上古不足依戀。

《淮南子》並非一味求變務新者，在新與舊、變與「不變」之間有其一定準據。〈氾論〉說：

事變而道不變。

知法治所由生，則應時而變。

仁以爲經，義以爲紀，此萬世不更者也。若乃人考其才而時省其用，雖日變可也。

「變」必須有其恰當的理據和根源，變其該變，而不變其不必變。這個恰當的理據是「時」也罷、「勢」也罷、「數」也罷、或總稱爲「道」也罷，終歸是一個合理的根源。站在這樣的根源上談「變」，這個「變」才有意義、有價值而不流於蠢動亂變。

前文站在「變」的觀點說天下無常法，禮樂未始有常，這裏卻強調「變」必須有一個合理的根源，「事變而道不變」，這便牽涉到一個「權」與「常」、「道」與「迹」的問題。什麼叫做「權」？〈氾論〉說：「勢不得不然，此權之所設也」。「權」是爲了應猝救急、取便得宜而設的，是爲了迎「時」合「勢」而不得不暫時採取的應變措施。〈氾論〉說：「器械者因時變而制宜適」，這個因「時變」而制的「宜適」便是「權」，「宜適」就是「權」的最直接功能。「權」既然是因「時」而制，當然也隨「時」而轉移。它有一定的時效。當它隨「時」生用時，我們說是行「權」；當它隨「時」轉移而去時，便成了「迹」，它和「道」之恆定通則不同。〈說林〉說：「道德可常，權不可常」。「道」是恆常穩定的理據，「權」卻是應「變」而生的治事手法。〈氾論〉說：「聖人所由曰道，所爲曰事。道猶金石，一調不更；事猶琴瑟，每弦改調」。「權」就是應時而爲的「事」。

「權」儘管時效短暫，效果卻是立竿見影，即用即生，當下顯呈，用以濟助廣闊遼遠的「道」效之所不及，倒還眞是便捷可喜。在《淮南子》的無爲思想裏，它因此也被列入治事的重要工夫，連聖人都講求。〈氾論〉說：

唯聖人爲能知權。

聖人以權從事於宜，不結於一迹迪之塗，凝滯而不化。

總之，在《淮南子》的理想中，一個眞正的體道者，一方面「中有本主」，另一方面卻「儀表無常」。在對外行爲的表現上，他「虛心弱志」地去除一切的剛愎與自我，去應物「耦變」。但在內精神上，他卻時時「內修道術」，以游於精神之和，使其神志恆能不與物散，保持「清明而不闇」。他的「耦變」是「執道理」的，不是隨物妄散的。他有所變，也有所不變，變的是外在行事的技巧，不變的是「道」、是「理」、是「數」。守「道」而變「迹」，這叫執「常」而行「權」，「動於權而先於善」（〈泰族〉）。〈氾論〉說：

> 《周書》有言曰：「上言者下用也，下言者上用也」；上言者權也，下言者常也，此存亡之術也。

「變」與「不變」，「權」與「常」迭相濟用，無非希望這個無爲的「因」術，能含備更周密、圓融的條件而常用不敗。

這種「時變」的哲學應該是承自法家與《呂氏春秋》的。法家傳統一直是重時求變的，商君、韓非都以「時變」爲立法強國的大原則，這在《商君書・更法》等篇中有清楚的說明。韓非在主「因」術之餘，也講「時變」。這是因爲法家思想在諸子中原本就最具現實感，最重時效，因此，它既不法先王，也不法後王，只說：「法與時轉……治與時宜」（《韓非子・五蠹》）。「時」、「變」精神因此成了法家思想的重大內容。法家之外，呂覽除了主「因」術外，也論「時」、「變」，在〈胥時〉中，它昌論「時」的重要，〈察今〉篇敷論「時」、「變」之旨，這些都爲《淮南子》所汲取。它把它們和汲自《老子》「和光同塵」和柔後哲學的「因循」之術結合起來，成就一種既深具韌度與後勁，卻又靈活富彈性的應事之術。它一方面用「因循」說去補充《老子》柔弱的技術，另一面也用「時變」說去強化《老子》雌後的理論，明顯地呈現出其雜而偏道的思想性質，與刻意積極道家無爲論的用心。

四、結　論

作爲西漢道家思想總成果的《淮南子》，不但清楚地反映了儒術獨尊以前漢代學術的全貌，也強烈凸顯了漢代思想的精神特質〔註 106〕。這些特色在《淮南子》書中各論所表現的，都同樣明顯而一致。它總是一方面採摭各家之說，另一方面加以協調改造。這樣的手法表現在作爲全書思想主軸的道家思想方面，尤其顯得積極而澈底。

〔註 106〕參見任繼愈主編：《中國哲學發展史》（秦漢部分）（北京：人民出版社，1983年），頁 296～297。

就「無爲」一論來說，它幾近全面地汲取了先秦道家無爲論的精神與內涵——虛靜、保眞、反智、柔後、崇道，卻將它們的方向固定在朝向事功與應用一端去發展。同時結合儒家思想中可以和道家保眞理論相牽合的某些修身概念，乃至與道家思想截然反對的法家「時變」精神，自然而巧妙地揉合在一起，大大地改造了《老子》，乃至先秦道家的柔後哲學與反智思想，重新塑造出一套屬於漢代，乃至《淮南子》特有的「無爲」理論。在這些理論裏，反己與保眞是互濟並存的，勸學與反智可以並講而不相牴觸，崇道成了尊重外在客觀規律，柔後演變成含帶無限韌度與後勁的「因循」術，它甚至必須和「時變」相結合地使用，道與事、權與常在道家原本對立的東西，到此都成雙配對地並重而不能偏廢了。除了用語上偶犯的極少數不統一的小疵外〔註107〕，《淮南子》相當用心、刻意、也算圓滿成功地調和了儒、道、法三家的某些或對立或相關的理論，發展並改造了先秦道家，尤其是《老子》的無爲思想，成就了《淮南子》式的「無爲」。

第八節　《淮南子》的政治思想

向來研究《淮南子》思想的，大多著重於對「無爲」與「政治」兩項的探討。這兩大論的確是淮南廿篇（〈要略〉除外）中最顯著的部分。「無爲」

〔註107〕不可諱言地，在淮南子的無爲理論中存在著兩個美中不足的小瑕疵：

1.〈脩務〉說「無爲」不是「寂然無聲，漠然不動」，是「私志不得入公道……」等等，能「因」非所謂「爲之」，「用己而背自然」才叫「有爲」。這一段原本交代得眉清目楚、涇渭分明。但，爲了證明「無爲」不是「漠然不動」，它詳列神農、堯、舜、禹、湯五聖劬勞的例子，反覆地說：「以五聖觀之，則莫得『無爲』明矣」、「聖人憂民如此其明，而稱以『無爲』，豈不悖哉？」這兩個「無爲」顯然指無所事事，是那個被誤解爲「漠然不動」的「無爲」。但它卻用了相同的詞面。由於它敘述層次分明，讀者至此，自能領會，不致淆亂，而且全書唯此兩例。但詞面混淆，終是美中不足。
2. 對於「數」一詞的援論，也有過類似的小小困擾。在大多數的時候，《淮南子》的「數」是指的一種關聯於「道」的事物核心性徵，或自然發展的客觀規律，是其無爲論所要「因」的合理根源。凡事只要是周數、因數都是對的。但，在〈原道〉中，談到道大智小，循道去智時，卻說：「釋大『道』而任小『數』……亂乃愈滋」，把「道」和「數」對立起來，用以指稱循「智」巧而生的造作或技能，不過這類例子全書也只此一見。以上兩例，儘管絲毫無礙於《淮南子》無爲論的任何體系或重大思想，卻無可諱言，是瑕疵。但，它不是《淮南子》的獨特現象，漢代思想家的理論中常如此。

是全書思想的脊柱，也是其他各論的基礎；「政治」則是全書撰作的最終目的〔註 108〕，全書的應用理論就以政治方面的理論最完整、最有系統、也最出色，把《淮南子》「統天下」、「通殊類」的理想，和雜家博采融和的工夫作了相當成功的示範。

《淮南子》推崇《老》、《莊》〔註 109〕，標舉「無爲」，它的思想精神自然偏向道家。但另一方面，它更求「用」，在「用」的大前提下，因而不能不兼其他講求實用實效的各家學說以爲濟助，它對政治的主張，就是個顯例。基本上，道家的前輩老子和莊子都是反對干預、不講實用的。因此，道家在先天上缺乏具體的政治心得與理論。《淮南子》論政因不得不挹取對政治較有心得，也最用心力的儒、法刑名學說以爲濟助。它以道家清靜簡約的精神爲人君施政的最高指導原則，以法家尊君卑臣、明法重勢、循名責實的政治系統爲骨幹，配合儒家仁、義、誠、恩的觀念，和陰陽家精氣感通的說法，架構出一套大公無私、合情合理、無爲動化的理想政治。〈主術〉分政治爲三等：「太上神化，其次使不得爲非，其次賞善而罰暴。」〈泰族〉篇也說：「治國太上養化，其次正法。」「神」、「化」兩字連稱不見於先秦以前各家，荀子有「至誠動化」、「誠信生神」、「神則能化」（〈不苟〉），乃至「政令至明而化易如神」（〈正名〉）一類的理論，卻不曾「神化」連用。何謂「神化」？〈主術〉、〈泰族〉、〈繆稱〉都再三標榜過，〈泰族〉說：

> 聖人懷天氣、抱天心、執中含和，不下廟堂而衍四海，變習易俗，民化而遷善，若性諸己，能以神化也。
>
> 聖人……不施而仁，不言而信，不求而得，不爲而成，塊然保眞，抱德推誠，天下從之，如響之應聲，景之像形。

〈主術〉說：

> 聖主在上，廓然無形，寂然無聲，官府若無事，朝廷若無人，無隱士、無逸民、無勞役、無冤刑，四海之內莫不仰上之德，象主之旨，

〔註 108〕淮南子的撰著原本是有著規擬治圖的實用目標的，他們試圖爲漢帝國構擬一套全備的「帝王之道」，廿一篇一成書，劉安便把它獻給了新即位的皇帝，作爲賀禮。

〔註 109〕淮南子開宗明義的兩篇，〈原道〉以解老，〈俶眞〉發揮《莊子》之義，又有〈道應〉全篇例證《道德經》的道理，劉安並撰有亡佚的《莊子略要》、《莊子後解》等著作，就是內書二十一篇中引用《莊子》的文字也居各家之首，約爲全部引用文字的 70%左右，他們對老、莊的推崇可想而知了。

夷狄之國重譯而至，……推其誠心，施之天下而已矣。

至誠而能動化。

〈繆稱〉也說：「心之精者可以神化」，這就是所謂的「神化」——他們所推崇的理想政治的極致。這些理論說明了：（一）具體有形的法治是治之下策，最高明的政治是化於無形的，法令的出現顯示政府防範犯罪的失敗。（二）化於無形的政治理想是有條件的，它有賴執政者以其內在的「精」、「誠」、「德」去「動化」。這裏他們把先秦道家的「眞」、儒家的「誠」、「德」和陰陽家的「精」、「氣」統統用上，而且合爲一物，以代表一種純粹完善的生命本情。執政者若能把握住自己這種純粹不雜的生命狀態去面對天下，感應所及，天下自然向化。換言之：最高明的政治是無形的自然影響，是人我之間生命精神的自然流通，而不是有形的刻意賞罰。這種自然影響的溝通方式，其實是儒家、陰陽家、道家都講的，只不過道家管它叫「清靜無爲」，儒家叫它「恭己」，陰陽家直稱它「感應」而已。《淮南子》對準這一共通性，把三家的說法統合起來。而這種無形動化的政治，就其虛靜不露形迹而言，確是道家本色。然就其四海向德、夷狄重至的目標而言，卻又是十分典型的儒家教化了。不過，這種太上至境或許只能充作理想而不易達到，這時只好退而求其次，充善其心，防範其爲非。再失靈，便只好任法以律之了，這是《淮南子》政論的基本概念。從這裏，我們已約略看到各家思想在其政論中所佔成分比重及地位高下了。循此推衍，因而開展出一套情、理、法兼顧的政治體系。

一、政治的目的與原則

《淮南子》認爲，政治的最大目的在解決人民的問題，爲民「興利除害」。〈泰族〉說：「爲治之本務在寧民」，〈氾論〉也說：「治國有常而利民爲本。」〈主術〉、〈脩務〉、〈兵略〉各篇對此都有很好的發揮，〈脩務〉說：

古之立帝王者……爲天下之強掩弱、眾暴寡、詐欺愚、勇侵怯，懷智而不以相教，積財而不以相分，故立三公九卿以齊一之。爲一人聰明不足以遍照海內，故立三公九卿以輔翼之。爲絕國殊俗、僻遠幽間之處不能被德承澤，故立諸侯以教誨之。……所以衣寒食饑、養老弱而息勞倦也。

〈主術〉也強調堯之有天下是爲了「和輯」百姓的「力征」，這些已把政治的目的說得相當清楚。政治的目的既在「利民」，政府的出現既是爲民排難解紛，政治的重心自然也在民不在君。〈泰族〉說：「人主之有民也，猶城之有基，木之有根，根深則本固，基美則上寧。」故為政之要首在得民心。〈齊俗〉說：「三皇五帝法籍殊方，其得民心均也。」〈泰族〉也說：「所謂有天下者，非謂其履勢位、受傳籍、稱尊號也，言……得天下之心也。」而得民心的方法既不是懸法設賞，也不是豐禮重惠，而是本心發情，「誠」、「恩」以感之。〈齊俗〉說：「禮豐不足以效愛，而誠心可以懷遠。」〈繆稱〉也說：「仁心之感恩接……故其入人深。」天地間眞足以打動人心，產生偉大共鳴效果的，只有「誠」與「恩」。法令賞罰確實有助於推行政治，但眞正能使法令賞罰獲得普遍認同而達到預期效果的，仍是這顆操制法令的「心」。此「心」由誠有恩，則法不懸而民用，推行政令，「心」宜先於「法」。〈泰族〉說：

> 矢之所以射遠貫牢者，弩力也；其所以中的剖微者，正心也。賞善罰暴者政令也，其所以能行者精誠也。……故摅道以被民而民弗從者，誠心弗施也。

〈繆稱〉也說：「同令而民化，誠在令外也，聖人在上，民遷而化，情以先之也。」執政者能「抱質效誠」，便能「感動天地」。因此，〈繆稱〉說：「唐虞之法可效也，其諭人心不可及也。」法令制度或可移用自他人或前代，只有這種鮮鮮活活的生命眞情全靠自己去體味和把握，把握得好，自然能達到「懷道而不言，澤及萬民」的「神化」至境。其次，政本在民，上治得民心，因此一切政令制度的訂定與設立也應該應合民心，不違民利，這是淮南子論政的基礎，大致上是儒家仁民、民本觀念的移用。從這裏出發，《淮南子》修正並換轉了法家的法論系統。

在政治的基本觀念上《淮南子》儘管充滿儒家的民本色彩，但是，在施治的技術上，它卻採用了道家的虛靜無為，做為最高指導原則。〈氾論〉說：「聖人守約而治廣。」它認為從事像「統天下、理萬物」這樣龐雜重大的政治工作，在操持的技術上不能不加以講求。〈詮言〉說：

> 量粟而舂，數米而炊，可以治家而不可以治國；滌杯而食，洗爵而飲，浣而後饋，可以養家老而不可以饗三軍。非易不可以治大，非簡不可以合眾，大樂必易，大禮必簡，易故能天，簡故能地。

這些觀念基本上是從老子理論推演出來的。老子說道，以虛無為體，卻孕育一切，創生一切。虛無是至「簡」至「易」的了，老子因此教人要「清靜」、要「儉」、要「約」、要「嗇」。《道德經》說：「清靜為天下正」（45 章），又說：「我有三寶，持而保之：一曰慈，二曰儉，……慈故能勇，儉故能廣」（67 章）。而 59 章說得更清楚。它說：「治人事天莫如嗇，夫唯嗇，是以早服……是謂根深蒂固、長生久視之道。」這個「嗇」字韓非把它解釋作「寶愛精神，節省智識」（見〈解老〉）。《莊子・天下篇》也說老聃「以『約』為紀，常寬容於物，不削於人。」從這些觀念中，《淮南子》提煉出了「簡」、「易」、「約」、「省」的觀念來，做為施政的指導原則。它說：「聖人事省而易治、求寡而易贍」（〈主術〉），又說：「大政不險，至治寬裕」（〈泰族〉）。一個執政者在政治上越想大有作為就越不宜汲汲作為，愈想求治，就越不宜苛削施治。因為「小辯」足以「害治」，「苛削」只會「傷德」（〈泰族〉）。一再騁能竭智，大費心力去興治的結果，天下臣民將因他的頻繁舉措而疲於奔命、窮於應付。〈繆稱〉說：「水濁者魚噞，政苛者民煩」，〈主術〉也說：「上多事則下多態，上煩擾則下不定，上多求則下交爭。」一個成功的統御者，應該懂得「處靜以脩身，儉約以率下」的道理，一方面寶愛自己的精神生命，另一方面用最不繁瑣的手法去領導他的臣民。把老子這種「虛靜」、「儉約」的哲學往「用」的方面去推展，《淮南子》甚至認為一個治人者，他內在的自我條件儘可以求其充實全備，他處理事情的手法卻必須「簡」、「約」。他的「志」儘可以「無不懷」，「知」儘可以「無不知」，「論」儘可以「無不博」，「能」儘可以「無不治」，行起「事」來，卻必須能「鮮」，必須懂得「約所持」（詳〈主術〉）。所謂的「事鮮」，根據《淮南子》自己的解釋是「執柄持術，得要以應眾，執約以治廣」（〈主術〉）。這就不僅止於道家的「寶愛精神，節省智識」了，而是更進一步積極去保握要領、講求方法，由借精愛智轉化成講求方法與把握要領，這是黃老之術對老子思想十分典型的脫化模式。《淮南子》裏所表現出來的道家思想便常常是這種脫化自老子的黃老色彩，而不是老子或莊子的。這樣的「儉約」或「鮮」、「易」自然是架構在相當的條件之上，而不是草率疏略、空洞貧乏的，當然厚實而可信賴了。事實上，先秦道家所說的那個「虛靜」的「道」原本也不是空集合，而是涵孕一切、條件十分充足完備的。淮南子這一轉化，基本上並沒有離他們太遠，只是把它往「用」的途徑上推進了一步而已。在《淮南子》看來，一個人處理事情如果苛削煩瑣，頭緒猥多，正顯示他的不知條理和手忙腳亂，治天下如此，必然弄得上下亂成一團、狼狽不堪。相反地，如果他懂得「執柄持術」，能「執約」、「得要」，辨本末、別條理，治理起來，自然從容寬綽、游刃有餘。這樣的「儉約」質性自然不粗糙，而根本是成熟、練達了。〈要略〉說，「狂者無憂，聖人亦無憂。聖人無憂，和以德也；狂者無憂，不知禍福也。」這樣的「儉約」，正是「聖人無憂」這一類的了。

至於如何地去把握要領，如何地「執術」、「得要」？《淮南子》提出了一個「因」字，有時也用「循」字。在許多篇裏，它更一再地強調這個「因」的道理，這個「因」字甚至可以說是整部《淮南子》應用思想的核心，《淮南子》就是用這個「因」字去詮釋並塡實老子「無爲」思想的內容。所謂的「因」就是假借或依倚一切內、外在的有利條件去行事，凡能假借周遭甚或本身一切有利的條件去行事，都能得到事半功倍的效果，是至「約」至「簡」至「省」，《淮南子》因此極力地發揮這個「因」的道理，強調「因」的功能：作戰要因天時、因形、因勢、因敵，施政用人更要「因」，民心可「因」、人臣的智能可「因」，客觀具體的法令賞罰可「因」，人主先天上與生俱來的權、勢、位，無一不可「因」。所以，《淮南子》教人施政立法要「因」民性、「因」民心、「因民之欲」、「拊循其所有而滌盪之」（〈泰族〉）、「因其所喜以勸善、因其所惡以禁姦」；用人要「循名而責實」；立功行事要「因資」、「因勢」，發號施令要「因道之數」、不「拂道理之數」、不「詭自然之性」（〈主術〉），這些都是「因」。能懂得「因」的道理，把握這個「因」的要領，治天下眞可以做到隨心所欲、收放自如的地步，那眞是無往而不利了。〈主術〉說：

> 聖人之治也，其猶造父之御也，齊輯之于轡銜之際，而急緩之于唇吻之和，正度于胸臆之中而執節於掌握之間，內得於中心〔註110〕，外合於馬志。是故能進退履繩而旋曲中規，取道致遠而氣力有餘，誠得其術也。

這才叫「執約」，才是眞正地「得要」之「術」。這樣的領導統御表面上是絕對地清靜簡（儉）約，事實上卻是不折不扣超高效率、超高水準的政治藝術，這是《淮南子》對先秦道家虛靜無爲的詮釋和發揮。《淮南子》這種「因」的思想其實是遠承先秦道家「無爲」去己的精神，而近襲戰國以來的黃老和《呂氏春秋》的。法家的《愼子》有〈因循〉，篇中說：「天道因則大，化則細；因也者，因人之情也。人莫不自爲也，化而使之爲我，則莫可得而用矣。是

〔註110〕「中心」本作「心中」，茲依王念孫改，見劉文典：《淮南鴻烈集解》（台北：文史哲出版社，1982年），卷9〈主術〉，頁297當句下引。

故先王見不受祿者不臣，祿不厚則不與入難，人不得其所以自爲也，則上不取用焉，故用人之自爲，不用人之爲我，則莫不可得而用矣，此之謂因。」這是講「因」人有「自爲」之心以用人。其後韓非也講「因」，要人「因物以治物、因人以治人」（〈難三〉）；「因法數」（〈有度〉）、「因自然」（〈大體〉）、「因人情」（〈八經〉）。因爲愼子和韓非子都是法家，法家在講到抽象的技術與要領時，常是借用道家的無爲理論來做爲他們的形上依據，故而與發揮老子無爲之用的黃、老思想相類，司馬遷說韓非「學本黃老」（《史記・老莊申韓列傳》）是很對的。下迨《呂氏春秋》，更把這個「因」的道理大加推闡，而有所謂「貴因」篇，強調「因則功、專則拙」（〈貴因〉）、「作者憂、因者平」（〈君守〉）、「爲則擾，因則靜」（〈任數〉）的道理，大事發揮「因」術在政治、軍事、立功行事上的妙用；〈貴因〉說：「三代所寶莫如因，因則無敵。」《淮南子》在論「因」道時，很多理論，甚至句法、文字都是襲自《呂氏春秋》的。詳前第八節〈《淮南子》的無爲論〉。

二、君道與臣操

政治的重心在民，目的在利民，施治的原則要「簡」、「約」善「因」，「以約治廣」。對應著這一切，一個操持最高政舍的人君就必須具備相當的形象和條件。首先，對百姓，他必須有儒家悲憫惻隱、與民同樂的襟懷。《淮南子》說：

> 古之君人者，其慘怛於民也，國有飢者食不重味，民有寒者而冬不被裘……君臣上下同心而樂之。（〈主術〉）

然後他又必須有墨家勤儉從公、犧牲服務的精神，「取下有節、自養有度」，「身被節儉之行而明相愛之仁」（〈主術〉），以勤天下之務，而了不戀棧。〈主術〉說堯：

> 茅茨不剪，采椽不斲，大路不畫，越席不緣，大羹不和，粢食不毇，巡狩行教，勤勞天下，周流五嶽。……年衰志憫，舉天下而傳之舜，猶卻行而脫蹝。

因此，只有像神農、堯、舜、禹、湯那樣終身憂勞以興民利的，才是眞正的聖主。這是人君臨民之德，也是他面對百姓應有的形象。然而，在實際推行政治工作時，面對著與他共同運作政制的臣僚，他的情操就不宜再是憂之、勤之了。他必須具備相當的能耐，懂得把握一些要領與原則，去領導、駕馭並考核他們。也就是說，人主對臣、民的情操不該一樣，因爲百姓是政治所要幫助、服務的對象，是整個政治工作的基礎和重心。而臣子卻是幫助國君推行政令，執行政治任務的，和國君一樣扮演著「服務者」的角色。三公九卿的設立是爲了彌補天子「一人聰明不足遍照」的缺失，諸侯的設立也是爲了顧慮到「僻遠幽閒之處不能被德承澤」，前已述及，對象的性質不同，相對應的情操也應有所區別。爲了全部政治工作能有效推行，人主治理人臣，不能不講求一些必要的領導技巧。在這些方面，法家的刑名和統御術，正好提供了很完善的方案，《淮南子》「近乎」全盤地接收。

首先，他認爲人臣既是協理人主的，則在這個政治執行集團中，人主是施政的主體，臣下是弼政的股肱，是副體，君是首腦，臣是四肢，君本而臣末。〈繆稱〉說：「君，根本也；臣，枝葉也。根本不美，枝葉茂者，未之聞也。」因此，在實際的系屬上，也應該是臣屬於君，君大而臣小，君貴而臣賤，君尊而臣卑。〈說山〉說：「末不可大於本，指不可大於臂，下輕上重，其覆必易。」爲了保持上輕下重的正常情況，位居「尊」、「貴」的人主，宜恆保靜默的姿態，虛己無爲地去從事統御；反之，位居「卑」、「賤」的人臣則宜竭智盡慮地去爲君推展一切政務。君宜靜而臣宜動，君宜約而逸，臣宜詳而勞。〈泰族〉說：「立事者賤者勞而貴者逸」；〈詮言〉也說：「位愈尊而身愈佚，身愈大而事愈小。」只有人主自己先能靜默不躁，才能有效觀制臣下的作爲，也才能使臣下以他爲軸心，井然有系統地作爲。〈脩務〉說：「橋直植立而不動，俯仰取制焉；人主靜默而不躁，百官得脩焉。」這就好像軸跟輻、瑟跟絃，「瑟不鳴而二十五絃各以其聲應，軸不運而三十輻各以力其旋。」瑟、軸都是以靜制動，動靜相配合而圓滿完成功能。一國的政治體制也是如此，「上下異道則治，同道則亂」(〈泰族〉)，這是大原則。人主能依此原則，恆保沉默，「因」、「任」臣下去作爲，才能保持無限超然神秘的領導地位，「以約治廣，以一御眾」。因此，臣道貴先、貴能、貴實、貴有爲；君道貴後、貴虛、貴無爲。因爲只有「虛」才可以制「實」，「後」才可以制「先」，「無爲」才可以制「有爲」。而要如何地「虛」，如何地「無爲」，當然是「因」了。〈主術〉說：「主道圓者……虛無因循，常後而不先；臣道圓者……論是而處當，爲事先倡，守職明分，以立成功。」君不以「能」爲貴，而以御能爲高；臣不以「御」爲德，而以守分盡職、竭能立功爲賢。〈詮言〉說：「處尊位者如尸，守官者如祝宰。不能祝者……無害於爲尸，不能御者無害於爲佐。」故

〈主術〉篇刻劃人主的形象，說他應該「儼然玄默，端而受福。」這就是懂得「虛無因循」的道理。有關「因」、「循」的道理前已述過，不再重複。其實，所謂的「因」、「循」，主要就是避免主觀用己，逞能揚智。提倡「因」、「循」，正是爲了「虛已」、「去智」，虛已去智便是「因」。人君執政能懂得「以不知爲道，以奈何爲寶」（〈主術〉）便是虛己去智，便是知「因」。這個「不知」並不是眞正地一無所知；這個「奈何」也不是絕對地「無可奈何」。〈主術〉說：「人主之聽治也，清明而不闇，虛心而弱志，是故羣臣輻輳，無愚智賢不肖，莫不盡其能。」可見，所謂的「不知」和「奈何」，其實只是不求表現，是有意的「虛心弱志」，而不是眞正的糊塗。只有人主對外不顯耀自己的主觀和才智，臣下才能放心地展露他的才華。事實上，內在地，人主仍必須保持絕對的神清志明，了不糊塗，才能清楚地觀測臣下的表現、考核其治績，甚至應變一切可能發生的情事。他的「不知」，其實是藏己，以便「物至而觀其象，事來而應其化」（〈主術〉）。因爲一個人的才能再廣大、高明，終歸有一定的先天極限，人主要想擁有無窮的材智，只有隨時普遍地去攬群材、奄眾智，讓眾多的頭腦爲你體操，而不要偏勞自己，好主意才能生生不息，永不匱缺。如果一味恃己逞能，臣下不便與你搶風頭、比高下，索性掩智藏能、樂得輕鬆，結果人主累死自己也無益於治。更糟糕的是，從此頭重腳輕，君勞臣逸，人臣各個可以爲「御」，天下就眞的大亂了。因此，〈主術〉提醒人君「不能任人而好自爲之」的惡果是「智日困而自負其責」，「有司以無爲持位」，「人臣藏智而弗用，反以事轉任其上。」從此，人君便既不能「伸理」，也不能「專制」了。

這種觀念當然是法家式的。《愼子・民雜》說：

> 君臣之道，臣事事而君無事，君逸樂而臣任勞，臣盡智力以善其事而君無與焉，仰成而已，故事無不治……人君自任而務爲善以先下，則是代下負任蒙勞也，臣反逸矣。故曰君人者好爲善以先下，則下不敢與君爭爲善以先君矣。皆私其所知以自掩覆，有過則臣反責君，逆亂之道也。君之智未必最賢於眾也，以未最賢而欲以盡被下，則不贍矣。若使君之智最賢，以一君而盡贍天下則勞，勞則有倦，倦則衰，衰則復返於不贍之道也。是以人君自任而躬事，則臣不事事，是君臣易位也，謂之倒逆，倒逆則亂矣。

這種觀念到了韓非子，發揮得更淋漓盡致。他甚至認爲，爲了保持無限神秘而超然的統御地位，人主非特不宜專用其智，甚且不宜輕露喜怒好惡。〈難三〉說：「法莫如顯，而術不欲見」，基於「術不欲見」的道理，人主應該「去好去惡」、「去舊去智」、「無見其所欲」、也「無見其意」，全然地消滅一切無意間可能留下的形跡，使人臣無以「自雕琢」或「自表異」，以他最眞實的面貌，安安份份地去竭智盡力。這些理論，淮南子全然承襲。〈主術〉說：「君人者無爲而有守也，有爲而無好也，有爲則讒生，有好則諛起。」人主一旦綻露他的喜怒好惡，一切的嗜欲弱點便全然暴露，臣下抓住這些弱點，投以所好，則「守職者離正而阿上，有司枉法而從風，賞不當功，罪不應誅」(〈主術〉)。一切但隨人主的好惡喜怒而轉移，集體逢迎諂媚的結果，執法自然失去公正客觀的立場，朝廷的綱紀也就破產了。因此，人主既不可恣意「爲暴」，也不可輕易「爲惠」。因爲恣意「爲暴」固然眾叛親離，輕易「爲惠」也等於綻露喜好，臣下伺機投好，從此姦事便多了；因此，〈主術〉說：「重爲惠若重爲暴，則治道通矣。」身爲人君，應該「中欲不出」，「外邪」才能「不入」，「中扃外閉」才能杜絕一切吏治的弊端，使臣下無所分心地去儘量施展他的長才，自己則公正客觀地去考核他們，因此〈主術〉說：「人主執政持平，如從繩準高下，則群臣之以邪來者猶以卵投石。」、「人主誠正則直士任事而姦人伏匿矣。」「人主貴正而尚忠，忠正在上位，執政營事，則讒佞姦邪無由進矣。」人主若不能執正持平，「棄公勞而用朋黨」，則「奇材佻長而干次，守官者雍遏而不進……民俗亂於國，功臣爭於朝」(〈主術〉)。而最「平」、「正」、「客觀」的考核依據，當然就是法了。《淮南子》因此主張在考核羣臣方面，要依法去考核，「分官分職、循名責實」。

人臣之道反於君而務勞、務動、務能、務察、務明分而守職。此外，人臣尤須有確實明白、忠信不欺的德操。〈人間〉說：

> 忠臣不苟利。
>
> 忠臣之事君也，計功而受賞，不爲苟得；積力而受官，不貪爵祿。其所能者，受之勿辭也；其所不能者，與之勿喜也……辭所不能而受所能，則無損墮殞墮之勢，而無不勝之任矣。

《淮南子》的政治理論既然是承襲法家以君爲本、爲主體，臣爲末、爲客體，因此，一切有關政治的施設或技巧，十之八、九是以人君的立場立說的。故〈主術〉多言君道、君術，而少及臣操、臣守。雖強調君臣異道，然而以逸、靜、主、重、威歸君，倡言人主應如何操術執法、持約治廣以任官用臣，而少言臣宜如何承命，以佐主治民。除明分盡職、勞力竭能而外，實在看不到它對臣節、臣守、臣能、有更清楚明白的交代。在它們的政治體系中，人臣只是隸屬人主的枝葉或附庸。人主之道固宜「靜」，然而他在政治舞臺上實際所扮演的，卻是唯一真正生動靈活的角色。至於人臣，則始終未見任何鮮明的形貌。在人主超然權位與治術的籠罩下，人臣似乎僅是靜態的推行工具，全然被動的承受角色而已。因此，只說他們應該「盡力死節」、「明分守職」、「不爲苟得」、「不爲苟利」(〈主術〉)。唯一提昇他們地位、賦予他們尊嚴的，僅在論及君臣關係時，以他們的互相施爲爲「相報之勢」，並且說：「君不能賞無功之臣，臣亦不能死無德之君」(〈主術〉)。此外，對於人臣形象的塑造，始終一團模糊。比起儒家論、孟、學、庸裏備載如何爲官、爲吏、爲卿、爲臣以輔君治民的道理，顯然大有不同。大抵在法家君權至上的政治體系中，人臣最恰當、最理想的形象，應該是不多不少、確確實實、安安分分做好自己份內的工作，扮演好自己的角色，以便人主之用。否則即爲姦而當誅罰。因此，《愼子》說：「明主之使其臣也，忠不得過職而職不得過官」，目的是在防姦，使人臣「不敢以善驕矜。守職之吏，人務其治而莫敢偷淫」(〈威德〉)。而韓非子言姦臣有六（見〈內儲〉說下），言治臣則自始至終唯明分守職一操而已。〈有度〉敘述臣操較爲具體而詳細，有所謂「賢臣之經」，內中刻劃賢臣的形象說：(一)「北面委質，無有二心，朝廷不敢辭賤，軍旅不敢辭難」，(二)「順上之爲，從主之法，虛心以待令而無是非」，(三)「有口不以私言，有目不以私視，而上盡制之」。末又引先王之法說：「臣無或作威、無或作利」，「無或作惡」，一切「從王之指」、「從王之路」，這就是法家所謂的「賢臣」。而另外〈有度〉又舉不廉、不忠、不仁、不義、不智之臣，以「輕爵祿、易去亡以擇其主」者爲不廉，「詐說逆法、倍主強諫」者爲不忠，「行惠施利，收下爲名」者爲不仁，「離俗隱居，而以作非上」者爲不義，「外使諸侯，內耗其國……卑主之名以顯其身，毀國之厚以利其家」者爲不智。這是《韓非子》書中對於臣操、臣守較爲具體明白的敘述。然而綜會其旨，則所謂標準賢臣的形象也不過是人主的附庸，以人君的指意爲依歸，爲人主的統治工具而已。本身既不必，也不可有超越人主旨意，或權益以外的操守或行爲。人臣這一角色，在法家政治舞臺上所能扮演的，看來似乎只是一個卑微而不由自己的龍套。〈說難〉篇雖述人臣在蒙恥取信之餘，得以「明割利害以致其功，直指是非以飾（飭）其身。」然而，比較起他在強大君權君威籠罩下，幾經遊說、周旋、瀕死以取容的辛酸與委屈來，這種狷介的德操，實在相當貧薄而可憐。要之，尊君卑臣一向是法家的傳統，《淮南子》承襲這種傳統，因而也尊君卑臣，多言主術而少及臣道，詳於君德而略於臣操，可能也正因儒家君臣並重，甚或以選賢爲主的賢者政治，與法家君重臣輕、威勢至上的「君主集權」，施政主體差異如是，難怪儒、法二家同推治道，然儒家較易呈現和合的羣治色彩，法家則較易步入專制獨裁的窄巷。

不過，《淮南子》究竟不是「法」家，儒家「出爾」、「反爾」、往來相報的德惠觀念（詳《孟子・梁惠王下》）還是多多少少影響了它。所以論主術之初，先以利民除害爲政本。在談到倚勢用權、任法操術的同時，又以仁義道德、慈憫憂勞爲任法成治的先決條件，並以君臣的關係爲「相報之勢」，以「恩」澤爲人主接臣的德操。〈主術〉說：

> 夫臣主之相與，非有父子之厚、骨肉之親也，而竭力殊死，不辭其軀者何也？勢有使之然也……人之恩澤使之然也。……臣不得其所欲於君者，君亦不能得其所求於臣也，君臣之施者，相報之勢也。

〈繆稱〉也說：「臣之死君也，世有行之者矣，非出死以要名也，恩心之藏於中而不能違其難也。」說得似乎相當有情有義。不過，如果進一步推問下去，這種藏於中的「恩心」、「恩澤」又是什麼？說穿了，也不過是「爵祿」而已。

三、用人爲官

由於實際政治工作的推行全賴臣僚們的執行，用人與治官因而也成了《淮南子》論政的重要課題。

（一）用　人

就用人方面來說，《淮南子》是主張因資而用眾的，它說：

> 人主之聽治也，……乘眾勢以爲車，御眾智以爲馬。（〈主術〉）
>
> 昔者堯之佐九人，舜之佐七人，武王之佐五人，堯舜、武王於九、七、五者不能一事焉，然而垂拱受成功者，善乘人之資也。（〈道應〉）

《淮南子》承道家和法家，反對人主逞能用智、躬親施治，〈主術〉說：「得道之宗，應物無窮；任人之才，難以至治」。又說：「智不足以爲治」，「爲治者，智不與焉」。這裏的「任人之才」其實是指「專用己智」，而它所謂的「智」

也是廣攝一切有極限的才能。一人之智之所以不足爲治，一方面是因爲治理天下是眾人的大事，「以天下之大託於一人之才，避若縣千鈞之重於一木之枝」（〈說林〉），無論如何是不勝負荷的。《慎子》早就說過：「治亂安危、存亡榮辱之施，非一人之力也」（〈民雜〉），之所以「非一人之力」是因爲個人的才力，基本上有其先天的極限。〈主術〉說：「形有所不周，能有所不容。」一個人的才能再周全，也難免有短缺不足處。他可能耳極聰、目極明，然而，就算你把天下耳最聰、目最明的人找來，也一樣「帷幕之外，目不能見；十里之前，耳不能聞」（〈主術〉），這就是人的才智本身不可逾越的先天極限。〈主術〉說：「人知之於物也淺矣。」因此，我們所該努力的，不是勉強去跨越這種無可逾越的自然極限，而是確切地認知這個事實，並好好「因」、「乘」這種極限內可資利用的價值，積眾有限以成無限，挹集聚智之長而互補其短，則人主個人才智儘管短淺有限，其可資利用的才智卻是永不匱竭的。他儘管目不能見帷幕之外，耳不能聽千里之前，卻依然可以周知天下事物，只因爲他「以天下之目視，以天下之耳聽」，「灌輸之者大，而斟酌之者眾也。」對於這點，《淮南子》用了橈來作喻，它說：橈以七尺而能制船，只因它「資於水」。人主治天下也是這樣，只有懂得「因資」的道理，廣用人材，掩攬眾智，才能長有天下，因此，〈主術〉說：

> 任一人之力者，則烏獲不足恃；乘眾人之智者，則天下不足有也。積力之所舉則無不勝也，眾智之所爲則無不成也。千人之羣無絕梁，萬人之聚無廢功。

而從另一個角度看，天下事物儘管各有其極限和短處，卻也各有其長處。〈主術〉說：「莽之材猶無可棄者。」天底下事物，有一物即有一物之用，連毒性最烈的奚毒都有它可用的地方。因此，一個良巧的工匠，不貴能常得良材，而貴在他懂得審度眾材，分別使它們充分得到最恰當的利用。人主用人也是這樣，良材是可遇不可求的，高明的人主，雖未必能常得良材，卻常能取眾而用宏，廣求人材，分別給予最恰當的任用，「使有一形者處一位，有一能者服一事……毋小大脩短，各得其宜」（〈主術〉）。則人主個人的才智儘管十分有限，天下可用的才智卻無窮，捨棄自己有限的才智去大用天下無限的才能，「以天下之智慮」、「以天下之力爭」，自然聰明睿智而無功不立了。因此，〈主術〉說：「君人者不下廟堂之上而知四海之外者，因物以識物，因人以知人也。」「因物以識物、因人以知人」，這是韓非子的話，這樣的治術才是

「約」、「儉」的。這裏同時也牽涉到人材量度取用的標準。在主張廣用眾智的大原則下，既然基本上認定莽材不棄，則大抵凡人皆有可取，不論智愚賢不肖皆有可用。因此，在量度人材上，也應該一本「易」、「簡」的原則，把握重大原則，取其大而不責其小，「權而用其長者」（〈道應〉）。人的才質本來就很難周全，「夏后氏之璜不能無考，明月之珠不能無纇」（〈氾論〉），就算是我們據以為標準的「權」和「衡」，也不保其百分之百分毫無差，天下事物本來就很難全美無疵，人的材質也一樣，「自古及今，未有能全其行者也」（〈氾論〉）。但是，這些不周全的缺失並不足以全盤否定它其餘的價值，有纇、考的珠、璜，仍然具備一定的價值，而為人所喜愛。《淮南子》說：「小惡不足以妨大美」（〈氾論〉），「小變不足以妨大節」（〈說林〉）。「河上之丘冢不可勝數，猶之為易也；水激興波，高下相臨，差以尋常，猶之為平也」（〈氾論〉）。「目中有疵，不害於視，不可灼也；喉中有病，無害於息，不可鑿也」（〈道應〉）。人材也是這樣，只要有相當的長處，便有一定可利用的價值。因此，人主選材也貴在不遺，而不貴在求全。求全，則古今既未有全才，必無一才可用。為求有效推動政治功能，達成一定政治效益，人主選才是不能苛細求全的。〈氾論〉說：「體大者節疏，蹠距者舉遠」，〈說林〉也說：「決千金之貨者，不爭銖兩之價。」斤斤計較是成不了大事的。人主取才唯有把握重大要點，而保留適度彈性，「方正而不以割，廉直而不以切，博通而不以言，文武而不以責」（〈氾論〉），亦嚴、亦疏，亦寬、亦緊，才能做到國無遺才，悉為所用。

此外，人主還要分門別類，做一番「裁使」的工夫。因為人材的長短各有形類，長在那裏、短在那裏，人各不同，長於此者可能短於彼，長於彼者也可能短於此，有人粗枝大葉，有人細小謹微，有人力不勝一，有人一足任百。〈泰族〉說：

> 勇者可令進鬬，而不可令持牢；重者可令塡固，而不可令淩敵；貪者可令進取，而不可令守職；廉者可令守分，而不可令進取；信者可令守約，而不可令應變。

這一切人主都要「清明不闇」，準確無誤地辨識出來，「大者」拿它去做「舟航、柱梁」，「小者」拿它去做「楫楔」，「修者」取以為「櫚榱」，「短者」取以為「侏儒、枅櫨」，使「小大脩短各得其所宜，規矩方圓各有所施」，才是正確的選材用人之道。

這些觀念基本上可以說是遠宗老子，近承法家的。老子的「絕聖棄智」是眾所周知的，但老子卻沒說要「因」人智。愼子講「因循」，倒是說過這種莽材不棄、因資用眾的道理。〈民雜〉說：「大君因民之能爲資，盡包而畜之，……是故，不設一方以求於人，故所求者無不足也」，〈威德〉篇也說：「弩弱而矰高者，乘於風也；身不肖而令行者，得助於眾也。」《韓非子》說得更清楚，〈主道〉說，人君應該「有知而不以慮，使萬物知其處；有行而不以賢，觀臣下之所因；有勇而不以怒，使羣臣盡其武」，自己則「因（其）能而使之」。因爲人主能不以其智慮，才能使人臣「智者盡其慮，而君因以斷事，故君不窮於智」。人主能不棄其賢，因此使「賢者敕其材，君因而任之，故君不窮於能」。因此，人君「不賢而爲賢者師，不智不爲智者正」。淮南〈主術〉所說的「因物以識物，因人以知人」，早見於《韓非子》，〈難三〉說：

> 夫物眾而智寡，寡不勝眾，智不足以徧知物，故因物以治物。下眾而上寡，寡不勝眾者，言君不足以徧知臣也，故因人以知人。是以形體不勞而事治，智慮不用而姦得。

這才是高超的統御「術」，這應是《淮南子》因資用眾一類理論的基本根源。不過，《淮南子》把《韓非子》那種處處以君爲出發點的色彩沖淡了不少。因爲〈主道〉和〈難三〉所說的，基本上的目的都是爲了防姦，《韓非子》反對「待耳目」、「恃聰明」、「勞智慮」去「得姦」、「知姦」，因此要「因人以知人」、「因物以治物」，因爲是站在性惡的觀點，理論尖刻多了。《淮南子》則不然，它因資用眾是爲了彌補人君私智之不足，是爲了任「天下之重」，是爲了政務本身的龐重，而不把重點放在「防姦」一端。因此，他不惜舉了許多例子，去婉曲解釋不能用己，而須因資用眾的原因，並從此展開它取大略小、因材器使的用人大道理。韓非雖也說過「因任授官」（〈定法〉）之類的話，究竟不曾仔細討論過如何取才用人（雖有〈用人〉篇），《淮南子》卻在這些地方分析得相當溫和和用心，使人感覺到它的合情理，這點其實也是它對各家一向苦心發揮和調和的常態。

（二）治　官

其次，對於這些人才的管理、官吏的督核，淮南子愛採法家刑名之術，主張「分官分職、循名而責實」。〈主術〉說：

> 古之爲車也，漆者不畫，鑿者不斲，工無二伎，士不兼官，各守其

> 職，不得相姦。人得其宜，物得其安，是以器械不苦而職事不嫚。
>
> 責少者易償，職寡者易守，任輕者易權，上操約省之分，下效易爲之功，是以君臣彌久而不相厭。

每個人的才能有一定的極限與偏短，爲求能作最有效的資用，人主應明確劃分職事權限，使人才長者任其事，「有一形者處一位，有一能者服一事」(〈主術〉)，授之位而公平、公開地律之以法，則是官有其職而職有依據，「言事者必究於法，而爲行者必治於官」(〈主術〉)，各安其位、盡其能而不相踰越，則人才雖有偏短，然所任者皆其長，職事又明確，自然能夠把長處完全發揮出來，這是就人材任職一方而言。

就人君治官一方來說，百官名份確定，職責清楚，官官不相侵犯，人君根據職位和職份的規定，考核治績，臣下只有盡職效能，而不能諉過卸責、姦欺搪塞了。如此，臣服職守分，無得專擅或相侵越，君操約責實也不辛勞，君尊於上，臣勞於下，官不理而自理，國不治而自治了。因此，〈主術〉說：

> 上操其名以責其實，臣守其業以效其功，言不得過其實，行不得踰其法，羣臣輻輳，莫敢專君。
>
> 執術而御之，則管晏之智盡矣，明分以示之，則蹠蹻之姦止矣。

這種「分官分職、循名責實」之術，本來是法家汲取道家清簡無爲的精神所發明的統御術。《愼子・威德》說：「古者工不兼事，士不兼官。工不兼事則事省，事省則易勝；士不兼官則職寡，職寡則易守」。韓非也說：「明主之道，一人不兼官，一官不兼事」(〈難一〉)，教人主要「因任而授官、循名以責實」(〈定法〉)；「審名以定位，明分以辯類」(〈揚搉〉)，「專其事以責其功」(〈二柄〉) 這些觀念《淮南子》大致接收了。不過，法家論政，申子以術，愼子以勢，商君以法，韓非則三者兼而有之。《淮南子》晚於各家，也挹取斟酌於各家之間。以上所說過的虛靜簡（儉）約、因資用眾等道理、原則，都是人君宰理天下的原理和要領，就道家而言都可以叫做「道」；然就法家講起來，明明是人君統御之法，因此叫做「術」，「循名責實」尤其是法家最有名的「術」。「術」以外，《淮南子》又沿承法家，任「勢」而明「法」。〈主術〉雖以「術」名篇，內容其實勢、術、法兼而有之，它論「術」既遠宗先秦道家，近襲法家，又調和以儒。他論「法」，也斟酌於道德仁義間。可知其所謂「術」當然不拘循法家「術」之原意，而應該是統合了勢、術、法，並揉合了其他家統御技術與原則而成的廣泛的「道」。本文之所以不依法家路線，循勢、術、法三路去探索它的政治思想，原因正因他雖多取於法家，卻實非法家。然而，他雖然不若法家明標其「術」，然法家之「術」大抵存於篇中，其論「勢」，內容固十分粗疏，述法亦不如法家，然所論「勢」、「法」卻爲其政論中之主題，〈主術〉篇名爲「術」字，和文中所謂「有術則制人，無術則制於人」之「術」，其實不但包含以上所說種種無爲、執約、因資等原則技巧，也包括「法」令和人君的權位、爵祿之「勢」。

四、勢與法

（一）勢

《淮南子》論「勢」不單在政治方面，它在論「因」、「循」之道時就已有了「因勢」（自然之勢）之論。〈兵略〉論兵也有「三勢」之說。其所謂「勢」，是指足以倚恃的優越情況；擁有這種優越的情況便叫有「勢」，行事能倚恃這種情況，便能事半功倍，小爲而大成，甚或不爲而自成。〈主術〉說：「得勢之利者，所持甚小，其存甚大，所守甚約，所制甚廣。」「勢」本來是指有利的情況或條件，但這些情況或條件，每足以改換事物本然的價值，而決定其成敗高下。〈主術〉說：「怯服勇而愚制智，其所託勢者勝也。」木以十圍而能支撐千鈞重屋，鍵以五寸而管制門戶的開闔，便是因爲「所居要也」（〈主術〉）。「所居要」就是倚勢、有勢。因此，可以說，居要處便叫做有「勢」。子路、管晏、孔丘、墨翟論賢論義都高過其君，「率眾成風」卻都不及其君，問題就在這個「勢」字上。景、桓諸君雖賢義有所不及，但是他們身居君位，處「勢」利也。處「勢」利與不利往往決定了事情的成敗，這是淮南書中「勢」字的基本概念。這種「勢」運用於政治上，便成了足以維護或保有超然控御情況的憑藉，這憑藉往往來自他的地位，以及附隨在這地位上的權柄，因此，又叫「權勢」。這種超然的憑藉，在法家看來，一定要操持於人君之手，以形成絕對優越的統御情況。因此，《韓非子》有〈難勢〉篇，強調其絕對的君權論。人君先天上居高倚權，以理治臣民，這是他優越的先天條件，人主能善用這種條件，就能穩操絕對優「勢」，在政治上獲得極大成功。因此，〈主術〉說：「賢不足以爲治，面勢可以易俗」；「權勢之柄其以移風俗易矣。」這裏的「賢」是指智能，而不是指德行的端良。

權勢當然是人主統治的優越憑藉，但是如果不善運用，也不足以發揮極大的統御效果。韓非子因此分「勢」爲「自然」與「人所設」兩類。「自然」

之「勢」指人君與生俱來承襲之於先人的帝位，與附帶於此帝位上的一切權力。人設之「勢」，則指人主如何配合這種自然之勢，施用刑賞以鞏固權威，完成統御。因此，所謂「人所設」之「勢」，其實是人主對於「自然」之「勢」的運用，亦即人主如何巧妙運用法令爵祿，以增強或維護其自然權勢的技術。法家講「勢」偏重後者，這在韓非子〈難勢〉已說得相當清楚。《淮南子》論「勢」雖不似韓非明分兩類，不過大抵兩類都包括在內，我們看他衛君役子路，景、桓臣管、晏的例證，知所謂「勢」顯然指與生俱來的「權勢」，而扯不上運用的技術。然又以爲人君不能善用權勢，則敗其治，卻又兼攝人爲之勢了。〈主術〉說：

> 權勢者，人主之車輿也；爵祿者，人臣之轡銜也。是故，人主處權勢之要，而持爵祿之柄，審緩急之度，而適取予之節，是以天下盡力而不倦。

人主安倚權勢、操持爵祿以駕馭羣臣，此處之「權勢」仍然指「自然」之「勢」，然其處「權勢」之時，如何「持爵祿之柄、審緩急之度而適取予之節」，則已涉及運用的技術與要領了，這些技術正是「調」輿馬以「取道」，「和」君臣以成治（〈主術〉）的要素，因此說它大致不出韓非之意。然而，韓非對於「人設」之「勢」明言「抱法處勢（自然之勢）」，藉「慶賞之勸、刑罰之威」以鞏固「自然」之「勢」。《淮南子》卻不言藉「法」固「勢」，而言「持爵祿」、「審緩急之度而適取予之節」。「爵祿」當然在「慶賞」之列，仍不離難勢之意；但「審緩急之度而適取予之節」顯有運用之妙存乎一心，無限神秘意味，仍是道家把握不可言道的抽象原則之遺意。這和它以「神化」爲至境，而以「正法」爲下策的政治精神一貫相符。「勢」的運用重在操持的精神，而不一定藉「法」，這是《淮南子》大別於韓非之處。「法」在《淮南子》中另有其價值。

（二）法

1、法之功能與特質

在高度要求政治功效的法家學說中，「法」是政治的核心要素，對實際政治的推行，有其不可抹殺之價值；這一點，《淮南子》重予肯定。它說：「所謂亡國者非無君也，無法也。」（〈主術〉）、「主政者不能廢法而治民。」（〈氾論〉）「法律度量者，人主之所以執下，釋之而不用，是猶無轡銜而馳，羣臣百官反弄其上。」（〈主術〉）法令是人主治官理民的具體依據，在統領百官、治理全民的重責大任上，「法」與「權勢」扮演著同等重要的角色。法的重要性甚至較權勢更為具體。因為政治的對象並不是特定的階層，而是廣大的民眾，智、愚、賢、不肖兼而有之，治理這些廣大而複雜的羣體，統治者既無由把握每一個體對於政令都能作同等程度的向化。因此，除了把握某些抽象原則以統御外，不能不採取較為具體顯實的措施，以利遵行。〈主術〉說：「民之好善樂正，不待禁誅而自中法度者，萬無一也。下必行之令，從之者利，逆之者凶，日陰未移而海內莫不被繩矣。」政治是要為民「興利除害」的，政治工作不是統治者憑其單薄的個人材智，與存乎一心地靈妙運用某些原則就能做好，而必須訂定出較為普遍具體的標準與尺度，以為共同遵循的依據。〈主術〉說：「明主……不用適然之數，而行必然之道，故萬舉無遺策。」「如此則人材釋而公道行矣，羨者止於度，而不足者逮於用。」〔註 111〕

「法」的功用就是替政治工作的推行擬訂一套「必然」可行的「公道」，這是「法」造生的背景。依此背景，「法」之所以成立，至少須具備「公平」與「必然」兩大要素。所謂「必然」，就是明確具體，具有普遍性與可預期的效果。

就其公平性而言，法的設立，不只是做為人主施政、理官、治民的憑藉，也應當是人君自身行事的準繩。不只為臣、民而設，實際上也為君而設。不只為臣、民所當遵守，也應為人君所當遵守。法令之前，不分尊卑，人人平等。法定之後，全國上下一體共奉，沒有例外，「言事者必究於法，而為行者必治於官」，「中程者賞，缺繩者誅，尊貴者不輕其罰，而卑賤者不重其刑。犯法者雖賢必誅，中度者雖不肖必無罪」(〈主術〉)。這是法的公平性，也是法的尊嚴與價值所在，故曰，「法者天下之度量，而人主之準繩也。」(〈主術〉)

公平、客觀是「法」先天上的特質與優點，人君執法應該尊重法的這個特質與優點。〈主術〉說：「人主之於用法，無私好憎，故可以為命。」應該「喜不以賞、怒不以罰」，而一以法為依據。執法者本身都應該納入法令的管理系統中。〈主術〉說：

> 古之置有司也，所以禁民使不得自恣也；其立君也，所以剬有司使無專行也。法籍禮義者所以禁君，使無擅斷也。人莫得自恣則道勝，

〔註 111〕本作「美者正於度，而不足者逮於用」，玆依王念孫改此，其說同見註 3，卷 9〈主術〉，頁 298 當句下引。

道勝則理達矣。

有司以「禁民」，君以「剬有司」，法以「禁君」，《淮南子》的政治系統應該是：法→君→臣（有司）→民。法令的尊嚴高過人主。

公平客觀本爲「法」的最大特色，也是法家所最強調的。《愼子・威德》說：「法制禮籍所以立公義也。」《愼子・逸文》裏也載：「法之功莫大使私不行。」《韓非子》繼承這種精神，也說：「聖人之爲法，所以夷不平、矯不直也。」（〈外儲說右下〉），並一再強調人君在執法上應該做到貴賤無殊、親疏不分，分毫不爽之地步，「刑過不避大臣，賞善不遺匹夫」（〈有度〉），「誠有功，雖疏賤必賞；誠有過，則雖近愛必誅」（〈主道〉）。不過，這一切都只是站在人主治理臣民的立場說的，法家政治的執行者也確實做到了這一點。然而，人主自身並不納入法令之管理系統中。人主是執法的，也是超法的。比較起來，《管子》較公道些。〈法法〉說：「明君置法以自治，立儀以自正也。」「不爲君欲變其令，令尊於君。」把法令的地位抬高至人主之上，人主也在法令的約束之中，納入管理，這種精神正是《淮南子》所激賞的。因此，它也以「法」來「禁君使無擅斷」。

初步看來，人民在《淮南子》全部政治體系中似乎仍然居位最下，是純粹的被統治者。然而，就其政治論的大前提看來，政治的最大目的既在「爲民興利除害」，政治之首務在得民心，則法的設立與執行都當以民利、民心爲前提。如此，則又提昇了「民」的地位，上侔於君與法。本來在法家的系統中，君、法最尊，民最下，《淮南子》這種提昇有制衡法家過於推尊「君」、「法」之弊。

其次，就「法」的必然性而言，法有具體的規定與科條，明載賞罰的情狀。〈主術〉說：「縣法者，罰不法也；設賞者，賞當賞也。」何種行爲當賞？何種行爲當罰？非執法者所可以心忖度，卻都備載於律。〈主術〉說，法令應該「察而不苛」，所謂「察」，正是指詳細而明確。法令的訂定詳細而明確，某種行爲必得某種程度之賞罰，人人皆可預期，而且了然於心。人的行爲宜如何趨賞避罰，也因條文的規定明確，而得到具體的指引，故其施用較能普遍，效果也較立竿見影，這該就是法之所以能發揮高度政治效率的最大原因。

2、法的設立與依據

基於政本在民的大前提，對於法令的設立與依據，淮南子有相當合情理的主張。《淮南子》說：

法生於義，義生於眾適，眾適合於人心。(〈主術〉)

明主之賞罰，非以爲己也。以爲國也，適於己而無功於國者，不施賞焉；逆於己而便於國者，不加罰焉。(〈繆稱〉)

基本上，人主是推行政令的主體，法令的制定大權操於其手。不過，人主雖然操持法令的制定大權，但基於興民利、得民心、以民爲本的政治宗旨，又顧慮到公平、必然兩大原則，人君立法不宜以一己私心之好惡與私智之忖度而設科，應該顧慮全民需要，訂出較能切合人心眾意，易爲大眾接受的客觀規條。換言之，法律的訂定，必須合於普遍的道德原則，易爲大家所遵循。〈泰族〉說：「事不合乎道德者不可以爲儀。」爲測知其能適合於人心眾意的客觀程度，與能施用的普遍性，《淮南子》援用儒家「絜矩」的恕道，主張先驗諸己。它說：「人主之立法，先自爲檢武儀表。」(〈主術〉)「法者非天墮、非地生，發於人間而反以自正。是故，有諸己，不非諸人；無諸己，不求諸人。」(〈主術〉)因爲人同此心，心同此理，人君設科立法，能以己爲驗，自反其本身所能接受或踐履的程度，然後訂賞設罰，驗於己而能勝，然後可以施諸民。因此，〈主術〉說：「禁勝於身，則合行於民」。

3、法的施行與用賢

法令的設立固須依據公平與客觀的原則，但法命終究是靜態的條文；《孟子》說：「徒法不能以自行。」(〈離婁〉)，其能否發揮作用，產生應有的功效，全賴掌法施令者能否操持得當、運作適切。〈泰族〉說：「法雖在，必待聖而後治，律雖具，必待耳而後聽。」掌法施令者，除了人主外，尚有「有司」。甚至，人君居執約無爲的超然地位以御有司，直接用政於民者，是「有司」，而非人主，「有司」是法令最直接之推動者。有關法令的公平與客觀性，尤其無法只靠條文記載以呈顯，而有待推行者之實際實施，才賦予眞正意義。「有司」(人臣)的品操，及其對政令所能認眞而澈底執行的程度，因而也成爲政治成敗的關鍵。人得其當，則法行、民治而國安。不得其當，則法敗、民亂而國亡。〈泰族〉說：「國之所以存者，非以有法也，以有賢人也；其所以亡者，非以無法也，以無賢人也。」得賢而用，因而也成爲人主施治的要務。而基於君逸臣勞的原則，人臣的施治絕對以賢爲要，愈賢愈能尊君佐治，平正用法，理民安邦。〈泰族〉說：「守不待渠塹而固，攻不待衝隆而拔，得賢之與失賢也。」人臣愈賢，人君愈能無爲執約以待化，得賢與否實關係全部政治的成敗；〈泰族〉因此說：「聖主者舉賢以立功，不肖主舉其所與同，觀其所舉而治亂可見也。」

〈泰族〉論述人才之規劃與任用：「舉天下之高以爲三公，一國之高以爲九卿，一縣之高以爲二十七大夫，一鄉之高以爲八十一元士。」又分天下人才爲四等——英、俊、豪、傑，主張讓他們「各以小大之材、處其位、得其宜」地去佐治，才是「由本流末，以重制輕」的正理，預期可以收到「上唱而民和，上動而下隨，四海之內一心同歸，背貪鄙而向義理，若風之搖草木，無之而不靡」的偉大成效。

4、仁本而法末

法固有其功能，然政治之成效，卻不是法所能完全決定。人君執約虛靜、操權用勢、分官任眾、循名責實，人臣施展賢才、勠力佐治，也都決定政治成敗的因素。法只是被人操持運作的固定標準而已。《淮南子》說「法者，治之具，而非所以爲治也。」(〈泰族〉)「法制，治人之具也，而非所以爲治也。」(〈氾論〉) 除去人爲的施治技巧不言，就政治之基本宗旨而言，當行仁用義亦比論賞施罰更合爲民、利民本旨。然而行仁用義終究是抽象之精神，而非具體方法，因此不能不訂定明確的法規以利遵循。「法」的設立與施用，在整個政治事件中的功能和價值，應該只是便政佐治的「工具」而已，政治的眞正本質與基本精神並不是設科行罰，這點我們可以從它對政治績效的三等分中，法治居末，得到明證。故而仁義應該居本，而法令宜爲末。〈泰族〉說：「仁義者，治之本也；法之生也，以輔仁義。」，「治之所以爲本者，仁義也；所以爲末者，法度也。」不假治令，一切政治措施無由興舉。然徒用法而罔顧「民」，則法亦易流爲統治者遂私逞慾、殘民暴虐的利器。因此說：「無法不可以爲治也；不知禮義，不可以行法」(〈泰族〉) 又說：

> 民交讓爭處卑，委利爭受寡，力事爭就勞，日化上遷善而不知其所以然，此治之上也。利賞而勸善，畏刑而不爲非，法令正於上，而百姓服於下，此治之末也。

無爲動化用道德，賞善罰暴用法令，道德之化無形而自動，法令之治有形而強制，足以禁惡，不足以起善。「法能殺不肖者，而不能使人爲孔曾之行；法能刑竊盜者，而不能使人爲伯夷之廉」(〈泰族〉)。因此，法令是末策，「有道以統之，法雖少，足以化矣；無道以行之，法雖眾，足以亂矣」(〈泰族〉)。比起「精誠」來，「仁義」更屬顯實之道德。因此，當不治之治、不言而化的「神化」，成爲過於抽象而難能企及的理想時，「仁義」以其自動起善的功能，猶不失爲其次的理想政治。換言之，「神化」至境就算不是全然不可企及，但實際政治的實施，其實很難全憑精誠的感通和抽象原則的把握而奏功。而就其「爲民」、「得民」之宗旨看來，《淮南子》不但視政治爲人主與臣、民間交流溝通的事件，也視它爲爲人謀幸福的活動，因此越眞純自然，發乎本性、本情越上乘。即或不能，也當不失其仁恩情義，而不僅止於刻板乏生趣地去非懲惡而已。〈主術〉說：「府吏守法，君子制義。法而無義，亦府吏也，不足以爲政。」「府吏」只知執法，君子卻能施教。成功的政治應該是君子的教化活動，而不只是府吏的執法過程。因此，應有高於無生命情性的法令之上的東西，來做爲執法的精神和依據，治「人」事件才算澈底成功。〈泰族〉說：「愛人則無虐刑矣，知人則無亂政矣。」「若不修其風俗而縱之淫辟，乃隨之以刑；繩之以法，雖殘賊天下，弗能禁也。」「修其風俗」正是仁義之事。總之，不論基於太上「無爲」之原則，或仁本法末之觀念，政治之最終歸趨，必然步入寬而不苛之境地。此可從它高唱絕對尊君卑臣之餘，又強調君臣以恩相報，既以「君」、「法」爲政治的最高權威，又開宗明義強調「利民」、「得民」等苦心中獲得印證。其實，就是標「仁義」的儒家，也並沒有全盤否定法令刑罰，只是「反對不公正地擴大，以控制人類行爲，剝奪人之自由與道德自主性，……求把法置於適當用途，而且要在人文架構之內。」〔註112〕《淮南子》也是這個意思，它說：

> 城削者必崩，岸峭者必陀……治國譬若張瑟，大絃急則小絃絕矣。（〈繆稱〉）
>
> 削法刻誅者非霸王之業也，箠策繁用者非致遠之術也。（〈原道〉）

過度推展法治、強調集權的結果，只會使法治所得來不易的美好成果提前催毀，秦帝國的滅亡便是一個活生生的例子。只有「治由無理，刑不侵濫」（〈泰族〉）、「法寬刑緩」（〈主術〉），使法律成爲備而不用的條文，才能做到「上無煩亂之治，下無怨望之心」。而「囹圄空虛」，天下一心向化，國家也就大治了。

六、結　論

綜觀《淮南子》論政，大抵擷取道、儒、法三家思想而來。它以先秦道

〔註112〕見「法家與儒家之對照」，成中英撰，萬法先譯：〈法家與儒家之對照〉，《中華文化復興月刊》15卷9期（1982年9月），頁31～41。

家的虛靜無為為人君施政之最高指導原則。然為示「虛靜無為」之靈妙可「用」，它以「簡」、「約」、「省」、「因」等道理去詮釋「虛靜無為」的。由於道家本身對於政治只能提供形上原則，並無具體可遵循之方案，因此實際政治之推動上，《淮南子》不得不採用較為具體詳備的法家模式。法家尊君明法，強調法簡明、客觀與公正性。《淮南子》也尊君明法，強調法之公平與必然性。法家治官，分官分職、循名責實。《淮南子》也分官分職、循名責實。法家主張人君兼用勢、術、法以完成統御，人君是施治的主體，人臣是佐治的副肢，君靜而臣動，君尊而臣卑；《淮南子》也大抵無異辭。

然而，這些都僅限於政治模式上之移用，實際之內容與精神，《淮南子》是擷取甚多儒家思想去填補轉換它，從而幾近澈底地轉化了法家政治模式的精神與方向。法家以法治為唯一客觀完善的治道，《淮南子》則以揉合道家虛靜無為、儒家誠身恭己、與當代流行的天人相應說而成的「神化」，去取代法家心目中法治的崇高地位，甚至把它貶至末下，其理想中完美治道是儒、道與天人相應相合之形態。

其次，法家非特尊君明法，且以法為全體臣民唯一之價值標準與行為依據，唯一不在法令約束範圍者只有人君一人。法的一切規定與約束都為人君利益而設立，以維護人君的尊高與權力為前提，法令唯一的設立與修正者是人君。《管子・任法》說：「夫生法者君也。」法的最大作用，在威嚇人民的越軌行為，防範人臣的非份姦亂，以禁惡止姦為目的，故宜嚴而不宜寬。法的一切公正、客觀性，以及它所施用的對象與範圍，僅至臣、民為止，君不在此限，人君是超乎全體臣民的價值標準與行為依據而上絕對存在。人主之治術，亦即其因「勢」以執「法」用「權」之技術，遠重於內在之人格。凡此皆可由《韓非子》理論中得到印證。在極端的法家理論中，非特人臣難以得到一定之政治尊嚴，百姓居政治體系之最下層，是純粹之被統治者，尤其為法令所要處理之對象。人民之利益在國家或政治利益（實是君主利益）強大陰影籠罩下，常常自然消亡。《商君書》說：「民弱國強，國弱民強，故有道之國務在弱民。」（〈弱民〉），「民勝其政，國弱；政勝其民，國強」（〈說民〉）。政治之最大目的在「畏民」與「尊君」，「君尊則令行，……法制明，則民畏刑。」（〈君臣〉）法令之施設自然步入嚴苛之途。《商君書》又說：「聖人不宥過、不赦刑、故姦無起。」（〈賞刑〉）法家基於性惡的觀點，認定人性本惡而易姦，因此，一切政令措施皆為據此而作之防範與制裁。不僅身為性惡論大師荀子弟子之韓非如此，早在韓非之前，商君理論尤其尖刻。

針對法家「君」、「法」地位偏激擴張，人民利益遭受嚴重剝奪之法，《淮南子》擷採儒家溫和敦厚之教，力為調和制衡。將儒家「仁民」之道德意識，注入法家「君」、「法」理念中，以換轉其「民」與「國」（君）對立之形態，使「利民」成為超乎法令君權而上之最高原則，仁義道德成為政治之基本要素，從而下降人君之地位，至與法合、臣、民互有高下之勢，以保持特殊的均衡形勢，亦即：

一、「法」居「民利」與「仁義」之下，依「民利」與「仁義」而設立、而存在、而施用。以普遍、公平、客觀為原則，起善去惡為目的，兼治、教雙重作用，宜寬而不宜苛。

二、君、臣、民皆在「法」之約束與管轄下。君上遵於法，下馭其臣；臣上忠於君、依於法，以治民；民則奉法受治。君非特下馭其臣，又當下「恩」其臣，以維持正常之君臣關係。

三、「法」固居「民利」與「仁義」之下，可以約束人君，然「法」令與「民利」、「仁義」又皆在君主之施用掌握中，人君應以「民利」為依歸，以道德仁義為精神，皆立法施治。一本至公無私、棄己用眾、簡約不擾之原則，完成統御。

四、君直接治臣，而間接用賢以治民。君之治臣，當棄智而倚「勢」用「權」，操無為之術以治之，其理民則一本仁愛，任賢以自代。

如此，使法家商、韓諸人學說中，高度專制集權之政治形態，一變而為充滿和諧、融洽、公平、合理、有情有味、安寧不擾，有治無爭之太平景象，才是初漢朝廷所嚮往而努力營造之理想。《淮南子》之政治論正是漢人心目中理想政治形態之反映。從漢初清靜無為、寬和柔惠、刑名仁德兼治的黃老治術，與中期宣帝時代，王、霸雜用的治術中得到印證。

〈要略〉曾說，《淮南子》全書欲規擬一套全備之「帝王之道」，而事實上：

一、像劉漢朝廷這樣內求統一的大一統帝國的確需要一套周密嚴謹的政治制度與法令系統，來完成理想。這一點先秦道家的因任自然，和儒家的偏重精神原則，都不能適切地解決問題，只有法家的政治體系可以辦得到，這就是《淮南子》不能不近乎全套地借用法家政治體系的原因，也是漢代政治反秦而沿用秦法，又陽儒陰法、王霸雜用、刑名法術兼治的原因。《淮南子》

的融和正是它的具體顯現。

二、法與道德仁義並不絕對不相容。王、霸道可以雜治，儒家之人治、德治，與法家之法治、術治可以相濟相助、相輔相成。漢家政權，因此一面與民休息、倡仁勵學，一面施用刑名法術以維持一定之社會秩序與朝廷綱紀。西漢之政治形態是以武帝時期爲分界的：武帝以前爲陽道陰法，道、法相結合的黃、老治術。武帝以後則是陽儒陰法，儒、法兼治。《淮南子》的成書於武帝時，正處於此分界嶺上，政治理論也儒、道、法兼合。其道、法相融固代表武帝以前典型之黃老思維，其儒、法互濟之論事實上形同武帝以後西漢政治縮影。

第九節　淮南子論兵

一、緒　言

古代大事，惟祀與戎，《周官》五禮，「軍」居其中。《漢書・藝文志》說兵家出於古司馬之職，「王官之武備」。《周禮・夏宮》記載大司馬制軍有「九伐之法」以正邦國。又中春教振旅，遂以蒐田：中夏教茇舍，「撰車徒」與軍之夜事，遂以苗田：中秋教治兵，辨旗物，遂以彌田；中冬教大閱，「脩戰法」，遂以狩田，都是配合農事以習武備。《尚書・禹貢》有「綏服五百里」，其中內三百里「揆文教」，外二百里「奮武衛」，也是文武兼治，兵教並習。《易・萃卦》卦象說，君子「除戎器」是爲了「戒不虞」。《禮記・王制》說，先王出征，要先「類乎上帝，宜乎社，造乎彌，禡於所征之地，受命于祖，受成于學」。諸侯出征，則待賜弓矢而後行，不敢專征。〈月令〉說，兵戎之起是爲了「征不義」，因此，「不可從我始」。《書・說命》說：「惟甲冑起戎，惟干戈省厥躬」，莫不戒其輕動。而〈洪範〉「八政」，殿之以「師」。從這些地方都可以明顯看出三代用兵的原則：去殘禁暴，安邦定國，雖聖人不能廢。先安內後攘外，修文教而後奮武衛，內外兼治，文武並習。合義乃伐，弗敢輕啓，毋敢擅殺，不黷不濫，這是三代用兵的基本原則。

二、《淮南子》以前諸子論兵

三代以下，世變愈亟，攻伐愈烈，論兵者愈多，儒道而外，墨、法、刑名各家，蓋莫不言兵，孫子、吳起等人甚至以「兵」名家。各家論兵，法制、技術、疏密雖有不同，除法家的商君之外，大抵不違三代「武備」、「義兵」、不黷不廢的遺教。

（一）儒家論兵

儒家承三代文化，論兵亦謹守三代遺教。孔子以「足食」、「足兵」爲信民之要，又重戒「以不教民戰」〔註 113〕，兵食並舉，先「教」後「戰」，明是《書》教。孟、荀繼起，倡禮、義之師，興王、霸之辨。孟子論德、論兵都歸「義」，標舉「一怒而安天下」、「以義攻不義」、「伐而不取」、「簞食壺漿」的「王師」〔註 114〕。下迨荀子，益加詳備，禮義王霸之外，別有〈議兵〉篇專論兵事。《議兵》篇論兵，仁義、德政之外，已兼及賞罰、將、術。故既標「禁暴除害」爲用兵之旨、「亂百姓者」爲征討對象，推二帝四王之兵爲「仁義」，以「刑一人而天下服罪」爲用兵的最高境界。又以「一民」（凝民）爲攻戰之本，而「一民」之道則在修政隆禮。歸「兵」本於「政」，又歸「政」本於「禮」，而以將、卒爲「末事」。

另一方面，兵既不可廢，則雖「末事」，亦有不可不講者。因此，在「政」、「禮」之外，《荀子》論兵也兼及實際問題，而有「六術」、「五權」、「三至」之說。所謂「六術」指治軍用兵的六大原則與要領，「五權」則指爲「將」之行性，「三至」指將不受命於主者三事。論將之餘，已涉及軍威與軍制了。比起孔、孟來，《荀子》論兵已不僅於仁義教化，而漸入兵家規制，揉入刑、賞、軍威了。

（二）墨家論兵

墨家一本「兼愛」之旨，視殺人爲「虧人」、「不義」，而力主「非攻」，又以攻伐爲勞民傷財，得不償失而反戰。坐論之餘，墨子並身爲天下率，百舍重趼，誦義，誦難，廷難公輸般，以止戰禍。然對禹、湯、文、武之師仍許爲「誅」而莫「攻」（〈非攻中〉）。又主張以甲盾五兵禦寇亂盜賊，仍是《周

〔註 113〕分別見〔魏〕何晏等注，〔宋〕邢昺疏：《論語注疏》，景印清嘉慶二十年（1815）江西南昌府學刊十三經注疏本（台北：藝文印書館，1989 年），卷 12〈顏淵〉，頁 107，與卷 13〈子路〉，頁 120。

〔註 114〕詳〔漢〕趙岐注，〔宋〕孫奭疏：《孟子注疏》，景印清嘉慶二十年（1815）將西南昌府學刊十三經注疏本（台北：藝文印書館，1989 年），卷 2〈梁惠王下〉，頁 43。

禮》「九伐」、《尚書・禹貢》之遺意。

（三）道家論兵

道家泯物我，齊是非，明哲愛身，柔弱不爭，澈底反戰。《老子》說：「大軍之後必有凶年」（30 章）、「兵者不祥之器」（31 章），對戰爭宜抱持無奈而絕對被動之心情，哀感從事，「不敢爲主而爲客，不敢進寸而退尺」，（69 章）。《周禮》大司馬說，軍不利，應該「厭宮喪服」。《老子》則認爲，不管利不利都該哀感以從事。對於戰爭，道家深惡痛絕地抨擊。唯一旦不幸而不得自免，則本其以退爲進，以弱爲強，爭於不爭，勝於被動的無爲原則，謹慎悲憫以從之。

（四）法家論兵

法家論兵，十分歧異，《管子》主「正」，商君務「苛」。《管子》以「兵」爲「誅暴禁非，存亡繼絕」之要事，關係「君之尊卑，國之安危」（〈參患〉），雖非「備道至德」，卻可以「輔王成霸」（〈兵法〉）。我可以不攻人，卻無法令人不攻我。一廂情願地「寢兵」、「兼愛」不可行。然戰爭確非好事，必須謹慎，貴「知權」。其治齊，仿《周官》遺法，作內政而寓軍令，以治民爲兵本，由富民以強兵，戰不必求勝。〈兵法〉說：「至善不戰」，這個「不戰」，不是「寢兵」，而是「不待戰」，通過富民、「順於禮義」以勝天下，自然不待戰。逼不得已，才「一之」（嚴飭兵備兵教）以戰。不過，它這「一之」的儲備工夫，包括了一切用兵的器械、技巧、心術、法度，所謂的聚財、論工、制器、選士、政教、服習、機數、三官、五教、七法、九章等兵家器數與要領，終歸結爲「無設」、「無形」、「無爲」。尤其特殊的，它主「奇」而不用「詭詐」，以重賞重祿爲勵士勸死之方。〈禁藏〉篇則多載行「間」、用「賄」以瓦解敵政之方。又說：「以情伐者帝，以事伐者王，以政伐者霸。」以用「奇」與用「詭」，界分「帝」與「霸」。

法家論兵，至商鞅始發展爲極端之尚武思想與軍國主義。一方面嚴刑苛法以制令，一方面尊上弱下以立威，又極端地膨脹「農戰」之功能，說國家須「力」，乃強，「強兵」則是「力」的最具體表現，而「強兵」之要在「農戰」，舉凡興國、安民、尊主，無一不賴「農戰」之功，「農戰」人數之多寡，決定國家之強弱。比「農戰」與《周官》「習武備」之農事操練大不相同，要「一民於戰」，嚴令全國皆兵，男女老弱各有軍屬，壯者戰，老弱者守，入以屬農，出以計戰。將全體國民澈底而嚴密地組織起來，明訂軍功之法，使民倚戰爲利，不敢不戰，進而樂戰好戰，歌頌戰爭，迷戀戰爭，聞戰相賀，「見戰，如餓狼之見肉」（〈畫策〉），人人成了戰爭的機器，甚或戰爭狂，然後可用。

除了迷信戰爭之外，商君也迷信法，尤其迷信重刑，以重刑來協助推動農戰之功。認爲重刑輕賞自有特殊妙用，蓋物以稀爲貴，輕賞使人珍惜，重刑使人無所選擇，因畏而生勇。因此，刑九賞一則「王」，刑七賞三則「強」，刑賞各半必「削」，只有重刑才能達到「去刑」之終極目標。重刑所加，雖「斷人之足，黥人之面，非爲傷民」（〈賞刑〉）。在強大軍威、君權與極端國家主義籠罩下，人民只是卑微疲弱之遊魂與工具。總之，倚農勵戰，嚴法治軍，尊主弱民，舉國皆兵，此商鞅之治軍。

（五）兵家論兵

兵至兵家，始燦然大備，蔚爲專學，而有所謂「兵形勢」、「兵技巧」、「兵陰陽」、「兵權謀」（依《漢書、藝文志》所分）。秦以前兵家理論之有系統規模者當推《司馬法》、《六韜》、《孫子兵法》、《吳子兵法》、《尉繚子》、《孫臏兵法》各家。

原題司馬穰苴撰之《司馬法》，太史公說是齊威王使大夫追論古司馬兵法，而附穰苴於其中。《四庫提要》謂其論兵「據道依德，本仁祖義，三代軍政遺規存什一於千百……要其大旨，終爲近正」〔註 115〕。班固《漢志》以之入禮家而不入兵家。觀其篇名，以〈仁本〉爲首，次以〈天子之義〉、〈定爵〉、〈嚴位〉，而以〈用眾〉終篇，不難了解梗概。〈仁本〉言五德（仁、義、禮、勇、智）與聖德之至、文告之辭，不外行仁義以安天下之兵。〈天子之義〉則法天地、觀先聖、教民體俗，旁及賞善罰惡之法、車旂章服之制，「軍容」、「國容」之別，終之以答民之勞。〈定爵〉統論軍旅之事，〈嚴位〉論自步伍以迄致勝之策，〈用眾〉論臨戰之事，迭示其法，究論其弊。全書以「正」與「仁義」爲兵本，「以禮爲固，以仁爲勝」〈天子之義〉，而斟酌之以「權」，儼然《周官》遺策。

《六韜》託名太公，實則戰國晚期之作，而爲太公書主體，西漢略有增竄。其論兵，內容詳盡，四類（陰陽、權謀、形勢、技巧）兼賅，尤詳於將

〔註 115〕參見〔清〕永瑢等撰：《四庫全書總目提要》（台北：臺灣商務印書館，1971年）卷 99，子部兵家類，《司馬法》一卷，頁 2037。

帥之選拔、考核，武士之選練，與各種戰術、戰況之記載，顯然有實際而豐富之戰場經驗，非光憑想像、紙上談兵者可比。《六韜》對於用兵，抱持者既積極又謹慎之態度。既視用兵爲無可避免之事，又反對窮兵黷武。既以全兵不戰爲用兵上乘〔註116〕，戰爭一旦發生，卻又主張用盡全力，爭取最大勝利。因此，不論任將、練士，還是陰陽、技巧、權謀、戰術，莫不周全考慮，一一講求。〈龍韜〉有〈論將〉、〈選將〉、〈立將〉、〈將威〉、〈陰符〉、〈勵軍〉各章專論任將，〈犬韜〉多談練士，〈虎韜〉、〈豹韜〉記載各型戰術，並推測戰況，〈龍韜〉的〈陰符〉、〈陰書〉、〈五音〉、〈兵徵〉各章言陰陽，〈軍勢〉論形勢，〈奇兵〉談用奇，〈虎韜〉、〈軍用〉則述車、器，〈軍略〉、〈壘虛〉講謀略。依其說，用兵不但臨陣對壘，戰場取勝，所謂「武爭」，還要「文伐」。〈武韜〉篇另有〈文伐〉，專論用間分離，行賄收納，以瓦解敵人。其「武爭」部分，理論之具體、周密、詳實，對戰況之推測與戰術之分析運用，不論山戰、林戰、水戰、火戰、車戰、騎戰之法，或步兵、騎兵、絕糧、突圍之術，無不純熟全備，彷如戰場實錄，求之先秦任何一家，都屬第一。戰國諸多兵家理論，若《孫子》、《吳子》、《尉繚子》諸人言論記載，每有與之相合者，除《孫子》之外，大致刪節自《六韜》〔註117〕。

戰國兵家中，《孫子》之論最爲權謀正宗，《孫子》論兵，以「全」爲上，以「破」次之，最好「非攻」、「非戰」而「屈人之兵」（〈謀政〉），「先勝而後求戰」（〈軍形〉），貴勝而不貴久，令之以文，而齊之以武，適當保存三代用兵之精神原則。其論戰，則多主機智，以謀爲上，而佐之以「法」，〈始計〉說：「上兵伐謀，攻城之法爲不得已。」權謀先於技巧。〈軍形〉說：「善用兵者，修道而保法。」「道」指權謀、廟算，包括如何擇「人」任「勢」，因利制權，理「分數」、辨「形名」、用「奇正」、觀「虛實」（〈始計〉），利誘而亂取，備實而避強。「法」指陣爭之方，亦即實際應戰退敵之策，如何明「九地」、審「六形」，假金鼓旌旗、火攻、水攻、晝戰、夜戰以取勝。

《孫子》承認用兵本是「詭道」，瞬息萬變，故貴先、貴速、貴拙；戒後、戒久、戒巧。要應變敏捷，具高度機動性，「正」以合之，「奇」以勝之，奇正相生，參之以「間」，才可以應乎無窮。孫子甚至分「間」爲五，而有所謂

〔註116〕〈武韜、發啓〉說：「全勝不鬥，大兵無創」；〈龍韜、軍勢〉說：「上戰無與戰」。

〔註117〕參見周鳳五：《六韜研究》（台北：國立臺灣大學歷史研究所博士論文，屈萬里、張以仁指導，1978年）。

「鄉間」、「內間」、「反間」、「死間」、「生間」，其使間用間之極致，竟以「聖智」、「仁義」爲基礎（詳〈用間〉），此兵家之變三代。歷來兵家論「間」，《孫子》可謂極致。

兵家吳起，殺妻求將，母死不赴，行性廣受疵議，然或因受學於曾子，耳濡目染之餘，論兵不失古意：尙禮義、明教訓，以「和」圖國，以「禮」教民，以「信」治兵，以和國爲「出軍」、「出陣」、「進戰」、「決勝」之基，又教禮、勵義、綏道、撫仁（詳〈圖國〉）。嘗分兵爲五：「禁暴救亂」是「義兵」，「恃眾以伐」是「強兵」，「因怒興師」是「剛兵」，「貪禮棄義」爲「暴兵」，亂國疲民、勞師動眾稱「逆兵」（〈治兵〉）。

儒家論兵，上規三代，以政以教。吳起論兵，亦先教戒，「在德不在險」，必使「發號施令而人樂聞，興師動眾而人樂戰，交兵接人而人樂死」（〈勵士〉），軍之所至，秋毫無犯，「示民無殘心」，有降則安之。凡此，皆庶幾湯武仁義之師，與孫子之尙權謀、用機智者大不相類。

唯，兵戰究是實際事件，因此，仁義、治、教而外，吳子也主「機」、「權」、「法制」。「機」包括「氣機」、「地機」、「事機」、「力機」，「權」則指涉險遇敵時所應採取之恰當措施。「法制」指三軍進止之度，金鼓旗幟之用，行賞用罰之節，襲佔攻取之法，以及養率畜騎之方，察才占將之要。此外，《吳子》用兵，力主剛柔並兼，而重戒「猶豫」、「狐疑」，以「理」、「備」、「果」、「戒」、「約」爲爲「將」五要，並躬身節制，與士卒同衣食，分勞苦，完全體現仁義之理。

《尉繚子》用兵，較之孫吳，尤其繁富。《孫子》富權謀，《吳子》以「義」爲主，而輔之以「權」，尉繚則「權」、「義」之外，又及農戰相保之法，揉儒、兵、法爲一。尉繚同於《老子》，視兵爭爲「廣凶器」和「逆德」，不得已而用，亦必先安向而後言戰，文武兼治，愛威並行。先仁義而後明號令、嚴刑賞、多委積、備器用、議農戰而設保坐。

農戰之法，最早可溯至《周官》的假蒐、苗、彌、狩以振旅治兵，合生產與教戰爲一。以後兵、法兩家相繼沿用，商鞅尤嚴苛其制，雖婦孺老弱皆入籍，總全國而皆兵。尉繚農戰，則取其可以足用而立威。〈武議〉說：「萬乘農戰，千乘救守，百乘事養。」、「農戰不外索權，救守不外索助，事養不外索資。」使戰守足用，威權無須旁索，此尉繚農戰本義。配合農戰，尉繚另有「同罪保伍」的「連刑」，使五人（伍）、十人（什）、五十人（屬）、百人（閭），各立其長，「什伍相結」，上下相保，有罪弗揭，與同罪，謂之「上下相聯」，戰時則吏卒相救，發揮最大軍事效果。

農戰連刑之外，尉繚用兵又主「因」、「靜」，〈兵令上〉說：「兵以靜勝」，「伐國必因其變」。雖嚴刑賞而反對酷刑審囚（〈將理〉）。用兵之前，尉繚尤重立「將」，並以「愛」、「威」爲「將」之要。由仁愛、禮義、政教入手，至於明賞嚴刑、主靜用因、農戰保伍，此尉繚之兵論。

兵家另有竹簡《孫臏兵法》，對孫子（武）兵法有相當之發展。

孫臏論兵，直是在兵言兵，絕對地積極而主動。孫臏認爲，只有通過戰爭，才能禁止爭奪（詳〈見威王〉）。用兵之要，則在於「必攻不守」（〈威王問〉），善戰者必須使自己處於主動，而陷敵於被動，才能穩操勝算。因此，舉凡一切作戰應有之陣法、技巧、要領、原則，諸如：如何激勵士氣，鼓舞鬥志、配備兵力、觀察地形、布列陣伍，考量敵我，避開不利情勢，爭取有利情勢，奇正交用，穩實掌握戰爭規律，準確調配天時、地利、人和以致勝，都作了簡要精當之論述。論兵之外，也論將。從理論上積極之程度看來，其撰作時代應晚於上述各家。

孫臏說，戰爭之勝敗關係著國家存亡、社稷安危，因此非「勝」不可。然「樂兵者亡，利勝者辱」，戰爭必須「有義」（〈見威王〉）。又說：賞罰、權、勢、謀、詐對於兵爭固然各有一定功能價値，「可以益勝」，卻非用兵之「急者」，用兵之急者在「必攻不守」（〈威王問〉）。要「必攻不守」就得主動了解敵人、分析情勢、掌握戰況。將一切勝敗之因素、關鍵、契機拿捏得半分不差。〈十陣〉論說方、圓、疏、數、錐行、雁行、鈎行、玄襄、火、水等十種陣法，〈五名五恭〉討論如何對付五種不同的敵軍，以及軍隊入敵境時如何應變自處。〈雄牝城〉列舉難攻、易攻之城地形上之特點，〈五度九奪〉分析作戰有利、不利之條件，俾知如何趨避。〈行篡〉、〈殺士〉、〈延氣〉討論如何善勵士卒、善用將帥，使效死戰。〈勢備〉說明陣、勢、變、權在軍事上的重要。〈地葆〉分析地形優劣。〈月戰〉談勝敗與日、月、星關係，直是兵陰陽。〈篡卒〉分析戰「恆勝」與「恆不勝」之要因。〈將義〉、〈將德〉、〈將敗〉、〈將失〉則專論「廣將」之優劣成敗條件。

（六）《呂氏春秋》論兵

《呂氏春秋》有〈蕩兵〉、〈振亂〉、〈禁塞〉、〈懷寵〉、〈論威〉、〈簡選〉、〈決勝〉、〈愛士〉、〈召類〉各篇討論用兵，都重精神原則之強調與把握，除

「義兵」之外，不及任何實際戰術、戰略或技巧，乃至刑賞。它說「兵」之用始於爭鬥，爭鬥則「與始有民俱」(〈舊兵〉)。因此，兵不可禁，「有義兵而無偃兵」(〈蕩兵〉)。然苟違反「義」，而「疾取救守」，便是「大亂天下」，非用兵（〈禁塞〉)。一旦兵臨敵境，則應秋毫無犯，「不虐五穀，不掘墳墓，不伐樹木，不燒積聚，不禁室屋，不取六畜，得民虜而奉之……」，有能以家聽者，祿之以家，以國聽者，祿之以國，「攻克其國，不及其民」，還要「舉賢封能，恤孤賑寡、敬老救罪，分財散粟」(〈懷寵〉)，儼然孟子「王師」。

此外，《呂氏春秋》用兵還尚「氣」而求「廣一」，主「疾」而貴「因」。要「并氣專精」使「心無有慮，目無有視，耳無有聞」，「一諸武」(〈論威〉)。一旦遭遇交攻，則「急疾捷先」，制敵機先。又「因」敵以爲己資，「因敵之險以爲己固」，還要「因敵之謀以爲己事」(〈決勝〉)。平日則「彊」、「信」其令，「簡選精良」、「行德愛人（士)」(詳〈簡選〉、〈愛士〉)。然而，這一切都「不足專恃」(〈簡選〉)，眞正足以「專恃」的，《呂氏春秋》說是「在己」，「在己」謂運用之妙存乎一心，當然包括了善「因」能「疾」之要領，與秋毫無犯，伐而不有之「德」。

西漢以前各家論兵大抵如此。除商君外，大抵不違不廢不黷、善兵修政三代遺教。儒家主仁義，《荀子》則歸本於「禮」。墨家尚非攻而義三代之師。道家慈儉而不先，又哀慼以從事。法家則《管子》倚正任法而用「奇」、「權」，商君嚴刑名。《呂氏春秋》則重申《孟子》論兵之旨。値得注意的是：除兵家之外，各家兵論，大抵偏重精神原則之把握，只有儒家《荀子》稍稍涉及軍制軍威。法家《管子》論及三官、五教、七法、九章等兵事核心問題，商鞅嚴法勵農以治軍，眞正著意論兵。其餘孔、孟、墨、老、《呂氏春秋》論兵，都只聊備一格而已。其眞正能視「兵」爲專業，實際切入兵爭核心問題，則有待兵家之興起。

兵家論「兵」，大抵以「正」爲主，而輔之以「權」，參之以「奇」。「正」、「奇」、「權」，幾乎是兵家論兵的共同課題。「正」、「奇」、「權」之外，《司馬法》用仁義，《六韜》兼論陰陽，特重實戰之推測與分析。孫子則求「全」貴「速」，保「法」(〈戰法〉) 而用「間」，對「奇」、「權」之講求尤爲他人所不及，應是權謀正宗。吳子則倚仁義、治教，而酌以機、權、法制（實戰之方)，應是兵中之儒。尉繚則「義」、「權」之餘，用「因」、「靜」，而參以「農戰」、「相保」之法。《孫臏兵法》則主動、積極而實際，必攻不守而務勝，講陣法、重技巧、觀地形、勵士氣。

論兵之餘，《荀子》和《孫子》以外各兵家都論「將」，詳略或有不同，要皆歸本於「愛」與「威」，《六韜》並及拜將之禮。

三、《淮南子》論兵

《淮南子》攬前代、綜群書以立說。其論兵，亦摻各家而成說，除有〈兵略〉專論兵事外，〈本經〉也頗存兵論。其論兵，兼儒、道而參孫、吳，倚仁義而修內政，因氣勢而論虛實，持「靜」而隱無形，據「正」而權「奇」，以「義」始而以「權變」終。〈要略〉篇統賅〈兵略〉要旨說：

> 所以明戰勝攻取之數，形機之勢，詐譎之變，體因循之道，操持後之論也。所以知戰陣分爭之非道不行也，知攻取堅守之非德不強也。……乘勢以爲資，清靜以爲常，避虛就實，若驅群羊。

《淮南子》思想本以道家綜貫各家，所謂「體因循」、「操持後」、「乘勢」、「清靜」、「避實就虛」，基本上皆道家寓強於弱，清虛卑弱以致勝之精神原則，以後兵家運用轉化而爲權謀說。唯乘勢、持後、清靜之外，又本之以儒家之「德義」，輔之以兵家之「形機」、「譎變」。以儒家乃至三代之德義爲本，終推衍出兵家之權謀。然求其統兵用術、運謀制權之精神原則，無一非道家。其所徵引先秦以前兵學理論相當寬廣，包括《荀子》之〈議兵〉、〈富國〉、〈儒效〉，《司馬法》的〈仁本〉，太公《六韜》，《呂氏春秋》〈召類〉、〈懷寵〉、〈論威〉、〈不屈〉，乃至吳子、尉繚兵論，徵引較多者，尤爲《孫子兵法》。

（一）兵之源起與仁義

〈兵略〉首推「兵」之源起說：

> 凡有血氣之蟲，含牙戴角，前爪後距，有角者觸，有齒者噬，有毒者螫，有蹏者趹，喜而相戲，怒而相害，天之性也。人有衣食之情而物弗能足也，故群居雜處，分不均，求不澹則爭，爭則強脅弱而勇侵怯。人無筋骨之強，爪牙之利，故割革而爲甲，鑠鐵而爲刃，貪昧饕餮之人，殘賊天下，萬人搔（騷）動，莫寧其所有。聖人勃然而起，乃討強暴，爭亂世，夷險除穢，以濁爲清，以危爲寧，故（人）不得中絕。

物有好爭好鬥之天性，人有強取豪奪之本能，此兵革興起之基本根源。兵爭之事，由來久矣，自有生民與俱存，五帝、三王皆不能免戰：

> 黃帝嘗與炎帝戰矣，顓頊嘗與共工爭，……黃帝戰於涿鹿之野，堯戰於丹水之浦，舜伐有苗，啓攻有扈，自五帝而弗能偃。……炎帝爲火災，故黃帝擒之，共工爲水害，故顓頊誅之。(〈兵略〉)

「兵」之基本功能因此被界定爲平災除害，義正辭嚴之事，「割革爲甲」、「鑠鐵爲刃」以殘賊萬人不可謂「兵」，「兵」有嚴正之宗旨，用兵是爲了「禁暴討亂」、「存亡繼絕」、興天下之利，而「除萬民之害」(詳〈兵略〉)，〈本經〉說：「用兵有術矣，而義爲本。」「兵者所以討暴，非所以爲暴也。」古之用兵者不貪土地、寶賂，有不義者，「教之以道，導之以德」，不聽，始「臨之以威武」，再不聽，才「制之以兵革」。〈本經〉說：

> 有不行王道者，暴虐萬民，爭地侵壤，亂政犯禁，召之不至，令之不行，誨之不變，乃舉兵而伐之。

這和《周官・九伐》精神原則一致，〈九伐〉說：

> 馮弱犯寡則眚之，賊賢害民則伐之，暴內陵外則壇之，野荒民散則削之，負固不服則侵之，賊殺其親則正之，放弒其君則殘之，犯令陵政則杜之，外內亂、鳥獸行則滅之。

《書》有膺戎狄、懲刑舒之記載，桀紂殺無辜以殫民財，爲炮烙而恣肆虐，晉厲、宋康多行不義，這些都構成「害」之條件，合乎用兵征討原則。討一「害」以安天下，是用兵正理。《荀子》說：「刑一人而天下服罪」，「有誅而無戰」，〈兵略〉也說：「聖人之用兵也，若櫛髮耨苗，所去甚少而所利者多。」「畜池魚者必去猵獺，養禽獸者必去豺狼。」總之，除敗類以救亡圖存，是用兵眞正目的，非務在殘殺，〈兵略〉說：用兵「非以亡存也，將以存亡也」。

以爭鬥爲「兵」起之由，又舉五帝不能免戰，以證兵不可偃。不論思想、文字、或例證，顯然鋪衍自《呂氏春秋》〈蕩兵〉、〈召類〉之旨意。而三王、五帝用兵之例，《呂氏春秋》之前又早見於《荀子・議兵》與《墨子・非攻中》，乃至《孫臏兵法・見威王》。

本著「存亡」，非「亡存」，去莠非務殺之宗旨，《淮南子》繼承《孟子》與《呂氏春秋》之後，大倡「秋毫無犯」之「義兵」，說：兵臨敵境，要先下令：

> 毋伐樹木，毋抉墳墓，毋爇五穀，毋焚積聚，毋捕民虜，毋收六畜。

戰勝之後，要「廢不義而復有德」，以示「攻而不佔，伐而不有。」因其民以除其害，即其利而還諸民，甚至爲他們重新安定秩序：

以家聽者祿以家，以里聽者祿以里，以鄉聽者封以鄉，以縣聽者侯以縣，剋國不及其民，廢其君而易其政，尊其秀士，而顯其賢良，振其孤寡，恤其貧窮，出其囹圄，賞其有功。（〈兵略〉）

〈本經〉也說：「戮其君，易其黨，封其墓，類其社，卜其子孫以代之」，仁至而義盡。最好能做到：

車不發軔，騎不被鞍，鼓不振塵。旗不解卷，甲不離矢，刃不嘗血，朝不易位，賈不去肆，農不離野。（〈兵略〉）

敵方百姓卻「開門而待之，淅米而儲之，唯恐其不來」，不戰而大國朝，小國下。這些理論，除文字大抵襲用《呂氏春秋・懷寵》外，其思想氣派儼然《孟子・梁惠王下》弔民伐罪又一章。而事實上，「兵」以「義」出，是各家論兵之基本原則和共同認可。墨家稱禹、湯，吳子無刊木伐屋，取粟殺畜，《司馬法》本仁祖義，尉繚「伐暴亂，本仁義」，《管子》「輔王成霸」、「誅暴禁非」、「存亡繼絕」，辭面理論容有小異，內裏精神其實一致。《淮南子》之兵論，可視為對以上各家思想精神與理論內容周全而詳細之整理與繼承。

（二）兵本在政，以德止爭

類此不戰而屈人之義兵，當然非三天兩月，倉促可成，必定有長期厚實之根柢。〈禹貢〉說要「揆文教」，以「奮武衛」，為的是要求得厚實的根柢。厚實的政本，才是眞正致勝之道，〈兵略〉說：

甲堅兵利，車固馬良，畜積給卒，士卒殷軫，此軍之大資也……明於星辰日月之運，刑德奇資之數，背鄉左右之便，此戰之助也……五官……必擇其人，技能其才，使官勝其任，人能其事，告之以政，申之以令，使若虎豹之有爪牙，飛鳥之有六翮，莫不為用，然皆佐勝之具也，非所以必勝也。

兵之勝敗，本在於政，政勝其民，下附其上，則兵強矣；民勝其政，下叛其上，則兵弱矣。

所謂「政」，包括「治國家，理境內，行仁義，布德惠，立正法，塞邪隧，群臣親附，百姓和輯，上下一心，君臣同力。」（〈兵略〉）換言之，堅實穩固之政治基礎，是兵戰致勝之強大後盾和先決條件。相形之下，一切陰陽、形勢、技巧都屬末策，非首要之務，〈兵略〉說：

地廣人眾不足以為強，堅甲利兵不足以為勝，高城深池不足以為固，繁令嚴刑不足以為威。

作者堅確相信，「修政於廟堂之上，而折衝於千里之外，拱揖指麾而天下響應」，不是軍事神話。他相信透過修德以強政，的確可以服敵而立威，這叫「先勝而後戰」，〈兵略〉說：

文之所加者淺，則勢之所勝者小；德之所施者博，則威之所制者廣。

千乘之國，行文德者王；萬乘之國，好用兵者亡。

兵之用，貴德、貴文而不徒恃武力，湯以七十里，修文德以勝。智伯空有千里，窮兵黷武亦亡。兵場失敗，《淮南子》認爲，關鍵不在交刃當時，而是「素行無刑久矣」。換言之，是長期政治失德、失敗之總結。

類似理論，大抵來自儒家孟、荀，尤其《荀子》。《孟子》固曾說過「修文德」以徠遠人，也曾強調「固」不待「險」，「威天下不以兵革之利」（〈公孫丑下〉）。《荀子》更大倡「一民」之義，說用兵之本在「一民」，「一民」之本在「凝」之，又說：「凝民以政」，並以君、將、率爲「末事」。其所謂「政」，是指厚德音、明禮義、致忠信、賞賢使能，爵服慶賞，長養保愛，以定政令而一風俗，和〈兵略〉以治國、理境、布德、行仁、立法、塞邪、附群臣、和百姓爲「政」，而以人眾積多，車固馬良、官將堪任爲「佐勝之具，非所以必勝」是很相類似的。《荀子》以五帝三王之勝伐爲「前行素修」，〈兵略〉以戰敗爲「素行無刑久矣」，根本是換湯不換藥的說法。

其實，以修政爲兵勝之基礎，並非儒家專利，法家《管子》也說用兵要先「畜之以道，養之以德」（〈兵法〉），「內守完固」而後「外攻勝服」（〈重令〉）。那是基於「計定於內，然後兵出乎境」，有謀有略之審愼態度，類似孫子「伐謀」、「廟算」，求萬全而後戰，並非基於德義。因此，「禁暴除非」之外，還要高倡「無聽寢兵」、「無聽兼愛」（〈立政九敗解〉），而步入「作內政以寓軍令」之途。方法雖若干依違於《周官》，究其內質，仍是法家「富國強兵」之基調。《淮南子．兵略》卻堅言即利還民、伐而不有之論，除孟、呂氏之外，各家言兵之「義」，未有如此誠懇。而〈兵略〉，正是集三家之大成而來。懷抱著如此誠懇的德義精神，《淮南子．兵略》分兵爲三等：以能「脩政於廟堂」而「折衝於千里」爲「用兵之上」；一旦不免兵戎相見，則臨陣時，號令明，使敵人在「兩軍相當，鼓錞相望」之際，望威而懾氣，以致「未至交兵接刃而敵人奔亡」，也是不戰而勝，這是「用兵之次」。等而下之，必須「知地宜，習險隘，明奇正，察行陣」，眞刀眞槍硬拼一場，「白刃合、流矢接、涉血屬腸，輿死扶傷，流血千里」，刀劍下決勝負，則是「用兵之下」。

（三）《淮南子》之兵術

兵戰固以仁義德政為上，最好能不戰而勝，然戰爭一旦不可避免展開，則列陣交攻，敵來我往之際，不能不有一套理想有效方法始能致勝，此〈要略〉所謂「戰陣分爭，非道不行」。因此，形勢、權謀、技巧雖屬下術，不能不講。〈兵略〉說：

> 兵失道而弱，得道而強；將失道而拙，得道而工；國得道而存，失道而亡。

> 兵以道理制勝。

何謂「道」，〈兵略〉說：

> 所謂道者，體圓而法方，背陰而抱陽，左柔而右剛，履幽而戴明，變化無常，得一之原，以應無方，是謂「神明」。

所謂「道」，指兵場上來去無形，操縱控馭，左右逢源之高超技巧。

1、隱形與持靜

〈兵略〉說：

> 所貴道者，貴其無形也，無形則不可制迫也，不可度量也，不可巧詐也，不可規慮也。

> 夫有形埒者，天下訟（公）見之，有篇籍者，世人傳學之，此皆以形相勝者也，善形者弗法。

一切有形的事物都有一定範圍與功能，亦有一定侷限與缺隙，而不得圓滿周全。「道」之所以圓滿無缺，只因無形。這原是道家推崇「道」之基本理由，將之施用於一切人事運作，不論政治、軍事，都能推得相同結果。〈兵略〉說：

> 仁勇信廉，人之美才也，然勇者可誘也，仁者可奪也，信者易欺也，廉者易謀也，將眾者有一見焉，則為人禽矣。

道家視一切才智、德操為「道」之殘曲，既然殘曲，當然偏而不全，有隙可乘。用在兵場上，不免為敵人所算計制服，因此說：「兵以道理勝，而不以人才之賢」。〈兵略〉分析依常人才智所可能變化之各種兵戰機變與技巧，逐一刺破其莫不有可突乘之隙竅，以明一切有形兵技之難能而非至貴。

〈兵略〉說，常人用兵，多仰賴士卒眾多，或倚恃兵備銛利以求勝。有人善修行陣，有人巧為詐佯，有人用輕出奇，有人善假地形，有人能順時變，有人妥為設施，有人善因天道。善修行陣者說：我能「整齊前後，令四方如繩，進退有序，離合聚散，不失行伍」；善為詐佯者說：「我能設陷阱，施埋伏，用水火，鼓譟軍，拖柴板、揚灰塵以亂人耳目」；善用輕出奇者說：「我驍勇輕悍，能疾刺衝敵」；善假地形者說：「我善審地勢，治壁壘，居高臨下以處軍闔敵」；善順時變者說：「我能因敵疲亂凍餒、恐懼窘困之勢，奇襲之」；善爲設施者說：「我能視險易以用車騎，假晝夜而用旗鼓，伺水隘而用弓弩」；善因天道者說：「我能明奇正，賌陰陽、刑德、五行，知望氣、候星，龜策、禨祥」（詳〈兵略〉），上述各項或屬兵權謀，或屬兵形勢，或屬兵陰陽，或屬兵技巧，都屬用兵之高度修養，都是難能可貴之兵術，也是兵家不可或缺之學問與素養，「不可一無」，卻非最高最貴原理原則。凌駕其上，《淮南子》另抬出「無形」之「道」以爲指導和運作要領，〈兵略〉說：

> 神莫貴於天，勢莫便於地，動莫急於時，用莫利於人，凡此四者，兵之幹植也，然必待道而後行。

任何技巧、權謀之使用，若不能達到使人莫測高深、不知不覺之「無形」境界，則一切智巧仍是有機可乘，可以對付和制服，〈兵略〉說：

> 任天者可迷也，任地者可束也，任時者可迫也，任人者可惑也。

我爲麋鹿，對方可以「設罝罘」以相制；我爲魚鼈，對方可以「設網罟」以相取；我爲鴻鵠，對方可以「設矰繳」以相繫。換言之，每一機巧背面，必然對生一剋。巧變無窮，勝剋也無窮，皆非根本取勝之道。根本之道在澈底掃除這些技巧、智謀之形跡，「藏於無原」，「運於無形」，無成法，無定儀，使對方無以觀其情，亦不得知其意，莫測高深，無從防範，卻又無可奈何，〈兵略〉說：

> 兵貴謀之不測也，形之隱匿也，出於不意，不可以設備也。深哉睭睭，遠哉悠悠，且冬且夏，且春且秋，上窮至高之上，下測至深之底，變化消息，無所凝滯。建心乎窈冥之野，而藏志乎九旋之淵，雖有明目，孰能窺其情？

此謂「神明」。「獨知人之所不能知」稱「神」，「獨見人之所不能見」稱「明」。總之，《淮南子・兵略》，並不否定兵戰技巧、權謀、形勢、陰陽之致勝功能，而是強調操持這些技巧、權謀、形勢之手法，要神不知、鬼不覺，無形無跡，才有效。無形無跡，便是「靜」。〈兵略〉說：

> 兵靜則固。
>
> 物未有不以動而制者也。
>
> 聖人貴靜，靜則能應躁，後則能應先，數則能勝疏，博則能禽缺。

靜以合躁，治以持亂。

修養上，「靜」可以沉澱思慮雜質。兵場上，「靜」一方面穩住自己，不露形跡，達到隱形之目的；另一方面更能伺敵之隙，沈著應變。〈兵略〉說：

敵先我動，則是見其形也，彼躁我靜，則是罷其力也。形見則勝可制也，力罷則威可立也。

所以要持靜、隱形，就是爲了等待一個有利的情勢與時機以趁之。因此，善用兵者，隱形、持靜之餘，又貴能因敵隙、因情勢，穩握時機，倏爾出擊。

2、因乘而迅疾

常人論兵，或稱天數，或稱地利，或稱人事。稱「天數」者說：「左青龍，右白虎，前朱雀，後玄武。」稱「地利」者說：「後生而前死，左牡而右牝。」稱「人事」者說：「慶賞信，刑罰必，動靜時，舉措疾。」此世傳兵家之「儀表」，《淮南子》認爲：此「非所以生儀表者也」，所以生儀表者，須能「因時而變化」。天時、地利，乃至一切人爲的法令、技巧，固爲兵戰不可不講求之要件，然能否制勝，仍有待於妥善利用諸多條件之高度手法。能隨時隨地靈活適切運用可利用之條件，而創造勝利契機稱「因」。善用兵者，非特貴隱形，貴持靜，又貴因乘。能「因」一切足「因」之條件，善乘一切可乘之時機，則能致勝。〈兵略〉說，善用兵者，「上隱之天，下隱之地，中隱之人。」所謂「隱之天」就是因天時。「大寒甚暑，疾風暴雨，大霧晦冥」則天時可因乘，能因之以爲變，使敵方無以防措，謂「隱之天」。所謂「隱之地」即因地利。「山陵丘阜，林叢險阻」，此可因乘之地利，能用以掩我而制敵，謂「隱之地」。所謂「隱之人」指用人謀。如何蔽前望後，偃旗息鼓，出奇兵以狙擊，攻於無形，使敵方不知端緒，謂「隱於人」。善用兵者，能當下察覺周遭一切可資利用之條件，隨時就地取材，乘勢因變以制兵，才能恆保勝利，故曰：兵無常形。所以無常形，只因善「因」。〈兵略〉因此教人兵場上當「隨時而與之移」、「因形而與之化」、「因資而成功」、「視其（敵）所爲，因與之化」。

唯在敵人未現形前，我固當隱其形，虛靜沈著以待之，敵人既已現形，便應把握時機，講求速度，出其不意，攻其不備，予以迎頭痛擊，《淮南子》兵術因此求迅疾。〈兵略〉說：

善用兵者，若聲之響，若鏜之與鞈，眯不及撫，呼不及吸。

令敵人不暇辨識，也來不及搶救，於驚慌惶亂之餘，土崩瓦解，潰不成軍。

好比夜豹獵物，瞪眼凝神以搜索，觀其破綻，迅速撲擊，使受襲者傷於無備，而無所遁逃。方其伏伺，狡若狐狸；及其出擊，猛若虎兕，捷若鷹隼。不襲堂堂，不攻正正，選取最有利條件，靜待最可爲時機，猝然出擊。〈兵略〉說：

> 善用兵者，見敵之虛，乘而勿假也，追而勿舍也，迫而勿去，擊其猶猶，陵其與與，疾雷不及塞耳，疾霆不暇掩目。

一旦敵方中擊而逃，我當乘勝追殺，間不容息，必至獲取最後勝利而後已。可見所以求迅疾，一方面固爲充分因乘最有利條件，及時把握最可爲時機，另一方面實亦爲能全盡隱形之功效。方我以雷霆飆風之勢，迅速出擊，對方迫促受襲之餘，搶攘無措，非特無以應付，甚且不見我形，故能「知吾所出，而不知吾所入；知吾所舉，而不知吾所集。」（〈兵略〉）。我因得以保持無限神祕，恆處於幽暗處，操持絕對主動，來無影，去無蹤，若「神出而鬼形，星耀而玄逐，進退詘伸，不見朕埶。」（〈兵略〉）。

總之，用兵非特能緩，亦須能速；非特能靜，亦須能動。至於何時宜動？何時宜靜？何時可緩？何時當速？則一以敵方之虛實、治亂爲權衡。擊其亂不攻其治；避其實而襲其虛。敵方虛實治亂未形，我當靜緩以待，甚或投其所好以相誘，敵方虛亂既形，我因迅速攻擊。〈兵略〉說：

> 善用兵者，當擊其亂，不攻其治。是不襲堂堂之寇，不擊正正之旗。容未可見，以數相持，彼有死形，因而制之。（善用兵者）視其所爲，因與之化，視其邪正，以制其命。餌之以所欲，以罷其足。彼若有間，急填其隙。極其變而束之，盡其節而仆之。

唯兵場上爾虞我詐，我方努力算計敵方之際，敵方或亦沈靜相應，故意拖延，欲以疲老我軍，《淮南子》說：此時，我方更應迅速迫擊，不許遲緩，使對方無法喘息、拖延。〈兵略〉說：

> 敵迫而不動，名之曰奄遲，擊之如雷霆，斬之若草木，燿之若火電。欲疾以遬，人不及步鋗，車不及轉轂。

總之，勝兵之道，貴在操持主動而置敵於被動。唯有能虛靜隱形，善因時勢，而後能操持主動。亦唯有能迅速出擊，一氣呵成，方能搶先於敵，穩操主動。〈詮言〉說：

> （善用兵者）先爲不可奪，以待敵之可奪；先爲不可勝，以待敵之可勝。

〈兵略〉亦云：

善用兵者，必先脩諸己而後求諸人，先爲不可勝而後求勝。

我方固想伺人之隙，敵方或亦思伺我之隙，故唯有反脩於己，使自己無有「隙」以奪於人，然後可以伺人之隙而奪之，《淮南子》論兵因主修政。用兵之先，敵之與我，「主孰賢？將孰能？民孰附？國孰治？蓄積孰多？士卒孰精？甲兵孰利？器備孰便？」先於中心，細加評估，沒有把握，不輕易交兵。必修其隙失，補其不足，然後求戰，「勝定而後戰」，自然戰無不勝。

3、權、勢與用奇

虛靜、隱形、因乘，迅疾而外，《淮南子》論兵，又講「權」、「勢」，〈兵略〉言：

兵有三勢，有二權，有氣勢，有地勢，有因勢。將充勇輕敵，卒果敢而樂戰，三軍之眾，百萬之師，志厲青雲，氣如飄風，聲如雷霆，誠積而威加敵人，此謂氣勢。硤路津關，大山名塞，龍蛇蟠，卻笠居，羊腸道，發笱門，一人守隘而千人弗敢過也，此謂地勢。因其勞倦怠亂，飢渴凍暍，推其擠擠，擠其揭揭，此謂因勢。善用間諜，審錯規慮，設蔚施伏，隱匿其形，出於不意，敵人之兵無所適備，此謂知權。陳卒正，前行選，進退俱，什伍摶，前後不相撚，左右不相干，受刃者少，傷敵者眾，此謂事權。

「氣勢」，指上下齊諧，步調一致，樂死奮戰之情緒，「地勢」指地利，「因勢」則指乘敵之死形，此謂「三勢」。「知權」謂隱形與用間，「事權」指列陣步伍、進退法度等戰鬥技巧，稱「二權」。倚道制勝機謂之「勢」，倚道應變謂之「權」。《淮南子》推衍政術，每好言「勢」，既欲「乘眾勢以爲車」，又以權「勢」爲人主之車輿，以君臣關係爲相報之「勢」，以臣之死君爲「『勢』有使之然」，常欲人處便「勢」以行事。其所謂「勢」應指事物發展之必然情況，能操持必然之勢，較能順利成事，故「勢」亦爲兵家所重。漢志兵家有「兵形勢」一類，專言如何利用行陣之分合變化，以創造有利情況而取勝。《淮南子》之「勢」，就「三勢」言，泛指一切足以致勝之有利條件或情況。「勢」與「利」恆不可分，「利」之所在，即有「勢」，《孫子兵法》說：「勢者因利而制其權也」（〈始計〉）。據此以觀，則《吳子兵法》之「四機」（氣機、地機、事機、力機）固然是「勢」，《孫子兵法》的審天時、察地理、用奇正亦爲求「勢」。《孫子兵法》〈始計〉、〈兵勢〉專教人行「詭」用「奇」以取「勢」。〈始計〉說：

> 計利以聽，乃爲之勢，勢者因利而制其權也。……能而示之不能，用而示之不用，近而示之遠，遠而示之近。

〈兵勢〉也說：

> 善戰者，求之於勢……任勢者其戰人也，如轉木石，木石之性，安則靜，危則動，方則止，圓則行，故善戰人之勢，如轉圓石於千仞之山者，勢也。戰勢不過奇正。

孫子用兵專尚權謀，以權謀爲取勝之唯一憑藉，故以行「詭」用「奇」制「權」詮釋兵「勢」,《淮南子》則綜合諸家理論，故凡足以致勝之有利條件皆稱「勢」。而戰「勢」既含「奇正」，取「勢」既須「因利而制權」，論「勢」之餘,《淮南子》因不能不論「權」與「奇」。

《淮南子》論「道」，本貴「權變」，而不拘成法。兵道尤其不能徒「正」，而須行權用謀以相輔，「權」與「謀」實相生。能順應情況，迭出新「謀」謂知「權」。權謀因爲兵家之至道，凡知兵、用兵者，無不以權謀爲要務。故漢志分兵家爲四類，而以「權謀」統括其餘三類。〈藝文志〉說：

> 權謀者，以正守國，以奇用兵，先計後戰，兼形勢，包陰陽，用技巧者也。……形勢者，雷動風舉，後發先至，離合背鄉，變化無常，以輕疾制敵者...陰陽者，順時而發，推刑德，隨斗擊，因五勝，假鬼神而助者也。……技巧者，習手足，便器械，積機關，以立攻守之勝者。

「權謀」既「兼形勢、包陰陽、用技巧」，無異於兵戰之統籌。論戰必講權謀，捨權謀，則所謂兵戰必然淪於空談。而據漢志之解說，以奇用兵，先審量後用兵是權謀，則用「奇」是權謀，「廟算」(用《孫子》說）是權謀，舉凡一切過敵應變之方，無一不在權謀之列。自來論兵者，因無一不主「權」。《荀子》論兵有「五權」,《司馬法》用兵本「義」而用「權」,「正不獲意則權」(〈仁本〉)，吳子陷危脫困亦用「權」,《管子》亦尙知「權」而用七法，必使「計定於內而後兵出乎境」，固是「權」、「謀」並言。《尉繚子》論兵，本「義」、「農戰」、「相保」之外，亦論「權」。唯各家說「權」，不免參雜法令、仁義，徘徊於儒、兵、法之間。其純粹以「權謀」爲論，唯「權謀」是尙，由「權謀」以言「形勢」、「技巧」，則以孫子最爲權謀正宗。

《淮南子》二「權」中所謂「知權」者，正合於漢志「兵權謀」、「先計後戰」之要求，與「兵形勢」、「後發先至……變化無窮」之意。所謂「事權」，恰合於漢志「兵技巧」之「習手足，便器械」。〈兵略〉明標爲「權」者，僅此兩端。若以班志觀點衡量，則凡前文所說隱形、迅疾、因乘皆在「兵形勢」之列，皆屬兵權謀。蓋兵戰之事，本「智」與「力」之結合，愈多方，愈能致勝，〈兵略〉因反對以一才見稱。此班志「兵權謀」所以必「兼形勢、包陰陽、習技巧」，和諸家論兵，權謀、形勢、技巧觀念混雜而難以全然釐清之故。

勢、權而外，〈兵略〉又主用「奇」，它說：

> 同莫足以相治也，故以異爲奇……靜爲躁奇，治爲亂奇，飽爲飢奇，佚爲勞奇。奇正之相應，若水、火、金、木之代爲雌雄也。

以異道致勝謂之「奇」。假陰陽、剛柔、幽明、正反變化之理，以混淆敵人耳目，達到隱形取勝的目的謂之「奇」。〈兵略〉論「奇」曰：

> 示之以柔而迎之以剛，示之以弱而乘之以強，爲之以歙而應之以張，將欲西而示之以東。先忤而後合，前冥而後朗，若鬼之無迹，若水之無創。故所鄉非所之也，所見非所謀也，舉措動靜，莫能識也。因形而與之化，隨時而與之移……所用不復。

兵家論兵，大抵以「正」爲主，輔之以「權」，參之以「奇」。「奇」與「權」固爲先秦兵家之主要議題，孫子既爲權謀正宗，對「奇」、「權」之講求，自爲他家所不及。《淮南子》之權謀思想，所謂「佐勝之具」，理論大抵淵源於孫子。孫子用兵，不稱「義」而求「全」。所謂「全」者，「不戰而屈人之兵」。故以攻城之法爲不得已，而主「修道保法」、「先勝後戰」，「伐謀」、「廟算」以取勝，不徒恃兵鬥。《淮南子》論兵，則分兵爲三，上兵「德化」是儒家思維，不戰而勝爲用兵之善，「輿死扶傷，流血千里」爲用兵之下，皆與孫子旨意相合。唯孫子之「不戰」與求「全」，係借由事前之萬全準備以致勝，假無形權謀以「全」勝，而不恃有形之攻鬥。故曰「修道而保法」，所修的「道」主要指權謀。《淮南子》則側重正己以退敵，脩政感召，然而，一旦不能德化而必戰，則《淮南子》同於孫子，主張以「道」致勝，經由「廟戰」，先勝而後求戰。孫子之「道」與「謀」，所謂「廟算」者，包括天、地、人等利勢之講求，與「虛實」、「奇正」等變勢之運用。故貴「先」，要「先爲不可勝，以待敵之可勝」；貴速，要如迅雷颷風，「始如處女，後如脫兔。」（〈九地〉），出敵不意，攻敵不備；又貴拙，要因於敵而無常勢，無定形，「形人而我無形」（〈虛實〉），知進知退，擊虛避實，不擊堂堂，不攻正正。「能而示之不能，用而示之不用，近而示之遠。」（〈始計〉）又須奇正相生，並參八間。相關之理論重現於《淮南子》〈兵略〉中。唯《淮南子》用間，不及孫子完備。孫子用八間，幾至無孔不入、無所不可用之神妙境界。《淮南子》則唯於「知權」一項提及「善用間諜，審錯規慮」而不見其詳。〈兵略〉說：「不可一無，然而非兵之貴者」有八類兵戰，所謂「善修行陳」、「善爲天道」、「善爲詐佯」、「善爲充幹」、「善用輕出奇」、「善爲地形」、「善因時應變」、「善爲設施」，幾乎涵蓋孫子兵書全部戰術，技巧、陰陽、形勢、權謀而兼有之。唯〈兵略〉較之孫子兵法，究屬單篇零卷，篇幅之懸殊，導致內容有詳略，故〈兵略〉論權謀固多源於孫子，詳備則遠不及之。孫子有〈兵勢〉、〈軍形〉兩篇論權勢，〈兵略〉但說「二權」、「三勢」。孫子有〈地形〉、〈九地〉、〈行軍〉三篇以論地道、地勢與地利，〈兵略〉則但言用地利。〈兵略〉講因敵，《孫子》則有〈虛實〉篇全論其事。孫子有〈用間〉一篇詳論用間，〈兵略〉則但說「善用間諜」。孫子又有〈火攻〉篇實言戰術，爲〈兵略〉所不言。大抵〈兵略〉所言正同於兵家以外諸子論兵，仍多偏重於原則的把握與精神的講求，故詳於道理原則而疏於技巧與經驗。綜合古來各家理論，裁之以心得，冀能把握原則性之致勝道理，作者自身或無統軍任將之實際體驗，自不如《孫子》、《六韜》入裏。

4、論　將

戰術而外，〈兵略〉又論將，〈兵略〉說：

> 將者必有三隧，四義，五行，十守。所謂三隧者，上知天道，下習地形，中察人情。所謂四義者，便國不負兵，爲主不顧身，見難不畏死，決疑不避罪。所謂五行者，柔而不可卷也，剛而不可折也，仁而不可犯也，信而不可欺也，勇而不可凌也。所謂十守者，神清而不可濁也，謀遠而不可慕也，操固而不可遷也，知明而不可蔽也，不貪於貨，不淫於物，不嚂於辯，不推於方（名），不可喜也，不可怒也。

又說：

> 夫將者必獨見獨知。獨見者，見人所不見也；獨知者，知人所不知也。見人所不見之謂明，知人所不知之謂神。

所說已包含將德、將能和將操。「三隧」指將能，「四義」是將操，「五行」是將德，「十守」則兼賅操、德、能。神清、知明屬將能，操固、不貪、不淫屬將操，不推方、不可喜、不可怒，尤兼及將之襟度與修爲。獨知獨能之

「神明」，則爲將能與修爲之完美配合與高度發揮。就將能而言，將爲全軍核心，當能熟知天地人三道，恆保清明之智慮，以運策用謀，使統軍攻伐能「發必中銓，言必合數，動必順時，解必中揍，通動靜之機，明開塞之節，審度利害若合符節。」此謂能將。兵戰貴無隙，將德亦貴無隙，故善將應能剛能柔，仁、信、勇備齊，又輔之以知明，則有德而不躓於德，是上將。就將操而言，兵戰爲出生入死，涉險履危之事。故爲將，首應能「固」，遇事臨難，堅確不移。能固則勇，「便國不負兵」，是勇於任，「爲主不顧身」則勇於忠，「見難不畏死」是勇於赴義。其平素則不貪不淫，操持堅定，不餒於危難，亦不遷於外物，始爲良將。就修爲言，兵戰貴「無形」，將心亦貴「無形」；兵戰貴「因變」，將心亦貴「因變」。兵戰之至境是「神明」，爲將之最高修爲亦爲「神明」。故曰：

將軍之心，滔滔如春，曆曆如夏，湫漻如秋，典凝如冬。(〈兵略〉)

善爲將者不輕露喜怒，時而若夏，時而如秋，時而如冬，「因形而與之化，隨時而與之移。」才能保時高超之智慧以馭眾統卒，伺隙應敵。故〈兵略〉曰：

無天於上，無地於下，無敵於前，無主於後，進不求名，退不避罪，唯民是保，利合於主，國之實也，上將之道也。

上述「三隧」、「四義」、「五行」、「十守」與竹簡《孫臏兵法》說法相當類似。《孫臏兵法》有〈將義〉、〈將德〉、〈將敗〉、〈將失〉各篇專論爲將品操、修爲與缺失。其中，論將德部分殘缺較甚，〈將義〉、〈將敗〉、〈將失〉十分完整清楚。〈將義〉爲將必須具備義、仁、德、信、智各種品操：

將者不可以不義，不義則不嚴，不嚴則不威，……

將者不可以不仁，不仁則軍不克，軍不克則無功……

將者不可以無德，無德則無力，無力則三軍之利不得……

將者不可以不信，不信則令不行，令不行則軍不轉……

將者不可以不智勝，不智勝則……軍無□。(〈將義〉)

《孫子·始計》曾說：「將者智、信、仁、勇、嚴也」。〈將以〉之說大抵由此推衍而來。〈將敗〉則列舉將帥品質缺失以致戰敗者二十事曰：

一曰不能而自能，二曰驕，三曰貪於位，四曰貪於財，〔五曰〕□，六曰輕，七曰遲，八曰寡勇，九曰勇而弱，十曰寡信，十一……十四曰寡決，十五曰緩，十六曰怠，十七曰口，十八曰賊，十九曰自私，廿曰自亂。

第四項「貪於財」，第八項「寡勇」，第十項「寡信」，十四項「寡決」，與〈將義〉之義（嚴）、仁、德、信、智，〈兵略〉「四義」之「見難不畏死，決疑不避罪」，「五行」之柔、剛、仁、信、勇，「十守」之「操固不可遷」、「不貪於貨」、「不淫於物」，明顯呈現相當程度之相應情況。《淮南子・兵略》之「四義」、「五行」、「十守」或從二孫兵法中得到相當之啓示。

唯除德、操、能之外，《淮南子》以爲爲將又當知虛實，同士卒。〈兵略〉說：

> 守不可攻，戰不可守者，虛實是也。
>
> 善戰者不在少，善守者不在小，勝在得威，敗在失氣。

故爲將者當知「虛實」而「用民氣」。〈兵略〉說：

> 氣之有虛實也，若明之必晦也，故勝兵者非常實也，敗兵者，非常虛也，善者能實民氣，以待人之虛也；不能者，虛其民氣，以待人之實也。故虛實之氣，兵之貴者也。

何謂「虛」氣？〈兵略〉說：

> 上下有隙，將吏不相得，所持不直，卒心積不服，所謂虛也。

何謂「實」氣？〈兵略〉說：

> 主明將良，上下同心，氣意俱起，所謂實也。

可見氣之虛實，決定於將、卒之離合。將、卒同心則氣實，將、卒不同心則氣虛。「千人同心則得千人力，萬人異心則無一人之用。」如何保時或維繫與士卒間之和諧關係，是爲將之重要修爲。〈兵略〉說：

> 將以民爲體，民以將爲心。
>
> 四馬不調，造父不能以致遠；弓矢不調，羿不能以必中：君臣乖心，則孫子不能以應敵。

必得將、卒同心，步調一致，勇者不敢獨進，怯者亦不敢獨退，彼此相應，動如一體，然後軍氣壯實，發揮最高之戰鬥效率。

唯將卒之間，既無血源之親，欲能同心同德，親如一體，須有一定手法與要領，〈兵略〉說：

> 主之所求於民者二：求民爲之勞也，欲民爲之死也。民之所望於主者三：飢者能食之，勞者能息之，有功者能德之。

政治上，《淮南子》視君臣關係爲「相報之勢」（〈主術〉）；兵道上，將卒關係亦爲「相報之勢」。將帥須先使士卒堅信「上足仰」，而後可用。爲將者以是而當知撫卒。人情之常，「同利相死，同情相成，同愛相趨，同惡相助。」(〈兵略〉)。將帥希望士卒與己一體同心，戮力效死，須先與卒同甘苦，共好惡，〈兵略〉說：

> 古之善將者，必以其身先之，暑不張蓋，寒不被裘，所以程寒暑也。險隘不乘，上陵必下，所以齊勞佚也。軍井通，然後敢飲，所以同飢渴也。合戰必立矢射之所及，所以共安危也。

躬履士卒之所履，親受士卒之所受，率身先行，以爲士卒法，推恩積愛以凝士卒心，若父兄之慈愛其子弟，則士卒的回報，必若回報父兄，爲之效死不遲疑，〈兵略〉說：「父子兄弟之寇不可與鬥」。吳起躬身奉行，故爲魯將，而使魯國戰勝齊國，爲楚將，亦使楚國戰勝秦國，一再創造兵場奇蹟。一旦將、卒同心，則臨敵陷陣，「動靜如身」，「將無疑謀，卒無二心，動無墮容，口無虛言，事無嘗試，應敵必敏，發動必亟。」(〈兵略〉)。行軍用兵機動靈活，「若虎之牙，若兕之角，若鳥之羽，若蚈之足，可以行、可以舉、可以噬、可以觸、強而不相敗、眾而不相害。」(〈兵略〉) 不待交兵接刃而存亡之機固已形。

總之，爲將者應有清明之知慮，高超之鏖戰能力，能熟知天、地、人之道，有效治軍作戰。又應有富彈性之品德，堅定不移之操守，與喜怒不形，莫測高深之城府，能知虛實，又能撫士卒，始爲上將。論將之外，〈兵略〉，又全襲《六韜》〈龍韜・五將〉之文，而論拜將之禮。大抵國有難，君召而拜將，齋卜吉日以授旗鼓。人君親操斧鉞，授之柄而專制其命。君將相答既畢，臨行，一以喪禮行之：翦爪，設喪衣，鑿凶門以出。專制其命爲拜將大禮之核心意義，將唯有能專制其命，才能樹威決死，因變自如，攻無不克。

兵家言兵，除《孫子》外，無不論將，儒家《荀子》，議兵之餘亦論將，《六韜》有〈論將〉、〈選將〉、〈將威〉、〈陰符〉各篇專論任將，〈玄將〉篇又言拜將之禮。諸家論將容有詳略之不同，「愛」、「威」兼備，德、法並用則爲共同精神。《淮南子》論將承之而來。

附錄一
淮南多楚語——論淮南子的文字

一、「新特」「沿複」的《淮南子》用字

《淮南子》，歷來稱爲難讀，原因除後天的版本訛誤問題外，另有一些先天性因素。因此，儘管有清代以來考據各家校讎、辨譌的成果作後盾，依然不見得能順利讀通它。它的文字，在漢代諸子的典籍中，是最特異，也最艱難的。這些文字上的特異與艱難，眞正造成歷來研讀者的最大窒礙。高似孫曾批評淮南子，其文「沿複」，「其字殊多新特」，〔註1〕「沿複」與「新特」確是淮南子的文字所給予人的鮮明印象。這些文字表達上的「沿複」、「新特」，部分原因是作者〔註2〕刻意造成，這在〈要略〉篇裏有極著力而詳細的說明。依照〈要略〉篇的解說，全書廿篇（〈要略〉是序，除外）的撰作宗旨，原是要「紀綱道德」，以「經緯人事」，希望能究盡天地之理、人間之事，以全備帝王之道。內中道理，並不只求應用一方、理治一時，而是要綜合古今天地之道，會通殊類變化之理，以構設出一種足以長生久世，永垂不朽的偉大治道。在這樣偉大的構想與艱鉅任務的前提下，其所賴以達成理想的媒介，所用以表達的文字，自然而然無法太簡易、平淺。〈要略〉說：

〔註1〕〔清〕高似孫：《子略》（台北：廣文書局，1968年），卷4《淮南子》下，頁150。

〔註2〕有關淮南內篇的成書，實際上固是劉安君臣通力合作下的結果，作者本該是集體的，而非個人的。但從劉安個人足以領騷一方的高超才華，再衡諸全書有計劃撰作的痕跡，與其頗爲統一的風格體制，全書經過劉安一人用心的整理過應該是沒有問題的，〈要略〉篇也應該是劉安寫的，是他以一個名符其實的主編者、審訂者的身份寫的。是以全書作者雖不一，主要仍當推他。

> 夫道論至深，故多爲之辭，以抒其情；萬物至眾，故博爲之說，以通其意。辭雖壇卷連漫、絞紛遠緩，所以洮汰滌蕩至意，使之無凝竭底滯，捲握而不散也。

這就是造成它「沿複」的原因。因爲，不論「紀綱道德」或「經緯人事」，都不是三言兩語、平文淺意所能達成的。「道德」既「淑靜」、「玄眇」，難以「抽引」；「人事」亦紛繁多「結紐」，難以「解墮」（解脫），因此，所用以「紀綱」與「經緯」的文字，自然不得不跟著繁複起來，迂迴其辭，博粲其文，百般「箴縷」、「攕揳」，只爲求能深入幽隅，曲盡其意，這是所欲理治的課題本身的繁難。

此外，欲以此宏包的偉論，去「開塞」人心，「穿鑿」、「壅遏」，學習者通凡的領理能力，也不能不深加考慮，〈要略〉說：

> 其言有小有巨，有微有粗，指奏卷異，各有爲語，今專言道，則無不在焉；然而能得本知末者，其唯聖人也。今學者無聖人之才，而不爲詳說，則終身顛頓乎混溟之中，而不覺寤乎昭明之術矣。

照這樣看來，之所以不憚其繁，再三曲說演論，正是顧慮到讀者通凡的領悟能力。言太簡、太約，恐學習者無由領握竅門，故不惜繁複其辭，周解鋪敘，以增強意念，啓悟其心。這一點我們的確可以從它取捃老莊道德本旨，卻又時時露出極力析釋，冀使更爲顯實的努力上得到印證。換句話說，其表達所以不得不「沿複」第二個原因正是要幫助讀者「窺道開塞」，通達窒塞難解的道理，孰料讀者反僨踣於其中。其實，這絕非它那「多爲之辭，博爲之說」的表達形態本身有可疵議，主要關鍵應該是在它所用以博說的文辭，「壇卷連漫」「絞紛遠緩」之故。《淮南子》的文字，我們如果略加區分，應可別爲兩類：

第一類是徵引（明引或暗用）或截取前代典籍文字者《淮南子》本以「雜」見稱，其書引用前代學說文字之處甚多，五經之外，百家諸子有宜用者皆所不棄〔註3〕。這類語句既徵引自前人，故造辭用字除略事損益，使能首尾一貫，不有窒牾之外，大抵因仍原作。近人有取其暗引《莊子》研究其技巧者，得「不變」、「變字」、「約字」、「增字」、「倒句」五例。〔註4〕然而，這些都僅限

〔註 3〕此可參見麥文郁：《淮南子引用先秦諸子考》（臺北：國立台灣大學中國文學研究所碩士論文，王淑琚指導，1960 年）與徐復觀：《淮南子與劉安的時代》，《大陸雜誌》47 卷 6 期（1973 年 12 月），頁 1～37。

〔註 4〕參見周駿富：《淮南子與莊子之關係》，《大陸雜誌》14 卷 2 期（1975 年 1

於文字移化上的技術問題，文字色彩與原作大抵不會有太大歧異。眞正讓人感到艱澀困難的，是第二類。

第二類文字是作者所自鑄的這類文字往往雕縟鋪誇，極盡修辭之能事，且又詭辭異字成段成行，茲舉數例，以見其貌：

（一）〈本經〉說「五遁」云：

> 流遁之所生者五：大構駕，興宮室，廷樓棧道，雞棲井榦，標抹欂櫨，以相支持。木巧之飾，盤紆刻儼，嬴鏤雕琢，詭文回波，淌游瀷淢，菱杼紾抱，芒繁亂澤，巧僞紛挐，以相摧錯，此遁於木也。鑿汙池之深，肆畛崖之遠，來谿谷之流，飾曲岸之際，積牒旋石，以純脩碕。抑淢怒瀨，以揚激波，曲拂邅迴，以像湡浯。益樹蓮菱，以食鱉魚，鴻鵠鷫鷞，稻粱饒餘，龍舟鷁首，浮吹以娛，此遁於水也。高築城郭，設樹險阻，崇臺榭之隆，侈苑囿之大，以窮要妙之望。魏闕之高，上際青雲，大廈曾加，擬於昆侖。脩爲牆垣，甬道相連，殘高增下，積土爲山，接徑歷遠，直道夷險，終日馳騖，而無蹪陷之患，此遁於土也。大鐘鼎，美重器，華蟲疏鏤，以相繆紾，寢兕伏虎，盤龍連組，焜煌錯眩，照耀輝煌，偃蹇寥糾，曲成文章。雕琢之飾，鍛錫文鐃，乍晦乍明，抑微滅瑕，霜文沈居，若簟籧篨，纏綿經冗，似數而疏，此遁於金也。煎熬焚炙，調齊和之適，以窮荊吳甘酸之變。焚林而獵，燒燎大木，鼓橐吹埵，以銷銅鐵，靡流堅鍛，無厭足日，山無峻榦，林無柘梓，燎木以爲炭，燔草而爲灰，野莽白素，不得其時，上掩天光，下殄地財，此遁於火也。

像這樣「絞紛」奇拗的用辭，雕麗鋪衍的敘述，除漢賦〈子虛〉、〈上林〉而外，鮮有倫比‧今實取漢賦以相比對，其鋪衍雕縟，比起漢賦，竟又過之。

（二）〈原道〉舉馮夷大丙得道之御云：

> 昔者馮夷大丙之御也，乘雷車，入雲霓，游微霧，騖怱怳，歷遠彌高以極往，經霜雪而無迹，照日光而無景，扶搖抮抱羊角而上，經紀山川，蹈騰昆侖，排閶闔，淪天門。末世之御，雖有輕車良馬，勁策利鍛，不能與之爭先。

不論是用辭或意境的曼衍馳騁，都與屈〈騷〉：「飲余馬於咸池兮，總余轡乎

月 31 日），頁 14～17。

扶桑。折若木以拂日兮，聊逍遙以相羊。前望舒使先驅兮，後飛廉使奔屬。鸞皇爲余先戒兮，雷師告余以未具。吾合鳳鳥飛騰兮，繼之以日夜。飄風屯其相離兮，帥雲霓而來御。紛總總其離合兮，班陸離其上下，吾令帝閽開關兮，倚閶闔而望予。」一段頗爲相似。

（三）〈俶真〉歷舉三代以前純蒙混和的狀態說：

至德之世，甘瞑于溷澖之域，而徙倚于汗漫之宇，提挈天地而委萬物，以鴻濛爲景柱，而浮揚乎無畛崖之際。……當此之時，莫之領理，決離隱密而自成，渾渾蒼蒼，純樸未散，旁薄爲一，而萬物大優。……至伏羲氏，其道昧昧芒芒，然吟德懷和，被施頗烈，而知乃始昧昧晽晽，皆欲離其童蒙之心，而覺視於天地之間，……乃至神農黃帝，剖判大宗，竅領天地，襲九竅、重九（來力切），提挈陰陽，嫥捖剛柔，枝解葉貫萬物百族，使各有經紀條貫，於此萬民睢睢盱盱然，莫不竦身而載聽視。

同篇論懷道忘遺說：

夫挾依於跂躍之術，提挈人間之際，撢掞挺挏世之風俗，以摸蘇牽連物之微妙，猶得肆其志，充其欲，何況懷瓌瑋之道，忘肝膽，遺耳目，獨浮游無方之外，不與物相弊摋，中徙倚無形之域而和以天倪〔註5〕者乎？

（四）〈要略〉篇曲述各篇篇旨也說：

……氾論者，所以箴縷縩繺之間，攕揳唲齵之郄也。接徑直施，以推本樸，……所以使人不妄沒於利勢，不誘惑於事態，有符曮晲……〈說山〉、〈說林〉者，所以竅窕穿鑿百事之壅遏，而通行貫扃萬物之窒塞者也。假譬取象，異類殊形，以領理人之意，解墮結紐，〔註6〕說擇摶困，〔註7〕而以明事埒事者也。

〔註5〕「天倪」本作「天地」，茲依俞樾校改。余說見劉文典：《淮南鴻烈集解》（台北：文史哲出版社，1982年），卷2〈俶眞〉，頁51當句下引。

〔註6〕「解墮結紐」本作「解墮結細」，王念孫云：「墮亦解也。廣雅：『墮，脱也。』……細當爲紐，字之誤也，紐亦結也。」茲依王說校改。王說同見註5，卷21〈要略〉，頁705當句下引。

〔註7〕「說擇摶困」本作「說捍摶困」，王念孫云：「捍當爲擇，字之誤也，擇與釋同。」（同上）是「說捍」應作「說擇」，即「脱釋」之意，茲依王氏

此外，若〈俶眞〉篇標舉至德，〈覽冥〉、〈本經〉等篇歷數衰世，或虛怳而迷離，或鋪誇而奇拗，在在予人瓌瑋、豔炫之感。尤其〈俶眞〉一開始詮釋《莊子・齊物論》:「有始也者……」七句以爲萬有化生七大階段一節，更是複辭疊字累貫成行，詭字奇辭排此成篇，非特意境渾蒙惚悅，文字色彩和音讀更是奇炫而不平，這些都是典型的《淮南子》式文字。〈要略〉篇那些奇字異辭，若非許愼以來校注諸家曲爲詮釋，吾人幾無以卒讀其文。從前劉勰《文心雕龍・詮賦》批評漢賦「極聲貌以窮文」「繁華損枝，膏腴害骨」，〈辨騷〉篇說楚〈騷〉「朗麗」、「綺靡」、「瓌瑋」、「耀豔」，《莊子・天下》說《莊子》文章以「卮言爲曼衍，……其書雖瓌瑋而連犿無傷也。其辭雖參差而諔詭可觀。」《淮南子》廿一篇所顯現的文字色彩，常常就是這種「極聲貌以窮文」「繁華」、「瓌詭」、「耀豔」、「膏腴」、「曼衍」、「諔詭」的氣味。高似孫說:「淮南之奇，出於離騷；淮南之放，得於莊列。」〔註8〕實則，《淮南子》之得於莊子者，又豈只一個「放」字而已。我們如果仔細加以檢索比對，不難發現《淮南子》許多炫燁奇詭的文字或辭彙，其實是沿用或脫化自《莊子》與楚騷，尤其是楚騷。而這種比漢賦更雕縟奇詭，與楚騷同樣曼衍馳騁，與莊子同等瓌瑋的文字特質，正是《淮南子》所獨有而大別於漢代諸子的文字風格。

造成這種風格的主要原因，應該由於撰作者劉安君臣知騷能賦，醉心《莊子》，因此遣辭造境都脫不了它們的影響。詳細地說，漢代是賦的發展時期，當代文人無不知騷能賦，當代大思想家若賈誼、陸賈諸人亦都有賦。而據《漢志》記載：劉安原有賦八十二篇，群臣賓客在他的率領影響下，也曾各竭才智，分造辭賦四十四篇，劉安君臣本都好賦能賦。篤好既深，不免以寫賦的技巧去經紀道德人事，極其自然。除好賦能賦而外，根據史漢本傳記載，劉安本人對於屈騷尤其心得獨到，僅就他當廷應試，一賦（傅）離騷而聲名大噪的事情看來，劉安本人封於楚騷的潛研，功力之深厚，造詣之獨到，是可以想見的。《楚辭・招隱士》，相傳就是其賓客淮南小山所作，楚騷對於劉安君臣影響之大，應該無可置疑。騷賦而外，劉安君臣又醉心《莊子》。在他們的著作中，除了有內篇《鴻烈》，以「道德」綜貫各家之外，劉安及門人

校改。王說同見註5，卷21〈要略〉，頁705當句下引。

〔註8〕〔清〕高似孫：《子略》（台北：廣文書局，1968年），卷4《淮南子》下，頁149。

又曾有〈莊子略要〉、〈莊子后解〉之作。〔註 9〕《鴻烈》廿一篇，徵引《莊子》之處最多，〔註 10〕〈俶眞〉篇多發揮《莊子》之旨。而據近人考證，內篇《鴻烈》援用先秦子書十餘種，八百三十餘例，內中援用《莊子》者即近三百例，約佔三分之一強。〔註 11〕這些考證儘管頗多疏漏，然亦足見《莊子》對於《淮南子》影響之深厚了。援引既多，自鑄文辭時不能不受影響。

二、淮南多楚語

除以上原因之外，造成《淮南子》特異的文字風格，應該另有一項相當重要的因素，那就是以江湘淮水區域爲主的楚地語文特質。換句話說，《淮南子》文字表達上，色彩之奇拗炫燁，實與楚地語文特質有重大關聯。劉勰《文心雕龍·辨騷》嘗譏屈原之作，其辭「詭異」，其說「譎怪」，其志「狷狹」，其意「荒淫」。這種「詭異」、「譎怪」、「狷狹」、「荒淫」的風格與色彩，或許不是屈賦所獨有，而係楚地，或江、湘、淮一帶南方語文的普遍特質。劉勰說：「山林皋壤，實文思之奧府。」（《文心·物色》篇）王夫之也說：「楚，澤國也，其南沅湘之交；抑山國也，疊波曠宇，以蕩遙情，而迫之以崟嶔戍削之幽苑，故推宕無涯，而天采矗發，江山光怪之氣，莫能掩抑。」（《楚辭通釋》序例）楚地奇特神秘的山水地理，促成奇拗、詭異、光怪、搖情的語文色彩，其呈現於屈騷者如此，呈現於楚辭各篇者亦莫不然。劉安本人自幼生於淮南，長於淮南。七、八歲以後，襲父封淮南。據《史》、《漢》本傳之載，終其一生，未曾遷封。劉長原封之淮南，在淮水、廬、衡一帶，正戰國楚地。劉安所封，較之其父時代，雖已三分削減其二，仍不出舊楚故地，其臣下又多江淮之徒，奇拗、詭異、光怪、浪漫的南方語文特質，不會與他們毫不相干。劉安君臣偏嗜屈〈騷〉，雅好辭賦，或不無地域因緣。蓋屈《騷》固爲楚產，宋玉、景差等人之辭賦亦源自楚〈騷〉，都是「書楚語、作楚聲、紀楚地、名楚物」〔註 12〕的典型楚文學。即使漢賦「侈麗閎衍」〔註 13〕「鋪

〔註 9〕《文選》江文通雜體詩，謝靈運〈入華子岡是麻谷〉，陶淵明〈歸去來辭〉，任彥昇〈齊竟陵陸文宣行狀〉注下並引淮南王〈莊子略要〉之文，張景陽〈七命〉注下亦引淮南王〈莊子後解〉之文，足見劉安君臣當另有〈莊子略要〉、〈莊子後解〉之作。而《漢志》淮南王外卅三篇下，王先謙補注云：「《文選》注引淮南〈莊子後解〉，疑即外篇。」

〔註10〕同見註 4，頁 14～17。

〔註11〕同見註 3，頁 224。

〔註12〕見〔宋〕黃伯思：〈校定楚辭序〉，《宋本東觀餘論》（北京：中華書局，1988

采摛文」〔註 14〕的特徵，也和楚文學有一定淵源。〔註 15〕劉安君臣既然身居楚，又對這些楚文學，或和楚文學有一定淵源的作品、文獻有獨特的偏好和高深的造詣，《淮南子》一書在文字表達上，就不可能擺脫得了楚地語文特質的影響。因此，騷賦多疊字複詞以鋪寫景物，曼衍情境。《淮南子》也喜歡用疊字複詞，其文字難懂難讀處也往往就是這些疊字複詞。《淮南子》廿一篇，最令人頭痛的奇字異辭，很多就是這些疊字複詞的用字。所以，《淮南子》文字別異於漢代諸子的特殊色彩，除騷、賦、《莊子》之影響外，楚地語文特質也應該是一個很根本的因素。顧炎武先生曾說：「淮南多楚語。」〔註 16〕楚語多方言，方言多古音而難讀。林語堂先生也說：「古文中的奇字、或體字，……實皆方言之字。」〔註 17〕我們依據這些提示，就可以給《淮南子》廿一篇的許多詭辭異字找到很好的解釋，那就是：劉安君臣們用了不少楚語來寫《淮南子》，《淮南子》裡某些特殊的字、辭，有很多是楚地方言語彙。

就拿前引數例的用辭來看，像「精搖」、「眇沕」、「弊襒」、「巧僞紛挐」、「撢掞挺挏」、「摸蘇牽連」、「攕揳」、「嫥捖」、「搖消掉捎」之類辭彙，求之前人或時人之作，幾不可見，求之《淮南》廿一篇，則時時可得，此中必多楚地語彙，下文因即擬就一時搜索所得的《淮南子》特殊字辭，檢諸《方言》、《說文》等漢人字書，明其爲楚地語彙，以印證顧炎武之語。

（1）〈要略〉：「精搖靡覽」下許注：「楚人謂精進爲精搖。」《方言》：「遙，疾行也，南楚之外曰遙。」「精搖」宜通「精遙」。

（2）〈要略〉：「棄其眇沕，斟其淑靜。」許注：「楚人謂澤濁爲眇沕。」〔註 18〕

年），頁 3440。

〔註 13〕〔漢〕班固撰，〔唐〕顏師古注：《新校漢書集注》（台北：世界書局，1974 年），卷 30，〈藝文志・詩賦略〉，頁 1756。

〔註 14〕〔梁〕劉勰撰，〔清〕黃叔琳注，李詳補注，楊明兆校注拾遺：《文心雕龍校注》（台北：世界書局，1962 年），卷 2，〈詮賦〉，頁 50。

〔註 15〕可參見何廣棪：《漢賦與楚文學之關係》，香港：珠海書院文史研究所學會，1973 年。

〔註 16〕〔清〕顧炎武撰：《日知錄》（臺北：文史哲出版社，1979 年），卷 29〈方音〉，頁 841。

〔註 17〕林語堂：〈前漢方音區域考〉，《語言學論叢》（台北：民文出版社，1967 年），頁 20。

〔註 18〕「眇沕」本作「眇智」，茲依于師長卿之考證，改作「眇沕」。參見于師長卿著：〈淮南鴻烈要略校釋〉，《淮南鴻烈論文集》（台北：里仁書局，2005 年），頁 1247。

(3)〈時則〉:「百螣動股。」高注:「蝗屬。」

《方言》:「蟒,宋魏之間謂之(蚮),南楚之外謂之(蟅)蟒,或謂之蟒,或謂之螣。」郭著:「即蝗也。」

《廣雅》:「(蟅)蟒,(蚮)也。」(〈釋蟲〉)

可見(蟅)蟒、蟒、(蚮)、螣都是蝗蟲的別稱,螣則是南楚外圍對蝗蟲的另一稱呼。

(4)〈要略〉:「攕揳唲齵之郄。」許注:「攕,薜也;揳,塞也;唲齵,錯梧也。」

《說文》木部:「櫼,楔也。」段注:「木工於鑿柄相入處,有不固,則斫木札楔入困之,謂之櫼。」

《眾經音義》引《說文》:「今江南言櫼,中國言(屧)楔,通語也。」

劉賾《楚語拾遺》:「此亦吾楚之通語,凡楔曰櫼,楔之亦曰櫼。」

楊樹達《長沙方言考》:「今長沙猶言打櫼,俗書作打尖。」

由此可知:〈要略〉篇的「攕揳」是很地道的楚語,這個語彙甚至保留到近代。

(5)〈道應〉:「絻衣裋褐」

〈齊俗〉:「裋褐不掩形」、「裋褐不完」許注:「楚人謂袍爲裋。」

(6)〈俶眞〉:「冬日之不用翣者,非簡之也。」

〈精神〉:「冬日之箑、夏日之裘無用於己。」注:「中下用箑。」

〈說林〉:「中下用箑。」

〈說林〉:「被裘而以翣翼。」高注:「翣,扇也,楚人謂之翣。」

(7)〈繆稱〉:「蒙塵而欲毋眯,涉水而欲無濡,不可得也。」

〈齊俗〉:「吹灰而欲無眯,涉水而欲無濡,不可得也。」

〈兵略〉:「眯不給撫,呼不給吸。」

〈說林〉:「蒙塵而眯,固其理也。」

〈精神〉:「覺而若眯。」高注:「楚人謂厭乃眯。」

(8)〈氾論〉:「枕戶橉而臥。」

〈說山〉:「(劋)靡勿釋,牛車絕轔。」高注:「楚人謂門切爲轔。」

〈說林〉：「雖欲謹，亡馬不發戶轔。」高又注：「轔，戶限也，楚人謂之轔。」知：橉又作轔，〈氾論〉之「戶橉」即〈說林〉之「戶轔」，乃楚語戶限的異稱。

（9）〈說林〉：「爲其不出戶而堁之。」

〈說山〉：「上食晞堁，下飲黃泉」注：「堁，土塵也，楚人謂之堁。」

〈齊俗〉：「人之性，蕪穢而不得清明者，物或堁之。」許注：「堁，坋塵也。」

〈主術〉、〈說山〉：「揚堁而弭塵。」〈主術〉下高注：「堁，塵也，楚人謂之堁。堁，動塵貌。」

〈說山〉：「去之千里，不見埵堁。」劉家立集證引高注：「埵堁，猶塵翳也。埵，讀似墮〔註19〕，作江、淮間人言能得之也。」

（10）〈原道〉：「先者陷隤，則後者以謀。」高注：「楚讀躓爲隤，隤者車承。或言跋躓之躓。」「隤」，同「蹪」。

「蹪陷于汙壑穽陷之中。」、「足蹪趎埳，頭抵植木而不自知也。」

高注並云：「蹪，躓也，楚人謂躓爲蹪。」

〈脩務〉：「以一蹪之難，輟足不行。」高注：「蹪，躓，楚人謂躓也。」

〈說山〉：「萬人之蹪，愈於一人之隧。」高注：「楚人謂躓爲蹪。」

〈人間〉：「人莫蹪於山而蹪於蛭（垤）。」許注：「蹪，躓也。」

〈本經〉：「終日馳騖，而無蹪陷〔註20〕之患。」

可見「蹪」爲楚語，《淮南子》凡「躓踣」皆不用「躓」，而慣用楚地方語「蹪」。

（11）〈說林〉：「蔮苗類絮，而不可以爲絮。」高注：「蔮苗，萑秀。楚人

〔註19〕此句各本多作「讀似望」，義不可解，唯劉家立集證「讀作墮」。張雙棣云：「埵，讀似望」，聲韻絕殊。疑「望」爲「垂」之形譌，「垂」書作「𡍮」，故形與「望」近。並引黃侃云：「埵」本「垂」之複出字，《說文》「讀若朵」，蓋與垂聲小殊，故此注云「作江淮間人言能得知也」。桂案：綜合劉家立、張雙棣之說，「埵」當讀似「墮」或「朵」，就字形而言，「墮」與「望」較爲近似，故採劉家立之說，改爲「讀似墮」。

〔註20〕「蹪陷」本作「蹪蹈」，王念孫云：「『蹪蹈』本作『蹪陷』，字之誤也。」王說同見註5，卷8〈本經〉，頁263當句下引，茲依王氏改此。

謂蔏苗」。〔註21〕

（12）〈道應〉：「方倦龜（「㲉」去「心」）而食蛤梨。」許注：「楚人謂倨爲倦。」章太炎《新方言》云：「倨既踞字。」倦龜（「㲉」去「心」）即楚語踞龜（「㲉」去「心」）。

（13）〈說林〉：「曹氏之裂布〔註22〕，蛷者貴之。」高注：「楚人名布爲曹。」今俗間始織布繫著其旁，謂之曹布，以傳蠷蛷瘡則愈，故蛷者貴之。」

（14）〈脩務〉：「吳爲封豨脩蛇。」

〈本經〉：「封豨脩蛇。」高注：「楚人謂豕爲豨。」

《方言》：「豬，關東西或謂之彘，或謂之豕，南楚謂之豨。」（卷八）

可見〈本經〉、〈脩務〉等篇的「封豨」就是「大豬」之意，「豨」是楚語「豬」的異稱，而且是南楚的稱法。

（15）〈說山〉：「紂爲象箸而箕子唏。」《方言》：「哀而不泣日唏。」（卷一）

（16）〈俶眞〉：「搖消掉捎仁義禮樂。」

掉：《說文》：「搖也」，《廣韻》：「振也。」

《廣雅·釋詁》：「掉捎……搖……動也。」〈釋訓〉：「揣抁，搖捎也。」

王念孫《疏證》：「搖捎猶掉捎也，一作搖消。」又云：「楚語大能掉，小則變而不勤。」

可見「搖消」，意同「掉捎」，都是振動之意，且應是楚語。

（17）〈原道〉：「其魂不躁，其神不嬈。」高注：「嬈，煩嬈也。」

章太炎《新方言·釋言》云：「今蘄川謂以藥毒人使病爲嬈人。」

〔註21〕高注本作「荻秀，楚人謂之蔏。」王念孫依《說文》、《廣韻》、《玉篇》、《廣雅》改作「萑秀，楚人謂之蔏苗。」王說同見註5，卷17〈說林〉，頁564當句下引，茲依王氏改此。

〔註22〕「曹之裂布」本作「曹氏之裂布」，俞樾云：「高氏所據本，疑無氏字。若有氏字則曹是人之氏族。何得以布言之。今有氏字者，蓋涉下文『夏后氏之璜』而衍。」俞說同見註5，卷17〈說林〉，頁554當句下引，茲依俞氏改此。

可見到近代，蘄州方言中仍保留有這個語彙，其意與漢高誘時代，有相當關聯，應是古楚語的存留。

（18）〈天文〉：「馮馮翼翼，洞洞灟灟。」高注：「馮翼、洞灟，無形之貌。」「馮馮」、「翼翼」都是指氣充滿盛作的樣子。

〈脩務〉：「發憤而成仁，帽憑而爲義。」「帽憑」與「發憤」並舉，義當相似，皆指充氣盛作之義。

〈離騷〉云：「憑人厭乎求孛。」王逸著：「憑，滿也，楚人名滿曰憑。」

《方言》云：「馮，怒也，楚曰馮，」（卷二）

可見「馮馮」即「憑憑」，是楚語。〈離騷〉的「滿」意和方言的「怒」意，都是氣滿盛作之意。

（19）〈時則〉：「山雲草莽。」高注：「山中氣出雲似草木。」「莽」是草木眾盛之稱。

《方言》云：「蘇，芥草也，……南楚江湘之間謂之莽。」（卷三）

知「莽」原是南楚稱芥草，芥草賤生猥多，故「莽」又爲草木眾盛稱。

（20）〈人間〉：「人莫蹪於山而蹪於垤。〔註23〕」許注：「垤，蟻封也。〔註24〕」

《方言》：「楚郢以南，蝩（蟻）土之謂垤。」（卷十）

（21）〈原道〉：「終身運枯形於連嘍列埒之門。」高注：「連嘍，猶離婁，委曲之貌。」

《方言》：「(讕) 哰、謰謱，拏也。南楚曰謰謱，……東齊周晉之比曰（讕）哰（卷十）

戴震疏證：「《說文》……言部云謰謱，辵部云連遱，《玉篇》作嗹。

拏又作詉，云譇詉，言不可解。嗹嘍，多言也。……「(讕) 哰，(儜) 拏，語不可解。嗹嘍，言語繁絮貌；連嘍，煩貌；

〔註23〕「垤」本作「蛭」，茲依莊達吉校改作「垤」。莊說同見註5，卷18〈人間〉，頁587當句下引。

〔註24〕許說同見註5，卷18〈人間〉，頁587當句下引。

謰謱，小兒語，隨文立訓，義可互見。」
王逸〈九思〉:「媒女詘兮謰謱。」補注:「謰謱，語亂也。」
知謰謱、嗹嘍、譇詉、連嘍、(嚂) 哰、連嶁意皆相通，有扭絞煩亂不可分解之意，而謰謱、嗹嘍、連嶁一系是南楚之語。

(22)〈地形〉:「日之所曊。」
《方言》:「晞，曬乾物也，揚楚通語也。」(卷十)
《廣雅・釋詁》:「晞、曬、暴也。」王念孫疏證:「晞與曊同。」
知曊是楚語曝曬之意。

(23)〈說山〉:「西家子謂其母曰:『社何愛(憂)速死?』」高注:「江淮之間謂其母爲社。」
《說文》女部「姐」下亦言:「蜀人謂母爲姐,《淮南》謂之社。」

(24)〈齊俗〉:「高下之相傾也，短脩之相形也。」
〈說山〉:「拘囹圄者，以日爲脩。」
《方言》:「脩，長也。陳楚之間曰脩。」(卷一)

(25)〈兵略〉:「脩鍛短鏦。」
《方言》:「吳揚、江淮、南楚之間謂之鍦，……或謂之鏦。」(卷九)

(26)〈主術〉:「天下之物莫凶於雞毒。」高注:「雞毒，烏頭也。」
〈說山〉:「雞頭已瘻。」高注:「雞頭，水中芡，幽州謂之鴈頭。」
《方言》:「(葰) 芡，雞頭也……南楚江湘之間謂之雞頭，或謂之鴈頭。」(卷三)

(27)〈原道〉:「浸潭苽蔣。」高注:「苽者，蔣實也。」
〈詮言〉:「菰飯犓牛弗能甘也。」
賜五交臭引別本庄:菰，蔣草也，逗南人呼爲茨草，秣馬甚肥，今旦淮閭亦以飼牛是也。
知〈原道〉之「苽」字同於〈詮言〉之「菰」字，應是江淮一帶南方用以飼牛馬之植物。

(28)〈道應〉:「大疾則苦而不入，大徐則甘而不固。」

許注：「苦、急意也。」「甘，緩意也。」
《方言》：「苦、快也……楚曰苦。」（卷二）
郭璞注：「苦而以爲快者，猶以臭爲香、治爲亂、徂爲存，此訓義之反覆用之是也。
知「苦而不入」是楚語，「快而不入」之意。

（29）〈俶眞〉：「橫廓六合，揲貫萬物。」
〈離騷〉：「貫薜荔之落蘂。」王逸注：「貫，累也。」
故王念孫《廣雅疏證》曰：「揲貫猶言積累。」（〈釋詁〉）
〈主術〉：「葉〔註25〕貫萬世而不壅。」
〈原道〉：「大渾而爲一葉，累而無根。」
《廣雅・釋詁》：「揲，積也。」葉與揲通。」「葉貫」即「揲貫」。
〈本經〉：「積牒璇石以純脩碕。」高注：「牒，累。」
王念孫《廣雅疏證》：「牒與揲聲亦相近。」（〈釋詁〉）
《方言》：「（撲）、翕、葉、聚也。楚謂之（撲），或謂之翕、葉、楚通語也。」（卷三）
知：（撲）、葉、揲、牒相通，皆楚語積累、積聚之意。

（30）〈說林〉：「山雲蒸，柱礎潤。」高注：「礎，柱下石躓也。」
《眾經音義》引許愼注：「楚人謂柱碣曰礎。」（卷十八）「柱碣」即「柱躓」。

（31）〈脩務〉：「及至勇武，攘捲一擣，則擢脇傷幹。」
高注：「武、士也，楚人謂士爲武。」
〈人間〉：「戰武必其死。」王念孫曰：「淮南一書皆以士爲武，戰武即戰士。」
〈人間〉：「請無罷武大夫」武大夫即士大夫。
〈人間〉：「使晉國之武舍仁而後佞。」俞樾云：「晉國之武即晉國之士，淮南一書通謂士爲武。」
〈人間〉：「罷武聞之，知所歸心矣。」
〈人間〉：「勇武聞之，知所盡死矣。」

〔註25〕〈主術篇〉本作「業貫」，王念孫云：「業當爲葉，聲之誤也。」其說同見註5，卷9〈主術〉，頁276當句下引。

〈人間〉:「此爲人，而必爲天下勇武矣！」

〈人間〉:「避一螳螂而勇武歸之。」

〈覽冥〉:「勇武一人，爲三軍雄。」高注:「武士，江淮間謂士爲武。」知勇武即楚語勇土之意。

〈齊俗〉:「爲天下顯武。」許注:「楚人謂士爲武。」

〈齊俗〉:「勇武遁逃。」

（32）〈俶眞〉:「支解葉貫，萬物百族，使各有經紀條貫。」

〈兵略〉:「條脩葉貫，萬物百族，由本至末，莫不有序。」

〈說山〉:「譬猶陶人之爲器也，揲埏其土而不益厚。」

《方言》:「埏，取也。……楚部或謂之挻。」（卷一）

「揲」爲楚語「積聚」之意已見前（29）例。「挻」爲楚語「取」義，則「揲挻」應爲楚語「聚取」之意甚明。

（33）〈俶眞〉:「狡猾鈍惛。」〈脩務〉:「鈍聞條達。」高注:「鈍聞，猶鈍惛，……義竝與頓愍」（卷十）

〈覽冥〉:「鈍悶以中」

〈要略〉:「終身顚頓乎混溟之中。」

《方言》:「惃、（愗）、頓、愍、惛也。楚、揚謂之惃，或謂之（愗），江湘之間謂之頓愍，南楚飲藥毒懣亦謂之頓愍。」（卷十）

《廣雅・釋詁》:「惃、（愗）、頓、愍……亂也。」

可見頓聞、鈍惛、顚頓係楚揚、江湘一代方語昏憒、昏亂之意。

（34）〈原道〉:「邅回川谷之間。」高注:「邅回猶委曲。」

〈本經〉:「曲拂邅迴，以像湡浯。」高注:「邅迴，流轉也。」邅迴、邅回相同。

〈離騷〉:「邅吾道夫崑崙兮。」王逸注:「楚人名轉曰邅。」

《楚辭・九章》:「欲儃佪以干際兮。」儃佪即邅迴。

其實，「儃佪」或「邅」字在屈騷、《楚辭》中是常出現的字彙，可見它們是施用很普遍的楚語。

（35）〈說山〉:「媒但者，非學謾也。」

《楚辭・九章》:「或訑謾而不疑。」

《方言》云：「謾、他、皆欺謾之語也。楚郢以南，東揚之郊通語也。」(卷十)

《廣雅》：「他、謾、……詑……欺也。」(〈釋詁〉)

王念孫疏證：「訑與詑同，今江淮間猶謂欺曰詑，是古之遺語也。詑亦謾也，合言之則曰詑謾，……倒言之則曰謾詑（卷二下）

知〈說山〉之「謾他」，即〈九章〉之「訑謾」，皆江淮人言「欺謾」之意。這個辭彙甚至保留到近代。

(36)〈俶眞〉：「形苑而神壯。」高注：「壯，傷也。」

《方言》：「凡草木刺人，北燕朝鮮之間謂之茦，或謂之壯。」

郭璞注：「今淮南人亦呼壯。壯，傷也。」(卷三)

(37)〈脩務〉：「困夏南巢，譙以其過。」高注：「譙，責也。」

《方言》云：「譙，讓也。齊、楚、宋、衛、荊、陳之間曰譙。」(卷七)

(38)〈俶眞〉：「神越者，其言華。」高注：「越，散也。言不守也。」

《方言》：「邈、離也，楚謂之越。」(卷六)

知「越」係楚語「離」之意。「神越」即「神離」，神不守之意。

(39)〈齊俗〉：「其兵戈銖而無刃。」許注：「楚人謂刃頓爲銖。」

(40)〈本經〉：「明於性者，天地不能脅也。」高注：「脅、恐也。」

《方言》：「脅，懼也。齊楚之間曰脅。」(卷一)

(41)〈主術〉：「桀之力觡別伸鉤。」

〈說林〉：「解捽者不在於捌格，在於批扰。〔註26〕」

高注：「批，擊也。枕，推擊其要也。」

《廣雅．釋言》：「觡，角也。」王念孫《疏證》：「觡之言格。」

《方言》：「鉤，宋楚陳魏之間謂之鹿觡，或謂之鉤格。」(卷五)

《方言》又云：「(挖) 扰，椎也。南楚凡相椎搏曰 (挖)。」

〔註26〕「批扰」本作「批伉」，王引之云：「伉，扰之誤字。」說見劉文典：《淮南鴻烈集解》，卷17〈說林〉，頁584當句下引。

（卷十）

由是知「觡」「格」相通。「別觡」當即「捌格」，楚語「捌開」之一。「(挖) 抌」亦即「批抌」，攻擊要害。兩辭皆楚語。

（42）〈時則〉:「修楗閉。」

《方言》:「戶鑰，自關而東，陳楚之間謂之鍵。」（卷五）

（43）〈要略〉:「箴縷繚繖之間。」許注 :「繚，綃煞也。」

《集韻》:「(衣殺)，衣削幅也。」「殺、煞 : 疾也，削也。」（卷七）

《廣韻》:「(衣殺)，衣（衣牙）縫也。」（去聲十六怪下）

殺、煞既相通，(糸殺) 宜可通 (衣殺)，則 (衣殺)、繖疑亦相通，皆衣破綻縫之意。

《方言》:「南楚凡人貧、衣破醜敝謂之……褸裂，或謂之襤褸。」（卷三）「楚謂袟衣謂之褸。」（卷四）

《類篇》:「褸或作縷。」（卷三七「縷」字下）

知「箴縷」同於「箴褸」，正是楚語縫補衣物之意。「箴縷繚繖」意是縫補敝衣，故其下接以「攕揳唲齵」，「箴褸」「攕揳」亦楚語。

（44）〈俶眞〉:「不與物相弊摋。」高注 :「弊摋，猶雜糅。弊音跋涉之跋 ; 摋，讀楚人言殺。」

知「弊摋」亦爲楚語雜糅之意。

（45）〈俶眞〉:「人莫鑑於流雨而鑑於止水。」〔註 27〕許注 :「人莫鑑於流潦，而鑑於止水。」而注云 :「楚人謂水暴溢爲潦。」是「流潦」亦楚語。

〈俶眞〉:「今夫樹椿灌以潦水，疇以肥壤。」

（46）〈原道〉:「童子不孤，婦人不孀。」高注 :「寡婦曰孀也。」《詩・桃夭》正義引許注 :「楚人謂寡婦曰霜。」

許注本作「霜」，是「孀」的叚借字。而依許注，「霜」（「孀」）是楚語寡婦之意。

〔註 27〕「流雨」，今本作「流沫」，說見劉文典 :《淮南鴻烈集解》，卷 2〈俶眞〉，頁 68 當句下引，玆依王氏改此。

（47）〈俶眞〉：「虛無寂寞。」

《方言》：「宋，靜也，九疑江湘之間謂之宋。」（卷十）「寂」應同於「宋」。「寂寞」，一辭在《莊子》楚《騷》裏用得甚多，在淮南子裡出現的次數也很頻繁，應是使用普通的南方語彙。

（48）〈道應〉：「乃止駕，心柸治，悖若有喪也。」許注：「楚人謂恨不得爲柸治也。」

王念孫云：「柸治，疊韻字，言其心柸治然也。」〔註28〕

《論衡・道虛》作：「乃止喜（嘉之誤。嘉，駕之叚借），心不怠，悵然若喪。」「不怠」，「柸治」。

俞樾云：「柸治即不怡也。」〔註29〕

知「柸治」、「不怡」、「不怠」義同。而「治」與「得」古雙聲通用「柸治」蓋亦「不得」，之音譌。〔註30〕故許注「柸治」爲楚語「恨不得」。「恨不得」即「不怡」，故俞解爲「不怡」。

（49）〈說林〉：「良馬易道，使人易馳；飲酒而樂，使人欲謌。」

「聾者不謌，無以自樂。」

「善舉事者，若乘舟而悲謌。」

〈脩務〉：「齊楚燕魏之語也，異轉而皆樂。」

「夫謌者，樂之徵也。」

〈泰族〉：「謌南風之詩而天下治。」

〈泰族〉：「百姓謳歌而樂之。」

「謌於易水上。」

《楚辭・遠遊》：「張樂咸池奏承雲兮，二女御九韶歌。」

陳第《屈宋古音義考》：「歌，古音讀箕。」（卷一）

《歌麻古音考》：「歌，古通作哥，古音讀若姬。」

〈說林〉之「謌」字亦當讀若「姬」、「箕」始能與上句「易馳」的「馳」字叶韻。而參酌〈遠遊〉之例觀之，這種讀

〔註28〕說見劉文典：《淮南鴻烈集解》，卷12〈道應〉，頁263當句下引。

〔註29〕說見劉文典：《淮南鴻烈集解》，卷12〈道應〉，頁409當句下引。

〔註30〕參見劉盼遂：《淮南子許注漢語疏》，《國學論叢》1卷1號（1927年6月）。

法應是楚語的讀法。

（50）〈原道〉:「在於小則忘於大。」

《歌麻古音考》:「大，古音讀作唾。」

《韻賤》曰:「中原用此音（大），東南聲輕讀如墮，西北誤重讀如唾。」

「大」讀如「唾」，山東有此音，應是古齊語之遺。讀如「墮」（杜），今江蘇申浦一帶正有此讀法，大魚、大肉、大米，土著都讀做杜魚、杜肉杜米，應是古楚語之遺。〔註31〕

（51）〈俶眞〉:「萬物之來擢拔吾性，攓取吾情。」

〈兵略〉:「攓巨拼。」注:「卷取。」

〈方言〉:「攓，拔也。南楚曰攓。」

（52）〈俶眞〉:「越舲蜀艇，不能無水而浮。」

〈方言〉:「南蜀江湘之間小艒（舟宿）謂之艇。」

（53）〈原道〉:「蹠達膝暴。」注:「蹠，足下也。」

《戰國策・楚策》:「蹠穿膝暴。」王念孫解「蹠達」作「蹠爲之穿」，於「膝」字則落單未交代。故疑當加「暴」作「膝暴」，與下「曾繭重胝」對文。

〈脩務〉:「自無蹠有。」高注:「適也。」

〈主術〉:「蹠（足喬）之姦。」高注:「盜跖，蹠通跖，足下也。」

《說文》:「蹠越者或以舟，或以車。」

《說文》:「楚人謂跳躍曰蹠。」

《方言》:「楚曰蹠，自關而西秦晉之間曰跳。」

（54）〈人間〉:「攓衣而越。」方言:「取也。南楚曰攓。」

〈說林〉:「蹇衣涉水。」

〈俶眞〉:「擢德（攓）性。」

「來擢拔吾性，攓取吾情。」

可見「攓」、「蹇」皆楚語「揭取」之意。

（55）〈說山〉:「薰燧而負彘」高注:「燒薰自香也，楚人謂之薰燧。」

（56）〈人間〉:「武王蔭暍人於樾下。」高注:「樾下，眾樹之蘆也。」

〔註31〕參見張嚴:〈《淮南子》二十一卷論次得失平議〉,《大陸雜誌》31卷6期（1965年9月），頁15～18。

〈精神〉:「當此之時得茠越下，則脫然而喜矣。巖穴之間非直越下之休也。」

高注:「楚人樹上大本小，如車蓋狀，爲越，故蔭。」

《北堂書鈔》一百五十八引許君注:「楚謂兩樹交會，其陰曰樾。」

《玉篇》:「楚謂兩木交陰之下曰樾」即用此注也。

俞樾曰:「越，樾古同字。」

可見古楚語稱樹蔭爲「越」

(57)〈說林〉:「腐鼠在壇。」高注:「楚人謂中庭爲壇。」

(58)〈天文〉:「清妙洽專易。」「專」通「摶」，王逸注楚辭:「楚人名袁曰摶。」

(59)〈時則〉:「具扶曲筥筐。」曲薄。《方言》:「薄，宋衛陳楚江淮之間謂之笛。曲，笛通。」《說文》:「曲，蠶薄也。笛，蠶薄也。」

(60)〈本經〉:「牢籠天地。」高注:「牢讀屋霤，楚人謂牢爲霤。」

由以上六十例，可以清楚得知:《淮南子》許多語彙，甚爲特殊，其實是楚方語。二十一篇中所用楚語應該更多，不只這六十例，上列六十例特就一時搜尋所得，以爲明證。六十例之外。《淮南子》裡另有許多辭彙同時也常見於辭賦中，應是楚辭，漢賦常用辭彙。此種現象固可以解釋爲劉安君臣好辭賦、能辭賦的連帶關係外，可能它們原本就是楚語。因此，楚辭裏多見，漢賦源自楚辭，自然也用，《淮南子》則是兩項因素兼而有之。可惜，一時得不到更進一步之確切資料，不能妄下定論，只能推測。

三、淮南與楚域

與此相關的另一個問題，是劉安的淮南及楚方語所涵蓋的區域。

《史記・貨殖列傳》分楚爲三:

> 自淮北、沛、陳、汝南，南郡此西楚也；……彭城以東，東海、吳廣陵（揚州），此東楚也；……衡山、九江、江南、豫章、長沙是南楚地。

可見，楚所涵蓋的區域相當，戰國時，楚曾兼吞四十二國而並有之的緣故。《漢書・地理志》說:

楚地，……今之南郡、江夏、零陵、桂陽、武陵、長沙、及漢中、汝南郡，盡楚分也。

綜合〈貨殖列傳〉與〈地理志〉記載，所謂「楚地」，主要在今長江中游、以及淮、漢、湘、贛諸水硫域，往東曾擴至吳、越、揚州一帶，將江、浙兩省包括進去，往西則擴至四川漢中，這個概念至少保留至西漢時代。

至於所謂「淮南」，根據《漢書・地理志》記載與《史記集解》引許廣之說，正是英布原封四郡：九江（十五縣），廬江（十二縣）、衡山（江夏十四縣原所屬，六安是其郡）、豫章（十八縣）。大抵包含長江中游以北，淮水以南，以及贛江流域。劉安的「淮南」，較之劉長時代，雖削減許多，然語文現象究竟不如政治區劃，可以說分就分，當下判然。林語堂先生曾就揚雄《方言》中所出現的方音區域，依其結合之疏密，仔細分析歸納，得前漢方音十四系，其中，楚語就有三系：

一、西楚（江、漢）：合梁爲一系。

二、淮楚（江、淮）：合陳、汝、穎爲一系。

三、南楚（沅、湘、湘潭、九疑、蒼梧、湘源等地）

如果照林氏這種歸納結果，劉安及其「江淮間多輕薄」之群臣賓客所慣常操用的楚語該是「淮楚」這一系。《淮南子》中用最多的楚語也應是這一系。而由以上六十例作局部的觀測，似乎亦是「淮楚」一系居多，南楚次之，東楚只三兩例。可惜，仍有不少許、高兩家注爲「楚語」之例子，均未能進一步說明它們是屬於何區，只好姑從之，泛稱它們爲「楚語」了。

要之，劉安的「淮南」，雖只包括九江、豫章等郡，只爲戰國楚地的一部分；然因歷史地緣因素，使其特嫻戰國之楚語、文。寫作時，多雜用各系楚語（尤其是淮楚、南楚兩系）以表達，是很自然的事。惜對西漢以前楚語，吾人所知仍極有限。若能有更透澈了解，對於《淮南子》廿一篇中許多特殊語彙，應該能迎刃而解。

附錄二　《淮南子》解老

作爲中國哲學重要始源文獻之一的《老子》，在漢代所受的推闡與發展，始終不斷。從成書且具代表性之典籍看來，在西漢有《淮南子》和《老子指歸》，東漢以後則有《老子河上公章句》與《老子想爾注》。它們代表不同階層，分別從不同角度，循著不同方向，對《老子》內容，作不同詮釋。一個人的思維很難離開生命經驗與生活領域太遠，從這四部書對《老子》的不同詮釋看來，可以得到完全的印證。今試以《淮南子》爲例，觀測漢人解老之一斑。

漢代解老各家著作中，《淮南子》最精彩豐富而有深度。劉安及其賓客一方面能深入了解《老子》思想之核心要義，又能配合時代需求，依照自己南方楚地特有風格，轉化《老子》原意，作創造性詮釋。在其詮釋下，「道」是「氣」或「元氣」，可以分生出「理」，也可以轉化爲「數」或「術」，「柔後」成爲「因循」，「無爲」含藏一定動機，成爲特定意義之有爲，反智與勸學統一並存。許多《老子》哲學中之禁忌與治世應用上較難跨越之不適應性，一起打破。然而，「術」化之後遺，《老子》虛無靈妙之玄思不能全存，其氣化思維之政治化，亦使含帶物理質性之氣化觀念沾染宗教神學色彩。

一、漢人解老——由道至術

漢代尙用崇功，漢人治學，經世企圖強烈，駁雜而大器，儒道皆然。漢代思想家重視對實際政治與人生事務之討論而不尙玄虛。司馬談〈論六家要旨〉說：

> 夫陰陽、儒、墨、名、法、道德，此務爲治者也。

各家（六家）學說司馬談以爲，都是施政人事之用。此種觀點反映漢人普遍看法。因此，司馬談說「道家」是一種「術」，〔註 1〕初漢七十年政治也貞奉《老子》之「清靜無爲」爲政治指導圭臬，以成就「黃老治術」。班固《漢志》因此說「道家」是一種「君人南面之術」。漢代史學家如此，漢代思想家亦如此。作爲漢代道家思想理論代表之《淮南子》於總結全書要旨之序——〈要略〉中，視老、莊之學爲一種「術」，明言撰作宗旨要「考驗乎老莊之術」。其實不只《淮南子》，稍早陸賈、賈誼相關論著中，早已顯示相同觀點。陸賈《新語》首篇〈道基〉開宗明義說：

> 天生萬物，以地養之，聖人成之，功德參合而道術生焉。

非特道、術連稱，且以，天、地、人三者功德之有機結合爲「道術」產生之根源。換言之，在陸賈思維中，「道」是一種「術」，稱「道術」。它以天、地、人三者的功與德爲核心內容，「道術」包括了自然與人文，自然與人文的有機結合便是「道術」的基本內容，「道術」不離人文作爲。陸賈之外，賈誼《新書》有〈道術〉篇，〈道術〉開宗明義說：

> 「道」者，所從接物也，其本者謂之「虛」，其末者謂之「術」。虛者，言其精微也，平素而無設儲也；術也者，所從制物也，動靜之數也，凡此皆「道」也。

不但清楚將「道」的體（本）、用（末）區分開來，「道」落實以「接物」、「制物」即是「術」，「術」是「道」的應物之用。將道術化，以便應用，這是《新書》論道、闡道之本旨。上述各家觀點清楚顯示漢人對「道」的習慣性理解，其實是視之爲一種應世之「術」。漢人解老，正是循著這樣的方向，「術」化《老子》哲學。

二、承襲與創造兼具的《淮南子》解老

《淮南子》自我標榜爲道家，其對《老子》的詮解，代表西漢早期南方學術集團以鋪衍的表述方式，援用儒、墨、法各家理論精華，顯實《老子》玄虛的哲理，使成容易理解的應世之術。

（一）深入理解與創造性詮釋

《淮南子》的作者群對老、莊的理解相當精確而深入，姑且不論漢志所載劉

〔註 1〕〈論六家要旨〉說「道家」：「其爲術也，因陰陽之大順，探儒墨之善，措名法之要。」

安已亡佚的《莊子略要》與《莊子后解》兩部解莊專著，即以《淮南子・道應》全篇例證《老子》看來，亦可清楚看出《淮南子》作者群對於《老子》理論思維之掌握相當深入，運用也相當順遂自如，劉安及其賓客十分精通《老子》。從〈道應〉五十二則，散布於今本《老子》共四十一章的言、例對照中，可以發現，其所舉證事例，不論相關於本體理論之釋證，抑或應用理論之釋證，大致都能切中《老子》核心要旨，卻又往往將它們做了經世的解證。清楚說明，劉安及其作者群學術工夫之紮實與高深。《淮南子》全書基於經世尚用立場，對《老子》許多理論顯實、轉化、甚至歧出、改造，應是刻意之創造性詮釋。不論其詮釋成效與《老子》原旨有所少距離，其應用《老子》，而非轉述《老子》思想之用心，明白可見。從《老子》與《莊子》之理論中，走出自我途徑，堅持自我風格，以切合其大時代之用。就劉安所統領之南楚學術成員而言，其學術水準與學術力量遠遠高過漢代其他解老者甚多，其成果因此也遠在各家之上。兩漢各家的解老著作中，不論就玄學抑或應用理論之貢獻言，《淮南子》都最具代表性。姑引〈道應〉兩例，以明其況。〈道應〉說：

> 齊王后死，王欲置后而未定，使群臣議。薛公欲中王之意，因獻十珥而美其一。旦日，因問美珥之所在，因勸立以爲王后。齊王大說，遂尊重薛公。故人主之意欲見於外，則爲人臣之所制。故《老子》曰：「塞其兑，閉其門，終身不勤。」

其二曰：

> 尹需學御，三年而無得焉，私自苦痛，常寢想之。中夜，夢受秋駕於師。明日，往朝。師望之，謂之曰：「吾非愛道於子也，恐子不可予也。今日教子以秋駕。」尹需反走，北面再拜曰：「臣有天幸，今夕固夢受之。」故《老子》：「致虛極，守靜篤，萬物並作，吾以觀其復也。」

前則以薛公欲中王意，曲折地旁敲側擊，齊王不自覺綻露其好所鍾，因遂薛公之意，援此以解說《老子》五十二章之旨。王弼注解五十二章「塞其兌，閉其門」說：「兌，事欲之所由生；門，事欲之所由從也。」正是〈道應〉之意。第二則以尹需學駕，苦思不得其要，竟於虛寧之夜，寢夢自通，以明今本《老子》十六章所言，人的精神心靈若臻至極虛極靜之境界，自能靈明無比，洞澈事物之根源與眞理。

能明白並認同劉安的道家學術群對《老子》理解之深入與嫻熟，始能了解《淮南子》全書對《老子》理論之創造性詮釋。

（二）經世而尚用

〈要略〉自述其撰作宗旨爲「紀綱道德，以經緯人事」，推闡抽象道德理論，係爲提煉治理人事之理，人事之用才是終極目的。因此，它要「言道」並「言事」。「言道」，是爲了「與化游息」，保持心靈境界與思維品質高超不落俗；「言事」是爲了「與事浮沉」，方便人事運作之圓融無礙。全書編撰的目的，非特「上考之天，下揆之地」，使「天地之理究矣」，亦要「中通諸理」，使「人間之事接矣」。透過這一切，希望能使「帝王之道備矣」，外王目的相當明顯。從全書整體架構看來，開宗明義兩篇——〈原道〉、〈俶眞〉一以解老，一以證莊，此下幾乎篇篇孕含老、莊之旨，另有第十二卷〈道應〉，全篇五十四事例解證老子之言五十二則、莊子之言一則，愼子之言一則。吾人不知《淮南子・道應》所據《老子》版本究竟是近同馬王堆帛書本之不分章，只分篇（德、道兩篇，且德經在前，道經在後）？抑或同於傳世本之既分篇（道經在前，德經在後），且分章（八十一章）〔註 2〕？蓋原文舉例證之後，都只說「故老子曰……」，並未標明第幾章曰，也看不出有否德經、道經分篇情況。然對照傳世本看來，五十二則老子之言恰巧分見於傳世本四十一章中，其論述次序且是德經、道經內容交錯援引，看不出有德經在前或道經在前之狀況。〔註 3〕這是繼《韓非子》〈解老〉、〈喩老〉之後，唯一專篇解證《老子》

〔註 2〕丁原植從即今所見六種版本《老子》：郭店三種不分篇、不分章簡本《老子》，馬王堆兩種分篇（且德經在前，道經在後）不分章帛本《老子》，與傳世本既分篇（道經在前、德經在後）、又分章（八十一章）《老子》中，觀測其形成之先後順序，依次爲簡本、帛本、傳世本，且以第一與三十八兩章爲全書上、下（道、德）兩篇哲學之總綱領。兩篇之出現代表傳世本定型流傳之開始，如果丁說可信，依《淮南子・道應》的表現情況看來，已引到了第 1 章，卻不見引第 38 章，其所據本之形成期，至少是在帛本以後，甚至是傳世本以後了。丁說參見〈先秦子書的哲學性規劃編輯——《老子》文本之集略〉，收入國立故宮博物院、中研院文哲所、淡江大學漢語文化暨資源研究所：《再造與衍義：文獻學與國際學術研討會 2007》下集（出版地不詳：出版者不詳，2007 年），頁 47～82

〔註 3〕這 41 章依〈道應〉徵引之次爲：2、70、57、14、9、28、10、4、73、74、(39、28)、52、9、25、13、(52、55)、54、1、36、53、22、78、22、45、4、78、27、2、(21、62)、(44、7)、39、23、28、、20、19、27、10、71、52、12、43、43、49、27、16、75、58、58、18、15、37 等章，共 52 則，其中 27、

之作，也是全書唯一明白標示為通篇解老之作。由其形式看來，較近〈喻老〉以例證《老子》。作者之意似謂，《老子》之言本當落實到人世事物，須經由人世事物之徵驗，始能證成其價值，故皆以例證老，而無論辯文字。如此的觀點，完全合乎漢人思維。透過《淮南子・原道》、〈俶眞〉、〈本經〉各篇推闡《老子》學說之狀況，以及〈道應〉對《老子》之言之例證，可梳理出《淮南子》之解老模式。

（三）鋪衍以顯實

繁複鋪衍是《淮南子》全書普遍而一貫之表述形態，透過鋪衍手法，《淮南子》努力顯實《老子》玄虛之本體論述，俾利於學者之理解與掌握，〈要略〉明白地陳述其旨曰：

> 夫道論至深，故多為之辭，以抒其情；萬物至眾，故博為之說，以通其意。辭雖壇卷連漫，絞紛遠緩，所以洮汰滌蕩至意，使之無凝竭底滯，捲握而不散也。

〈要略〉作者群堅確肯定語詞之表意功能，認為越深奧難懂之道理，越需一再不憚其繁地用較大篇幅、較多文字去詮釋，才能澈底淨盡疏解奧澀之糾結，使道理底蘊清楚浮顯。這和《老子》「至言無言」、「大音希聲」、「美言不信、信言不美」觀點相抵觸，卻和漢代所盛行，乃至戰國以來楚地鄉土文學——辭賦之表述形態相合。《淮南子》運用此種違異《老子》思維，卻充滿時代與鄉土色彩之漢代南楚語文去顯實《老子》哲理。其原因乃在《淮南子》是西漢楚地之作，其作者群大致為楚人。

《淮南子》作者認為，《老子》論「道」玄虛幽渺、惚恍，常人難以捉摸理解，更無由準確掌握，因此需借助語言文字之解說功能，佐之由難轉易，由虛顯實。從全書表達形態看來，其經常之顯實模式為：

1. 運用長串同義對偶句式，排比成列，令讀者由上下偶句之交叉比對中，掌握作者所欲傳達之旨意。
2. 藉助許多表達時空或事物概念之語詞，透過其堆疊與變化運用，造成時空無限緜延之效果，以擴展讀者思維，引入《老子》所擬設，無限寬廣之哲學領域中。
3. 藉助對長串相對概念之逐一否定，以凸顯、肯定「道」之絕對價值。

28 兩章重見三次，2、4、9、10、22、39、43、52、58 等九章重見兩次，實際散布於 41 章中。

比如：《老子》說「道」，「獨立而不改」（二十五章），惚恍不可捉摸（二十一章），「淵兮似萬物之宗」（四章），「生而不有，爲而不恃，長而不宰」（五十一章）。把握其核心意涵，《淮南子·原道》鋪解爲：

> 夫太上之道，生萬物而不有，成化象而弗宰。跂行喙息，蠉飛蠕動，待而後生，莫之知德，待之後死，莫之能怨。得以利者不能譽，用而敗者不能非。收聚畜積而不加富，布施稟授而不益貧。旋緜〔註4〕而不可究，纖微而不可勤。累之而不高，墮之而不下，益之而不衆，損之而不寡，斲之而不薄，殺之而不殘，鑿之而不深，填之而不淺。惚兮怳兮，不可爲象兮；怳兮惚兮，用不屈兮；幽兮冥兮，應無形兮；遂兮洞兮，不虛動兮。與柔剛卷舒兮，與陰陽俯仰兮。

或四句、六句、八句排比，至少兩句偶列，連串堆累，以論證道體無所不包之含容性。累貫而下，共用 19 個「不」字，以強調其非經驗世界狀況所能表述與概括。

《老子》說「道」，「大」、「逝」、「遠」、「返」、「先天地生」、「周行而不殆」（二十五章），《淮南子·原道》鋪衍爲：

> 夫道者，覆天載地，廓四方，柝八極，高不可際，深不可測，包裹天地，稟受無形。原流泉浡，沖而徐盈，混混滑滑，濁而徐清。故植之而塞于天地，橫之而彌于四海，施之無窮而無所朝夕，舒之幎於六合，卷之不盈於一握。約而能張，幽而能明，弱而能強，柔而能剛，橫四維而含陰陽，紘宇宙而章三光。甚淖而滒，甚纖而微。……能天運而地滯，轉輪而無廢，……鈞旋轉轂，周而複匝，已雕已琢，還反于樸。

作者用這些四方、八極、天地、四海、六合、四維等窮極、盡極之空間概念，極力顯示道之無遠弗屆。

《老子》以「一」代「道」，說明「道」爲萬物賦生稟性之根源，宇宙一切生機皆來自「道」，含懷「道」，萬物安列有序：

> 天得一以清，地得一以寧，神得一以靈，谷得一以盈，萬物得一以生，侯王得一以爲天下貞。（三十九章）

〔註 4〕 「旋緜」本作「旋縣」，高注：「縣，小也。」王念孫以爲：諸書無訓縣爲小者，縣當爲緜，字之誤也。此言「旋緜」下言「纖微」，其義一也。說見劉文典：《淮南鴻烈集解》（台北：文史哲出版社，1982 年），卷 1〈原道〉，頁 4 當句下引，今從校改。

〈原道〉鋪解其旨：

> 山以之高，淵以之深，獸以之走，鳥以之飛，日月以之明，星曆以之行，麟以之游，鳳以之翔，……天運地滯，轉輪而無廢，水流而不止，……風興雲蒸，……雷聲雨降……鬼出電入，龍興鸞集……其德優天地而和陰陽，節四時而調五行，煦諭覆育萬物群生，潤於草木，浸于金石，禽獸碩大，豪毛潤澤，羽翼奮也，角觡生也，獸胎不贕，鳥卵不毈，父無喪子之憂，兄無哭弟之哀，童子不孤，婦人不孀，虹蜺不出，賊星不行。

從自然現象到各種生類，從日月、星辰、陰陽節令，到草木、蟲魚、鳥獸、山川、河嶽、雷霆、風雨，舉凡天地宇宙間一切存在事物與時空概念，作者知解想像之所及，悉皆納入，透過高深之學養，與嫻熟之文字技巧，安排布列成一幅又一幅豪華炫燦，聲色俱全，生動異常之瑰偉景象，用以詮解《老子》哲學中，道境之寬廣無際，道用功能之無所不在，無所不能。漢帝國與《淮南子》之閎闊大氣一覽無遺。

如此詮釋不論就表詮方式或思維形態而言，與《淮南子》主撰者劉安上通天文、下通地理、中通人事之淵博學養，其本人與賓客群寫賦高手之文學素養與習慣有密切關係。劉安學術群認爲，不透過顯實手法與實象概念，很難令漢代讀者進入老子之玄虛世界。問題就在，既然悉皆運用現象事物與概念詮解《老子》之哲學世界，其所呈現之《老子》哲學很難超越現象世界太遠，讀者之掌握理解，亦難以跳脫現象世界之外。

（四）博採以轉化

除以鋪衍手法顯實《老子》哲理之外，《淮南子》總承先秦諸子思想，下開漢代道家新風貌。司馬談〈論六家要旨〉說「道家」，「因陰陽之大順，採儒、墨之善，撮名、法之要，……與時變化，應物施事，無所不宜。」所言即是以《淮南子》爲代表之漢代道家新風貌。奉老莊清靜虛無，自然無爲爲基本原則，融合儒、墨、名、法各家之說，使由消極被動轉爲積極主動，尚玄崇虛轉爲務治重功，《老子》學說的「術」化主要透過如此的手法以完成。

《老子》說，萬物的生成是「自化」的，道對萬物「生而不有，爲而不恃，長而不宰」（51 章）。所謂「無爲」，是指「道」對一切存在無偏私、不控御、不主宰，任其依自己本然形態、方式與軌則發展，謂之「自然」。如此可以省卻無謂的紛繁與干擾，故曰「清靜」。《淮南子》遵循《老子》這些基本觀點，說：「天道無私就也，無私去也。」（〈覽冥〉）、「太上之道，生萬物而不有，成化象而弗宰。」（〈原道〉）遵循之外，《淮南子》亦擷採各家之說，作相當程度之轉化。

1、道與理、數、術

《老子》中，不論宇宙生化之母源、一切存在之律則，或玄學中之最高境界，統以「道」爲稱。《淮南子》則不同，它雖以「道」爲一切存在之母源、總則與至境，然論證道用，卻常轉化《老子》之「道」義，用以偏指事物各別存在之客觀規律與理據，或足以成就事物之一定手法與要領，稱爲「理」或「數」。換言之，《老子》只論「道」，《淮南子》卻由「道」中分出「理」與「數」，用以論證「道」對人世事物之運作。〈主術〉說，做事要「動靜循理」、「得其數」，不可以「拂道理之數」。〈原道〉說，要「循道理之數，因自然之性」，做事始能四兩撥千金，順遂而易成。〈詮言〉說，「勝在於數」，〈主術〉要人君懂得「執柄持術」以完成統御。明白這種「循理」、「得術」之理謂之知「術」。《淮南子》推闡「無爲」之篇章中，充滿對「循理」、「執術」與「周數」之推闡。

這種由「道」分生出理之狀況，較早《韓非子．解老》已存在。〈解老〉說：「道者，萬物之所然也，萬里之所稽也；理者，成物之文也。」「萬物各異理，而道盡稽萬物之理」，以「道」爲總理，「理」爲分「道」，爲道呈顯於物上之分律或質性。短長、大小、方圓、堅脆、輕重、白黑等質性都是物之「理」。然《淮南子》的「理」與「數」與〈解老〉有所不同，不只指事物固定之自然質性，更強調其爲該事物存在之核心根源與關鍵。它與「道」之關係不只是大小問題，而是更密切之本尊與分身關係，「理」與「數」是「道」在現象事物之落實與顯現，也是最精簡省力原則。掌握此「數」，無異掌握道要，行事可以精簡、省力，而高效不敗。相較之下，心機智巧成爲多餘。〈詮言〉說：「棄數而用才者必困。」

2、柔後因循、用弱而強

《老子》之應用哲學，以柔後之道最具代表性。《老子》以柔後爲應世久世長生之道，說「弱者道之用」（四十章）、「天下之至柔馳騁天下之至堅」（四十三章）、「守柔曰強」（五十二章）、「勇於不敢則活」（七十三章）。《淮南子》承繼此一觀點，並大加解證與推闡：

> 聖人不爲物先而常後之，期類若積薪樵，後者在上。（〈繆稱〉）

> 聖人守清道而抱雌節，……常後而不先，柔弱以靜，舒安以定，攻大摩堅，莫能與之爭。(〈原道〉)

〈原道〉並分析其因：

> 兵強則滅，木強則折，革固則裂，齒堅於舌而先之敝。……先者難爲知，而後者易爲攻也。先者上高，則後者攀之；先者踰下，則後者蹶之；先者隤陷，則後者以謀；先者敗績，則後者違之。由此觀之，先者則後者之弓矢質的也。猶錞之與刃，刃犯難而錞無患者，何也？以其託於後位也。(〈原道〉)

《淮南子》認爲：(1) 觀察自然事物與現象，柔弱者本較剛強者更具堅韌生命力。(2) 先者恆爲後者之試驗品與擋箭牌，後者可以拾取先者失敗之教訓，不再重蹈覆轍。或踩過先者步履，安然躍進。其旨基本上不出《老子》原意。

然《淮南子》意圖並不止此，《淮南子》要積弱而強，積柔以剛，轉柔弱爲剛強，透過柔弱手法與過程，去蔚爲強大，目的與手段之區隔非常清楚，它說：

> 得道者志弱而事強，心虛而應當。所謂志弱而事強者，柔毳安靜，藏於不敢，行於不能，恬然無慮，動不失時，與萬物回周旋轉，不爲先唱，感而應之。……行柔而剛，用弱而強，……而以少正多。所謂其事強者，遭變應卒，排患扞難，力無不勝，敵無不凌，應化揆時，莫能害之。是故欲剛者必以柔守之，欲強者必以弱保之。積於柔則剛，積於弱則強。(〈原道〉)

體道之人就心態言，須放得開，耐得住，無可無不可，不過度堅持，全然被動，靜觀其變，對所要處理之對象有充分理解，以待時機成熟。時機一旦成熟，因爲蓄積充足，觀察充分，故能瞬間出擊，準確不失，威力無窮。所謂「後」，不是遲緩，是暫時之忍耐與等待，等待最恰當之時間，以便準確出擊、恰當反應。先後不是問題，時間才是關鍵，該先該後，全以時間之準點爲考量。〈原道〉說：

> 所謂後者，非謂其底滯而不發，凝結而不流，貴其周於數而合於時也。夫執道理以耦變，先亦制後，後亦制先，……時難得而易失也。……非爭其先也，而爭其得時也。是故聖人守清道而抱雌節，因循應變，常後而不先。

《淮南子》作者，對「變」之重視大大強過其對先後問題之考量。時、變觀念之講求是《淮南子》與黃老之學對《老子》之學明顯之轉化。黃老之學道法結合，法家重時變，黃老亦重時變。《老子》曾說「與善時」，說「將欲歙之，必固張之；將欲弱之，必固強之；將欲廢之，必固興之；將欲奪之，必固與之。」（三十六章）告誡人，事物發展有一定過程，消亡前夕最耀眼，後續之黃老從中體悟出掌握事物之通則：明白須要耐心靜觀其變，始能準確掌握事物全貌，有效應對。《淮南子》詮解《老子》之柔後哲學，專門強化這一方面道理，教人因順外物，以理治外物。行柔之背後，含藏強烈致強動機。表面之柔後，其實是處心積慮欲致強大。《老子》柔後哲學戒忌逞強爭勝之初衷，至此消失殆盡。《淮南子》並不絕對堅持「柔後」，同時強調「因循」，因循事物本然之理，或自然之性。本然之理或自然之性原爲該事物所以存在之核心依據。能依順此性、此理去應對事物，可以不扞格而順入，精簡省事而易成。《淮南子》以「因循」詮釋《老子》之「無爲」。

〈主術〉說：「主道圓者，虛無因循，常後而不先。」「因循」是被動順物以爲，「應而不倡」，俾能透視事物全貌，準確拿捏其核心。〈原道〉說：「九疑之南，陸事寡而水事眾，於是民人被被髮文身，以像鱗蟲；短綣不袴，以便涉游；短袂攘卷，以便刺舟，因之也。」能妥善適應外務、外境，與之取得協調，即是「因循」。不論應而不倡，抑或順應外物、外境，基本上都需去除己見，不主觀，不專斷，一依事物客觀之理運作。去己去智，乘眾智，用眾力亦是「因循」。「因循」之理是《淮南子》無爲論之主要精神，〈脩務〉不僅以「因」界定「無爲」，且藉說無爲爲「循理而舉事，因資而立功」，舉凡天下事功無不假「因」術以成功。〈詮言〉說，「三代所道」是「因」，〈齊俗〉說先王之法籍有所「因」，湯武取天下是「因民之欲」，大禹治水成功是「因水之流」（〈泰族〉）。總結這一切，〈原道〉說：

> 天下之事不可爲也，因其自然而推之。

「因」之哲學根源其實可上溯至《老子》「和光同塵」之「玄同」（五十六章）。唯《老子》之「玄同」要在避免突露出眾，《淮南子》則推闡其爲一種高效之治事術，其轉折始於黃老。從《管子》四篇之「靜因」君術、《愼子》「因則大，化則細」之因循說，《韓非子》「守成理，因自然」（〈大體〉）之虛靜刑名術，《淮南子》之因循術，承襲了諸多黃老理論對老子之轉化，代表前此黃老因術之成熟展現，亦漢代因循術之理論呈現。

3、有為無為與去智勸學

《老子》主「無爲」,《淮南子》也崇「無爲」。《老子》之「無爲」欲脫盡一切造作，回還事物清純素樸之本貌，不要事功，也去除名累。《淮南子》崇「無爲」則欲提煉四兩撥千金之精簡省力原則，以便建立事功。〈脩務〉開宗明義清楚界定其建構於事功上之「無爲」。謂「無爲」非「寂然無聲，漠然不動，引之不來，推之不往」，無動作，無思維。而是「循理而舉事，因資而立功，推自然之勢，而曲故不得容。」「無爲」是因循自然條件以處理事物，建立事功。而不依個人有限智巧妄自造作。有爲、無爲之差別，不在「爲」與「不爲」，而是如何「爲」。是逞任己智去「爲」？抑或因循事物自然之理以「爲」？但能因順自然以「爲」，充分尊重客觀事物之理以處理事物，便是「無爲」。因順自然是《淮南子》多方轉化《老子》學說始終之堅持。但能尊重自然，切合自然，充分利用自然條件，便非「有爲」，而是「無爲」。

如此定義「無爲」,《老子》原本反智之「無爲」觀點，因不能不轉化。《老子》原本反智而非學，說「智慧出，有大僞」(十八章),「爲學日益，爲道日損，損之又損，以至於無爲」(四十八章)，唯有透過「損」之工夫，始能「無爲」而契道。學習與「無爲」背道而馳。《淮南子》吸收了儒家勸學觀點，以學習爲因順個人先天自然資質以求發展，因循自然條件、充分利用自然條件，是「因資而立功」，仍是「無爲」，非「有爲」。學習因此被納入「無爲」領域之中。《老子》之「無爲」反智而非學，《淮南子》之「無爲」雖反智卻勸學。關鍵在其道事並重，講求事功。《淮南子》認爲大時代，欲建立事功，光憑有限先天資質是不足以成大事，須賴後天順次開發。《脩務》因此全篇勸人努力學習，及時黽勉事功。對人事經營之堅持，導致《淮南子》與《老子》途轍殊分。

4、氣化宇宙與精氣養生

《老子》多論本體，少言創生，《淮南子》則因承戰國以來，稷下黃老氣化論，以「氣」釋「道」、代「道」，大論創生，奠定漢代氣化宇宙論之典型，也開啓漢代精氣養生說之濫觴。

今本《老子》相關於創生者僅一命題：「道生一，一生二，二生三，三生萬物，萬物負陰而抱陽，沖氣以爲和。」《老子》並未明言「氣」爲生之元，後代道家言創生，則大致圍繞此一命題推闡，卻以「氣」取代「道」以詮釋、推闡。〈俶眞〉、〈天文〉、〈精神〉各篇以「元氣」論述宇宙創生，〈天文〉說：

> 天地未形，馮馮翼翼，洞洞灟灟，故曰太始。太始生虛霩，〔註 5〕虛霩生宇宙，宇宙生元氣，元氣有涯垠，清陽者薄靡而爲天，重濁者凝滯而爲地。清妙之合專易，重濁之凝竭難，故天先成而地後定。天地之襲精爲陰陽，陰陽之專精爲四時，四時之散精爲萬物。
>
> 古未有天地之時，惟像無形，窈窈冥冥，芒芠漠閔，澒濛鴻洞，莫知其門。有二神混生，經天營地，孔乎莫知其所終極，滔乎莫知其所止息，於是乃別爲陰陽，離爲八極，剛柔相成，萬物乃形，煩氣爲蟲，精氣爲人。(〈精神〉)

綜合兩段鋪敘，得其一創生定式：

```
                         ↗清妙－天－陽(剛)↘   ↗蟲(繁氣所生)
太始－虛霩－宇宙－元氣四時－萬物                ——
                         ↘重濁－地－陰（柔）↗ ↘人（精氣所生）
```

此非特爲《淮南子》之宇宙創生模式，亦此後中國思想史上詮釋宇宙創生之基本模式，此後《易緯・乾鑿度》中太易、太初、太始、太素之氣化創生系列，乃至張衡〈靈憲〉、《廣雅・釋天》、今本《列子・天瑞》之創生系列，基本上不出此一模式。〈俶眞〉假借《莊子・齊物論》「有始也者，有未始有始也者……」三句與「有有也者，有無也者，有未始有有無也者……」四句，作爲宇宙創生之七大階段，以「氣」爲基元，逐一塡實其內容，構成其氤氳迷濛之始源世界〔註 6〕。

類此以氣說「道」，以「氣」爲生化基元之觀點與說法，較早見於載述黃

〔註 5〕上兩句本作「故曰太昭，道始於虛霩」，茲依王念孫改此，說見劉文典：《淮南鴻列集解》，卷 79〈天文〉，頁 79 當向下引。

〔註 6〕〈俶眞〉說：「所謂有始者，繁憤未發，萌兆牙糵，未有形埒垠堮，無無蝡蝡，將欲生興而未成物類。有未始有有始者：天氣始下，地氣始上，陰陽錯合，相與優游競暢于宇宙之間，被德含和，繽紛蘢蓯，欲與物接而未成兆朕。有未始有夫未始有有始者：天含和而未降，地懷氣而未揚，虛無寂寞，蕭條霄霓，無有仿佛，氣遂而大通冥冥者也。有有者，言萬物摻落，根莖枝葉，青蔥苓蘢，萑蔰炫煌，蠉飛蝡動，蚑行噲息，可切尋把握而有數量。有無者：視之不見其形，聽之不聞其聲，捫之不可得也，望之不可極也，儲與扈冶，浩浩瀚瀚，不可隱儀揆度而通光耀者。有未始有有無者：包裹天地，陶冶萬物，大通混冥，深閎廣大，不可爲外，析豪剖芒，不可爲內，無環堵之宇，而生有無之根。有未始有夫未始有有無者，天地未剖，陰陽未判，四時未分，萬物未生，汪然平靜，寂然清澄，莫見其形，若光燿之間於無有，退而自失也。」

老理論之《管子・內業》等四篇與《呂氏春秋・圜道》。〈內業〉說：「道者所以充形」，〈心術下〉說：「氣者，身之充。」道即是氣。又說：

> 氣，物之精，〔註 7〕此則爲生，下生五穀，上爲列星。流於天地之間，謂之鬼神；藏於胸中，謂之聖人。……皋乎如登於天，杳乎入於淵，淖乎如在於海，……。

「氣」一如「道」，無形迹而遍在，爲一切生命之基元。《淮南子》因承其觀點，借用〈齊物論〉「有始也者……」等七句論述爲創生間架，構築其如上述完整之氣化宇宙系列。

人與萬物既由「氣」（或「元氣」）所創生，其修治與調養，自當由「氣」入手。繼氣化宇宙論之後，《淮南子》因推衍精、氣、神三位一體之養生說。

> 形者生之舍也，氣者生之充也，神者生之制也，一失位則三者傷矣。……聖人將養其神，何弱其氣，平夷其形。（〈原道〉）

> 精泄於目，則其視明；在於耳，則其聽聰；留於口，則其言當；集於心，則其慮通。（〈本經〉）

《老子》論養生，貴神賤形、養神遺形。然而，因隨「氣」化觀念之流行，「形」之安置與形、神關係逐漸受重視，形、神既皆因「氣」化而來，形神兼養之觀念逐漸取代養神遺形之觀點。司馬談〈論六家要旨〉說：「不先治其形而曰我有以治天下，何由哉？」代表此類觀念之凸顯。《淮南子》形、氣、神三位一體，並治交養一系理論，則代表此類觀念之理論實踐。

5、氣類感通、精誠相動

或秦漢以下所流行天人相應說之影響，《老子》原本認爲，透過致虛守靜工夫，可以澄明心神，使虛靈不昧，便能上臻道境，觀照外物，無不洞澈。《淮南子》則因「氣」在某類論題中等同於「道」，因用「氣」去詮釋《老子》此一觀念，認爲但須通過虛靜工夫，使心神凝聚，生命便能復返本初狀態。人之生命既是「氣」之化生，其本初狀態便是「氣」，宇宙間一切存在之本初狀態皆是「氣」，則透過此「氣」，人與一切存在，或一切存在彼此之間，皆可交流溝通、感應無礙，此之謂氣類感通、天人感應說。〈泰族〉說：

> 天之與人有以相通也……萬物有以相連，精祲有以相蕩也。

> 精誠感於內，形氣動於天，則景星見，黃龍下，祥鳳至，醴泉出，

〔註 7〕此句本作「凡物之精」，義不可解。茲依張舜徽校改，說見氏著：《周秦道論發微》（臺北：木鐸出版社，1983 年），頁 278～279。

嘉穀生，河不滿溢，海不溶波。

此之謂「氣類相動」。其在於人者，則曰「精誠感通」。《淮南子》推闡「精誠感通」原以勸誡人君，施政應妥善運用此種以生命本態感通相應之道理，「懷天氣，抱天心，執中含和」，與全民相應、相動，便能達到圓滿之施政效果——「不下廟堂而衍四海，變習易俗，民化而遷善，若性諸己」。《淮南子》以此詮釋《老子》之「無為而治」。然其結合《呂氏春秋》〈應同〉、〈精通〉、〈召類〉一系，類似共鳴之感應原理以詮釋，〈精神〉、〈覽冥〉各篇，因此充滿類似之推闡。從物類之磁石相引，至天人之相應感通，靈妙萬分。〈覽冥〉說，任何人一旦「專精厲意，委務積神」，便可以「上通九天，激厲至精。」任何人若能「全性保眞，不虧其身」，遭急迫難時，便能「精通於天」。聖人在位，若能「懷道不言」，便能「澤及萬民」，此係「神氣相應徵」。終於引出祥瑞、災異等神學宗教說，離《老子》益遠，而合同於董仲舒天人災異一系之說。

從「道」之「氣」化至精氣養生、精誠相動，《老子》唯心之道論先被轉化為唯物氣化論與精氣說，終而合同於董仲舒一系唯心神學。

三、結　論

漢代各家解老著作中，《淮南子》最為精彩豐富而有深度。劉安及其賓客一方面深入了解《老子》思想之核心要義，又能配合時代需求，依其南方楚地特有風格，轉化《老子》的原意，作創造性詮釋。將《老子》學說轉向應用與事功一途去推衍，運用類似騷賦之鋪衍手法，以顯實《老子》哲學之玄虛理境，使便於理解與掌握。又運用其高深的學養，總承前此先秦諸子乃至秦代《呂氏春秋》之思想精華，做有機之整合與提煉，用以創造性地詮釋《老子》學說。經其詮釋，《老子》「道」一方面是創生基元之「氣」或「元氣」，可以清楚解釋宇宙之創生與形神生命根源，以方便其詮釋一切存在之來歷，教人如何安養形神生命；另一方面「道」又分生出「理」，亦可以轉化為「數」或「術」，以方便人世事物之解說與操作。《老子》之「自然無為」為其不變之堅持，然而，由於強化建立事功之需求下，「無為」成為不逞能用智，一依自然條件或事物客觀之理去理事應世。「柔後」亦被轉化成「因循」，「無為」含藏一定之有為動機，成為靜觀其變之期待與忍耐。反智與勸學在《老子》原本相牴觸的，在《淮南子》，「無為」被界定為「因資以立功」，「學習」成為因順自然條件求發展，並不違反「無為」原則，反智與勸學到此統一並存，

「無爲」成爲特定意義之有爲，《老子》哲學中許多禁忌，與治世應用上較難跨越之不適應性，《淮南子》一體打破。班固說雜家，「兼儒墨、合名法，知國體之有此，見王治之無不貫」，正是《淮南子》哲學之寫照。唯創意太甚，或不能無後遺。《老子》虛無靈妙之玄思在劉安及其賓客道事並重、崇功尚用之撰作宗旨下，不能毫髮無傷。其氣化思維的政治推衍，也讓這一原本帶著相當物理性思維的氣化觀念沾染了宗教神學的神秘氣味。

參考書目

一、《淮南子》版本及早期研究

（一）考　據

1. 〔漢〕高誘注《淮南子》二十一卷，諸子集成據莊逵吉本排印，台北市：世界書局，1955 年。
2. 〔漢〕許愼《淮南鴻烈解》二十八卷，四部叢刊景寫宋本，台北市：藝文印書館，1957 年。
3. 〔明〕茅坤、茅一桂《殊評淮南鴻烈解》二十一卷，烏程閔氏印本，台北市：鼎文書局，1979 年。
4. 〔明〕張烒如《集評淮南鴻烈解》二十一卷，崇禎武林張氏印本，北京市：北京出版社，2000 年。
5. 〔清〕傅山《淮南子存雋》（在霜紅龕集內）一卷，漢華景山楊丁氏刊本，上海市：上海古籍出版社，2002 年。
6. 〔清〕劉台拱《淮南子補校》一卷，廣雅叢書本，台北市：藝文印書館，1970 年。
7. 〔清〕姚範《淮南子筆記》（在援鶉堂筆記內），廣文筆記四編本，台北市：廣文書局，1971 年。
8. 〔清〕王鳴盛《淮南子》（在蛾術編內），廣文筆記三編本，台北市：信誼書局，1976 年。
9. 〔清〕王念孫《淮南內篇雜誌》二十一卷，補遺一卷（在讀書雜誌內），金陵書局本，台北市：世界書局，1972 年。
10. 〔清〕蔣超伯《讀淮南子》（在南滑楛語內），廣文筆記三編本，台北市：廣文書局，1970 年。

11. 〔清〕曾國藩《讀淮南子錄》（在求闕齋讀書錄內），廣文筆記叢編本，台北市：廣文書局，1969年。
12. 〔清〕俞樾《淮南內篇平議》（在諸子平議內），湖海樓雕本，台北市：臺灣商務印書館，1968年。
13. 〔清〕吳汝綸《淮南子點勘》二十卷，（在相城吳先生群書點勘內），蓮池書社印本，台北市：蓮池書社，1921年。
14. 〔清〕陶方琦《淮南許注異同詁》四卷，補遺一卷續補一卷，文海景光緒勘本，台北：文海出版社，1967年。
15. 劉家立《淮南子集證》二十一卷，中華書局擺印本，北京：中華書局，1924年。（原名《淮南內篇集證》）
16. 劉盼遂《淮南許注漢語疏》，《國學論叢》一卷一號，頁119～122，1927年6月。
17. 張之純《評註淮南子》（在評註諸子精華錄內），上海：商務印書館，1933年再版。
18. 沈雁冰選註《淮南子》，上海：商務印書館，1933年1版。
19. 楊樹達《淮南子證聞》，北京：中國科學院，1953年9月。
20. 麥文郁《淮南子引用先秦諸子考》，臺灣大學中文研究所碩士論文，1960年，王淑岷指導。
21. 王淑岷《淮南子斠證、補遺、續補》（收入《諸子斠證》，頁327～494），台北：世界書局，1964年4月。
22. 劉文典《淮南鴻烈集解》二十一卷，台北：臺灣商務印書館，1968年3月。（國學基本叢書四百種）
23. 鄭良樹《淮南子斠理》七卷附錄三卷，台北：嘉新水泥公司文化基金會，1969年6月。
24. 葉德輝《淮南鴻烈閒詁》二卷，郋園全書本，台北市：藝文印書館，1970年。
25. 陶鴻慶《讀淮南子札記》二卷，台北：藝文印書館，1970年2月再版。
26. 于省吾《淮南子新證》四卷，藝文印書館景原本，台北：藝文印書館，1970年2月再版。
27. 阮廷焯《論淮南子與先秦諸子佚書之關係》，饒宗頤教授南遊贈別論文集，頁67～88，1970年3月。
28. 于師長卿《淮南校釋》，臺灣師範大學國文研究所暨國家文學博士論文，1970年7月。
29. 于師長卿《淮南論文三種》，文史哲出版社擺印本，台北：文史哲出版社，1975年7月。

30. 楊樹達《讀劉文典君淮南鴻烈集解》(收入于大成主編《淮南子論文集》，頁 133～145)，台北：文光出版社，1975 年 12 月。

31. 王淑岷《淮南子與莊子》(收入于大成主編《淮南子論文集》，頁 27～40)，台北：文光出版社，1975 年 12 月。

32. 張嚴《淮南子紬義》，成功大學攊印本，台北市：成功大學，1977 年。

33. 吳承仕《淮南舊注校理》三卷，北京：中國書店，2008 年。

34. 郭翠軒《淮南子注本考略》(收入于大成主編《淮南子論文集》，頁 125～129)，台北：文光出版社，1975 年 12 月。

35. 方光〈淮南子要略篇釋〉，《國學別錄》，頁 18～31，1928 年。

36. 金其源〈讀淮南子管見〉在《讀書管見》內一卷，世界書局攊印本，台北：世界書局，1963 年。

37 劉殿爵〈讀淮南鴻烈解札記〉，香港聯合書院學報六期，頁 139～188，1968 年 6 月。

38 于師長卿〈淮南校釋提要〉，《木鐸》一期，頁 30～31，1972 年 9 月。

39 于師長卿〈淮南子解題〉(收入于大成《理選樓論學稿》，頁 223～251)，台北：台灣學生書局，1979 年 6 月。

40 于師長卿〈劉績本淮南子出餘藏考本〉(收入于大成《理選樓論學稿》，頁 253～296)，台北：台灣學生書局，1979 年 6 月。

41 于師長卿〈六十年來之淮南子學〉(收入于大成《理選樓論學稿》，頁 297～340)，台北：台灣學生書局，1979 年 6 月。

(二) 思　想

1. 姚璋〈淮南王書中的哲理〉(上)，《光華大學半月刊》第四卷一～二期(合刊)，頁 41～73，1935 年 10 月 10 日。

2. 姚璋〈淮南王書中的哲理〉(下)，《光華大學半月刊》第四卷三期，頁 53～60，1935 年 11 月 10 日。

3. 韓𤒹〈淮南子的政治思想〉，《反攻》第八 0 期，頁 4～8，1953 年 3 月。

4. 宋東潤〈淮南王安及其作品——楚辭探故之三〉，收入在作家出版社編輯部《楚辭研究論文集》，頁 372～382，北京：作家出版社，1957 年。

5. 吳怡〈先秦諸子與淮南子的無爲思想〉，《建設》第九卷第六期，頁 20～22，1960 年 11 月。

6. 鄭良樹〈淮南子通論〉，台北：台大海洋詩社，1963 年。

7. 胡適〈淮南王書〉(中古思想史長編　第五章)，台北：臺灣商務印書館，1965 年 1 月。

8. 鄭良樹〈淮南子對儒家的批評〉，《孔孟月刊》第六卷第四期，頁 10～12，

1967 年 2 月。

9. 葉芝生〈論爾雅、史記、淮南子之歲陽歲陰〉,《大陸雜誌》第二十三卷第十二期，頁 26 轉頁 30，1967 年 7 月。
10. 王雲五〈劉安政治思想〉,《東方雜誌》第二卷第五期，頁 22～30，1968 年 11 月。
11. 鄭良樹〈劉安與淮南子〉(上),《書和人》第 101 期，頁 730～880，1969 年 1 月 11 日。
12. 鄭良樹〈劉安與淮南子〉(下),《書和人》第 102 期，頁 801～808，1969 年 1 月 15 日。
13. 周世輔〈論淮南子揚雄的哲學思想〉,《革命思想》第二九卷第四期，頁 26～28，1970 年 10 月。
14. 周弘然〈淮南子的綜合思想〉,《幼獅學誌》第九卷第四期，頁 1～52，1970 年 12 月。
15. 賀凌虛〈淮南子的政道與治術〉,《思與言》第九卷第一期，頁 32～42，1971 年 5 月。
16. 方師祖燊〈淮南子與其作者〉,《中央月刊》第五卷第十期，頁 141～147，1973 年 8 月。
17. 徐復觀〈淮南子與劉安的時代〉,《大陸雜誌》第四七卷第六期，頁 1～42，1973 年 12 月。
18. 戴君仁〈雜家與淮南子〉(收入于大成主編《淮南子論文集》，頁 1～26)，台北：文光出版社，1975 年 12 月。
19. 朱錦江〈老子與淮南子〉(收入于大成主編《淮南子論文集》，頁 1～26)，台北：文光出版社，1975 年 12 月。
20. 管道中〈淮南子書中修養要旨〉,(收入于大成主編《淮南子論文集》，頁 31～36)，台北：文光出版社，1975 年 12 月。
21. 楊沒累〈淮南子的樂律學〉,(收入于大成主編《淮南子論文集》，頁 37～38)，台北：文光出版社，1975 年 12 月。
22. 周駿富〈淮南子與莊子的關係〉(收入于大成主編《淮南子論文集》，頁 27～30)，台北：文光出版社，1975 年 12 月。
23. 張季同〈胡適的新書——淮南王書〉(收入于大成主編《淮南子論文集》，頁 143)，台北：文光出版社，1975 年 12 月。
24. 鄭良樹〈屈賦與淮南子〉,《大陸雜誌》第五二卷第六期，頁 33～36，1976 年 6 月。
25. 蘇瑩輝〈劉安「敘雜騷傳」新解〉,《木鐸》五、六期合刊，頁 17～26，1977 年 3 月。

26. 安樂哲〈淮南子主術中法的概念〉,《大陸雜誌》第六一卷第四期,頁 1～9,1980 年 10 月。
27. 謝天佑、王家範合撰〈評淮南子的無爲思想〉,《中華文史論叢》第一期總十七號,頁 231～254,上海:上海古籍出版社,1981 年 2 月。
28. 于師長卿〈淮南子的文學價值〉(收入《中國文學講話(一)概說之部》,頁 319～336),台北:巨流出版社,1982 年 12 月。

(三)淮南萬畢術

1. 黃奭輯《淮南萬畢術》一卷,黃氏逸書考本,清道光中甘泉黃氏刊光緒 19 年(1893)印本。
2. 孫馮翼輯《淮南萬畢術》一卷,問經堂叢書本,台北市:商務印書館,1968 年。
3. 茆泮林輯《淮南萬畢術》一卷、補遺一卷、補遺再一卷,十種古逸書本,台北市:藝文印書館,1968 年。
4. 葉德輝輯《淮南萬畢術》二卷,郋園全書本,台北市:藝文印書館,1970 年。
5.《淮南萬畢術》一卷(在《說郛》內),商務擺印本,台北市:商務印書館,1972 年。

二、經史子相關研究

1.〔漢〕鄭玄注〔唐〕賈公彥疏《周禮注疏》,藝文印書館景阮刻本,1960 年。
2.〔唐〕孔穎達《禮記正義》,藝文印書館景阮刻本,1967 年。
3.〔唐〕孔穎達《左傳正義》,藝文印書館景阮刻本,1981 年。
4. 劉師正浩《兩漢諸子述左傳考》,商務人人文章本,1968 年。
5.〔吳〕韋昭注《國語》,藝文印書館景讀未見齋重雕天聖明道本,1959 年。
6.〔宋〕朱熹《四書集註》,世界書局本,1952 年。
7.〔清〕王念孫《廣雅疏證》,鼎文書局景畿輔叢書本,1972 年。
8.〔清〕錢繹《方言箋疏》,文海出版社景積學齋刊本,1967 年。
9.「第三屆《淮南子》全國學術研討會」論文,淮南:安徽省,《淮南子》研究會,2008 年 9 月 16～17 日。楊樹達《增訂積微居小學金石論叢》,台北市:大通書局,1971 年。
10. 董同龢《董同龢先生語言學論文選集》,台北市:食貨出版社,1974 年。
11.〔漢〕司馬遷著〔宋〕裴駰集解〔唐〕司馬貞索隱〔唐〕張守節正義《史

記》，藝文印書館景乾隆武英殿刊本，1961 年。
12. 〔清〕王先謙《漢書補注》，藝文印書館景盧受堂本，1971 年。
13. 〔清〕紀昀《四庫全書總目》，商務印書館。1974 年。
14. 王仁祿《今傳西漢諸子遺籍考》，師大國文研究所集刊十二號，1968 年。
15. 〔日〕箭内亙編著、〔日〕和田清增補《中國歷史地圖》，台北市：三人行出版社編譯，1973 年。
16. 〔宋〕高似孫《子略》，台北市：廣文書局，1983 年。
17. 李源澄《諸子概論》，上海市：開明書店，1936 年初版。
18. 蔣伯潛《諸子通考》，台北市：正中書局，1954 年初版。
19. 嵇哲《先秦諸子學》，台北市：樂天出版社。1970 年。
20. 羅焌《諸子學述》，台北市：河洛圖書出版社，1974 年。
21. 孫德謙《諸子通考》，台北市：廣文書局，1975 年。
22. 梁啓超《諸子考釋》，台北市：臺灣中華書局，1976 年。
23. 呂思勉《經子解題》，台北市：河洛圖書公司，1978 年。
24. 尹桐陽《諸子論略》，台北市：廣文書局，1978 年。
25. 姚永樸《諸子考略》，台北市：廣文書局，1978 年。
26. 陳柱《諸子概論》，上海市：商務印書館，1983 年。
27. 〔清〕王先謙《荀子集解》，台北市：藝文印書館，2000 年。
28. 〔周〕孫武《孫子》，武經七書本。台北縣永和鎮：藝文出版社，1965 年。
29. 吳常熙《孫子精義》，台北市：幼獅文化事業公司，1970 年。
30. 李浴日《孫子兵法之綜合研究》，台北市：河洛圖書公司，1975 年。
31. 徐文助《孫子研究》，台北市：廣東出版社，1980 年。
32. 舊題〔周〕吳起《吳子》，武經七書本。台北縣永和鎮：藝文出版社，1965 年。
33. 舊題〔齊〕司馬穰苴《司馬法》，武經七書本。台北縣永和鎮：藝文出版社，1965 年。
34. 舊題〔周〕呂望《六韜》，武經七書本。台北縣永和鎮：藝文出版社，1965 年。
35. 周鳳武《六韜研究》，台大中研所六七年博士論文，台北市：台灣大學，1978 年。
36. 〔周〕尉繚《尉繚子》，武經七書本。台北縣永和鎮：藝文出版社，1965 年。
37. 陳奇猷《韓非子集釋》，台北市：河洛圖書公司，1974 年。

38. 朱師轍《商君書解詁定本》，台北市：河洛圖書公司，1975 年。
39. 張素貞《韓非子喻老篇析論》，台北市：巨人出版社，1975 年。
40.〔日〕安井衡《管子纂詁》，台北市：河洛圖書公司，1976 年。
41. 婁良樂《管子評議》，台北市：嘉新水泥公司文化基金會，1977 年。
42.〔周〕愼到《愼子》一卷，中華四部備要景守山閣叢書本。
43. 王夢鷗《鄒衍遺説考》，台北市：商務印書館，1966 年。
44. 衛挺生《鄒衍子今考》，台北市：華岡出版社，1974 年。
45.〔清〕孫詒讓《墨子閒詁》，台北市：河洛圖書公司，1931 年。
46. 黃暉《論衡校釋》，台北市：商務印書館，1965 年。
47. 呂九瑞《呂氏春秋思想理論》，台北市：中華叢書編審委員會，1971 年。
48. 許維遹《呂氏春秋集釋》，台北市：鼎文書局，1977 年。
49. 傅武光《呂氏春秋與諸子之關係》，師大國研所七一年博士論文。1982 年。
50.〔隋〕虞世南《北堂書鈔》，台北市：新興書局，1971 年。
51.〔唐〕歐陽詢《藝文類聚》，台北市：新興書局景宋刻本，1960 年。
52.〔唐〕徐堅《初學記》，北京市：中華書局擺印本，1962 年。
53.〔宋〕吳淑《事類賦》，台北市：新興書局景明刻本，1970 年。
54.〔宋〕李昉《太平御覽》，台北市：新興書局景宋刻本，1959 年。
55.〔宋〕高承《事物紀原》，台北市：新興書局景明刻本，1969 年。
56.〔明〕陳耀文《天中記》，台北市：文源書局 1964 年。
57.《山海經》，四部叢刊初編景明成化刊本。
58. 舊題〔漢〕劉歆《西京雜記》，藝苑捃華本。
59.〔晉〕干寶《搜神記》，藝苑捃華本。
60.〔晉〕張華《博物志》，叢書集成簡編本。
61.〔宋〕李昉《太平廣記》，台北：新興書局景明黃曉峯本文，1958 年。
62.〔唐〕釋道世《法苑珠林》，四部叢刊初編景明萬曆刊本。
63.〔魏〕王弼《老子注》，台北市：河洛圖書公司，1974 年。
64. 張默生《老子章句新釋》，台北市：樂天出版社，1971 年。
65.〔清〕郭慶藩《莊子集釋》，台北市：河洛圖書公司，1978 年。
66. 張默生《莊子新釋》，台北市：綠洲出版社，1969 年。
67. 黃錦鋐《莊子及其文學》，台北市：東大圖書公司，1977 年。
68.〔晉〕葛洪《抱朴子》，四部叢刊初編景明魯藩刊本。
69.〔晉〕葛洪《神仙傳》，藝苑捃華本。

70. 周弘然《道家論眞及其影響》，中華三卷一期。
71. 〔宋〕洪興祖《楚辭補注》，藝文景惜陰軒本，台北市：藝文印書館，1967年。
72. 游國恩《楚辭概論》，台北市：九思出版社，1978年。
73. 〔宋〕王安石《臨川文集》，四部叢刊初編景明刊本。
74. 〔唐〕李善注《文選》，藝文景胡刻本。
75. 〔宋〕章樵注《古文苑》，四部叢刊初編景印宋本。
76. 范文瀾《文心雕龍注》，上海：開明書局擺印本，1936年。

三、中國哲學思想研究

1. 馮友蘭《中國哲學史》，上海市：商務印書館，1931年。
2. 蔣維喬、楊大膺《中國哲學史綱要》，上海市：中華書局，1935年。
3. 楊幼炯《中國政治思想史》，台北市：商務印書館，1937年。
4. 范壽康《中國哲學史通論》，上海：開明書局，1946年。
5. 趙紀彬《中國哲學思想》，上海市：中華書局，1948年。
6. 彭國棟《中國思想史綱》，台北市：中央文物供應社，1954年。
7. 蕭公權《中國政治思想史》，台北市：中華文化出版事務有限公司，1954年。
8. 宇野哲人著、王璧如譯《中國哲學概論》，台北市：正中書局，1959年。
9. 曾繁康《中國政治思想史》，台北市：大中國圖書公司，1959年。
10. 錢穆《中國思想史》，香港：新亞書局，1962年。
11. 謝無量《中國哲學史》，台北市：臺灣中華書局，1967年。
12. 鍾泰《中國哲學史》，台北市：臺灣商務印書館，1967年。
13. 范壽康《中國哲學史綱要》，台北市：開明書局，1967年。
14. 韋政通《中國哲學思想批判》，台北市：水牛出版社，1968年。
15. 汪大華、萬世章《中國政治思想史》，台北市：帕米爾書店，1968年。
16. 唐君毅《中國哲學原論原道篇》，香港：新亞研究所，1968年。
17. 唐君毅《中國哲學原論原性篇》，香港：新亞研究所，1968年。
18. 唐君毅《中國哲學原論原教篇》，香港：新亞研究所，1968年。
19. 宇同《中國哲學問題史》，香港：龍門書店，1968年。
20. 狩野直喜《中國哲學史》，東京市：岩波書店，1968年。
21. 勞思光《中國哲學史》，香港：崇基書局，1968～1971年。
22. 胡適《中國中古思想小史》，台北市：胡適紀念館，1969年。

23. 蕭國鈞《中國思想論集》，香港九龍：廣華書局，1969 年。
24. 黃公偉《中國哲學史》，台北市：帕米爾書店，1971 年。
25. 林師耀曾《中國哲學論叢一》，台北市：學海出版社，1976 年。
26. 項維新、劉福增主編《中國哲學思想論集》，台北市：牧童出版社，1976 年。
27. 宇野精一，井茂松等譯《中國思想之研究》，台北市：幼獅文化事業公司，1977 年。
28. 馮芝生等編《中國哲學史資料選輯》，台北市：九思出版社，1978 年。
29. 羅光《中國哲學史》，台北市：學生書局，1978 年。
30. 褚伯思《中國哲學史本義》，台北市：黎明文化圖書公司，1978 年。
31. 林夏《中國思想史》，台北市：中華書局，1979 年。
32. 金公亮《中國哲學史》，台北市：正中書局，1979 年。
33. 馮友蘭《中國哲學史新編》，北京市：人民出版社，1982 年。
34. 姚舜欽《秦漢哲學史》，台北市：臺灣商務印書館，1936 年初版。
35. 葉雅宜《秦漢之際學術思想之變轉》，香港大學中文學會 1957～1958 年會刊，第 2 期，頁 30～35，1957 年。
36. 劉師培《兩漢學術發微論》，北京：國民出版社，1959 年。
37. 韓復智《兩漢的經濟思想》，台北市：中國學術著作獎助委員會，1969 年。
38. 胡適《中國中古思想史長編》，台北市：胡江冬秀印行、中央研究院胡適紀念館出版，1971 年。
39. 周紹賢《兩漢哲學》，台北：文景出版社，1972 年。
40. 顧頡剛《漢代學術史略》，台北市：啓業書局，1972 年。
41. 徐復觀《兩漢思想史》，台北市：學生書局，1976 年。
42. 黃錦鋐《秦漢思想研究》，台北市：學海出版社，1979 年。

四、近三十年《淮南子》研究

（一）考　據

1. 何寧《淮南子集釋》北京：中華書局，1998 年 10 月（新編諸子集成一），1553 頁。
2. 王繼如《淮南子譯注》臺北：建安書局，1998 年 11 月，823 頁。
3. 許匡一《淮南子》臺北：臺灣古籍出版社，2000 年 4 月（中國古籍大觀子部之書），1513 頁。

4. 劉康德《淮南子直解》上海：復旦大學出版社，2001 年 9 月，1225 頁。
5. 吳連城〈《淮南子評注》釋文〉吳連城：傅山《荀子》、《淮南子》評注手稿，上海：上海古籍出版社，1990 年 10 月，頁 273～389。
6. 王寧〈評析白話本《呂氏春秋》與《淮南子》〉王寧：評析白話本《呂氏春秋》·《淮南子》，北京：廣播學院出版社，1992 年 2 月，頁 305～637。
7. 傅亞庶〈《淮南子・脩務篇》「賞有功」辨正〉詁及整理研究學刊，1994 年第 5 期，1994 年 9 月，頁 42～43。
8. 何志華〈《淮南子》、《呂氏春秋》、《戰國策》參書高注互異集證〉人文中國學報，第 2 期，1996 年 1 月，頁 257～286。
9. 許學東〈淮南子校刊一則〉重慶師院學報（哲社版），第 3 期（總 67 期），1996 年 9 月，頁 24。
10. 劉殿爵〈《淮南子・俶眞》韻讀〉人文中國學報，第 3 期，1996 年 12 月，頁 19～46。
11. 劉殿爵〈論《淮南子・主術》之錯簡〉中國文化研究所學報，第 6 期，1997 年，頁 395～403。
12. 劉殿爵〈《淮南子》〈繆稱〉、〈齊俗〉韻讀〉人文中國學報，第 4 期，1997 年 7 月，頁 61～146。
13. 曾達輝〈重探《淮南子》的流衍史——評羅斯著《淮南子的版本史》〉中國書目季刊，第 31 卷，第 2 期，1997 年 9 月，頁 65～77。
14. 張豊乾〈試論竹簡《文子》與今本《文子》的關係——兼爲《淮南子》正名〉中國社會科學，第 2 期（總 110 期），1998 年 3 月，頁 117～126。
15. 何志華〈《淮南子》高誘注校釋〉中國文化研究所學報，新第 7 期，1998 年，頁 181～208。
16. 何志華〈「呂氏春秋」與竹簡本、傳世本「文子」相合書證疑義：再論「淮南」、「文子」兩書因襲關係〉，中國文化研究所學報，第 42 期，2002 年，頁 497～535。
17. 王軍〈《淮南子》莊逵吉注音讀考〉安徽廣播電視大學學報，2002 年第 2 期，2002 年，頁 57～60。
18. 肖旭〈《淮南鴻烈集解》補正四則〉古漢語研究，2002 年第 3 期（總 56 期），2002 年 9 月，頁 95。
19. 趙宗乙《淮南子譯注》哈爾濱，黑龍江人民出版社，2003 年 1 月，565 頁。
20. 陳靜〈《淮南子》作者考〉中國哲學史，2003 年第 1 期，2003 年 2 月，頁 116～119
21. 羅國強〈《淮南子》高誘注析疑〉株洲師範高等專科學校學報，第 9 卷第 1 期，2004 年 2 月，頁 49～50。

22. 若水〈「老莊」並稱始於《淮南子》辨正〉孔子研究，2004 年第 2 期，2004 年 3 月，頁 100～101。
23. 周文龍〈淮南王劉安謀反論略〉淮南師範學院學報，2005 年第 2 期（總 30 期），2005 年 3 月，頁 27～28。
24. 康清蓮〈淮南王劉安謀反案之再分析研究〉江西社會科學，2005 年第 6 期，2005 年 6 月，頁 115～117。
25. 王明春〈《淮南子》高誘注與許慎注的區分〉赤峰學院學報（漢文哲社版），第 27 卷第 3 期，2006 年，頁 25 轉 94。
26. 漆子揚〈劉安及賓客著述考略〉古籍整理研究學刊，2006 年第 1 期，2006 年 1 月，頁 38～41。
27. 王潔紅《譯注《淮南子》》廣州：廣州出版社，2006 年 1 月，241 頁。
28. 周遠斌〈《九歌》爲劉安及其門客所撰考〉雲夢學刊，第 27 卷第 5 期，2006 年 9 月，頁 32～35
29. 張繼海〈淮南王作《離騷傳》考〉古籍整理研究學刊，2006 年第 6 期，2006 年 11 月，頁 12～15。
30. 漆子揚〈淮南王劉安謀反冤案辨析〉新學術，2007 年第 3 期，2007 年，頁 1～3。
31. 漆子揚〈漢代思想家劉安的新道家治國理念〉科學・經濟・社會，2007 年第 2 期（總 107 期），2007 年，頁 98～100。
32. 陳廣忠〈試析劉安冤案〉安徽大學學報（哲社版），2007 年第 4 期，2007 年 7 月，頁 11～13。
33. 何志華〈《漢語大詞典》漏收《淮南子》山川地理詞目輯證〉語言建設通訊（香港），第 88 期，2007 年 12 月，頁 39～45。
34. 漆子揚〈《史記》未著錄《淮南子》原因及作者問題考論〉蘭州大學學報（社科版），第 36 卷第 1 期，2008 年 1 月，頁 98～101。
35. 陳廣忠〈「被，翦」非「劉，翦」辨〉淮南師範學院學報，2008 年第 1 期（總 47 期），2008 年 1 月，頁 36～37。
36. 張雙棣、陳廣忠〈《淮南子》研究學者質疑劉安「謀反」一案〉淮南子通訊，2008 年第 1 期（總 6 期），2008 年 5 月，頁 16～20。
37. 不詳〈八公山的由來〉淮南子通訊，2008 年第 1 期（總 6 期），2008 年 5 月，頁 29。
38. 不詳〈升仙台的傳說〉淮南子通訊，2008 年第 1 期（總 6 期），2008 年 5 月，頁 30。
39. 有馬卓也〈劉安登仙傳説の成立と傳播〉中國研究集刊，第 46 號，2008 年 6 月，頁 1～18。

40. 王啓才〈論劉安的悲劇命運〉「第三屆《淮南子》全國學術研討會」論文，淮南安徽省《淮南子》研究會，2008 年 9 月 16～17 日。
41. 漆子揚〈劉安及其文士集團著述考略〉「第三屆《淮南子》全國學術研討會」論文，淮南安徽省《淮南子》研究會，2008 年 9 月 16～17 日。
42. 李秀華〈淮南王劉安行年暨考辨〉「第三屆《淮南子》全國學術研討會」論文，淮南安徽省《淮南子》研究會，2008 年 9 月 16～17 日。
43. 漆子揚〈劉安及淮南文士著作辨析〉淮南子通訊，2008 年第 2 期（總 7 期），頁 34～37，2008 年 10 月。
44. 趙宗乙〈《淮南子・地形訓》語辭劄記〉漳州師範學院學報（哲社版），2008 年第 4 期（總 70 期）6，2008 年 12 月，頁 104～10。

（二）綜　述

1. 王雲度《劉安評傳》，南京：南京大學出版社，1997 年 5 月，302 頁。
2. 李增《淮南子哲學思想研究》，臺北：洪葉文化，1997 年 10 月，346 頁。
3. 陳德和《淮南子的哲學》，嘉義：南華管理學院出版社，1999 年 2 月，頁 214。
4. 孫紀文《淮南子研究》，北京：學苑出版社，2005 年 7 月，頁 383。
5. 于大成《淮南鴻烈論文集》（上）、（下），臺北：里仁書局，2005 年 12 月，頁 1652。
6. 安徽省「淮南子」研究會《淮南子研究（第一卷）》，合肥：黃山書社，2006 年 9 月，214 頁。

陳廣忠〈《淮南子》書名之演變〉，頁 1～4。

何志華〈《漢語大詞典》收錄《淮南子》罕用詞彙義例獻疑，兼論高誘注解之參考作用〉，頁 5～18。

趙妙法〈《淮南子》的「自然無爲」說〉，頁 19～23。

唐元海〈《淮南子》崇尚自然和諧的哲學思想摭談〉，頁 24～28。

王軍〈從《淮南子》注談高誘的自然觀〉，頁 29～32。

王啓才〈論《淮南子・主術訓》的領導哲學〉，頁 33～38

姚尚書〈構建和諧社會的歷史借鑒關於《淮南子・主術訓》的幾點思考〉，頁 39～45

史向前〈《淮南子》的「道統禮法」論〉，頁 46～51。

周文龍〈淺析《淮南子》的執法治國理念〉，頁 52～54。

馬育良〈《淮南子》中的性情觀〉，頁 55～61。

周懷宇、李芹〈《淮南子》廉政思想簡論〉，頁 62～68。

王國良〈從清靜無爲到奮發有爲〉頁 69～74。

陳宏光、孫峰〈《淮南子》行政倫理思想中的和諧語境〉，頁 75～80

謝昭新〈《淮南子》中的古代神話及其影響〉，頁 81～85。

方川〈《淮南子》成語典故初探〉，頁 86～91。

武培權〈略述《淮南鴻烈》的超越精神〉頁 92～97。

李霞〈《淮南子》的生命三要素論及其對道家生命結構觀的發展〉，頁 98～107。

蕭美豐〈晏子爲儒家說與申不害爲刑名家說《淮南子．要略》諸子起源說平議之一〉，頁 108～116。

金好〈漢武帝與劉安：道不同不相爲謀〉，頁 117～123。

劉化文〈《漢武大帝》和淮南王劉安〉，頁 124～129。

諸偉奇〈《淮南鴻烈集解》撰事考零〉，頁 130～135。

王軍〈《淮南子》莊逵吉校刊本之流傳〉，頁 136～139。

陳廣忠〈《淮南子會考》（第一卷　原道訓）〉，頁 140～214。

7. 陳惟直《淮南子白話彩圖全本》，重慶：重慶出版社，2007 年 7 月，340 頁。
8. 范壽康〈劉安〉，《中國哲學史綱要》，臺北：臺灣開明書店，1964 年，頁 121～125。
9. 范壽康〈劉安〉，《中國哲學史通論》，北京：生活．讀書．新知三聯書店，1983 年 12 月，頁 149～153。
10. 蘇志宏〈淮南子〉，《先秦禮樂教化論》，成都：四川人民出版社，1991 年 5 月，頁 214～242。
11. 潘富恩〈淮南子〉，《中國學術名著提要（哲學卷）》，上海：復旦大學出版，1992 年 10 月，頁 145～149。
12. 葉孝信〈淮南子〉，《中國學術名著提要（政治法律卷）》，上海：復旦大學出版社，1996 年 9 月，頁 113～117。
13. 鍾泰〈淮南劉安（附劉向）〉，《中國哲學史》，瀋陽：遼寧教育出版社，1998 年 3 月，頁 104～109。
14. 張運華〈漢代道家理論的代表——《淮南子》〉，《先秦兩漢道家思想研究》，長春：吉林教育出版社，1998 年 12 月，頁 197～231。
15. 陳麗桂〈先秦漢初思想的終結者——淮南子〉，《國文天地》，第 14 卷，第 11 期，1999 年 4 月，頁 11～13。
16. 周桂鈿〈融合諸子學說，建立宇宙論體系——《淮南鴻烈》〉，《秦漢思想史》8，武漢：湖北人民出版社，2000 年 1 月，頁 77～78。
17. 蔡德貴、侯拱辰《淮南子》，《道統文化新編》，濟南：山東大學出版社，2000 年 10 月，頁 556～559。

18. 陳廣忠〈《淮南子》研究〉，《中國道家新論》，合肥：黃山書社，2001 年 9 月，頁 289～386。
19. 趙雅博〈《淮南子》的思想〉，《秦漢思想批判史（上冊）》，臺北：文彙書局，2001 年 10 月，頁 437～539。
20. 陳靜〈《淮南子》簡論〉，南京師範大學文學院學報，2004 年第 4 期，2004 年 12 月，頁 122～124。
21. 呂凱〈淮南子快讀〉，《神仙道家的傳說》海口：海南出版社，2005 年 1 月，334 頁。
22. 陳榮捷編著、楊儒賓等譯〈《淮南子》的道家思想〉，《中國哲學文獻選編》，南京：江蘇教育出版社，2006 年 5 月，頁 276～279。
23. 許抗生、張允熠、丁原明、陳廣忠〈《淮南子》專論（一）〉，《安徽大學學報（哲社版）》，第 31 卷第 4 期，2007 年 7 月，頁 1～13。
24. 方川〈《淮南子》與「淮南學」〉，《淮南師範學院學報》，2007 年第 6 期（總 46 期），2007 年 11 月，頁 14～16。
25. 高曉榮〈新時期大陸學界《淮南子》研究綜述〉，《安徽文學（下半月）》，2008 年第 2 期，2008 年，頁 307～310。
26. 楊棟、曹書傑〈二十世紀《淮南子》研究〉，《古籍整理研究學刊》，2008 年第 1 期，2008 年 1 月，頁 78～88。
27. 許抗生〈北大教授解讀《淮南子》〉，《淮南子通訊》，2008 年第 1 期（總 6 期），2008 年 5 月，頁 31～32。
28. 張允熠〈哲學博士解讀《淮南子》〉，《淮南子通訊》，2008 年第 1 期（總 6 期），2008 年 5 月，頁 33～34。
29. 安徽省「淮南子」研究會《淮南子研究（第二卷）》，合肥：黃山書社，2008 年 5 月，頁 239。

熊禮匯〈《淮南子》的寫作背景和寫作時間〉，頁 1～6。

許抗生〈《淮南子》論「無爲而治」〉，頁 7～9。

劉康得〈從《淮南子・本經訓》看古代和諧社會的構建〉，頁 10～19

戴黍〈「風俗」與「治道」：試析《淮南子》的風俗論〉，頁 20～27

金春峰〈《淮南子》哲學思想及其特點〉，頁 28～35。

丁原明〈簡論《淮南子》的人學思想〉，頁 36～41。

孫君恆、梅磊〈《淮南子》的自然觀〉，頁 42～49。

張允熠〈《淮南子》中儒道合流思想探微〉，頁 50～54。

王雪〈《淮南子》的道德境界說〉，頁 55～61。

沈素珍〈《淮南子》中的無神論思想〉，頁 62～67。

楊宏聲〈道家生態和諧論以《淮南子・原道》「四方域」的觀念爲引線〉，

頁 68～84。

張德廣〈淮南王劉安法哲學思想探究〉，頁 85～91。

李耀〈《淮南子》法律思想當議〉，頁 92～106。

陳宏光、丁國峰〈淮南子思想與法家思想比較之研究〉，頁 107～120。

孫紀文〈論《淮南子》的美學新蘊涵及其成因〉，頁 121～129。

魏宏燦〈《淮南子》的音樂審美意識〉，頁 130～136。

寧稼雨〈女媧補天神話的文學移位〉，頁 137～151。

翟江月〈《淮南子》所記洪水神話與西方洪水神話比較研究〉，頁 152～161。

張雙棣〈淮南子校釋補（一）〉，頁 162～168。

陳廣忠〈「軫」非「軫軳」續考〉，頁 169～173。

張瑞〈《淮南子》引《詩》考〉，頁 174～180。

戚貴政〈《楚辭章句》引《淮南子》考〉，頁 181～186。

王敍黃〈《淮南子》「明堂」考〉，頁 187～191。

孫書文〈《漢書》注引《淮南子》考〉，頁 192～197。

璩龍林、徐志林〈試論《淮南子》的辭章和結構藝術〉，頁 198～206。

王紅〈論《淮南子》的律數〉，頁 207～222。

方勇〈《莊子》、《淮南子》比較研究〉，頁 223～239。

30. 金好《淮南子故事（英漢對照）》，合肥：安徽人民出版社，2008 年 7 月。，頁 55。

31. 戴黍〈國外的《淮南子》研究及其啓示〉，「第三屆《淮南子》全國學術研討會」論文，淮南：安徽省《淮南子》研究會，2008 年 9 月 16～17 日。

（三）思　想

1. 牟鍾鑒〈《淮南子》的無神論思想〉，收入在中國無神論學會編《宗教與無神論》，北京：北京人民出版社，1985 年 7 月，頁 119～131。

2. 燕國材〈淮南子的心理思想〉，收入在燕國材《漢魏六朝心理思想研究》，臺北：谷風出版社，1988 年 6 月，頁 45～59。

3. 楊沛蓀〈兩漢時期的邏輯思想——《淮南子》的推類思想〉，收入在楊沛蓀《中國邏輯思想史教程》，蘭州：甘肅人民出版社，1988 年 8 月，頁 180～188。王邦雄〈從黃老之學到《淮南子》〉，收入在王邦雄等著《中國哲學家與哲學專題》，臺北：國立空中大學，1989 年 9 月，頁 5～14。

4. 黃釗《淮南子》的理論貢獻，收入在黃釗《道家思想史綱》，長沙：湖南師範大學出版社，1991 年 4 月，頁 204～210。

5. 王永祥〈漢代唯物主義的道氣同一性——《淮南子》道、氣轉化的同一性〉，收入在王永祥《中國古代同一思想史》，濟南：齊魯書社，1991 年 5 月，頁 161～167。
6. 村田浩〈「淮南子」の災異説〉，《中國哲學論集》第 14 號，1991 年 12 月，頁 65～86。
7. 夏甄陶〈《淮南子》「求是」即「求道理」的認識論學說〉，收入在夏甄陶《中國認識論思想史稿（上卷）》，北京：中國人民大學出版社，1992 年 11 月，頁 248～262。
8. 鄺芷人〈再論「陰陽的概念」——〈天文訓〉之陰陽觀〉，收入在鄺芷人《陰陽五行及其體系》，臺北：文津出版社，1992 年 12 月，頁 476～483。
9. 陳榮捷、楊儒賓〈淮南子的道家思想〉，收入在陳榮捷編著、楊儒賓合譯《中國哲學文獻選編（上）》，臺北：巨流出版社，1993 年 6 月，頁 405～410。
10. 劉學智〈《淮南子》的自然哲學與目的論的對立〉，收入在劉學智《中國哲學的歷程》，西安：陝西人民出版社，1993 年 7 月，頁 177～184。
11. 項斌、馬傳、梁寶柱、陳書明〈《淮南子》和劉向的財政思想〉，收入在項斌、馬傳、梁寶柱、陳書明《中國古代財政思想史稿》，北京：中國財政經濟出版社，1993 年 12 月，頁 203～206。
12. 張運華〈西漢前期「黃老」思想的總集——《淮南鴻烈》〉收入在張運華《中國秦漢思想史》，北京：北京人民出版社，1994 年 1 月，頁 26～41。
13. 張立文〈《淮南子》的心爲身本〉，收入在張立文《心》，臺北：漢興書局有限公司，1994 年 5 月，頁 77～82。
14. 張立文〈《淮南子》——之理的思想〉，收入在張立文《理》，臺北：漢興書局有限公司，1994 年 5 月，頁 65～68。
15. 張立文〈《淮南子》道的思想〉，收入在張立文《道》，臺北：漢興書局有限公司，1994 年 5 月，頁 97～101。
16. 張立文〈《淮南子》宇宙生氣的思想〉，收入在張立文《氣》，臺北：漢興書局有限公司，1994 年 5 月，頁 57～62。
17. 陳建崑〈論《淮南子》中的「內聖」與化民思想——兼就「內聖外王」之道的歸屬與莊萬壽先生商榷〉，《淮陰師範學院學報》（哲社版）第 17 卷第 4 期（總 69 期），1995 年，頁 1～4。
18. 黃琪《淮南子「道」之研究——天、人、治道之貫通》，臺中：東海大學哲學研究所碩士論文，128 頁，1995 年 1 月，陳榮波指導。
19. 莊慶信〈《淮南子》的天地宇宙一——人之身〉，收入在莊慶信《中國哲學家的大地觀》，臺北：師大書苑，1995 年 8 月，頁 101～106。
20. 陳劍崑〈論《淮南子》中儒道互補的教學思想〉，《淮陰師範學院學報》

（哲社版）第 18 卷第 2 期（總 71 期），1996 年，頁 50～54。

21. 齋木哲郎〈漢代道家のパトロン——劉安〉，收入在橋本高勝《中國思想の流れ（上）兩漢、六朝》，京都：晃洋書房，1996 年 5 月，頁 23～28。

22. 李慶〈《淮南子》的欲望觀〉，收入在李慶《中國文化中人的觀念》，上海：學林出版社，1996 年 9 月，頁 334～337。

23. 劉澤華〈《淮南子》的無爲政治思想〉，收入在劉澤華《中國政治思想史（秦漢魏晉南北朝卷）》，杭州：浙江人民出版社，1996 年 11 月，頁 51～60。

24. 陸玉林、彭永捷、李振綱〈《淮南子》與漢初黃老之治〉，收入在陸玉林、彭永捷、李振綱《中國道家》，北京：宗教文化出版社，1996 年 11 月，頁 132～134。

25. 胡楚生〈釋《淮南子》中「道」的意義與「道」的效用〉，《中興大學文史學報》第 27 期，1997 年 6 月，頁 1～12。

26. 陳德安〈《淮南子》的教育思想〉，收入在齊峰《道家道教教育研究》，北京：教育科學出版社，1997 年 9 月，頁 38～64。

27. 丁原明〈《淮南子》對黃老學的總結〉，收入在丁原明《黃老學論綱》，濟南：山東大學出版社，1997 年 12 月，頁 302～332。

28. 溫韌〈《淮南子》感應觀新探〉，《哲學研究》，1997 年第 12 期，1997 年 12 月，頁 41～47。

29. 周文英〈《淮南子》的邏輯與方法論〉，《江西教育學院學報》，1998 年第 19 期，1998 年，頁 1～4。

30. 朱書萱〈《淮南子》「道」之形象思維〉，《中國學術年刊》，第 19 期，1998 年 3 月，頁 177～195 轉 679～680。

31. 簡松興〈西漢天人思想研究——以《淮南子》、《春秋繁露》、《史記》爲中心〉，臺北：輔仁大學中文研究所博士論文，371 頁，1998 年 6 月，陳麗桂指導。

32. 汪延〈以大苞小的《淮南子》——宇宙模式的新探索（一）〉，汪延《先秦兩漢文化傳承述略》，西安：陝西人民教育出版社，1998 年 9 月，頁 114～124。

33. 孫長祥〈《淮南子》中的自然思想與環保理念〉，《哲學與文化》第 25 卷第 9 期，1998 年 9 月，頁 824～835。

34. 謝祥皓〈淮南子〈兵略訓〉〉，收入在謝祥皓《中國兵學（漢唐卷）》，濟南：山東人民出版社，1998 年 9 月，頁 175～177。

35. 雷敦龢《漢代和平哲學：《淮南子・兵略訓》研究》，臺北：利氏學社，1998 年 10 月，頁 130。

36. 陳麗桂〈《淮南子》的感應思想〉，「第二屆道家文化國際學術研討會」論文，廣州：中山大學哲學系、人文學院宗教研究所、北京大學中國哲學與文化研究所合辦，1998 年 12 月 2 日。

37. 渡東部一郎〈有馬卓也「淮南子の政治思想」〉，《集刊東洋學》第 80 期，1998 年 12 月，頁 78～84。
38. Goldin, Paul Rakita Insidious Syncretism in the Political Philosophy of Huai-nan-tzu. Asian Philosophy, 9: 3 （1999）: 165-192.
39. 朱永新、范庭衛〈《淮南子》人力管理的心理學思想〉，《蘇州大學應用心理研究所學報》第 22 卷第 5 期，1999 年 1 月，頁 435～438。
40. 陳正凡〈中國學者對「淮南子」認識論的認識芻議〉，《哲學與文化》第 26 卷第 1 期（總 269 期），1999 年 1 月，頁 67～87 轉 95。
41. 白光琦〈《淮南子》在曆法上的創見及其來源〉，《史學集刊》第 1 期，1999 年 2 月，頁 15～18。
42. 劉天驥、李岩、張興華〈試論《淮南子》醫學內容〉，《中醫文獻雜誌》第 4 期，1999 年 7 月，頁 13～14。
43. 丁文宏〈《淮南子》軍事哲學思想探微〉，《江淮論壇》第 5 期，頁 81～84，1999 年 10 月。
44. 上海古籍出版社編輯組〈《淮南子》論鬼神觀念之根源〉，收入在本書編輯組《中國古代唯物論無神論名篇解讀》，上海：上海古籍出版社，1999 年 10 月，頁 54～58。
45. 張濤〈《淮南子》易學思想探析〉，《孔子研究》第 3 期（總 55 期），1999 年 9 月，頁 96～105。複印報刊資料（中國哲學史）第 11 期，1999 年 11 月，頁 75～84。
46. 洪嘉琳〈《淮南子．原道訓》之得道論〉，收入在輔仁大學中文系，《第二屆先秦兩漢學術全國研究生論文發表會論文集》，臺北：輔仁大學中文系，2000 年 6 月，頁 263～280。
47. 楊濟襄〈由《淮南子》看先秦到漢初「陰陽」觀念之轉化〉，收入在輔仁大學中文系，《第二屆先秦兩漢學術全國研究生論文發表會論文集》，臺北：輔仁大學中文系，2000 年 6 月，頁 283～307。
48. 張秋升、李偉〈《淮南子》歷史觀新論〉，《安徽史學》2000 年第 1 期，2000 年 1 月，頁 11～15。
49. 陳廣忠《《淮南子》科學思想》，合肥：安徽大學出版社，2000 年 1 月，頁 264。
50. 錢善剛〈《淮南子》的自然哲學述論〉，《安徽教育學院學報》（社科版）第 18 卷第 1 期，2000 年 3 月，頁 11～14。
51. 陳廣忠〈《淮南子》——黃老道學的集大成〉，《鵝湖》第 25 卷第 10 期，頁 12～23，2000 年 4 月。

52. 劉樂學〈〈性自命出〉與《淮南子・繆稱》論「情」〉，《中國哲學史》第4期，2000年4月，頁22～27。
53. 汪高鑫〈《淮南子》歷史哲學三論〉，《安徽教育學院學報》第18卷第4期，2000年7月，頁1～10。
54. 呂錫琛〈《淮南子》心理學思想及其現代意義〉，《自然辯證法研究》第16卷第11期，2000年11月，頁51～55。
55. 呂凱〈《淮南子》形神論〉，收入在國立政治大學中文系，《第三屆漢代文學與思想學術研討會論文集》，臺北：國立政治大學中文系，2000年12月，頁1～13。
56. 張爲民〈《淮南子》哲學與社會發展思想新論〉，《東岳論叢》第22卷第1期（總127期），2001年1月，頁111～115。
57. 呂錫琛〈《淮南子》的道德教育思想〉，《道德與文明》200年第1期，2001年1月，頁45～48。
58. 熊開發〈從創世紀神話看《淮南子》的天、人觀〉，《海南師範學院學報》（人社版）第14卷第4期，2001年4月，頁51～56。
59. 劉小虹〈《淮南子》的學習心理思想〉，《心理科學》第24卷第4期，2001年4月，頁245轉235。
60. 王璟〈黃老思想治身治國一體之理論研究——以《淮南子》爲中心〉，臺北：國立臺灣師範大學國文研究所碩士論文，149頁，2001年6月，陳麗桂指導。
61. 楊有禮《新道鴻烈——《淮南子》與中國文化》，開封：河南大學出版社，2001年8月，頁374。
62. 錢善剛〈《淮南子》生命哲學〉，《安徽教育學院學報》（社科版）第19卷第5期，2001年9月，頁17～20。
63. 陳麗桂〈《淮南子》的陰陽思想〉，「第四屆漢代文學與思想學術研討會」論文，臺北：國立政治大學中文系，2002年5月11～12日。

（四）《淮南子》與各家思想

1. 丁原植《《淮南子》與《文子》考辨》（出土文獻譯注叢書），臺北：萬卷樓圖書有限公司，1999年9月，頁625。
2. 陶磊《《淮南子・天文》研究——從數術史的角度》，濟南：齊魯書社，2003年7月，頁264。
3. 戴黍《《淮南子》治道思想研究》，廣州：中山大學出版社，2005年9月，頁291。
4. 楊樹達《淮南子證聞鹽鐵論要釋》，上海：上海古籍出版社，2006年，頁105。

5. 黃玉麟《《淮南子》「道」思想之研究》，新莊：輔仁大學哲學研究所博士論文，196 頁，2006 年 7 月，陳福濱指導。
6. 王巧慧《淮南子的自然哲學思想》，北京：科學出版社，475 頁，2009 年 3 月。
7. 曾錦華〈呂氏春秋十二紀紀首、淮南子時則訓及禮記月令之比較研究〉，臺北：國立政治大學中文研究所碩士論文，244 頁，1988 年 6 月，呂凱指導。
8. 嚴世芸〈淮南子和素問的養生思想——淮南子的養生思想〉，收入在嚴世芸《中醫學術史》，上海：中醫學院出版社，1989 年 5 月，頁 48～49。
9. 蒙培元〈《呂氏春秋》、《淮南子》中的自然素樸論〉，收入在蒙培元《中國心性論》，臺北：臺灣學生書局，1990 年 4 月，頁 121～142。
10. 林聰舜〈《淮南子》的無爲政治觀及其與先秦道法二家之關係〉，收入在林聰舜《西漢前期思想與法家的關係》，臺北：大安出版社，1991 年 4 月，頁 107～158。
11. 丁原明〈《淮南子》對管子四篇哲學思想的繼承和發展〉，《管子學刊》，1995 年第 3 期，1995 年，頁 7～13。
12. 劉笑敢、陳靜〈無爲思想的發展——從《老子》到《淮南子》〉，《中華文化論壇》第 2 期，1996 年，頁 93～100。
13. 袁信愛〈《淮南子》中的人學思想〉，「《文子》與道家思想發展兩岸學術研討會」論文，臺北：輔仁大學哲學系，1996 年 6 月 1～3 日。《哲學與文化》第 23 卷第 8 期（總 267 期），1996 年 8 月，頁 1887～2001。
14. 陳麗桂〈從出土竹簡《文子》看古、今本《文子》與《淮南子》之間的先後關係及幾個思想論題〉，「《文子》與道家思想發展兩岸學術研討會」論文，臺北：輔仁大學哲學系，1996 年 6 月 1～3 日。《哲學與文化》第 23 卷第 8 期（總 267 期），1996 年 8 月，頁 1871～1884。
15. 陳麗桂〈試就今本《文子》與《淮南子》的不重襲內容推測古本《文子》的幾個思想論題〉，「第一屆道家文化國際學術研討會」論文，香港：香港青松道觀、北京大學中國哲學與文化研究所合辦，1996 年 8 月 12～15 日。收在陳鼓應編《道家文化研究》第 18 輯，北京：生活・讀書・新知三聯書店，2000 年 8 月，頁 200～231。
16. 李慶〈古代自然觀的確立——從《呂氏春秋》到《淮南子》〉，收入在李慶《中國文化中人的觀念》，上海：學林出版社，1996 年 9 月，頁 72～81。
17. 封思毅〈道家抑制君權的兩大著作——簡析呂氏春秋及淮南王書中相關思想〉，《中國國學》第 24 卷，1996 年 10 月，頁 49～56。
18. 陳劍崑、周軍〈略論《淮南子》與黃學的關係〉，《淮陰師專學報》第 19

卷第 4 期（總 77 期），1997 年，頁 24～26。

19. 丁原明〈《淮南子》對黃老學的總結〉，收入在丁原明《黃老學論綱》，濟南：山東大學出版社，1997 年 12 月，頁 302～332。

20. 胡孚琛、呂錫琛〈秦漢時期的黃老學——綜合南北道家的《淮南子》〉，收入在胡孚琛、呂錫琛《道學通論——道家、道教、仙學》，北京：社會科學文獻出版社，1999 年 1 月，頁 160～167。

21. 陳麗桂〈《淮南子》與《春秋繁露》感應思想的異同〉，「第一屆先秦兩漢學術研討會」論文，臺北：輔仁大學中文系，1999 年 4 月 16～17 日。輔仁大學中文系，《先秦兩漢哲學思想研討會論文集》，臺北：洪葉文化有限公司，1999 年 7 月，頁 155～182。

22. 丁文宏、蔡友和〈老子無爲思想探微——兼論《淮南子》對老子無爲思想的揚棄〉，《安徽大學學報》（哲社版）第 23 卷第 3 期，1999 年 5 月，頁 61～66。

23. 陳德和〈淮南道家與黃老道家的對比性考察——「淮南子」性格再標定〉，《鵝湖月刊》第 25 卷第 2 期（總 290 期），1999 年 8 月，頁 16～27。

24. 丁原植〈《文子》思想史料研究——《劉子》、《文子》與《淮南子》〉收入氏著《文子新論》（出土文獻譯注叢書），臺北：萬卷樓圖書公司，1999 年 10 月，頁 247～262。

25. 孫長祥〈帛書《原道》與《淮南子・原道》思想的比較〉，「第一屆簡帛學術研討會」論文，臺北：中國文化大學史學系，1999 年 12 月 10～12 日。

26. 高齡芬〈「黃帝四經」與荀、韓、淮南子法刑名理論的比較〉，《鵝湖月刊》第 25 卷第 8 期，2000 年 2 月，頁 20～35。

27. 陳兆珍〈試論《淮南子》中的天地人之道〉，《中國文化大學中文學報》第 5 卷，2000 年 3 月，頁 109～128。

28. 陳良運〈《文心雕龍》和《淮南子》〉，《文史哲》第 3 期（總 258 期），2000 年 5 月，頁 47～52。

29. 陳鼓應〈從《呂氏春秋》到《淮南子》——論道家在秦漢哲學史上的地位〉，《國立臺灣大學文史哲學報》第 52 期，2000 年 6 月，頁 5～51。

30. 劉德漢《淮南子與老子參證》，臺北：樂學書局，2001 年 1 月，頁 398。

31. 方勇〈《淮南子》對莊子的積極闡釋〉，《漳州師範學院學報》（哲社版），2001 年第 2 期（總 39 期），2001 年 2 月，頁 26～33。

32. 秦彥士〈從《淮南子》到《太平經》中的墨學——異端浮沉與漢代學術政治變遷〉，《南都學壇》2001 年第 5 期（總 72 期），2001 年 9 月，頁 1～6。

33. 蔡家瑋〈《淮南子》與《老子》無爲觀念轉變之探討〉，《輔大中研所學刊》

第 11 期，2001 年 10 月，頁 41～62。

34. 陳忠信〈宇宙生成與社會衰亡之神話思維——《淮南子》之混沌神話初探〉，《文明探索叢刊》第 27 期，2001 年 10 月，頁 81～105。

35. 曾春海〈西漢儒、道、法的互攝和變遷——兼採諸家以道家爲主流的《淮南子》〉，收入在曾春海《兩漢魏晉哲學史》，臺北：五南圖書出版公司，2002 年 1 月，頁 32～39。

36. 王軍〈從《淮南子》注談高誘的自然觀〉，《安徽警官職業學院學報》2002 年第 3 期（總 3 期），2002 年，頁 70～71 轉 76。

37. 曾史〈《淮南子》和《春秋考異郵》〉，《咬文嚼字》2002 年第 10 期，2002 年，頁 10～11。

38. 吳蕊〈《淮南子》的天人感應論〉，《青年思想家》2002 年第 3 期，2002 年，頁 36。

39. 高新民〈《淮南子》易學思想簡論〉，《陝西師範大學學報》（哲社版）第 31 卷第 1 期，2002 年 1 月，頁 19～23。

40. 陳桐生〈《史記》與《淮南子》〉，《東南大學學報》（哲社版）第 4 卷第 2 期，2002 年 3 月，頁 95～99。

41. 齊瑞霞〈《淮南子》「有以」淺析〉，《濟南大學學報》（社科版）第 12 卷第 2 期，2002 年 3 月，頁 49～51。

42. 許建良〈魏晉玄學與《呂氏春秋》和《淮南子》〉，《學海》2002 年第 2 期，2002 年 3 月，頁 97～100。

43. 唐劭廉、呂錫琛〈《淮南子》道德認知圖式省察〉，《道德與文明》，2002 年第 2 期，2002 年 4 月，頁 47～51。

44. 雷健坤〈論《淮南子》對道家無爲觀的創造性詮釋〉，《中共中央黨校學報》第 6 卷第 2 期，2002 年 5 月，頁 16～19。

45. 唐劭廉〈《淮南子》之「道」是生存之道〉，《茂名學院學報》第 12 卷第 2 期，2002 年 5 月，頁 21～23。

46. 向井哲夫《《淮南子》と諸子百家思想》，京都：朋友書店，2002 年 6 月，頁 459。

47. 雷健坤《淮南子》的中心思想及其理論架構〉，《天府新論》2002 年第 5 期，2002 年 9 月，頁 66～72。

48. 吳淑眞〈《淮南子・主術訓》中君主統御觀之初探〉，《輔大中研所學刊》第 12 期，2002 年 10 月，頁 113～131。

49. 丁美霞〈劉安神仙形象探源〉，《中國道教》2002 年第 5 期，2002 年 10 月，頁 17～19。

50. 雷健坤〈《淮南子》與《春秋繁露》的思想比較〉，《晉陽學刊》，2002 年第 6 期，2002 年 11 月，頁 37～41。

51. 汪高鑫〈漢初道家的史學貢獻與史學思想——《淮南鴻烈》的歷史哲學〉，收入在汪高鑫《中國史學思想通史》，合肥：黃山書社，2002 年 12 月，頁 118～134。
52. 莊大鈞〈簡論《淮南子》思想的矛盾現象〉，《山東行政學院・山東省經濟管理幹部學院學報》2003 年第 6 期，2003 年，頁 130～132 年。
53. 梁韋弦〈淮南子》引《易》論《易》考義〉，《吉林師範大學學報》（人社版），2003 年第 1 期，2003 年 2 月，頁 11～14。
54. 李美燕〈《淮南子》的形神觀與養生論〉，《中華學苑》第 56 期，2003 年 2 月，頁 175～199。
55. 唐赤蓉〈《淮南子》的養生理論〉，《宗教學研究》2003 年第 1 期，2003 年 3 月，頁 11～14。
56. 唐劭廉〈「性合於道」：《淮南子》人性論探析〉，《茂名學院學報》第 13 卷第 2 期，2003 年 5 月，頁 44～46。
57. 郭沂〈《淮南子・繆稱訓》所見子思《累德篇》考〉，《孔子研究》2003 年第 2 期，2003 年 6 月，頁 30～42。
58. 龐靜儀〈《淮南子・墬形》的地理觀〉，臺北：臺灣師範大學國文研究所碩士論文，125 頁，2003 年 6 月，陳麗桂指導。
59. 溫年昌〈《淮南子・兵略訓》戰爭觀之研究〉，臺中：東海大學中國文學系碩士論文，216 頁，2003 年 6 月，張端穗指導。
60. 錢善剛〈《淮南子》社會哲學論〉，《安徽教育學院學報》2003 年第 4 期，2003 年 7 月，頁 15～18。
61. 李翔德、鄭欽鏞〈論《淮南子》的倫理美思想〉，《晉陽學刊》2003 年第 4 期，2003 年 7 月，頁 23～27。
62. 呂錫琛、龍國智〈《淮南子》用人倫理思想探微〉，《湘潭大學社會科學學報》第 27 卷第 5 期，2003 年 9 月，頁 77～81。
63. 袁濟喜〈《淮南子》與中國文論精神〉，《寶雞文理學院學報》（社科版）第 23 卷第 5 期，2003 年 10 月，頁 46～52。
64. 唐劭廉、呂錫琛〈《淮南子》自然觀：繼承和超越——《淮南子》與先秦道家自然觀的比較研究〉，《船山學刊》2003 年第 4 期，2003 年 12 月，頁 114～117。
65. 陳靜〈論中國思想儒道互補基本格局的形成——從《淮南子》的雜說起〉，《雲南大學學報》（社科版）2004 年第 3 期，2004 年，頁 20～27。
66. 片倉望〈《列子》と《淮南子》の「自然」〉，《論集》第 11 號，2004 年，頁 140～159。
67. 李巖〈《淮南子》天人觀淺析〉，《白城師範學院學報》第 18 卷第 2 期，2004 年，頁 36～38。

68. 鄭傑文〈《新書》《淮南子》等所見西漢前期的墨學流傳——「墨學中絕」說的再檢討〉,《山東大學學報》(哲社版)2004 年第 2 期,2004 年 3 月,頁 6～10。

69. 唐劭廉、呂錫琛〈尊天保眞,賤物貴身,外物反情——《淮南子》道德心理學思想解讀〉,《自然辯證法研究》第 20 卷第 4 期,2004 年 4 月,頁 89～92。

70. 唐劭廉〈論《淮南子》生命觀的深層意蘊〉,《西南交通大學學報》(社科版)第 5 卷第 3 期,2004 年 5 月,頁 23～29。

71. 羅國強〈《淮南子》釋義辨正〉,《湖南城市學院學報》第 25 卷第 4 期,2004 年 7 月,頁 45～46。

72. 張德廣〈簡論淮南王劉安法哲學思想〉,《廣西社會科學》2004 年第 8 期(總 110 期),2004 年 8 月,頁 38～40。

73. 杜磊〈向道而遊——《淮南子》「遨遊神話」探析〉,《蘭州學刊》2004 年第 5 期(總 140 期),2004 年 9 月,頁 243～244。

74. 陳靜《自由與秩序的困惑:「淮南子」研究》,昆明:雲南大學出版社,2004 年 11 月,頁 351。

75. 周桂鈿、李祥俊〈《淮南子》對諸子學的融合與發展〉,收入在張立文《中國學術通史(秦漢卷)》,頁 62～69,北京:人民出版社,2004 年 12 月。

76. 戴黍〈「因循」與「治道」——《淮南子》中「因」的四重涵義〉,《江淮論壇》2005 年第 5 期,2005 年,頁 115～118。

77. 鄒麗霞〈《淮南子》中關於音樂的「無有」、「本末」美學思想〉,《阜陽師範學院學報》(社科版),2005 年第 1 期(總 103 期),2005 年 1 月,頁 146～147。

78. 陳彤〈音樂審美中主體的接受差異——兼論《淮南子》中的音樂美學思想〉,《南京藝術學院學報》(音樂與表演版),2005 年第 2 期,2005 年 2 月,頁 77～79。

79. 金容燮〈《淮南子》思想的基本邏輯〉,《經濟與社會發展》第 3 卷第 2 期,2005 年 2 月,頁 149～153。

80. 陶磊〈《淮南子・天文》與古代數術〉,《徐州師範大學學報》(哲社版),第 31 卷第 2 期,2005 年 3 月,頁 73～77。

81. 陸榮〈思想尚「無爲」,平生欲「有爲」——劉安與《淮南子》〉,《學術界》,2005 年第 3 期(總 112 期),2005 年 5 月,頁 268～272。

82. 戴黍〈經典的源流及其意義——從思想史的角度看《淮南子》〉,《學術研究》,2005 年第 6 期,2005 年 6 月,頁 11～15。

83. 林敬文〈淮南子齊俗訓與老莊關係之探索〉,《德霖學報》第 19 期,2005 年 6 月,頁 175～185。

84. 潘顯一〈《淮南子》道家——道教美學思想研究〉,《四川大學學報》(哲社版),2005 年第 4 期(總 139 期),2005 年 7 月,頁 53～57。

85. 曾春海〈《淮南子》人與環境關係說及其當代意義〉,輔仁學誌(人文藝術之部),第 32 期,2005 年 7 月,頁 81～97。

86. 翟江月〈試論《管子》、《淮南子》等中國古代典籍中的樸素唯物主義哲學思想兼與古希臘哲學的對話〉,《管子學刊》2005 年第 3 期,2005 年 8 月,頁 20～24。

87. 張科〈《淮南子》對諸子思想整合的初步考察〉,《青海民族學院學報》,第 3 卷第 4 期,2005 年 9 月,頁 55～59 轉 97。

88. 林方明〈讀《淮南子》劄記六則〉,《泉州師範學院學報》,第 23 卷第 5 期,2005 年 9 月,頁 94～96 轉 123。

89. 馬育良〈《淮南子》中的性情觀〉,《淮南師範學院學報》,2005 年第 6 期(總 34 期),2005 年 11 月,頁 4～6。

90. 劉霖〈《淮南子》的推類理論解析〉,《邵陽學院學報(社科版》),第 4 卷第 6 期,2005 年 12 月,頁 22～24。

91. 戴黍〈《淮南子》人性與治道思想論析〉,《華南師範大學學報(社科版》),2005 年第 6 期,2005 年 12 月,頁 130～132。

92. 吳家榮、劉中元〈《淮南子》中的「道」的生命美學意蘊〉,《安徽警官職業學院學報》,2006 年第 2 期(總 23 期),2006 年,頁 77～80。

93. 郭廉夫〈《淮南子》設計思想探議〉,《裝飾》,2006 年第 11 期,2006 年,頁 96～97。

94. 郭樹青〈《淮南子》中神話的道家色彩〉,《安徽文學》(下半月),2006 年第 11 期,2006 年,頁 66。

95. 戴黍〈從「德性」到「德行」:試析《淮南子》中作爲治國之本的「德」〉,《學海》2006 年第 1 期,2006 年 2 月,頁 146～148。

96. 戴黍〈《淮南子》中的「無爲」及其思想史意義〉,《哲學研究》,2000 年第 3 期,2006 年 3 月,頁 38～42。

97. 陳彤〈音樂藝術審美關係初探——兼論《淮南子》中的音樂審美觀念〉,《南京航空航太大學學報(社科版)》,第 8 卷第 1 期,2006 年 3 月,頁 55～58。

98. 戴黍〈漢初時代轉型與《淮南子》的學術境遇〉,《深圳大學學報(人社版)》,第 23 卷第 2 期,2006 年 3 月,頁 59～63。

99. 朱新林《淮南子陰陽五行思想研究》,濟南:山東大學碩士學位論文,46 頁,2006 年 4 月,劉心明指導。

100. 李漢濱〈追求圓滿生命——《淮南子》的養生論〉,《高雄道教學院學報》,第 2 期,2006 年 4 月,頁 69～78。

101. 馬慶洲〈劉安與《淮南子》關係考論〉《清華大學學報（哲社版）》，2006 年第 3 期，2006 年 5 月，頁 75～79。

102. 劉愛敏〈《淮南子》人性論中儒、道融合的路徑〉，《管子學刊》，2006 年第 2 期，2006 年 5 月，頁 77～80。

103. 林敬文〈論淮南子的教育主張〉，《德霖學報》，第 20 期，2006 年 6 月，頁 173～186。

104. 郭秀嶺〈《淮南子》、〈樂記〉音樂觀點比較〉，《綏化學院學報》，第 26 卷第 3 期，2006 年 6 月，頁 96～98。

105. 陳麗桂〈道家養生觀在漢代的演變與轉化——以《淮南子》、《老子指歸》、《老子河上公章句》、《老子想爾注》爲核心〉，《國文學報》，第 39 期，2006 年 6 月，頁 35～80。

106. 劉康得〈《呂氏春秋》《淮南鴻烈》合論〉，《南京師範大學文學院學報》，2006 年第 2 期，2006 年 6 月，頁 107～113。

107. 戴黍〈試析《淮南子》關於「權」的思想〉，《孔子研究》，2006 年第 4 期，2006 年 7 月，頁 76～83。

108. 周遠斌〈《淮南子》的情感論〉，《南都學壇》，第 26 卷第 4 期，2006 年 7 月，頁 75～78。

109. 孫家洲〈《淮南子》的節制消費論〉收錄在朱大渭著《插圖本中國古代思想史．秦漢卷》，南寧：廣西人民出版社，2006 年 9 月，頁 133～135。

110. 孫家洲〈《淮南子》的哲學體系〉收錄在朱大渭著《插圖本中國古代思想史．秦漢卷》，南寧：廣西人民出版社，2006 年 9 月，頁 210～214。

111. 陳平坤〈《呂氏春秋》與《淮南子》的感應思維〉，《國立臺灣大學哲學論評》，第 32 期，2006 年 10 月，頁 167～222。

112. 張俊相〈《淮南子》「精神之和」價值論〉，《齊魯學刊》，2006 年第 6 期（總 195 期），2006 年 11 月，頁 21～26。

113. 趙妙法〈《淮南子》的「自然無爲」說及其後現代意義——兼與任繼愈、李澤厚兩先生商榷〉，《安徽大學學報》（哲社版），第 30 卷第 6 期，2006 年 11 月，頁 9～13。

114. 王國良〈從清靜無爲到奮發進取——《淮南子》思想研究〉，《安徽史學》，2006 年第 6 期，2006 年 11 月，頁 32～34。

115. 戴黍，〈道．人．史：《淮南子》論治維度及思想史意義〉，《現代哲學》，2007 年第 2 期，2007 年 3 月，頁 86～91。

116. 王奕然〈論淮南子之「聖人」觀——兼及其對老莊的承繼與新詮〉，《思辨集》，第 10 期，2007 年 4 月，頁 100～114。

117. 方國武〈《淮南子》「大美」之境論〉，《安徽師範大學學報》（人社版），第 35 卷，第 4 期，2007 年 7 月，頁 450～456。

118. 黃玉麟〈道器之間：《淮南子・天文訓》以「氣」爲樞的道物歷程〉，《哲學與文化》，第 34 卷 8 期（總 399 期），2007 年 8 月，頁 85～100。

119. 馬育良〈《淮南子》中的性情觀〉，《孔孟月刊》，第 46 卷 1～2 期（總 541～542 期），2007 年 10 月，頁 39～43。

120. 韓娜〈《淮南子》倫理思想探析〉，《淮南師範學院學報》，2007 年第 6 期（總 46 期），2007 年 11 月，頁 17～19。

121. 章曉丹〈《淮南子》的自然價值觀〉，《華中科技大學學報》（社科版），第 21 卷第 6 期，2007 年 11 月，頁 84～87。

122. 戚貴政〈《淮南子》儒道思想融合論略〉，《安徽文學》（下半月），2008 年第 2 期，2008 年，頁 295 轉 310。

123. 杜綉琳〈《淮南子・道應訓》對《韓詩外傳》說理方式的承繼與創新〉，《理論界》，2008 年第 8 期，2008 年，頁 132～134。

124. 陳婉華〈《淮南子》與《春秋繁露》比較研究〉，香港：新亞研究所史學組博士論文，294 頁，2008 年，李學銘指導。

125. 孫文祝、姜英輝〈《淮南子》中所見秦漢時人疾病觀〉，《新學術》，2008 年第 6 期，2008 年，頁 218～220。

126. 戴黍〈以治爲重心：試析《淮南子》之道〉，《江淮論壇》，2008 年第 1 期，2008 年，頁 154～158。

127. 戴黍〈試析《淮南子》所述的「法」〉，《淮南師範學院學報》，2008 年第 1 期（總 47 期），2008 年 1 月，頁 46～49。

128. 程水龍〈《淮南子》引《戰國策》用意之探析〉，《淮南師範學院學報》，2008 年第 1 期（總 47 期），2008 年 1 月，頁 50～52。

129. 潘秋平〈《淮南子》與運氣學說〉，《中華中醫藥學刊》，第 26 卷第 2 期，2008 年 2 月，頁 348～349。

130. 林飛飛〈《淮南子》的戰爭觀〉，《遼寧教育行政學院學報》，第 25 卷第 3 期，2008 年 3 月，頁 18～20。

131. 章曉丹〈《淮南子》的自然整體主義世界觀〉，《西北大學學報》（哲社版），第 38 卷第 2 期，2008 年 3 月，頁 60～64。

132. 錢耕森〈《淮南子》宇宙生成論中的「和生」理念〉，《淮南子通訊，2008 年第 1 期（總 6 期），2008 年 5 月，頁 38～39。

133. 孫君恆、梅磊，〈《淮南子》的自然觀〉，《淮南子通訊》，2008 年第 1 期（總 6 期），2008 年 5 月，頁 40～41。

134. 劉愛敏〈《淮南子》儒道融合的人性論〉，《中國典籍與文化》，2008 年第 4 期（總 67 期），2008 年，頁 103～109。

135. 張德廣〈淮南王劉安法哲學思想探究〉，《淮南子通訊》，2008 年第 1 期（總 6 期），2008 年 5 月，頁 42～44。

136. 洪永穩〈《淮南子》和〈樂記〉的「物感說」比較〉，《安徽農業大學學報》（社科版），第 17 卷第 5 期，2008 年 5 月，頁 73～75。

137. 王智榮〈雜家《淮南子》陰陽軍事思想析探〉，《陸軍學術雙月刊》，第 44 卷第 499 期，2008 年 6 月，頁 4～18。

138. 周來祥〈《淮南子》的哲學精神和美學思想〉，《山東大學學報》（哲社版），2008 年第 4 期，2008 年 7 月，頁 8～13。

139. 廖軍和〈《淮南子》中的教育思想〉，《淮南師範學院學報》，2008 年第 4 期（總 50 期），2008 年 7 月，頁 26～28。

140. 金春峰〈從《淮南子》看中國哲學思想及其特點〉，《淮南師範學院學報》，2008 年第 4 期（總 50 期），2008 年 7 月，頁 21～25。

141. 陸耿〈淺談《淮南子》的養生觀〉，《淮南師範學院學報》，2008 年第 4 期（總 50 期），2008 年 7 月，頁 29～31。

142. 徐飛〈《淮南子》融合老莊的思想及其後世影響〉，《石河子大學學報》（哲社版），第 22 卷第 4 期，2008 年 8 月，頁 36～40。

143. 黃淑貞《《淮南子》天道觀之研究》，永和：花木蘭文化出版社，2008 年 9 月，162 頁。

144. 陳德安〈《淮南子》的教育思想〉，《中國道家道教教育思想史》（先秦至隋唐卷），北京：社會科學文獻出版社，2008 年 9 月，頁 130～151。

145. 陳麗桂〈從〈繆稱〉的情、誠動化看《淮南子》的儒道結合〉，「第三屆《淮南子》全國學術研討會」論文，淮南：安徽省《淮南子》研究會，2008 年 9 月 16～17 日。

146. 林國雄〈《淮南子》的自然思想〉，「第三屆《淮南子》全國學術研討會」論文，淮南：安徽省《淮南子》研究會，2008 年 9 月 16～17 日。

147. 李顯光〈《淮南子》治道探析〉，「第三屆《淮南子》全國學術研討會」論文，淮南：安徽省《淮南子》研究會，2008 年 9 月 16～17 日。

148. 林文鉉〈《淮南子》與《墨子》思想的關係〉，「第三屆《淮南子》全國學術研討會」論文，淮南：安徽省《淮南子》研究會，2008 年 9 月 16～17 日。

149. 孫君恆〈《淮南子》君子小人論〉，「第三屆《淮南子》全國學術研討會」論文，淮南：安徽省《淮南子》研究會，2008 年 9 月 16～17 日。

150. 梁德華〈《淮南子》、《列子》學說比義研究〉，「第三屆《淮南子》全國學術研討會」論文，淮南：安徽省《淮南子》研究會，2008 年 9 月 16～17 日。

151. 董玉梅〈《自由與秩序困惑》的社會根源〉，「第三屆《淮南子》全國學術研討會」論文，淮南：安徽省《淮南子》研究會，2008 年 9 月 16～17 日。

152. 張次第〈《淮南子》對中華傳統保健文化的思想貢獻〉，「第三屆《淮南子》全國學術研討會」論文，淮南：安徽省《淮南子》研究會，2008 年 9 月 16～17 日。

153. 賈毅平〈仁義者治之本也——從《淮南子》看富國治邦之眞經〉，「第三屆《淮南子》全國學術研討會」論文，淮南：安徽省《淮南子》研究會，2008 年 9 月 16～17 日。

154. 陳延斌〈《淮南子》的社會風尚觀及現代意蘊〉，「第三屆《淮南子》全國學術研討會」論文，淮南：安徽省《淮南子》研究會，2008 年 9 月 16～17 日。

155. 陳靜〈道的屬性與人之當然〉，「第三屆《淮南子》全國學術研討會」論文，淮南：安徽省《淮南子》研究會，2008 年 9 月 16～17 日。

156. 劉康得〈劉安治國三要素：天、人與「器物」〉，「第三屆《淮南子》全國學術研討會」論文，淮南：安徽省《淮南子》研究會，2008 年 9 月 16～17 日。

157. 吳儀〈《淮南子・兵略訓》戰爭思想探析〉，「第三屆《淮南子》全國學術研討會」論文，淮南：安徽省《淮南子》研究會，2008 年 9 月 16～17 日。

158. 李明山〈《淮南子・兵略訓》的民本思想〉，「第三屆《淮南子》全國學術研討會」論文，淮南：安徽省《淮南子》研究會，2008 年 9 月 16～17 日。

159. 殷素儀〈《莊子・天下》與《淮南子・要略》比較〉，「第三屆《淮南子》全國學術研討會」論文，淮南：安徽省《淮南子》研究會，2008 年 9 月 16～17 日。

160. 梅良勇〈劉安的禍福觀研究〉，「第三屆《淮南子》全國學術研討會」論文，淮南：安徽省《淮南子》研究會，2008 年 9 月 16～17 日。

161. 陳廣忠〈《淮南子》治國「同」「異」論〉，「第三屆《淮南子》全國學術研討會」論文，淮南：安徽省《淮南子》研究會，2008 年 9 月 16～17 日。

162. 蕭美豐〈論《淮南子・要略》諸子起源的國別化〉，「第三屆《淮南子》全國學術研討會」論文，淮南：安徽省《淮南子》研究會，2008 年 9 月 16～17 日。

163. 陳宏光〈《淮南子》的辨證思想〉，「第三屆《淮南子》全國學術研討會」論文，淮南：安徽省《淮南子》研究會，2008 年 9 月 16～17 日。

164. 高建立〈從《淮南子》看漢初意識形態由道到儒的轉變〉，「第三屆《淮南子》全國學術研討會」論文，淮南：安徽省《淮南子》研究會，2008 年 9 月 16～17 日。

165. 楚樵〈評《淮南子》中的非君觀點暨再論劉安之死〉，「第三屆《淮南子》全國學術研討會」論文，淮南：安徽省《淮南子》研究會，2008 年 9 月 16～17 日。

166. 江林昌〈圖與書：先秦兩漢時期有關山川神怪類文獻的分析——以《山海經》、《楚辭》、《淮南子》爲例〉，《文學遺產》，2008 年第 6 期，2008 年 11 月，頁 15～29。

167. 楊建軍〈《淮南子》天地形成神話考釋〉，《西北民族研究》，2008 年第 4 期（總 59 期），2008 年 11 月，頁 175～176。

168. 金春峰〈《淮南子・主術訓》的治國思想〉，《安徽大學學報》（哲社版），第 32 卷第 6 期，2008 年 11 月，頁 7～10。

169. 許抗生〈《淮南子》論「無爲而治」〉，安徽大學學報（哲社版），第 32 卷第 6 期，2008 年 11 月，頁 1～2。

170. 陽卓軍〈女神——女性——女人——從《山海經》《淮南子》到《致橡樹》看中國女性意識的演變〉，《今日南國》（理論創新版），2008 年第 11 期（總 109 期），2008 年 11 月，頁 124～125。

171. 刁夢洲〈論《淮南子》「無爲」思想的哲學內涵〉，《西藏民族學院學報》（哲社版），第 29 卷第 6 期，2008 年 11 月，頁 74～76。

172. 蜂屋邦夫〈水の哲學（20）古代中國の水の思想（20）《淮南子》に見える水の思想〉，《季刊河川レビュー》，第 38 卷第 1 號，2009 年，頁 55～61。

173. 馬香品〈《淮南子》的人生意義哲學〉，《榆林學院學報》，第 19 卷第 1 期（總 78 期），2009 年 1 月，頁 27～30。

174. 高建立〈從《淮南子》看漢初意識形態由黃老之術到獨尊儒術的轉變〉，《商丘師範學院學報》，第 25 卷第 1 期，2009 年 1 月，頁 7～12。

175. 軒小楊〈儒道互補後的美學創生——《淮南子》中的音樂美學思想〉，《瀋陽工程學院學報》（社科版），第 5 卷第 1 期，2009 年 1 月，頁 11～14。

五、其　他

1. 李建勝、劉海文《聖賢智謀——《淮南子》篇》，北京：華齡出版社，236 頁，1996 年 4 月。

2. 施東昌〈《淮南子》的美學思想〉，收入在施東昌《漢代美學思想述評》，中華書局，1981 年 7 月，頁 44～52。

3. 黃漢青〈兩漢——《淮南子》〉，收入在黃漢青《中國美學思想彙編（上）》，臺北：成均出版社，1983 年 9 月，頁 108～119。

4. 于民、孫海通〈兩漢時期——《淮南子》〉，收入在于民、孫海通《先秦兩漢美學名言名篇選讀》，北京：中華書局，1987 年 6 月，頁 157～171。

5. 雲告〈《淮南子》——論美和美的創造〉，收入在雲告《從老子到王國維——美的神遊》，長沙：湖南教育出版社，1991 年 12 月，頁 57～61。

6. 周來祥〈道家遺響與儒學新聲——《淮南子》的審美世界〉，收入在周來祥《中國美學主潮》，濟南：山東大學出版社，1992 年 6 月，頁 90～99。

7. 崔希星〈論《淮南子》的文藝創作觀〉，《臨沂師專學報》1994 年第 1 期，1994 年 2 月，頁 25～51。

8. 孫克強〈劉安評屈騷辨——兼對《史記》引劉安語的認識〉，《信陽師範學院學報》（哲社版）第 17 卷第 1 期（總 60 期），1997 年 1 月，頁 69～73。

9. 曹晉〈《淮南子》的賦筆特徵〉，《文史知識》1997 年第 8 期，1997 年 8 月，頁 114～117。

10. 魏子雲〈淮南子的聲律之「比不比正音」問題〉，《復興劇藝學刊》第 23 期，1998 年 4 月，頁 21～35。

11. 胡雙寶〈評《淮南子校釋》〉，《北京大學學報》（哲社版）1998 年第 4 期，1998 年 7 月，頁 151～152。

12. 王邦雄〈《淮南子的哲學》王序〉，《鵝湖月刊》第 24 卷第 4 期（總 280 期），1998 年 10 月，頁 25～26。

13. 陳德和〈《淮南子的哲學》自序〉，《鵝湖月刊》第 24 卷第 4 期（總 280 期），1998 年 10 月，頁 27。

14. 曾明、梁銀林〈架構恢弘運思縝密——何寧先生與《淮南子集釋》〉，《西南民族學院學報》（哲社版），1999 年第 3 期，1999 年 3 月，頁 92～94。

15. 晉文〈秦漢思想史研究的新成果——評《劉安評傳》〉，《江蘇社會科學》第 4 期，1999 年 4 月，頁 190～191。

16. 陳廣忠〈論《楚辭》、劉安與《淮南子》〉，《中國文化研究》第 4 期，2000 年，頁 86～91。

17. 孫紀文〈《淮南子》對道家文藝觀的秉承與悖離〉，寧夏大學學報（人社版），2001 年第 6 期（總 100 期），2001 年 11 月，頁 91～95。

18. 馬芳〈《淮南子》中的量詞〉，《臨沂師範學院學報》，第 24 卷第 2 期，2002 年 4 月，頁 119～121。

19. 孫紀文〈《淮南子》文藝創作觀念研究〉，《固原師專學報》，第 23 卷第 4 期，2002 年 7 月，頁 5～8。

20. 王志成〈《淮南子》中的音樂美學思想〉，《音樂探索》，2002 年第 4 期，2002 年 12 月，頁 44～48。

21. 魏宏燦〈《淮南子》的音樂審美意識〉，《阜陽師範學院學報》（社科版），2003 年第 1 期（總 91 期），2003 年 1 月，頁 53～56。

22. 顧史考〈評 Griet Vankeerberghen, The Huainanzi and Liu An s Claim to

Moral Authority〉，《中國文哲研究集刊》，第 22 期，2003 年 3 月，頁 310～314。

23. 戴黍〈國外的《淮南子》研究〉，《哲學動態》，2003 年第 4 期，2003 年 4 月，頁 44～47。
24. 《淮南子通訊》，2008 年第 1 期（總 6 期），2008 年 5 月，頁 25～28。
25. 孫紀文〈《淮南子》文藝思想四論〉，《寧夏大學學報》（人社版），2003 年第 3 期（總 111 期），2003 年 5 月，頁 40～45。
26. 郭鵬〈簡論《淮南子》對《文心雕龍》的影響〉，《南陽師範學院學報》，第 2 卷第 8 期，2003 年 8 月，頁 74～81。
27. 劉殿爵〈《淮南子・兵略・説山》韻讀〉，《中文學刊》，第 3 期，2003 年 12 月，頁 47～136。
28. 馬慶洲〈論《天問》對《淮南子》的影響〉，《清華大學學報》（哲社版），2004 年第 3 期，2004 年 5 月，頁 60～62。
29. 孫紀文〈《淮南子》文藝接受思想的現代闡釋〉，《廈門教育學院學報》，第 6 卷第 2 期，2004 年 6 月，頁 26～28。
30. 劉松來〈《淮南子》藝術鑒賞論探賾〉，《西南民族大學學報》（人社版），總 25 卷第 8 期，2004 年 8 月，頁 188～190。
31. 張弘〈《淮南子》和諧發展生態論〉，《濟南大學學報》（社科版），第 14 卷第 5 期，2004 年 9 月，頁 12～15 轉 91。
32. 王紅〈論《淮南子》的律數〉，《中國音樂學》，2004 年第 4 期，2004 年 10 月，頁 65～75。
33. 魏萌〈《淮南子》的音樂審美觀〉，《安徽農業大學學報》（社科版），第 13 卷第 6 期，2004 年 11 月，頁 111～114。
34. 何志華、朱國藩《唐宋類書徵引《淮南子》資料彙編》，香港：香港中文大學版社，294 頁，2005 年。
35. 王淑怡〈《淮南子》重言詞研究〉，《湖南科技學院學報》，2005 年第 2 期，2005 年 2 月，頁 102～104。
36. 趙奇棟、華學誠〈《淮南子》許慎注、高誘注中的雙音節新詞〉，《徐州師範大學學報》（哲社版），第 31 卷第 2 期，2005 年 3 月，頁 51～56。
37. 孫紀文〈《淮南子》中的文體形態及其深層意義〉，《福州大學學報》（哲社版），2005 年第 3 期（總 71 期），2005 年 5 月，頁 45～49。
38. 孫紀文〈《淮南子》神話演變狀態的文化意味〉，《寧夏大學學報》（人社版），2005 年第 4 期（總 127 期），2005 年 7 月，頁 12～16 轉 20。
39. 大明〈關於《淮南子集釋》引《呂氏春秋》一條文獻的校定〉，《四川師範大學學報》（社科版），2005 年第 5 期，2005 年 9 月，頁 15。

40. 吳先文〈《淮南子》高誘注之注音研究〉，《合肥學院學報》(社科版)，第22卷第4期，2005年11月，頁73～78轉132。

41. 牟鐘鑒〈一部研究《淮南子》的力作——讀陳靜《自由與秩序的困惑——〈淮南子〉研究》〉，《哲學動態》，2006年第2期，2006年2月，頁71～73。

42. 董霊超〈從歷史角度重新審定劉安、班固對屈原的評價〉，《柳州師專學報》，第21卷第1期，2006年3月，頁37～40轉53。

43. 薛秀豔〈《淮南子》敘事要素研究〉，《西南農業大學學報》(社科版)，第4卷第2期，2006年6月，頁182～185。

44. 韓高年〈論《淮南鴻烈》對漢大賦審美傾向的影響〉，《中國韻文學刊》，第20卷第3期，2006年9月，頁63～67。

45. 蔣洪峰〈《淮南子》單音節詞的同義關係格式〉，《現代語文》(語言研究版)，2006年第9期，2006年9月，頁124。

46. 楊文芳〈《淮南子》神話故事特色淺析〉，《考試週刊》，2008年第15期，2008年，頁184～185。

47. 費振鐘〈修辭、語言行動與政治合法性——《淮南子》劄記〉，《書城》，2008年第9期，2008年，頁59～65。

48. 漆子揚〈今本《楚辭》與劉安的關係及其版本源流新探〉，《青海師範大學學報》(哲社版) 2008年第1期(總126期)，2008年1月，頁74～78。

49. 孫紀文〈《淮南子》文藝學範疇的自在狀態〉，《淮南師範學院學報》，2008年第1期(總47期)，2008年1月，頁41～45。

50. 錢善剛〈道：假設抑或承諾——胡適《淮南子》研究初論〉，《合肥師範學院學報》，第26卷第2期，2008年3月，頁70～73轉113。

51. 寧稼雨〈女媧補天神話的文學移位〉，《淮南子通訊》，2008年第1期(總6期)，2008年5月，頁35～37。

52. 劉國民〈徐復觀對《淮南子》的解釋〉，《首都師範大學學報》(社科版)，2008年第3期(總182期)，2008年6月，頁60～66。

53. 王琳〈《淮南子》散文藝術略論〉，《青海社會科學》，2008年第4期，2008年7月，頁95～99。

54. 杜綉琳〈「御」意象與《淮南子》〉，《瀋陽工程學院學報》(社科版)，第4卷第3期，2008年7月，頁384～387。

55. 黃懷民〈《淮南子》中的故事研究〉，彰化：彰化師範大學國文學系碩士論文，281頁，2008年7月，陳金木指導。

56. 「第三屆《淮南子》全國學術研討會」論文，淮南：安徽省，《淮南子》研究會，2008年9月16～17日。

57. 杜綉琳〈《淮南子》中的神遊意象〉，《北方論叢》，2008 年第 5 期，2008 年 9 月，頁 7～9。
58. 杜綉琳〈《淮南子‧要略》與書序體文章體例的定型〉，《社會科學輯刊》，2008 年第 5 期（總 178 期），2008 年 9 月，頁 681 轉 781 轉 881。
59. 閔惠蘭〈從《淮南子》所載樂舞來看安徽花鼓燈所保留的古代舞蹈遺存〉，「第三屆《淮南子》全國學術研討會」論文，淮南：安徽省《淮南子》研究會，2008 年 9 月 16～17 日。
60. 鄭曉江〈道家與道教精神療法〉，「第三屆《淮南子》全國學術研討會」論文，淮南：安徽省《淮南子》研究會，2008 年 9 月 16～17 日。
61. 孫紀文〈《淮南子》中的神話解讀〉，「第三屆《淮南子》全國學術研討會」論文，淮南：安徽省《淮南子》研究會，2008 年 9 月 16～17 日。
62. 李倩〈《淮南子》與楚樂舞〉，「第三屆《淮南子》全國學術研討會」論文，淮南：安徽省《淮南子》研究會，2008 年 9 月 16～17 日。
63. 馬育良〈千秋壽春城〉，「第三屆《淮南子》全國學術研討會」論文，淮南：安徽省《淮南子》研究會，2008 年 9 月 16～17 日。
64. 唐元海〈淮河流域古代運河與各代王朝興衰的關係〉，「第三屆《淮南子》全國學術研討會」論文，淮南：安徽省《淮南子》研究會，2008 年 9 月 16～17 日。
65. 陸聲俊〈論《淮南子》的文化貢獻〉，「第三屆《淮南子》全國學術研討會」論文，淮南：安徽省《淮南子》研究會，2008 年 9 月 16～17 日。
66. 馬慶洲〈《淮南子》文學成就略論〉，「第三屆《淮南子》全國學術研討會」論文，淮南：安徽省《淮南子》研究會，2008 年 9 月 16～17 日。
67. 《淮南子通訊》，2008 年第 2 期（總 7 期），2008 年 10 月，頁 42～44。
68. 杜綉琳〈《淮南子》的御藝事象〉，《瀋陽工程學院學報》（社科版），第 5 卷第 1 期，2009 年 1 月，頁 7～10 轉 18。
69. 杜綉琳〈《淮南子》「語錄體」論說文的說理分析〉，《瀋陽師範大學學報》（社科版），2009 年第 1 期（總 151 期），2009 年 1 月，頁 101～104。
70. 閆孟蓮〈從《淮南子》看中國古代神話的歷史化軌跡〉，《洛陽師範學院學報》（哲社版），第 28 卷第 3 期，2009 年 6 月，頁 72～75。

六、外文研究書（文）目

（一）日　文

1. 宇野哲人《支那哲學史講話》，東京市：東京大同館，1925 年。
2. 宇野哲人《支那哲學概論》，東京：酒井雄文堂，1927 年。
3. 金谷治《老莊的世界——淮南子的思想》，京都：平樂寺書店，1959 年 1

月

4. 平岡禎吉《淮南子に現われた氣の研究》，東京：理想社，1961年3月。
5. 狩野直喜《兩漢學術考》，東京：筑摩書房，1964年。
6. 渡邊秀方，劉侃如譯《中國哲學史概論》，台北市：臺灣商務印書館,1964年
7. 楠山春樹《淮南子》，東京：明德出版，1971年4月。
8. 田邊尚雄著、鄭心南譯〈淮南子之十二律數正誤〉，《學藝雜誌》第三卷第九期，頁1～2，1922年2月。
9. 那波利貞〈淮南子に見えたる金目に就いて〉，《支那學》第三卷第八號，頁42～43，1922年7月。
10. 本田濟〈淮南子の一面〉，《人文研究》第4卷第8期，頁18～42，1953年8月。
11. 楠山春樹〈淮南王莊子略要莊子后解考〉，《フィロソフィア》三八期，頁52～70，1960年3月。
12. 楠山春樹〈淮南子より見たる莊子の成立〉，《フィロソフィア》四一期，頁41～68，1961年6月。
13. 岡阪猛雄〈淮南子における「言」の意識〉，《內野博士還曆紀念東洋學論文集》，頁31～44，1964年12月。
14. 宮本勝〈淮南子主術訓の政治思想とその理論構造〉，《中國哲學》四號，頁1～42，1967年3月。
15. 田中麻紗巳〈淮南子の人間觀について—原道篇を中心にして〉，《紀要》九號（舞鶴工業高等専門學校），1974年3月，頁179～192。
16. 澤田多喜男〈淮南子における道家的傾向と儒家的傾向〉，《東海大學紀要》（文學部）24輯，1976年2月，頁9～18。
17. 田中麻紗巳〈淮南子の「自然」について——前漢道家思想の一面〉，《集刊東洋學》三六號，1976年11月，頁59～74。
18. 渡邊大〈帛書《謬和》第二十四章にみえる說話と易の引用について——《呂氏春秋》《淮南子》《說苑》との比較を中心に〉，《中國文化》第60號，2002年，頁2～12。
19. 齋木哲郎〈書評・新刊紹介向井哲夫著《淮南子と諸子百家》〉，《東方宗教》，第104號，2004年11月，頁71～76。
20. 矢田尚子〈《淮南子》に見える天界遊行表現について——原道篇・覽冥篇を中心に〉，《中國文學研究》，第31號，2005年12月，頁170～182。
21. 南部英彥〈《淮南子》泰族篇の治身治國論とその學問的立場——中庸篇との比較を通して〉，《研究論叢・第1部・第2部・人文科學・社會科

學・自然科學》，第 57 號，2007 年，頁 15～30。

22. 矢田尚子〈《淮南子》に見える天界遊行表現について——俶眞篇を中心に〉，《言語と文化》，第 16 號（總 43 號），2007 年 1 月，頁 63～78。
23. 玉木尚之〈《淮南子》に見える音樂觀〉，《東洋古典學研究》，第 23 號，2007 年 5 月，頁 29～58。
24. 高橋睦美〈《老子指歸》の思想的位置〉，《淮南子との比較を手掛かりに文化》，第 71 卷第 3、4 期，2008 年，頁 177～197。
25. 南部英彥〈《淮南子》人間篇の處世觀とその思想的背景〉，《研究論叢・第 1 部・第 2 部・人文科學・社會科學・自然科學》，第 58 號，2008 年，頁 88～102。

（二）西　文

1. 《德譯淮南子墜形篇》，美國會圖書館藏，1917 年。
〔Des Weltbild des *Huai-nan-tzû* Habilitationsschrift durch welche mit Genchmigung der Philosophiochen Fakultät der Il niversitä Leipzig zu seiner Donnerstag,don 21.Juni 1917 im Albert tinum, Auditorium ll,von 12-1Uhr Statlfindenden Probevor lesung Der Totemiemus fei den Chinesen und ihren Naehbarvölkern gary ergeben einladet Dr. Eduard Erkes〕
2. 愛文摩根《淮南鴻烈》，台北：成文出版社，1966 年。
〔*Tao,The Great Luminant :Essays from Huai Nan Tzu* (with introductory articles notes Analyses). Iy Evon Morgon; Foreword Iy J.C.Ferguson P.H.D. Ch'eng-Wen Publishing Company Taipei 1966〕
3. Harper, Donald. "*Huai Nan Tzu* Chapter 10: Translation and Prolegomena." Berkeley, University of California, M.A. Thesis, 1978, 182 pp.
4. Harper, Donald. Huai Nan Tzu Chapter 10: Translation and Prolegomena. Berkeley, Diss. University of California, 1978, 182 pp.
5. Larre, Claude; Robinet, Isabelle; Rochat de Vall. *Elisabeth Les Grands Trait du Huainantzu*. Paris, Editions du Cerf, 1993, 254 pp.
6. Major, John Stephen. Heaven and Earth in Early Han Thought: Chapters Three, Four, and Five of the Huainanzi. Albany, State University of New York Press, 1993, 388 pp.
7. Ryden, Edmund Philosophy of Peace in Han China: A Study of the Huainanzi; chap. 15 on Military Strategy. Taipei, Ricci Institute 1998, 130 pp.
8. Lau, D. C.; Ames, Roger T. (translations) *Yuan Dao: Tracing Dao to Its Source*. New York, Ballantine Books, 1998, 149 pp.
9. Vankeerberghen, Griet *The Huainanzi and Liu An's Claim to Moral Authority*. Albany, State University of New York Press, 2001, 225 pp.

10. Larre, Claude; Robinet, Isabelle; Rochat de Vall. *Elisabeth Les Grands Traitees du Huainanzi.* Paris, Editions du Cerf, 1993.

11. Major, John Stephen Heaven and Earth in Early Han Thought: Chapters Three, Four, and Five of the Huainanzi. Albany, State University of New York Press, 1993, 388 pp.

12. Lau, D. C.; Ames, Roger T., trans. *Yuan Dao: Tracing Dao to its Source.* New York: Ballantine Books, 1998, 149 pp.

13. Vankeerberghen, Griet *The Huainanzi and Liu An Claim to Moral Authority.* Albany, State University of New York Press, 2001, 225 pp.

14. Vankeerberghen, Griet "Emotions and the Actions of the Sage: Kandel, Barbara Der Versuch einer politischen Restauration-Liu An, der konig von Huai-nan." *Nachrichten der Gesellschaft fur Natur und Volkerkunde Ostasiens.* 113 (1973): 33-96.

15. Kandel, Barbara. "Der Versuch einer politischen Restauration-Liu An der Konig von *Huai-nan.*" *Nachrichten der Gesellschaft fur Natur-und Volkerkunde. Ostasiens.* 13 (1973): 33-96.

16. Cullen, C. "A Chinese Eratosthenes of the Flat Earth: A Study of a Fragment of Cosmology in *Huai Nan-tzu.*" *Bulletin of the School of Oriental and African Studies.* 39: 1 (1976): 106-127.

17. Ames, Roger T. "Wu-wei in The Art of Rulership? Chapter of *Huai Nan Tzu*: Its Sources and Philosophycal Orientation." *Philosophy East and West.* 31: 2 (1981): 193-214.

18. Ames, Roger T. "Wu-wei in 湃 he Art of Rulership?Chapter of *Huai Nan Tzu*: Its Sources and Philosophical Orientation." *Philosophy East and West.* 31: 2 (1981): 193-214.

19. Roth, Harold D. Filiation. "Analysis and Textual Criticism of the *Huai-nan Tzu.*" *Transactions of the Congress of Orientalists in Japan.* 27 (1982): 60-81.

20. Roth, Harold D. "Filiation Analysis and Textual Criticism of the *Huai-nan Tzu.*" *Transactions of the Congress of Orientalists in Japan.* 27 (1982): 60-81.

21. Howard, Jeffrey.A. "Concepts of Comprehensiveness and Historical Changes in the *Huai-nan-tzu.*" Henri Rosemont, ed. *Explorations in Early Chinese Cosmology.* Chico, California, Scholars Press, (1984)：119-131.

22. Le Blanc, Charles. "De l，ontologie a la cosmologie: analyse formelle du Zhuang zi et du *Huainan zi.*" *Cahiers du Centre d，Etudes de l，Asie de l，Est*（Universite de Montr`eal）. 3 (1985): 1-15.

23. Roth, Harold D. "The Concept of Human Nature in the *Huai Nan Tzu.*" *Journal of Chinese Philosophy.* 12: 1 (1985): 1-22.

24. Major, John Stephen. "Substance, Process, Phase: Wuxing in the

Huainantzi." H. Rosemont Jr. ed.. *Chinese Texts and Philosophical Contexts* La Salle, IL, Open Court, 1991, 67-78.

25. "Recommendations for an Orderly Heart in the *Huainanzi*." *Philosophy East and West*. 5: 4 (1995): 527-545.
26. Goldin, Paul Rakita. "Insidious Syncretism in the Political Philosophy of *Huai-nan-tzu*." *Asian Philosophy*. 9: 3 (1999): 165-192.